LEONARDO PADURA FUENTES

# UN CAMINO DE MEDIO SIGLO

*Alejo Carpentier y la narrativa de lo real maravilloso*

FONDO DE CULTURA ECONÓMICA

MÉXICO

Primera edición, 2002

Se prohíbe la reproducción total o parcial de esta obra
—incluido el diseño tipográfico y de portada—,
sea cual fuere el medio, electrónico o mecánico,
sin el consentimiento por escrito del editor.

Comentarios y sugerencias: editor@fce.com.mx
Conozca nuestro catálogo: www.fce.com.mx

D. R. © 2002, Fondo de Cultura Económica
Carretera Picacho-Ajusco, 227; 14200 México, D. F.

ISBN 968-16-6709-3

Impreso en México

## Tierra Firme

### UN CAMINO DE MEDIO SIGLO

A Lilia Esteban de Carpentier

A mis padres, Nardo y Alicia

A Lucía, con amor y escualidez

## *Historia de una obsesión*

Este libro tiene su más remoto origen en 1982 y, de algún modo, desde entonces lo estoy escribiendo. Sucede que mi novia de entonces —mi esposa de hoy—, después de pensarlo muy bien, decidió hacer su tesis de grado para la licenciatura en literatura cubana en la Universidad de La Habana con el tema "Lo real maravilloso en *El arpa y la sombra* y *La consagración de la primavera*" y durante varios meses, cada noche, hablábamos un rato sobre el asunto. Yo, que me había graduado dos años antes con un estudio sobre la personalidad y la obra del Inca Garcilaso de la Vega, era apenas un lector interesado aunque tardío de Carpentier, cuya literatura había aprendido a valorar muy poco tiempo antes, cuando al fin pude vencer la barrera inicial que impone este autor a todos los neófitos. Es decir, había leído sus novelas, las había disfrutado y nada más.

Fue una de esas noches de pretesis cuando mi compañera, luego de varios días de discusiones, me descubrió algo que se me iba a revelar como un ángulo muy atractivo para volver a leer a nuestro autor: lo real maravilloso, aseguraba ella, no es igual en las primeras novelas de Alejo que en las últimas, y en su trabajo se proponía demostrar tal evidencia. En un principio, debo admitirlo, no consideré del todo acertada aquella evaluación de lo real maravilloso, pues ya a estas alturas me había leído dos o tres artículos sobre el asunto —y escribí, incluso, un breve texto sobre lo real maravilloso y el realismo mágico como dos visiones de una misma realidad, que se publicó en *El Caimán Barbudo* y luego en *Excélsior*— y ningún autor hablaba específicamente de tal diferenciación: para todos "lo real maravilloso americano" era una teoría elaborada por Carpentier en 1948 y comprobable en toda su literatura narrativa posterior.

Una nueva lectura, desde esta perspectiva, de las novelas de Carpentier me convenció de por qué la tesis de mi compañera había merecido, en verdad, la máxima calificación académica que le otorgaron y me impulsó, muy juvenilmente, a estudiar el asunto. El resultado de aquel entusiasmo estuvo listo en 1984 y fue el ensayo "Lo real maravilloso: praxis y percepción", que inicialmente se publicó en el número 1 del anuario *Imán,* que comenzaba a editar el Centro de Promoción Cultural Alejo Carpentier, y luego formaría parte de mi libro publicado en 1989, *Lo real maravilloso: creación y realidad.* En aquel ensayo —unas 60 cuartillas— yo trataba de demostrar, en contra de la abrumadora mayoría de los críticos más o menos establecidos, que lo real maravilloso era un concepto en evolución y hasta qué punto era una expresión de la realidad americana y a la vez una estética para reflejarla y, finalmente, proponía el estudio de este fenómeno en cuatro momentos o estados evolutivos que se sucedían en la obra de Carpentier, desde unos "Antecedentes" que se remontaban a *Ecue-Yamba-O* hasta una "Culminación" que se advertía en sus novelas de los setenta, pasando, claro está, por los estados que representaban *El reino de este mundo,* con su revelador prólogo, y *Los pasos perdidos* (estado de la "Formulación y reafirmación") y el que conformaba *El siglo de las luces* con la teoría de los contextos (estado de la "Épica contextual"), expuesta en "Problemática de la actual novela latinoamericana", un ensayo de 1964. Y ahora, al cabo de casi diez años, debo admitir que, aun cuando ciertos análisis de entonces me parecen entre insuficientes e ingenuos, creo que me atrevo todavía a defender las tesis centrales de aquel trabajo escrito bajo el influjo del descubrimiento que me revelara mi compañera.

Es por ello que sobre esa misma tesis está construido este nuevo (o más que nuevo, este otro) libro, con el que me propuse, de una vez por todas y con mayor madurez y paciencia, tocar el fondo de la cuestión, que comenzó como una conversación de novios-estudiantes una noche de primavera de 1982.

Así, en 1988, cuando trabajaba como reportero en el diario *Juventud Rebelde* y llevaba tres años esperando la salida de mi libro sobre Carpentier, y sin haber escrito una línea sobre él desde 1985, presenté un proyecto de libro sobre lo real maravilloso para optar por una de las becas —seis meses de salario— del concurso "Razón de Ser" y gané uno de los cinco premios. Entonces volvió a empezar a escribirse —o, en realidad, a iniciarse— este nuevo-otro libro que, condenado a las interrupciones, estoy ahora tratando de terminar, y de explicar.

Más que un examen vertical de la concepción y evolución de la teoría carpenteriana de "lo real maravilloso americano", he tratado de hacer, esta vez, un análisis de todo el pensamiento y la narrativa del novelista cubano visto desde la perspectiva estética, ideológica y conceptual que significó su evolución hacia la formulación de "lo real maravilloso americano" y su desarrollo posterior: es decir, un camino que se inicia en 1923 con un cuento sobre el vikingo Ulrico el Temerario aparecido en la revista *Chic* y concluye en 1979, un año antes de la muerte de Alejo, con la publicación de *El arpa y la sombra*.

Este objetivo, por supuesto, me ha obligado a realizar una prolongadísima investigación que, sin embargo, ha estado llena de gratificaciones, no sólo por haberme permitido alcanzar un conocimiento más totalizador de la obra de Carpentier, sino porque también me ha permitido acceder a la zona más oscura de su trabajo, una serie de manuscritos inéditos o de textos olvidados y relegados que a lo largo de estos años he ido ofreciendo a la curiosidad de los lectores y al alcance de los otros críticos, como es el caso del famoso relato surrealista "El estudiante", todo un enigma en la bibliografía de Carpentier (publicado en el número correspondiente a diciembre de 1989 de *La Gaceta de Cuba*, La Habana) o la versión completa del ensayo de 1931 "El momento musical latinoamericano" (publicado en la *Revista Unión*, Ed. Continental, núm. 2, La Habana, 1991), gestión en la que he contado con el apoyo inestimable de Lilia Esteban de Carpentier, esposa, durante 40 años, del máximo novelista cubano y actual directora del Centro de Promoción Cultural Alejo Carpentier, el mismo del que recibí la beca.

Lo ambicioso de este estudio, además, me ha obligado, junto al análisis de los textos literarios, periodísticos y teóricos de Carpentier, a realizar paralelamente un esbozo de la biografía literaria y vital del escritor, como vía para acceder a una comprensión más cabal de las circunstancias –históricas, artísticas y hasta filosóficas– en que se fue forjando y manifestando esta importante línea de su pensamiento y su literatura que él mismo bautizó como "lo real maravilloso americano", y de este modo, cada texto, cada declaración de Carpentier está vista a la luz del momento preciso de su vida en que se producía, con lo cual trato de clarificar qué acontecimientos específicos podían estar gravitando sobre sus opiniones.

El libro, desde un principio, lo concebí como un examen sincrónico y diacrónico de la evolución ideoestética de Carpentier, desde las más tempranas premoniciones de su americanismo militante hasta la formulación de su concepción de lo real maravilloso y la fortuna posterior de esta teoría a la luz de nuevas reflexiones que se suceden hasta el final mismo de su vida y su obra.

Por ello, dividí la investigación en tres capítulos: el inicial, dedicado al análisis de la evolución carpenteriana entre 1923, fecha del debut literario y periodístico de Carpentier, hasta 1939, momento de su regreso a Cuba (su largo periodo de "aprendizaje"), y lo dedico, en lo esencial, al examen de sus ideas americanistas de entonces en medio de tres movimientos que tanto contribuirían a su formación intelectual: el minorismo, el afrocubanismo y la imprescindible experiencia surrealista. El segundo capítulo, mientras tanto, se ocupa del proceso de gestación, maduración de influencias y definitiva manifestación, a lo largo de la década de los cuarenta, de su teoría de lo "real maravilloso americano", vista fundamentalmente en el movimiento de sus ideas en sus trabajos periodísticos y ensayísticos de entonces y, también, en sus textos literarios, para concluir esbozando los rumbos de una evolución posterior de sus ideas y estableciendo un necesario deslinde entre la concepción real maravillosa de Carpentier y la estética del realismo mágico de autores como Asturias, Rulfo y García Márquez. Finalmente, el capítulo tercero vuelve al principio para evaluar la evolución estética de "lo real maravilloso americano" en la narrativa carpenteriana, desde *Ecue-Yamba-O* hasta *El arpa y la sombra*, a través de mi teoría de los cuatro estados evolutivos en que se manifiesta reflexiva y artísticamente tal concepción, apoyándome nuevamente en sus trabajos teóricos de cada momento, para tratar de establecer, definitivamente, los pasos de una evolución incesante que abarcó medio siglo. Ojalá que la ambición de propósitos se haya convertido, al final, en utilidad analítica de este importante capítulo de la narrativa y el pensamiento no sólo de Carpentier, sino de toda la reciente literatura hispanoamericana.

Proyectos de esta índole mucho le deben a muchas personas y quiero dar testimonio de este agradecimiento. Ante todo, como ya lo he dicho, a Lilia Esteban, que me abrió archivos y maletas del escritor, me autorizó a publicar y comentar inéditos y obras inconclusas y, más aún, me alentó con su tranquila amistad. A Araceli García-Carranza, responsable del Fondo Alejo Carpentier de la Biblioteca Nacional de Cuba, que me facilitó sus tesoros, día tras día y durante varios meses, sin dejar de sonreír una sola vez. A Wilfredo Cancio Isla, amigo entrañable, discutidor feroz y estudioso del periodismo de Carpentier, a quien utilicé no sólo como bibliografía y como informante, sino como el "oponente" más lúcido y capaz a lo largo de la investigación y la redacción del libro. A María Elena Cos Villar, Arsenio Cicero y Silvia Freyre, que me prepararon algunas de las traducciones del inglés y el francés que necesitaba. A Norberto Codina, director de *La Gaceta de Cuba*, que se hacía el loco para que yo siguiera en la casa leyendo y escribiendo. A dos buenos amigos, llamados Alex Fleites y José Luis Ferrer, presentes-ausentes, que están en el origen de todos mis trabajos. Y, por supuesto, a Lucía López Coll, aquella muchacha que en 1982 escribió una reveladora tesis sobre "Lo real maravilloso en *La consagración de la primavera* y *El arpa y la sombra*" y, además de regalarme generosamente la semilla de la que surgieron todas estas ramas, me ha resistido, literaria y vitalmente, a lo largo de todos estos años, poniendo unas veces su talento literario y otras su talento culinario al servicio de la noble causa de sufrir junto conmigo cada una de las líneas que he escrito desde el día de 1978 en que, al verla, me dije, como Cheo Feliciano: "Ésa es la que es". Mis agradecimientos a todos ellos y a los amigos que, de otros modos, siempre me han impulsado en este largo y tortuoso camino hacia la escritura.

Leonardo Padura Fuentes

Mantilla, 27 de julio de 1993

## I. *Aprender a ver*

Hemos de hallar lo universal en las entrañas de lo local, y en lo circunscrito y limitado, lo eterno.
MIGUEL DE UNAMUNO

### EN MEDIO DEL CAMINO DE LA VIDA...

*El 19 de mayo de 1939, a las doce de la noche, un gran trasatlántico holandés levaba anclas en el puerto de Rotterdam, poniendo proa hacia Nueva York... Hacía frío. Las luces de las cervecerías de los muelles parpadeaban en la noche, poniendo en la bruma irisaciones tristes. Una bronca sirena lanzó su señal de despedida sobre las techumbres oscuras de la ciudad —señal que fue a morir, más allá de los suburbios, en canales de aguas muertas y campos de tulipanes. A pesar del frío y de la niebla, un hombre de piernas largas y mirada melancólica permanecía acodado en la barandilla de cubierta. Calculó que allá en La Habana, la ciudad de sus orígenes y donde concluiría el viaje que ahora iniciaba, estaba cayendo una tarde fresca y limpia, de primavera agonizante, perfumada por el inevitable aguacero del mediodía. Alzó el cuello de su gabán y miró por última vez la silueta de aquel continente donde había vivido desde el día lejano de 1928 en que, sin pasaporte ni dinero pero cargado de ilusiones y expectativas, desembarcó en el puerto francés de Saint-Nazaire, acompañado por el poeta que había sido, tal vez, el mejor amigo que jamás tuviera y su guía espiritual en la gran aventura parisina de esos largos años. Y ahora empezaba a alejarse de Europa, sin poder evitar que su alegría de hombre-que-regresa-a-lo-propio se mezclara con un sabor insondable de frustraciones y desesperanzas que se le había instalado, como el último café, en el centro* de la boca. Miró en el cielo estrellado el Camino de Santiago y, por esas alarmantes asociaciones que solía hacer, recordó que Dante, también a los 35 años, conoció aquel sabor preciso y escribió:

> En medio del camino de la vida,
> errante me encontré por selva oscura,
> en que la recta vía era perdida.

Nunca un poema había podido expresar mejor un estado concreto de su vida. Sin embargo, existía una diferencia salvadora: él intuía que en aquellas estrellas estaba dibujado su propio camino de peregrino, y eso lo tranquilizó.

*Instalado en el bar desierto, ante un solitario* scotch and soda, *el pasajero saboreaba ahora el instante solemne que constituye, en toda existencia humana, la afirmación material de un cambio de vida... Afirmación material representada en este caso por la incipiente rotación de una hélice. ¿Qué dejaba este cubano a sus espaldas?... Once años de labor. Un cargo brillante, admirablemente retribuido. Una casa llena de recuerdos, situada en el lugar más bello de París. Amigos. Afectos. Emociones artísticas. Costumbres. Obras en camino. Una cantata, escrita en colaboración con el más grande compositor francés viviente —Darius Milhaud— a cuyo próximo estreno no asistiría...*

Atrás dejaba también una vida transcurrida en *una época transitoria, atormentada, expectante,* que empezaba a cerrar su ciclo con amenazas de una guerra asoladora. En realidad, pensaba, *al abandonar el puerto de Rotterdam estaba cansado de las gentes de Europa, de su falta de capacidad de emoción, de la ausencia de toda propensión afectiva. A fuerza de especular con la inteligencia, la mayoría de los europeos están afectados de impotencia sentimental. No hay que hacerse ilusiones, Spengler dijo cierta vez que ningún esfuerzo humano podía hacer que un árbol, llegado al ocaso de su existencia, reverdeciera una vez más. Las naciones no son gatos de siete vidas,* se dijo, anhelando un drástico consuelo a sus decepciones: *civilizaciones de bastante más importancia histórica que la francesa o la alemana han durado, en suma, bastante menos que estas últimas.*

Pero aquella certidumbre apocalíptica apenas le brindaba algún alivio. Le dolía sentirse al final de un camino en que "la recta vía era perdida" y en cuyo tránsito había quedado el cadáver exquisito del surrealismo más irreverente, que tanto lo entusiasmó, al que tanto combatió más tarde y que ahora le parecía tonta e irremediablemente muerto, como tonta e irremediablemente moriría, poco después, aquel poeta y buen amigo, Robert Desnos, el hombre que lo acompañó en 1928. Le dolía España, donde se libró "la última guerra justa de los hombres justos", un país al que amaba y que dejaba convertido en un campo de concentración donde se clamaba libremente "¡Muera la inteligencia!" sobre las tumbas perdidas de sus mejores poetas. Le dolía, en fin, la culta Europa, al borde de una destrucción incalculable, agotada, enajenada, una Europa donde había conocido los *engaños aportados por una civilización que afecta de suavizarlo todo para llevar al hombre a una existencia trunca, empequeñecida, a pesar de las incansables rebeliones de una generación brillante y alocada que soñó con cambiar a golpes de fantasmas y versos la faz del universo...* América era entonces su única esperanza.

Porque, pensaba, *en nuestras tierras se disfrutaba todavía de una existencia concebida "a escala de hombre", con un ritmo más humano... Habrá menos obras de arte por las calles, menos cuadros admirables en los escaparates de las tiendas... pero al menos nos queda el tiempo necesario para reflexionar, para leer, para tratar de colmar, por medio de la labor propia, las lagunas espirituales inevitables en una civilización nueva.*

Y él se sentía capaz de llenar aquellas lagunas. Se había dedicado *durante largos años a leer todo lo que podía sobre América, desde las Cartas de Cristóbal Colón, pasando por el Inca Garcilaso, hasta los autores del siglo dieciocho. Por espacio de ocho años apenas hizo otra cosa que leer textos americanos, y se había convencido también de que la mayor virtud de una larga estancia en Europa debe ser la de aprender a ver nuestros propios países para laborar más acertadamente en ellos y para ellos. El famoso vino agrio nuestro puede transformarse, a fuerza de trabajo, en un excelentísimo vino del Rhin... Porque al fin y al cabo me convenzo cada vez más que sólo en América puede hallarse todavía esa "densidad del corazón", esa facultad de entusiasmo, que Jean Cocteau quería encontrar en la obra maestra del porvenir,* pensaba.

Ésa era la gran lección que le había aportado una ausencia de once años y pronto comprendería que, al regresar, *se sitúa uno ante las cosas propias –ante aquellas que le sirvieron de marco a la infancia y de complemento a los sueños de la adolescencia– con ojos nuevos y espíritu virgen de prejuicios. Además, los azares de andanzas por otras tierras suelen traer a la mente más de un punto de comparación y referencia...* Por eso, en medio de desencantos e incertidumbres, de buenos y malos recuerdos, de rencores y esperanzas, aquel hombre se sentía al borde de algo indefinido pero deseado, aunque de una trascendencia que ni él mismo podía imaginar... Estaba "en medio del camino de la vida", y era conocido como periodista de los mejores y musicólogo riguroso, aunque sus sueños mayores estaban dirigidos hacia una creación literaria que aún le escamoteaba sus verdades definitivas: era el autor de una novela amanerada que quería olvidar, de un par de cuentos publicados en Cuba y Francia, y de varios proyectos inconclusos que apenas le habían servido para afilar sus armas. Pero había aprendido a ver, y con esa mirada nueva aquel hombre regresaba al fin a una América donde esperaban por él ciertos encuentros insospechados que, para sus ojos ya entrenados, brillarían con la fuerza de una revelación trascendental.

Después de todo, la vida le demostraría que su selva no era tan oscura, y otros diez años después, en 1949, aquel hombre que ahora volvía desencantado se podría preguntar al frente de una novela inquietante y ya memorable: ¿Pero qué es la historia de América toda sino una crónica de lo real maravilloso?[1]

La travesía iniciada el 19 de mayo de 1939 marca una pauta altamente significativa en la vida y la obra de Alejo Carpentier. Momento del

---

[1] Los textos en cursivas corresponden a los trabajos de Carpentier "Lecciones de una ausencia", *Carteles*, La Habana, 7 de enero de 1940; "El ocaso de Europa" (I), *Carteles*, La Habana, 16 de noviembre de 1941; "La Habana vista por un turista cubano", en *Conferencias*, Ed. Letras Cubanas, La Habana, 1988, p. 181 (tomado de *Carteles*, La Habana, 8 de octubre de 1939, parte I); el prólogo a *El reino de este mundo*, Ed. Arte y Literatura, La Habana, 1976, p. 15, y la entrevista "Confesiones sencillas de un escritor barroco", en *Recopilación de textos sobre Alejo Carpentier*, Serie Valoración Múltiple, Casa de las Américas, La Habana, 1977, p. 63.

regreso, del reencuentro con lo propio, en la edad justa de su madurez intelectual, ese instante señala el relevo de dos etapas trascendentes: el fin de un largo periodo de aprendizaje y formación, que comenzó en La Habana a principios de la década de los veinte, y el inicio de otro extenso periodo de realización literaria que sólo se cierra con su muerte, en abril de 1980, y que lo distinguirá, definitivamente, como una de las voces capitales de la narrativa latinoamericana del siglo XX y la más alta, sin duda, de la historia literaria cubana.

Esta división evidente y nada artificial del desarrollo artístico y vital del novelista resulta especialmente necesaria para cualquier análisis profundo de su literatura, pues la obra que comienza a fraguarse a partir de los años cuarenta con la publicación sucesiva del relato "Viaje a la semilla" (1944), el ensayo *La música en Cuba* (1946) y la novela *El reino de este mundo* (1949) —junto con el hallazgo y revelación de lo que el propio autor dio en llamar "lo real maravilloso americano" (1948-1949)— resultaría incomprensible sin el examen cabal de una trayectoria que parte del minorismo cubano de los años veinte, pasa sobre el ejercicio activo del afrocubanismo y del surrealismo, y llega hasta la negación de esos mismos métodos afrocubanistas y surrealistas, luego de sus reveladoras investigaciones para *La música en Cuba* y el detonante viaje a Haití, en 1943. Aquellas experiencias formadoras, sin embargo, moldearían una personalidad artística peculiar, dotada para la creación de una literatura que se presenta, desde estas obras de los cuarenta, como una asimilación creativa y superadora de los hallazgos que en lo social y lo artístico le aportaron los grupos, escuelas, movimientos y personalidades con los que convivió.

Durante estos años que concluyen con el "viaje a la semilla" de 1939, Alejo Carpentier aprende a ver e incorpora un cúmulo de preocupaciones —estéticas y políticas—, certezas y vivencias que allanarán el camino hacia su obra mayor. Pero no se trata de un aprendizaje pasivo, sino que el desarrollo del autor se realiza a través de una notable actividad intelectual que se concreta en diversos terrenos: el periodismo, profesión en la que debutó en noviembre de 1922 —al parecer, el día 12, con el artículo "Recuerdos de La Habana antigua", en el que empleó como seudónimo el nombre de su madre, Lina Valmont—[2] y que, en los años siguientes, será la principal tribuna de sus ideas estéticas y la mejor fuente para estudiar la evolución de su pensamiento en este largo periodo; la música, campo en el que dejó escritos numerosos textos para compositores cubanos y franceses, entre ellos *La rebambaramba* (1926), página sinfónica de su amigo Amadeo Roldán; *El milagro de Anaquillé* (1927), misterio coreográfico en un acto también musicalizado por Roldán; sus *Cinco poemas afrocubanos* ("Liturgia", "Canción", "Blue", "Mari-Sabel" y "Juego santo", todos escritos entre 1927 y 1928); la ópera bufa en un acto *Manita en el Suelo* (1931), concebida para su otro gran amigo músico, Alejandro García Caturla; los *Poemas de las Antillas*, nueve letras de canciones con música de François Gailar, además de *La pasión negra* (1932) y la cantata *Invocaciones* (1938), ambas concebidas para Darius Milhaud, y sus colaboraciones con Edgar Vàrese y Charles Wolf; y, por último, la narrativa, género en el cual sólo publicó tres piezas antes de 1943:[3] "El sacrificio", cuento aparecido en 1923; "Histoire de lunes" (1933), relato escrito en francés, y su novela *Ecue-Yamba-O,* también de 1933. Sin embargo, por tratarse fundamentalmente de un narrador, en el caso de Carpentier es preciso tener en cuenta, junto a la obra publicada, la existencia de una serie notable de materiales que dejó inéditos, los cuales reflejan lo intensa y atormentada que fue su labor literaria durante estos años. Entre estos textos quedaron dos novelas, *Semblante de cuatro moradas* (1928-1933), de la que da noticia Frank

---

[2] Hasta fecha reciente se tomaba el 23 de noviembre de 1922, día de la publicación del artículo "Pasión y muerte de Miguel Servet por Pompeyo Gener", como el momento del debut periodístico de Carpentier. Según los propios testimonios del escritor, ese trabajo, aparecido en el periódico habanero *La Discusión*, había sido su primer texto impreso. Sin embargo, recientes investigaciones debidas a Sergio Chaple en el artículo "La primera publicación de Alejo Carpentier. Consideraciones en torno a la génesis de su narrativa y labor periodística", *Anuario L/L*, núm. 19, La Habana, s. f. (¿1988?), demuestran de manera convincente que varios trabajos firmados por Lina Valmont y publicados en la revista *Chic* y el periódico *El País* deben ser obra de Carpentier. De ser cierta esta hipótesis, el primer texto editado del escritor sería "Las dos cruces de madera. Leyenda del Convento de Santa Clara", *El País*, La Habana, 5 de noviembre de 1922, una crónica-leyenda muy cercana en su estilo a "El milagro", la que publicaría, ya bajo su firma, el 20 de diciembre, en el diario *El Universal*, La Habana.

[3] Excluyo de esta relación "El milagro" pues se trata, en puridad, de una crónica ficcionada más que de una obra de ficción en sí. "El milagro" es la reelaboración de una leyenda sobre el milagro atribuido a San Félix de Nola "según nos lo relata San Paulino en uno de sus cadenciosos poemas", según comenta el joven Carpentier.

Janney[4] a partir del anuncio de la novela como obra "en preparación" en la primera edición de *Ecue-Yamba-O* —aunque en los buceos en la papelería del autor no hemos podido constatar su existencia—, y *El clan disperso*, redactada en los años treinta y de la cual sí existe una copia, celosamente guardada en la papelería del escritor que conserva su viuda, Lilia Esteban. Y existen, además, varios cuentos inconclusos o nunca considerados publicables, entre los que se hallan los titulados "Audiencia de reyes", "El árbol genealógico", "El milagro del ascensor", "Mogote", "De sol a sol", y lo que constituye su gran tributo narrativo al surrealismo: el primer bloque del relato inacabado "El estudiante".[5] A estas obras, por último, vinieron a sumarse, a finales de 1989, una serie de textos que se consideraron definitivamente perdidos y que reaparecieron en la maleta abandonada en los días de la segunda Guerra Mundial por la madre de Carpentier, Lina Valmont, en Saint Florent Sur Cher, un pueblito de la campiña francesa. Varios cuentos recuperados con la maleta, al parecer contemporáneos de "El sacrificio", testimonian los tanteos del principiante y nos muestran a un Carpentier en ciernes, sencillamente "prehistórico", atrapado por los últimos velos exóticos del modernismo hispanoamericano de Rubén Darío.

Lo más significativo en esta enumeración de títulos y proposiciones tan diversas que recorren las dos primeras décadas de trabajo creador del joven Carpentier es la presencia de ciertas obsesiones temáticas que, en constante evolución, no lo abandonarán jamás. Es evidente, en el caso Carpentier, que "la historia de un novelista es la historia de un tema y sus variaciones", como dijera Roland Barthes y luego aplicara a su estudio sobre García Márquez el peruano Mario Vargas Llosa.[6] Porque, al examinar estas tres esferas fundamentales de la creación a las que se dedica entonces el escritor cubano —sin contar su labor como libretista y musicalizador de audiciones radiales, actividad considerada en aquella época como un verdadero arte del siglo XX—, se

---

[4] Frank Janney, *Alejo Carpentier and His Earlies Works*, Tamesis Book Limited, Londres, 1981.
[5] "El estudiante" fue publicado por primera vez en el número monográfico dedicado a Carpentier de *La Gaceta de Cuba*, La Habana, diciembre de 1989.
[6] Mario Vargas Llosa, *Gabriel García Márquez: historia de un deicidio*, Monte Ávila Editores, C. A., Impresiones Barcelona-Caracas, 1971.

vislumbran con claridad las nociones esenciales que desarrollará cabalmente en su obra narrativa y ensayística posterior, desde posiciones, por supuesto, sometidas a las transformaciones y adecuaciones de una evolución. Pero en estos trabajos de los años veinte y treinta —matizados, incluso, por la vehemencia de la juventud— aparecen ya su preocupación por el destino intelectual de América; la búsqueda febril de un método y un estilo propios, que le permitiesen reflejar la esencia de un universo que ya se le perfilaba como una realidad distinta; la aceptación y defensa entusiasta de los hallazgos estéticos del arte de vanguardia, especialmente del surrealismo, del que luego será un observador crítico; el tratamiento de lo folclórico y lo popular —a través del afrocubanismo que practicó— como reafirmación de los valores nacionales y búsqueda de interpretaciones novedosas y relegadas de la realidad; además de ciertas ideas políticas que incorpora y maneja en sus textos, debidas a su convivencia con el llamado Grupo Minorista, primero, y con el ala antibretoniana del surrealismo, después.

La consecuencia inmediata de estas obsesiones es el hallazgo definitivo de una concepción de la realidad americana ("lo real maravilloso") y un estilo (el barroco) sobre los que se sustentarán las obras capitales de este autor.

Tal vez el primer atisbo de lo que sería su literatura lo expresa Alejo Carpentier en el comentario "Jean Cocteau y la estética del ambiente", aparecido en el número 7 de la revista *Social*, correspondiente a julio de 1925. Allí decía el autor:

> Según Cocteau [...] todo cuanto nos descubra "bajo una luz que sacuda la modorra, las cosas sorprendentes que nos rodean y que nuestros sentidos registran maquinalmente, es poesía". Por lo tanto, *es inútil ir en pos de esas sensaciones a regiones lejanas*. Los elementos están a nuestro alrededor: "se trata de mirar las cosas sobre las cuales el corazón, la mirada, corren cada día bajo un ángulo y a tal velocidad, que al reparar en ellas creemos verlas y conmovernos por primera vez" [...] *El verdadero poeta debe vivir al acecho de ese fluido continuo y maravilloso*. Fuera de eso "sólo hay literatura".[7]

---

[7] Alejo Carpentier, *Crónicas*, Editorial Arte y Literatura, La Habana, 1975, t. I, p. 28. Las cursivas son nuestras.

Sin embargo, antes de esta premonitoria afirmación que parece dirigida a todo un populoso sector del modernismo hispanoamericano, Alejo Carpentier había comenzado ya a recorrer el camino que lo asentaría como uno de los más notables periodistas cubanos del momento —y de todo el siglo XX—. Luego de su debut como cronista, para el que escogió como seudónimo el nombre de su madre, recibe el encargo de redactar para el diario *El País* las columnas "Obras famosas" (dedicada al comentario de libros) y "Teatros" (para espectáculos de diversa índole), a la vez que, en el año 1923, comienza también su colaboración con el periódico *El Universal* y la revista *Chic,* hasta que en 1924, con un nombre que va ganando respetabilidad, atiende ya la prestigiosa sección teatral de *El Heraldo* y ocupa la jefatura de redacción de *Carteles*, una de las revistas más importantes en la historia de la prensa cubana y con la cual Carpentier mantendría sus contactos hasta los años cuarenta.[8] Esta temprana labor periodística denota ya la existencia de preocupaciones conceptuales y preferencias estéticas en Carpentier, cuya atención se dirige con especial entusiasmo hacia las más novedosas creaciones de vanguardia que se están produciendo en el ámbito cultural europeo y, de modo incipiente, en la amodorrada cultura cubana.

Tal es el crédito de buen periodista y hombre culto y talentoso que en poco tiempo adquiere el cronista que, en la edición del 9 de octubre de 1924 del *Diario de la Marina*, el ya conocido Francisco Ichaso escribe de él en términos más que elogiosos y con una sorprendente visión premonitoria:

> Carpentier es muy joven y aparenta serlo aún más. Apenas apunta el bozo en su labio superior, su rostro es casi lampiño, sus facciones aniñadas, sus gestos, aunque reposados y sobrios, tienen toda la mecánica característica de la adolescencia. Únicamente sus ojos —en que parece brillar el reflejo de la última lectura o del reciente lienzo contemplado— ponen una nota de madurez en su faz. Sin embargo, este adolescente Carpentier, este muchacho —como decimos en confianza los criollos— ha entrado ya en la mayoría de edad intelectual.

[8] Véase Ana Cairo, "La década genésica del intelectual Carpentier (1923-1933)", en

Oídle hablar; vedlo escribir y os percataréis de su claro talento, de su sentido artístico, de su amor a la belleza, de su afición al estudio, de su saber amable y depurado. Carpentier os dirá cosas de la última escuela pictórica, del más reciente alarde "ultrafuturista" hecho en ese París demoníaco y multiavisor, y en sus comentarios sorprenderéis la condición vigilante de un intelectual que, sin cesar, atalaya el horizonte, ávido de nuevas luces, de nuevos sonidos, de nuevas imágenes.

Porque Carpentier es un espíritu modernísimo con todas las curiosidades, todas las vacilaciones y todas las inquietudes del siglo. Carpentier es de los que pretenden, a todo trance, violar la urdimbre de esta centuria en la que vivimos, horadar con la mirada el velo de Isis de los años que quedan y ver con sus propios ojos voraces el espectáculo del venidero siglo, con sus nuevas posiciones, sus nuevas conquistas, sus nuevas audacias.[9]

Mientras, el joven periodista ha hecho también su debut como narrador, pues en el número correspondiente a mayo de 1923 de la revista *Chic* aparece lo que puede considerarse la primera obra de ficción publicada por Alejo Carpentier: el relato "El sacrificio".[10] Si bien es cierto que con anterioridad —diciembre del año anterior— había publicado en *El Universal* la extraña crónica-leyenda titulada "El milagro", en la cual emplea recursos propios de la literatura para recrear una vieja leyenda cristiana (al igual que en el texto "Las dos cruces de madera", del 5 de noviembre de 1922, otro de los trabajos firmados por Lina Valmont), es en "El sacrificio" donde por primera vez ensaya, públicamente, sus posibilidades como creador de ficciones. El relato subtitulado "Historia fantástica" —y dedicado a uno de sus mentores intelectuales de entonces, Jorge Mañach— todavía conserva, a estas alturas, el valor que le confiere su carácter de pieza inicial y de inmejorable muestra de las influencias que ejercían sobre el joven sus muy cercanas lecturas de la adolescencia.

Escrito en abril de 1923, "El sacrificio" cuenta la historia de "[...]

---

*Imán*, anuario del Centro de Promoción Cultural Alejo Carpentier, La Habana, núm. II, 1984-1985.

[9] Citado por Ana Cairo, *op. cit.*, p. 380.

[10] Alejo Carpentier, "El sacrificio", revista *Chic*, La Habana, vol. XII, núm. 93, mayo de 1923, pp. 26-27. (En 1974, al referirse a este primer cuento, Carpentier reconocería que su título verdadero era "El sacrilegio", que sí corresponde al contenido de la narración.)

Ulrico el Temerario, rudo 'vikingo', pirata a veces y defensor de los justos según los casos", nieto de Erico el Rojo, descubridor de las "costas remotas de Groenlandia" (tópico que, curiosamente, Carpentier rescatará en la que sería su última novela, *El arpa y la sombra*), el cual recibe una advertencia: "–'No zarpes hoy pues te acontecerá una desgracia', le había dicho la vieja finlandesa –bruja según decían– que vivía en el puerto a costa de la credulidad de los marinos y pescadores". No obstante, Ulrico se hace a la mar y ataca la nave de Araldo, en la que viaja "un venerable monje, llamado Guenolo, [que] guarda en ese 'dakar' un cofre que contiene un trozo de la verdadera cruz; varios huesos de mártires, y otros sagrados objetos". Mas Ulrico, temerario al fin y al cabo, ataca y hunde la nave de Araldo, pero "Sobre los restos del destrozado casco, se irguió entonces una sombra cubierta por un largo sayal ensangrentado [Guenolo]. Levantó los brazos y gritó con fuerza increíble: –¡Ulrico el Temerario! ¡Sacrílego! ¡Asesino!... ¡Maldito seas!... [...] Entonces se desencadenó una tempestad horrible", que concluye con el naufragio del "dakar" de Ulrico, quien, antes de ahogarse, vuelve a escuchar las palabras de Guenolo.

Si me detengo especialmente en una obra de aparente intrascendencia artística en el futuro literario de Carpentier es porque, a pesar de su tremendismo y del estilo folletinesco, plagado de recursos retóricos fáciles (interrogaciones y admiraciones en abundancia), que en nada recuerdan los trabajos posteriores del autor, es notable en el relato la presencia de elementos fantásticos o mágicos integrando la realidad y funcionando como motivos argumentales importantes dentro del relato, al punto que determinan su desarrollo y el desenlace mismo de la trama, para cobrar así una cierta corporeidad realista, dentro de un estilo que –quizás sólo remota y voluntariosamente– podría recordar los recursos de lo que luego se llamará el realismo mágico americano. Por otra parte, ya en "El sacrificio" figura otro componente trascendental de la narrativa del autor: la música. Su presencia en esta breve pieza de aprendizaje es notable, y el narrador comenta en un pasaje: "¡La sinfonía del Mar! El entrechocar de sus masas producía una música de armonía incomparable; sus rumores tenían una cadencia que apenas igualaban los cantos de las esquilas".

Por otra parte, el hecho de haber sido el único de los muchos relatos escritos por Carpentier en los primeros años de la década del veinte que nos ha llegado en blanco y negro, hacen de "El sacrificio" una pieza modélica para comprender las proposiciones estéticas de aquel Carpentier, que también fueron tratadas —con similares intenciones y limitaciones— en una serie de cuentos cuyos manuscritos hemos podido disfrutar. Relatos como los hallados en la prodigiosa maleta de Lina Valmont y otros rescatados de la papelería del escritor repiten el recurso modernista —rubendariano— de buscar ambientes lejanos y exóticos para el desarrollo de la anécdota, el empleo del mito y la leyenda como material literario, y la presencia insistente de lo mágico o lo extraordinario como estados de una alterada realidad (¿suprarrealidad?), tal como se evidencia en textos como "Fra Doménico", la historia de un ermitaño de Persia, en la época en que "las luchas entre güelfos y gibelinos ensangrentaban toda la Italia"; "Por una prodigiosa ruta", cuento inconcluso que se desarrolla en Jerusalén; "La mano velluda", breve leyenda fechada junio 6 de 1922 y que ubica su argumento en Japón; "El cruzado", cuento medieval escrito el 30 de mayo de 1922, donde se narra la historia de un cruzado que se enamora de una infiel; o "La noche de reyes", una culta recreación de la leyenda en torno al nacimiento de Juana de Arco, fechado por "Alexis Carpentier" el 2 de abril de 1922.[11]

Por supuesto, la publicación de "El sacrificio" pasó sin penas ni glorias en las páginas de una revista tan chic como su nombre, y hoy es apenas una referencia más o menos prescindible y exquisita en el análisis de su narrativa. Sin embargo, el joven cuentista que escribe sobre vikingos, ermitaños persas y cruzados es el mismo periodista que dos años después afirmaría con Cocteau que "es inútil ir en pos de esas sensaciones a regiones lejanas" y que "el verdadero poeta debe vivir al acecho de ese fluido continuo y maravilloso" que brota de los

---

[11] En la misteriosa y reveladora maleta reencontrada aparecen además experimentos teatrales como el titulado "Nitocris", de los años veinte; algunas páginas del manuscrito en francés de una ópera concebida para Vàrese, "The One all Alone"; un argumento para una película y otros textos de capital importancia como el ensayo *El momento musical latinoamericano*, escrito en 1931 y que publicamos íntegro, por primera vez, en la revista *Unión*, La Habana, núm. 2, 1991, Edición Continental.

elementos que están a nuestro alrededor, y es ya, desde marzo de 1923, uno de los simpatizantes de la Protesta de los Trece y miembro del Grupo Minorista, que tanto lo ayudará a perfilar su visión del mundo y, en especial, la visión de su país, de su historia y su cultura.

Veinte años después, al redactar *La música en Cuba*, Carpentier evoca así lo que constituyó el Grupo Minorista en el ambiente cubano de los años veinte:

Al calor de la abortada revolución de Veteranos y Patriotas (1923), que fue un típico ejemplo de pronunciamiento latinoamericano, sin cohesión, ni dirección, ni ideología concreta, algunos escritores y artistas jóvenes que se habían visto envueltos en el movimiento, sacando provechosas enseñanzas de una aventura inútilmente peligrosa, adquirieron el hábito de reunirse con frecuencia para conservar una camaradería surgida en días agitados. Así se formó el Grupo Minorista, sin manifiestos ni capillas, como una reunión de hombres que se interesaban por las mismas cosas. Sin que pretendiera crear un movimiento, el minorismo fue muy pronto un estado de espíritu. Gracias a él se organizaron exposiciones, conciertos, ciclos de conferencias; se publicaron revistas; se establecieron contactos personales con intelectuales de Europa y de América, que representaban una nueva manera de pensar y de ver [...] Además, toda la juventud del continente padecía, en aquellos años, de la misma fiebre.

En Cuba, no obstante, los ánimos se tranquilizaron con rapidez. La presencia de ritmos, danzas, elementos plásticos, tradiciones, que habían sido postergados durante demasiado tiempo en virtud de prejuicios absurdos, abría un campo de acción inmediata, que ofrecía posibilidades de luchar por cosas mucho más interesantes que una partitura atonal o un cuadro cubista. Los que ya conocían la partitura de *La consagración de la primavera* —gran bandera revolucionaria de entonces—, comenzaban a advertir, con razón, que había, en Regla, del otro lado de la bahía, ritmos tan complejos e interesantes como los que Stravinsky había creado para evocar los juegos primitivos de la Rusia pagana [...] Por otra parte, el nacimiento de la pintura mexicana, la obra de Diego Rivera y de Orozco, había impresionado a muchos intelectuales en Cuba. La posibilidad de expresar lo criollo con una nueva noción de sus valores, se impuso en sus mentes. Fernando Ortiz, a pesar de la diferencia de edades, se mezclaba fraternalmente con la muchachada. Se leyeron sus libros. Se exaltaron los valores folclóricos. Súbitamente el negro se hizo eje de todas las miradas [...] Se iba con unción a los juramentos ñáñigos, haciéndose el elogio de la danza del diablito. Así nació la tendencia afrocubanista, que durante más de diez años alimentaría poemas, novelas, estudios folclóricos y sociológicos. Tendencia que, en muchos casos, sólo llegó a lo superficial y periférico, al "negro bajo palmeras ebrias de sol", pero que constituía un paso necesario para comprender mejor ciertos factores poéticos, musicales, que habían contribuido a dar fisonomía propia al criollo.[12]

Las preocupaciones y búsquedas de estos jóvenes —entre los que se hallaban muchos de los más brillantes intelectuales de la época, encabezados por Rubén Martínez Villena— se ubicarán en el centro mismo de las preocupaciones y búsquedas sociológicas, estéticas y hasta antropológicas de Alejo Carpentier. Pues resulta innegable que el minorismo le aportó, ante todo, lo que Carpentier llamó en 1932 "una mística de América":

> Como todos los hombres jóvenes de mi generación poseo en alto grado una mística de América... Ningún fenómeno ideológico, moral o político de nuestro continente me es ajeno. Todo lo que podemos producir en pintura, música o literatura me interesa en alto grado. Aun nuestros excesos, nuestras exageraciones en muchos sectores, me parecen justificables y hasta dignos de elogio, ya que denotan carácter y temperamento, impulsos de una raza lozana en plena adolescencia.[13]

Así, la orientación que sus ideas juveniles reciben de este movimiento, rebelde y romántico a un tiempo, pero gestor de las vanguardias artísticas cubanas de los años veinte, no se hace esperar y en breve comenzará a concretarse en sus reflexiones sobre el carácter del verdadero arte americano y las potencialidades del arte nuevo que llega de Europa, a la vez que influye decisivamente en sus propias realizacio-

---

[12] Alejo Carpentier, *La música en Cuba*, Editorial Letras Cubanas, La Habana, 1979, pp. 243-244.
[13] Alejo Carpentier, "La feria de las vanidades", *Carteles*, La Habana, 18 de septiembre de 1932, pp. 16 y 57.

nes artísticas, cuyos frutos atendibles empiezan a brotar en 1926, despojado ya de los lastres posmodernistas de sus primeros escritos.

De la mano de Carpentier llegan entonces a las páginas de *Social* y *Carteles,* por primera vez, los nombres de Pablo Picasso, Erik Satie, Debussy, Man Ray, Vsevolod Ivanov y también los de José Clemente Orozco, Diego Rivera y Amadeo Roldán, promotores de una revolución estética americana que le interesa al joven cronista tanto o más que la realizada en Europa. Su nacionalismo cultural, entonces, no le cierra el camino a las corrientes foráneas; más bien lo contrario, pues en su búsqueda desesperada de senderos capaces de trascender el nativismo folclórico y el realismo fotográfico que entonces imperaban en el continente, acepta y aplaude todo método que le sugiera la posibilidad de revelar una nueva dimensión de las realidades, nueva dimensión cuyas vías estéticas eran aún ignoradas por la creación de muchos artistas americanos.

Así, poco después de partir para Francia, Carpentier publica en *Social*, el 7 de junio de 1928, su comentario "Man Ray. Pintor y cineasta de vanguardia", en el que claramente se transparenta su entusiasmo ante una obra que trasciende lo aparente y lo *enseña a ver* otra dimensión del universo que se halla, justamente, donde se lo había indicado Cocteau.

> Desde que el cubismo nos enseñó a verlos [dice entonces] los objetos más humildes que nos rodean parecen estar investidos de una dignidad insospechada, y continuamente sorprendemos [...] aspectos y acoplamientos que los ennoblecen [...] Películas como ésta [anota después, refiriéndose a *La estrella de mar]* son capaces de educar nuevamente nuestros ojos, enseñándoles a ver, revelándoles el universo de cosas conmovedoras y sorprendentes que nos rodea, y sobre el que pasamos cada día, insensibles, calzando los coturnos de la costumbre.[14]

En esta obsesiva necesidad de ver más allá de lo fenoménico, de lo real-aparencial, y hallar una segunda y más acabada visión de la reali-

---

[14] Alejo Carpentier, "Man Ray. Pintor y cineasta de vanguardia", *Social,* vol. 12, núm. 7, julio de 1928, en *Crónicas,* t. I, pp. 39 y 41.

dad está, indiscutiblemente, la génesis más remota de lo que luego será su teoría de lo real maravilloso americano. Pero, en este momento, el joven escritor rompe lanzas por un afrocubanismo que era, para él, una cultura de resistencia y una vía –atractiva, además, por su carga mítica y mágica– para escapar del sociologismo positivista en que andaba sumida la literatura cubana, a la vez que un viaje a los orígenes, a lo autóctono, a través de una cultura esencialmente mestiza y popular.

Su primer manifiesto importante a favor del afrocubanismo como opción válida de un nuevo arte americano aparece en febrero de 1926, cuando publica en *Social* su artículo "Una obra sinfónica cubana", a propósito de la *Obertura sobre temas cubanos,* de su talentoso amigo Amadeo Roldán. Aquí, entre otras consideraciones importantes, Carpentier deja claro cuál es, a su juicio, el papel del artista como "traductor" del acervo popular y la importancia del tratamiento estético de los módulos folclóricos:

> El extraordinario interés que para nosotros encierra la revelación de esta obra no proviene sólo de la rara calidad de su "materia musical", sino principalmente de su sana orientación estética que pone de manifiesto, indicándonos el camino más fecundo e interesante que pueden seguir nuestros jóvenes compositores, el único que habrá de conducirnos a una alta finalidad de sólida creación [...] *La obertura sobre temas cubanos* está inspirada en motivos genuinamente criollos, extraído uno de ellos del tradicional Cocoyé. Mas, no cabe errar acerca del verdadero carácter de la obra. El concepto que del folclorismo tiene Roldán es totalmente ajeno al vulgar sistema que consiste en sublimar algún son, o escribir una rumba para gran orquesta.

Análogamente a Falla, Roldán cree que la inspiración popular debe utilizarse haciéndola sufrir un intenso trabajo de elaboración, purificándola en ciertos aspectos, a fin de transformarla en una materia ligera, dúctil, apta para dejarse imponer los moldes de la forma, sin la cual no puede existir verdaderamente la obra.[15]

---

[15] Alejo Carpentier, "Una obra sinfónica cubana", *Social,* vol. II, núm. 2, febrero de 1926, en *Crónicas*, t. I, pp. 39-41.

Así, ciertamente influido por las concepciones estéticas y los intereses temáticos de Amadeo Roldán y Alejandro García Caturla, el hasta entonces periodista Alejo Carpentier comienza una seria y muy trascendente labor como libretista sinfónico, después de largos tanteos y meditaciones que se manifiestan, claramente, en la carta que le enviara, el 15 de marzo de 1927, a García Caturla:

> La tardanza en exponer alguna idea concreta proviene de que no quiero hacer las cosas a medias, y aunque un argumento de ballet se traza en cincuenta líneas, éstas deben contener una verdadera quintaesencia de muchas ideas. No quiero darles ideas mediocres; estoy digiriendo mis esquemas originales, con el fin de obtener algo que reúna gran cantidad de cubanismo y un espíritu de hoy suficiente para eximirlos de insularismos intrascendentes.[16]

Este afán de escapar de los valores al uso y la búsqueda de una cubanía esencial lo encaminan directamente hacia el mundo de la música y las vigorosas religiones del negro criollo, donde encuentra esa "gran cantidad de cubanismo" que andaba reclamando y, además, en un estado de elaboración artística consciente prácticamente virgen. Escribe entonces *El milagro de Anaquillé* y *La rebambaramba,* en 1926 y 1927 y entregadas ambas a Amadeo Roldán, además de sus *Cinco poemas afrocubanos,* unas letras para canciones que, sin él proponérselo, lo convertirían con el tiempo en uno de los autores antologados en las recopilaciones sobre el movimiento poético afrocubanista. Cinco años más tarde, y después de una nerviosa espera, García Caturla recibe también la obra que le hubiera prometido Carpentier y que resulta ser el excelente libreto para *Manita en el Suelo* (1931), ópera bufa en un acto y cinco escenas, inspirada en la leyenda de un famoso ñáñigo habanero de finales del siglo XIX, conocido como Manita o Manita en el Suelo, por el extraordinario largo de sus brazos.

Independientemente de los valores evolutivos presentes en estas obras, cuya complejidad va en ascenso y de cuya trascendencia en la conformación de la teoría sobre lo real maravilloso me ocuparé más

---

[16] Alejo Carpentier, *Obras completas,* Siglo XXI Editores, México, 1986, t. I, p. 281.

adelante, pienso que *La rebambaramba*, *El milagro de Anaquillé* y *Manita en el Suelo* evidencian claramente la orientación estética de Carpentier por estos años, luego de haber conocido y valorado la lección vanguardista sobre las posibilidades de captar y reflejar un entorno que, tratado desde una cierta óptica, resultaba a su vez enriquecido por la obra de arte. En las tres piezas mencionadas es fácil advertir la estilización simbólica de la realidad a partir de tipos y personajes míticos de la cultura popular cubana (Mulata Ladina, Negro Curro, Calesero; el Diablito, Iyamba, el Business Man, Papá Montero, Manita en el Suelo, el Chino de la Charada, los tres Juanes, la Virgen de la Caridad del Cobre y muchos ñáñigos), al estilo del viejo teatro bufo del siglo XIX, aunque trabajados con diferente intención, pues se le imprime más violencia a la acción, a las actitudes de los personajes y se persigue conscientemente dotar a los asuntos de un mensaje político explícito. El mundo fabuloso del negro criollo alcanza ahora un nivel protagónico a través del cual el autor persigue, en una "verdadera quintaesencia de muchas ideas", reflejar creencias, valores humanos, situación social y actitudes de sus personajes, desde el lenguaje eminentemente poético y estilizado del medio para el que trabaja. Así, por ejemplo, resulta absolutamente metafórica la solución nacionalista y antimperialista de *El milagro de Anaquillé*, al oponer el sincretismo cubano y la magia de su religión a los valores foráneos, dentro de una obra que constituye una clara alegoría política. En *Manita en el Suelo*, mientras tanto, la cubanía se expresa en la corporización de leyendas, mitos, personajes populares que encarnan los valores de una nacionalidad cultural relegada, haciendo coincidir lo popular con lo cubano.

Por ello, poco después de enviarle esta obra, le escribe a García Caturla, temiendo ante una anunciada simplificación de sus ideas en el guión definitivo:

[...] Manita debe ser una suerte de punto de partida de un teatro folclórico cubano —jamás se ha intentado labor análoga— y para ello sólo deben ponerse en juego elementos auténticos, dotados de poesía popular verdadera. La Virgen de la Caridad del Cobre debe ser una Virgen de la Caridad verdadera, copiada de la oración popular, con doraditos, coronas y querubines picúos. El Chino de la Charada, simple reproducción del original conocido. Y los personajes del teatro de títeres deben parecerse a los santicos de los altares de brujería y de los fambás ñáñigos [...] En resumen, el teatro de títeres que soñaría un negro [...] Todo muy popular, muy arrabalero. Ahí es donde está el auténtico arte moderno. Las estilizaciones cubistas estaban buenas para Parade, en 1917. Hoy estamos en 1932. Los suprerrealistas de ahora te dirán "tenemos el deber de dignificar aquellos elementos despreciados por los estetas, y considerados como inferiores y vulgares por la 'gente fina'". ¡Al diablo los estetas![17]

Aunque su concepción del "auténtico arte moderno" comenzaba a transformarse ya por esta misma época, con la comprensión de las complejidades mayores que implicaba una labor artística que debía superar el simple rescate antropológico de ciertos elementos folclóricos subyacentes en la realidad, es evidente el entusiasmo que despertaba todavía en Carpentier la riqueza sincrética y cultural de un universo tradicionalmente relegado, el cual le ofrecía a manos llenas un acervo temático y referencial de infinitas posibilidades artísticas. Así, la opción del afrocubanismo caló tan hondo en Carpentier –quien, como escribiera más de una vez, asistía por aquel entonces a cuanto baile de santo o rompimiento ñáñigo fuera invitado– que entre el 1º y el 8 de agosto de 1927, cumpliendo prisión en la cárcel habanera de Prado número 1, como resultado de un proceso seguido contra un grupo de comunistas, redacta una versión inicial de la que sería su primera novela conocida y su gran tributo al movimiento: *Ecue-Yamba-O*, publicada definitivamente en Madrid, en 1933, luego de una minuciosa revisión.

*Ecue-Yamba-O* constituye, obviamente, el momento literario más importante en la obra de Carpentier antes de la publicación de sus trabajos de los años cuarenta. "Libro que se resiente de todas las angustias, desconciertos, perplejidades y titubeos que implica el proceso de un aprendizaje",[18] como su propio autor ha confesado, la novela es, sin embargo, una muestra insustituible en el análisis del

[17] Alejo Carpentier, *op. cit.*, t. I, p. 308.
[18] Alejo Carpentier, prólogo a la edición cubana de *Ecue-Yamba-O*, Editorial Arte y Literatura, La Habana, 1977, p. 10.

proceso evolutivo del escritor, en un instante en que "Había que ser 'nacionalista', tratándose, a la vez, de ser 'vanguardista'..."[19]

Ahora, más que el estudio mismo de la novela, es importante establecer —en las vías de la evolución ideoestética del autor que es necesario verificar— el precario equilibrio entre el nacionalismo y el vanguardismo en el que se mueve Carpentier en este momento de su producción, aspecto del cual dependen, en buena medida, los resultados concretos de una novela fallida en su concepción formal —atada a los hallazgos de la vanguardia— y en el reflejo mismo de un contexto mucho más complejo que el esbozado en la obra —por su visión aún limitada de ciertos fenómenos del universo americano y cubano—, como se ha encargado de señalar la crítica, una y otra vez, desde la aparición de *Ecue-Yamba-O*.

Sin duda, los años que median entre la apresurada versión inicial de la novela (agosto de 1927) y su redacción definitiva (primeros meses de 1933) marcan un periodo de afanosa búsqueda de respuestas y soluciones concretas al cúmulo de interrogaciones que, de un modo nuevo, se le habían planteado al joven escritor que ensayaba sus armas en el arte de la novela. Si antes de 1927 sus preocupaciones ideoestéticas y sociales habían hallado un cauce expresivo fundamental en crónicas periodísticas donde saludaba, criticaba, analizaba la labor de otros y, a la vez, opinaba sobre los destinos del arte en Europa y América, ahora Carpentier enfrentaba, en el plano mayor de la creación propia, el reto de dar una solución artística personal al dilema de la creación de un arte que, siendo americano, fuese a la vez universal y rebasara, a un tiempo, las perspectivas de un nativismo ya agotado y un realismo naturalista que no lo complacía. Pero es que, a la vez, el autor intentaba adoptar las novedosas enseñanzas técnicas y formales de las vanguardias europeas con las que se iba familiarizando, como método de captación, reflejo y realización de una obra literaria a la que había entregado todavía una función adicional: denunciar la vida miserable y sin esperanzas del negro cubano... Es innegable que sobre *Ecue-Yamba-O* confluyen demasiadas preocupaciones y respon-

---

[19] Alejo Carpentier, *op. cit.*, p. 11.

sabilidades conscientes y que la falta de respuestas definitivas para tantas interrogantes capitales conformaron el cúmulo de factores que, en verdad, decretaron el destino final de la obra.

Sin embargo, pienso que la más perentoria de todas las preocupaciones ideoestéticas que gravitan sobre la creación de *Ecue-Yamba-O* tiene que ver, justamente, con las cualidades de un arte y una literatura americanas capaces de reflejar las complejidades, ambientes, ideas e historia continental, aún desconocidas, en muchos casos, por los artistas latinoamericanos, demasiado inmersos por ese entonces en un psicologismo importado de la literatura francesa o en creaciones artísticas de un academicismo trasnochado. Ya en 1926, y a propósito de la *Obertura sobre temas cubanos,* de Roldán, Carpentier había establecido las primeras consideraciones al respecto. Pero ese mismo año, a raíz de su viaje a México y su revelador contacto con el muralismo mexicano, magnificado en las obras monumentales y ajenas a los cánones al uso de Orozco y Rivera, comienza a fraguar en el escritor, de forma coherente, una conciencia de las posibilidades infinitas de una creación que mantuviera, además, lo que Alfonso Reyes calificaría como un "carácter ancilar".

Así piensa, por ejemplo, de la obra de José Clemente Orozco, "una de las grandes figuras del arte de nuestra América":

> Aun en sus momentos de relativa ingenuidad, la obra de Orozco realiza una especie de apostolado pictórico, animada de un espíritu análogo al que originó la pintura religiosa en la Edad Media, pero sirviendo una nueva y noble causa. Creados para la multitud, como las obras del arte revolucionario ruso, esos frescos sólo aspiran a llegar directamente al corazón del pueblo con la mayor elocuencia posible. Ajenos a todo academicismo timorato, se orientan hacia una nueva belleza por medio de estilizaciones poderosas. En ellos se ha dado traducción plástica a un mundo de aspiraciones e ideales que resumen todo un momento de la vida mexicana contemporánea.[20]

Esta valoración, que pudo haberla aplicado también a los murales de Diego Rivera, transparenta un evidente entusiasmo ante una op-

---

[20] Alejo Carpentier, "Creadores de hoy. El arte de José Clemente Orozco", *Social,* vol. 11, núm. 10, octubre de 1926, en *Crónicas,* t. I, p. 52.

ción creadora, renovadora de lenguajes y proposiciones estéticas, que lo convence con sus realizaciones concretas −sobre todo a partir de esa "traducción plástica" (vale decir, artística) de un mundo de nuevas aspiraciones e ideales−. No obstante, sus reflexiones sobre el muralismo mexicano y la nueva música sinfónica cubana son apenas la antesala de una obsesiva y recurrente indagación sobre el carácter que, a su juicio, debe tener el arte americano, indagación que lo conducirá, muchos años después y asimilada ya la experiencia surrealista, al hallazgo y formulación de lo real maravilloso como forma de manifestación y de aprehensión estética de la realidad del continente.

Así, poco antes de su encarcelamiento en el año 1927, Carpentier se convierte en uno de los cinco intelectuales cubanos que gestan y fundan la revista que sería el órgano por excelencia de las nuevas ideas estéticas en Cuba: la *Revista de Avance*. Aunque la crítica actual ha visto en aquella genésica publicación un reflejo a veces tímido y titubeante de la aguda lucha ideológica y cultural que entonces se desarrollaba en el país −la década crítica, al decir de Juan Marinello−, creo que no hay duda en cuanto a la trascendencia de esta publicación como abanderada de las ideas nuevas que, salidas de Europa, encontraban en América un terreno abonado para su aclimatación y como importante bastión de un nacionalismo cultural, tanto en su labor de reflexión como de promoción de las nuevas obras. Especialmente importante en el destino de esta revista es su número de apertura (marzo), el único en el que interviene directamente Carpentier, y en el cual se lanza un cuestionario que es una clara toma de partido sobre la necesidad de un arte americano independiente y novedoso en cuanto a métodos, estilos y ambientes:

> ¿Cree usted que la obra del artista americano debe revelar una preocupación americana? ¿Cree usted que la americanidad es cuestión de óptica, de contenido, de vehículo? ¿Cree usted en la posibilidad de caracteres comunes al arte de todos los países de nuestra América? ¿Cuál debe ser la actitud del artista americano ante el europeo?

Semejante andanada de preguntas −claramente tendenciosas, por demás− no encuentran, sin embargo, una respuesta cabal en la realización misma de *Ecue-Yamba-O,* comenzada a escribir apenas unos meses después. Es evidente, a mi juicio, que la gravosa disyuntiva de ser "'nacionalista' tratándose a la vez de ser 'vanguardista'", entorpece la solución de la americanidad como cuestión de óptica, de contenido o de vehículo (o incluso de sensibilidad).

No obstante, es fácil rastrear, a través de una serie de importantes comentarios que Carpentier entrega a la prensa desde su salida de la cárcel hasta la publicación de su novela, la situación específica de sus certidumbres y concepciones sobre este asunto. Justamente en 1927 y apenas puesto en libertad, el escritor redacta un texto capital para el estudio de este proceso, su "Carta sobre el meridiano intelectual de Nuestra América", con el cual se suma a la polémica que, con tanto ruido, habían establecido el semanario madrileño *La Gaceta Literaria* y la revista de los vanguardistas argentinos, *Martín Fierro,* a partir de un artículo publicado en la primera en el que se consideraba que Madrid debía ser estimado como el "meridiano cultural" de todos los escritores hispanoparlantes, para concretar el anhelo de "agrupar bajo un mismo común denominador de consideración idéntica toda la producción intelectual de la misma lengua [...] juzgando con el mismo espíritu personas de allende y aquende el Atlántico".[21] A esta tesis, de innegables sonoridades neocolonizadoras, se opuso con la vehemencia propia de los buenos vanguardistas el equipo de colaboradores de *Martín Fierro,* alzando una bandera americanista que ya ondeaba en las pasiones y obras de aquel importante grupo de intelectuales argentinos.

Mientras, a petición del periodista español Manuel Aznar, por entonces redactor del periódico habanero *El Diario de la Marina,* Alejo Carpentier publica el 12 de septiembre de 1927 su "Carta abierta sobre el meridiano cultural de Nuestra América", adentrándose en un tema que lo espoleaba al debate y que le permite revelar, de modo inmejorable, sus ideas sobre la realidad cultural americana.

En la carta, luego de introducir el asunto, Carpentier considera:

---

[21] Citado por Carpentier en "Sobre el meridiano cultural de Nuestra América", en *Ensayos*, Ed. Letras Cubanas, La Habana, 1984, p. 252.

Basta otear rápidamente el arte y la literatura de América, para comprender que son frutos de un encadenamiento de circunstancias muy especiales. Las actitudes del intelectual de América no pueden aparearse con las del intelectual de Europa. Este último ha vencido una cantidad de prejuicios adversos: vive, si quiere, en medios desconectados de toda realidad étnica o histórica [...] El dilema de la definición espiritual –que tanto nos angustia por estas latitudes–, es menos apremiante y, por lo tanto, brinda oportunidades para una lección más segura. La gesta de vanguardia ofrece direcciones claras. Se puede hacer "poesía pura", arte deshumanizado, música neoclásica, cuando los temas del terruño yacen casi exhaustos y la producción denuncia su nacionalidad con algo más que artificios de color local.

[...]

En Nuestra América, en cambio, las cosas ocurren de muy distinta manera. Si lo observa usted, verá que hay un gran fondo de ideales románticos tras los más hirsutos alardes de la literatura latinoamericana. Desde el río Grande hasta el Estrecho de Magallanes, es muy difícil que un artista joven piense seriamente en hacer arte puro o arte deshumanizado. El deseo de hacer un arte autóctono sojuzga las voluntades. Hay maravillosas canteras vírgenes para el novelista; hay tipos que nadie ha plasmado literariamente; hay motivos musicales que se pentagraman por primera vez [...] Estas circunstancias son las que propician ciertos ideales románticos: nuestro artista se ve obligado a creer, poco o mucho, en la trascendencia de su obra...[22]

Y concluye, un poco más adelante:

América tiene, pues, que buscar meridianos en sí misma, si es que quiere algún meridiano. Y más: teniendo en cuenta que las manifestaciones del espíritu latinoamericano son múltiples y los problemas planteados ante un intelectual mexicano o argentino son tan diversos como los que pueden inquietar a este último comparados con los que se ofrecen a un intelectual español, resulta saludable, por ahora, una anulación de todo meridiano.[23]

Esta contundente declaración de independencia cultural ofrece, cuando menos, tres evidencias considerables sobre las ideas estéticas y sociales de Carpentier pocos días después de haber iniciado su tra-

---

[22] Alejo Carpentier, "Sobre el meridiano cultural de Nuestra América", ed. cit., p. 252.
[23] *Ibidem,* p. 253.

bajo como novelista y de haber sido procesado jurídicamente por sus inclinaciones políticas: ante todo se destaca en la carta la necesidad de tratar rincones inexplorados de una realidad vasta y múltiple, aristas capaces de aportar nuevas visiones del universo latinoamericano (léase, en su caso particular, el mundo de los negros cubanos), que ya es definitivamente distinto del europeo, reflexión que establece las pautas de la dicotomía acá-allá que recorre toda la obra carpenteriana; por otra parte, "el dilema de una definición espiritual —que tanto nos angustia por estas latitudes—" parece ser una primera noción de la ya mencionada disyuntiva entre nacionalismo y vanguardismo; y, finalmente, la prefiguración de la existencia de una realidad singular (y por tanto insólita, y de ahí maravillosa) se infiere de la propia existencia, en América, de una "realidad étnica e histórica" de la cual el intelectual no puede vivir "desconectado", lo cual implica la necesidad de un compromiso —que el escritor nunca califica de político, aunque sin duda parece serlo también—.

Su clara noción de la necesidad de un arte americano autóctono, cuyos meridianos estuvieran en su propia realidad y en sus urgencias y singularidades, chocaba con un arduo problema técnico y conceptual: las vanguardias europeas estaban mostrando el mundo desde una óptica nueva, descubrían métodos y recursos artísticos novedosos y atendibles, rompían todos los esquemas y, en fin, era imposible cerrar los ojos ante una verdadera revolución estética de la cual ya no había retroceso.

Carpentier, informado de estas revelaciones, se manifiesta como un decidido admirador del arte nuevo, especialmente el llamado superrealismo, y, en vísperas del inicio de una de las experiencias más trascendentes de su vida, le escribe a Alejandro García Caturla una carta fechada el 6 de marzo de 1928, justo en los días en que se desarrollaba en La Habana el Congreso de la Prensa Latina:

Desde el año 1920 el Superrealismo ha tomado una importancia formidable. En pintura, sobre todo, su influencia se extiende desde España hasta Polonia. No hay actualmente un pintor joven de Europa, que no sea, hasta cierto punto, superrealista. (Lee acerca de esto un maravilloso libro de

Franz Roh –*Revista de Occidente* lo editó–, titulado *Realismo mágico: postexpresionismo.*) En poesía el superrealismo también se ha convertido en una escuela de gran fuerza. Sus fundadores eran Louis Aragon, Paul Éluard y este Desnos que nos visita [y que, al parecer, no le habla de Breton], y profesa un desprecio profundo por todo lo que no sea juvenil, espontáneo, instintivo.[24]

Pocos días después, la amistad de Carpentier y Robert Desnos se solidifica al extremo de que –según cuenta el propio Carpentier– el poeta francés, uno de los espíritus más nobles entre los que inician y participan en la revolución surrealista, entrega sus credenciales al nuevo amigo cubano para que éste pueda abordar el barco que lo conducirá a Francia. Así, de la mano de Desnos, Carpentier parte a un exilio del que regresará sólo 11 años después y ya en condiciones de enfrentar los retos mayores de la creación y de dar respuesta a todas las preguntas que por 1927 lo obsesionaban.

Aunque algunos estudiosos –muchos de ellos cubanos– se empeñan en minimizar las enormes influencias catalizadoras que la experiencia surrealista ejerce sobre Alejo Carpentier, pienso que no deben existir dudas respecto a la trascendencia de esta aventura intelectual que perfilará, decisivamente, los juicios, nociones, modos de ver el mundo y la literatura de un hombre que, sin embargo, apenas pagó tributo artístico directo al magnífico movimiento cultural que fue el surrealismo.

No obstante, mientras convive con los surrealistas, el escritor no abandona sus necesarias indagaciones en torno a las posibilidades y necesidades de un arte americano, y tanto en su múltiple y sostenida labor periodística e intelectual en Francia como en las crónicas y reportajes que continuará enviando a *Social* y *Carteles* el reflejo de los problemas de la cultura americana corre parejo con sus valoraciones del arte nuevo que se realiza en el viejo continente.

A pesar de su estrecha amistad con Desnos y otros artistas franceses, desde que el cubano se establece en París comienza a frecuentar los círculos de intelectuales latinoamericanos que, como la "lost-ge-

---

[24] Alejo Carpentier, *Obras completas,* t. I, p. 284.

neration" de Hemingway, Dos Passos, Gertrude Stein y Fitzgerald, han instalado sus cuarteles de invierno en la ciudad donde se fraguaban algunos de los movimientos artísticos más importantes del periodo de entreguerras.

Entre estos artistas, uno en especial encauzará con su personalidad y sus obras las indagaciones americanistas de Carpentier y le hará plantearse, de un modo más acabado, la encrucijada entre modernidad y nacionalismo que arrostraban quienes se empeñaban, como el autor de una novela todavía inconclusa titulada *Ecue-Yamba-O,* en hacer arte nuevo y americano. Heitor Villa-Lobos, el genial compositor brasileño en cuya órbita de influencias se movían músicos, pintores, escritores latinoamericanos y europeos, era ya el consagrado autor de *Choros, Serestas, Nonetto, Amazonas, Sirandas, Saudades das selvas brasileiras*, obras que "constituyen —al decir de Carpentier— aportaciones de un valor inestimable para el arte sonoro de América".[25]

La obra magnífica de Villa-Lobos, donde los componentes esenciales de una herencia nacional han alcanzado su novedosa expresión a través de una bien asimilada adopción de un universo sonoro contemporáneo y de vanguardia, se convierte para el joven Carpentier en ejemplo inmejorable de la actitud que el intelectual americano debe adoptar ante los materiales con que trabaja y la técnica con que los elabora en el empeño de hacer un arte americano-universal, donde quede resuelta, de una vez, la cuestión del americanismo (¿óptica, contenido, vehículo?, como se preguntaban los fundadores de la *Revista de Avance)*. El conocimiento personal de Villa-Lobos, apenas establecido Carpentier en París, lo lleva a reflexionar sobre este obsesivo tópico, en su crónica para *Social,* publicada en agosto del 28, donde afirma:

> No debe olvidarse que quienes se hayan encomendado a la ardua tarea de hacer arte americano-universal, están arando en tierra virgen. Ahí todo está por ensayar, todo está por conocer. Lo realizado ya en tal sector es de tan pobre calidad, que tomarlo en cuenta sólo dificultaría nuevas empresas.

[25] Alejo Carpentier, "Una fuerza musical de América: Héctor Villa-Lobos", *Social,* vol. 14, núm. 8, agosto de 1928, en *Crónicas,* t. I, p. 136.

Hay que aquilatar el justo contenido de las tradiciones, elegir los elementos folclóricos más ricos en recursos, desechar prejuicios, crear una técnica apropiada. El compositor nuestro conoce angustias que no preocuparon nunca al compositor europeo. El anhelo de "hallar lo universal en las entrañas de lo local", como quería Unamuno, le obliga a sostenerse sobre una cuerda tensa, situada en la frontera misma de lo local y lo universal. A un lado están los ritmos del terruño, llenos de un lirismo en estado bruto que espera canalización. Al otro se encuentran las eternas cuestiones del modo de expresión y del metier, que se extienden hasta las cátedras de estereotomía de la música pura.

¿Qué actitud adoptar ante tantos elementos distintos aunque conciliables? ¿Hasta qué punto debemos europeizarnos? ¿El americanismo es cuestión de forma o de sensibilidad? ¿Qué ley de módulos intelectuales sabrá equilibrar ciertos materiales folclóricos?

Y responde entonces: "El gran mérito de Héctor Villa-Lobos está en haber hallado respuestas a preguntas tan apremiantes [...] Según Villa-Lobos, el americanismo es sobre todo cuestión de sensibilidad".[26]

La respuesta de Villa-Lobos, que tanto entusiasma a Carpentier en 1928, adolece de evidentes limitaciones como solución real a los requerimientos estéticos y sociales del arte americano. Sin embargo, todavía en 1931, en su trabajo —hasta hace muy poco inédito en su totalidad— "El momento musical latinoamericano", el autor se atiene aún a estas entusiastas lecciones, porque no es en realidad hasta veinte años después cuando Carpentier entenderá en toda su magnitud lo estrecho del concepto que le ofrecía Villa-Lobos, ya que la sensibilidad como esencia de una expresión americana relega cuestiones de contenido, de expresión histórica, de asimilación de influencias filosóficas, formales, estilos epocales y de singularidades temáticas concretas que luego nutrirán, junto a esa misma sensibilidad, la visión con que Carpentier —como otros miembros de su generación literaria— se acercará a la realidad americana para trasmutarla en valores estéticos. Pero la música, infinitamente más abstracta que la literatura, podía tal vez "hallar lo universal en las entrañas de lo local" a través de la sensi-

[26] Alejo Carpentier, *op. cit.*, pp. 136-137.

bilidad de un talento avasallador como el de Heitor Villa-Lobos, que lograba el acierto de hacer gran música brasileña de vanguardia, pero sobre todo brasileña.

La lección de Villa-Lobos, no obstante, determinará en mucho, al menos en este momento, la óptica de Carpentier sobre las realizaciones artísticas de los latinoamericanos que conoce en París —además de aportarle nueva seguridad en las pretensiones estéticas que ensayará en *Ecue-Yamba-O*—.

No en balde, en una reflexión en torno a la pintura de Pedro Figari, en la cual aparece su más remota prefiguración de la existencia de una realidad maravillosa propia de América, el novelista cubano describe la obra del maestro uruguayo en busca de la sensibilidad que anima los asuntos abordados:

> Las escenas se suceden con la misma fuerza, con idéntica elocuencia los ritmos, constituyendo un panorama que se inicia en el París novísimo, para penetrar en las entrañas de todo un pasado colonial. Hay jirones de América en estos momentos uruguayos plasmados por Figari. Gauchos y matreros en patios añosos, semejantes a los de San Cristóbal de La Habana; cabalgatas y diligencias, cantares y bregas, en escenarios de pampas y ranchos; rumbos de negros, entierros de negros, ceremonias religiosas de negros; negros rosistas con la cinta roja en el sombrero; negros ante altares de repostería, rematados por santicos ingenuos y omnipotentes [no parecen tan casuales entonces sus recomendaciones a Caturla en cuanto a la concepción escénica de *Manita en el Suelo*] [...] Todo un retablo de americanismo realizado con una pintura espontánea, franca, directa, capaz de revelarnos los menores atributos de un ambiente, gritándonos, sin embargo: "¡Cuidado con la pintura... fotográfica!" Porque nada resulta menos fotográfica que la visión plástica de Figari. "Rien n'est beau qui n'est merveilleux", decía André Breton en el trascendental *Manifiesto del surrealismo*. Pero pocas cosas tan bellas como alcanzar lo maravilloso con factores muy humanos.[27]

Esta valoración de la pintura de Figari —muy similar a la que hará de la obra del cubano Eduardo Abela, a propósito de su exposición en

---

[27] Alejo Carpentier, "Pedro Figari y el clasicismo latinoamericano", *Social*, vol. 13, núm. 11, noviembre de 1928, en *Crónicas*, t. I, p. 102.

la Galería Zak—[28] parece darle una respuesta tentativa a la preocupación de Carpentier en torno a la para él necesaria y difícil fusión del vanguardismo y el nacionalismo, en el válido y urgente intento de superar el arte criollista, vacuo y limitado. Las obras de Villa-Lobos, Figari, Abela, Carlos Enríquez ("sus escenas folclóricas del trópico —dice de él Carpentier—, que se desarrollan en una auténtica atmósfera de magia negra, nos conmueven por la presencia de esa 'verdad más real que la misma realidad', que sólo se puede invocar con ayuda de la poesía")[29] y, en otro sentido, la del propio Edgar Vàrese, representan, para el escritor, el justo equilibrio entre lo nuevo-europeo (método) y lo auténtico-americano (contenido) que él tratará de alcanzar en su propia obra literaria. El primer ensayo se llamará *Ecue-Yamba-O*.

Al tiempo que las revistas cubanas reciben estas colaboraciones de Carpentier en torno, generalmente, a los hallazgos de las vanguardias europeas y latinoamericanas que viven sus días de gloria en París, el joven escritor, apoyado en este empeño por sus amigos surrealistas, se convierte —junto a Lydia Cabrera, que desde 1928 estaba en Francia— en una especie de portavoz de la cultura popular cubana y antillana en la capital francesa, a través de su presencia muy frecuente en diversas e importantes publicaciones parisinas del momento.

En un recuento realizado por Carmen Vázquez en su estudio "Textos y contextos en la periferia de *Ecue-Yamba-O*",[30] la colaboradora de Carpentier señala, entre otros, la publicación de una serie de trabajos que revelan, nuevamente, la preocupación americanista del escritor, centrada en estos años, fundamentalmente, en el mundo de los negros criollos. Así, el 12 de octubre de 1929 en el periódico *Comoedia* el cubano publica "Chez les sorciers de Cuba" ("En casa de los brujos de Cuba"), donde explica el importante papel de los brujos en las

---

[28] Alejo Carpentier, "Abela en la Galería Zak", *Social*, vol. 14, núm. 1, enero de 1929, en *Crónicas*, t. I, pp. 112-116.
[29] Alejo Carpentier, "La obra reciente de Carlos Enríquez", *Social*, vol. 17, núm. 5, mayo de 1932, en *Crónicas*, t. I, p. 258.
[30] Carmen Vázquez, "Textos y contextos en la periferia de *Ecue-Yamba-O*", en *Imán*, anuario del Centro de Promoción Cultural Alejo Carpentier, La Habana, año II, 1984-1985, pp. 167-184.

comunidades urbanas y rurales de la isla; en el número correspondiente a septiembre de ese año da a conocer en *Bifur* su reveladora "Lettre des Antilles" ("Carta de las Antillas"), un trabajo donde estudia las diferencias culturales entre los distintos negros de las islas del Caribe y se introduce en el mundo mágico-religioso de estos hombres, en especial el ñañiguismo cubano; dos meses después, en noviembre, *Documents* recoge su artículo "La musique cubaine", en el que comenta los orígenes de los diversos géneros de la música del país, como la danza, la guajira, la rumba y el son, y entrega, además, un muestrario de instrumentos autóctonos; *Transition*, de junio de 1930, publica "Cuban Magic", un texto que es, de hecho, una traducción al inglés de "Lettre des Antilles" a la que se ha eliminado la sección final, dedicada a la población china de la isla; la misma revista *Transition*, publicación de los artistas norteamericanos radicados en París, editaría en julio de 1935 otra colaboración de Carpentier, "De Cuban Negro Prévers", que es la transcripción de la "Oración de la Virgen de la Caridad del Cobre" y la "Oración del Ánima Triste Sola" —recogida en *Ecue-Yamba-O*—, acompañadas por unas notas liminares del escritor.

Junto a estos artículos habría que contar, además, los cuatro capítulos de *Ecue-Yamba-O* aparecidos en el único número de la revista *Imán* —dirigida por Elvira de Albear y en la que Alejo fungiría como jefe de redacción—, que son el 25, "Mitología", y toda la secuencia dedicada al rompimiento ñáñigo, es decir, los capítulos 35, 36 y 37, titulados "¡Ecue-Yamba-O!", "¡Ireme!" e "Iniciación (c)", fragmentos que en su conjunto revelan las preocupaciones y afinidades temáticas del autor por estos años, que, evidentemente, no se reducen sólo a los hallazgos de la vanguardia.

Sin embargo, en todos estos artículos dedicados a la divulgación de las peculiaridades del mundo afrocubano, Carpentier se deja llevar por las necesidades descriptivas y enumerativas que le impone un tema prácticamente desconocido para el lector europeo y, aunque en la mayoría de estos escritos destaca la función esencial de la magia en el contexto sociocultural de los negros cubanos y el valor folclórico de este material inexplorado, su análisis apenas llega a trascender un nivel de acercamiento informativo a los fenómenos abordados. Sólo en un ensayo de este periodo, precisamente dedicado al análisis del proceso de la creación musical latinoamericana, Carpentier desbordará la glosa informativa para adentrarse, con juicios valorativos contundentes, en el fenómeno de la relación existente entre la realidad y la creación artística en el continente y sobre la función y posibilidades de un arte propio y necesario: me refiero a ese texto capital y olvidado que es "El momento musical latinoamericano".

Concebido y escrito en París, en 1931 (según la anotación manuscrita del propio Carpentier), "El momento musical latinoamericano" es, como ya he dicho, uno de los originales recuperados con la fabulosa maleta que la madre de Alejo Carpentier dejó en Francia cuando regresó a Cuba, en 1945, y de la cual el escritor, evidentemente, se quiso desentender, como de su prehistoria literaria. Ninguna otra razón podría explicar el hecho de que durante sus largos años de ministro consejero en la embajada de Cuba en París Alejo Carpentier jamás se preocupara por el destino de aquellos papeles e, incluso, nunca mencionara su existencia a su esposa y albacea literaria, Lilia Esteban, quien sólo conoció la existencia de aquella prodigiosa maleta cuando en 1989 Frank Dufourd, sobrino de las amigas de Lina Valmont que durante 45 años guardaron la valija, llevó a la casa Gallimard de París algunos de los documentos presuntamente olvidados por el escritor y su madre, pensando que tal vez aquel Carpentier podía ser el mismo que publicaba libros y recibía homenajes en París.

Lo cierto es que "El momento musical latinoamericano" –texto del que Carpentier publicaría sólo un fragmento en el número de enero-febrero de 1936 de la *Revista Cubana,* que editaba en La Habana la Secretaría de Educación y que era dirigida por José María Chacón y Calvo– parece haber sido escrito, originalmente, para un tercer número de la revista *Imán* que nunca se llegó a publicar, pues en las pruebas de planas –todas numeradas– de la segunda entrega de la revista no aparece recogido el ensayo. Lo más curioso, sin embargo, es desentrañar las razones por las cuales Carpentier nunca recuperó este trabajo –ni el original ni su versión reducida– para sus libros posteriores, pues, a mi juicio, "El momento musical latinoamericano" constituye un "momento" trascendente para el entendimiento de su concepción de la ontología, el arte y la historia americana que se concretaría después en la teoría de lo real maravilloso, que, sin ser tratada aún bajo este rubro, ya asoma su formulación en este texto relegado de 1931.

Con independencia del examen pormenorizado y bastante ajustado que realiza Alejo Carpentier de dos siglos de evolución en la cultura musical europea, "El momento musical latinoamericano" aporta dos cuestiones de capital importancia para cualquier análisis del pensamiento carpenteriano. La primera, por supuesto, es la referida a las cualidades, necesidades y realizaciones del arte musical latinoamericano en este instante de eclosión de los nacionalismos impulsados por la vanguardia; y la segunda, y más alarmante, es la prefiguración constante, y por primera vez sistematizada, de ciertas nociones sobre el carácter singular de la realidad latinoamericana, que el autor sólo había esbozado en trabajos anteriores y que únicamente alcanzará su definitiva formulación en los años cuarenta con textos como "La Habana vista por un turista cubano", el ensayo *La música en Cuba* y, sobre todo, el prólogo-manifiesto a *El reino de este mundo*.

Por eso basta una primera lectura de "El momento musical latinoamericano" para sentir un justificado asombro con las líneas que abren el texto a modo de ubicación necesaria del análisis que se desarrollará después en el terreno de la música. Carpentier empieza advirtiendo: "Hace una hora que hemos salido de México",[31] y nos lleva al ámbito del único país latinoamericano que había visitado por entonces y, mientras se aleja de la ciudad, empezamos a realizar el mismo tránsito invertido en el tiempo que sustentaría la tesis central y el propio argumento de *Los pasos perdidos*, publicada más de veinte años después. Pero se trata aún del Carpentier que está por terminar su primera novela, *Ecue-Yamba-O*, y lo que preferentemente constata en México es la futurista presencia de "grandes aglomeraciones fabriles, los émbolos lustrosos, las ruedas dentadas y los over-all de la 'C.R.O.M.'",

---

[31] Todas las referencias al texto se encuentran en la edición citada de "El momento musical latinoamericano", revista *Unión*, pp. 54-65.

y se automaravilla con la sinestesia vanguardista "¡Una hora de velocidad!" Lo asombrosamente premonitorio, sin embargo, es este "verdadero desplazamiento en el tiempo" que advierte el escritor al establecer uno de los contextos americanos más importantes para todo el desarrollo de su obra: el contexto de desajuste cronológico, del desfasaje temporal latinoamericano respecto al tiempo estable de Europa,[32] ese tiempo particular de "países como México, que presentan simultáneamente todos los estadios posibles en la vida del hombre", según señala un poco más adelante, con frases, giros y fórmulas conceptuales que desempolvaría para sus trabajos posteriores.

Estas peculiaridades americanas serán el soporte de la tesis histórica que permitirá el planteamiento de la misma tesis cultural del trabajo. La comprensión y la formulación de la existencia de una realidad americana típica y singular —por su historia, su naturaleza, sus hombres— dotará al verdadero artista americano de una materia cultural diferente, que se debe decodificar y trasladar a la obra de arte desde una perspectiva propia, americana, que Carpentier —adscribiéndose todavía al juicio de Villa-Lobos— vuelve a llamar "sensibilidad".

Sin embargo, el análisis de este fenómeno de la sensibilidad avizorada y específica en la que "tendrá, pues, que radicar el carácter latinoamericano de nuestras obras musicales" atraviesa en el texto un complicado estudio en que el escritor valora —para revalorizar— todo el peso que los nacionalismos artísticos americanos venían dando por esos años a los módulos culturales extraídos del folclor y en el que examina, además, el eterno y para él obsesionante problema de la forma.

Importa, ante todo, recordar que el Carpentier de estos años es todavía un folclorista: su colaboración con los músicos cubanos así lo atestigua, como lo demuestra también el ámbito escogido para su primera novela y para su primer relato trascendente, "Histoire de lunes". En cambio, con "El momento musical latinoamericano" el ensayista que además era Carpentier parece haberle sacado una nariz al creador, y el texto deviene una sólida comprensión de la necesidad de superar el tratamiento de lo folclórico, del mismo modo en que ya lo

---

[32] Alejo Carpentier, véase "Problemática de la actual novela latinoamericana", en *Tientos y diferencias*, Ediciones Unión, La Habana, 1966, pp. 7-36.

habían hecho en su momento las escuelas musicales rusa, centroeuropea y española, según comenta en este trabajo.

De esta manera, el tratamiento de lo folclórico pasa a ser enjuiciado como un valor transitorio en una etapa en que se hace necesaria la búsqueda de un estilo propio, "Pero una vez creado ese estilo tan peculiar [dice del caso ruso, y luego del español] vemos la sensibilidad eslava libertarse rápidamente de la férula del folclor, *para tratar de traducir más hondas verdades líricas*",[33] y llega la apoteosis de un Chaikovski, cuya "personalidad resultaba ajena a los *parti pris* del nacionalismo ortodoxo", pues ya "todo se situaba bajo el signo de la sensibilidad", al igual que ocurría con Manuel de Falla o como pretendía Heitor Villa-Lobos.

Esta perseverancia de Carpentier en la necesidad de contar con una sensibilidad artística propia para elaborar un referente peculiar y trasmitir valores culturales del presente y de la tradición resulta casi excesiva vista a la luz de textos posteriores. Cuando al formular su teoría de lo real maravilloso en la década de los cuarenta apoya su constatación de lo extraordinario en elementos como la fe, la revelación, la iluminación, la percepción de la realidad "con una particular intensidad en virtud de una exaltación del espíritu que lo conduce a un modo de 'estado límite'",[34] es significativo que no exista ya una sola mención directa a esa agobiante "sensibilidad" de 1928 y 1931, que tampoco vuelve a figurar en su libro *Tientos y diferencias*, donde retoma en otro nivel los mismos asuntos abordados en "El momento musical latinoamericano", para repetir su tesis sobre el valor del folclor como un momento específico de la evolución del arte sonoro,[35] pero sin remitirnos jamás a la urgencia de hallar una "sensibilidad" como condición *sine qua non* en la traducción artística de los contenidos, tradiciones y peculiaridades nacionales.

Parece indudable que Carpentier, profundamente deslumbrado por la personalidad y las creaciones ya consagradas de Villa-Lobos y por las especiales disposiciones del "espíritu" que proclamaban sus amigos

[33] Las cursivas son nuestras.
[34] Alejo Carpentier, prólogo a *El reino de este mundo*, p. 11.
[35] Alejo Carpentier, "Del folklorismo musical", en *Tientos y diferencias*, pp. 37-50.

surrealistas, encuentra en algo tan indefinible como la sensibilidad —"es indudable que quien nos pidiera una definición exacta de esa sensibilidad nos pondría en un rudo aprieto", confiesa en el ensayo— el vehículo idóneo para trasmitir una noción que ya se le hace patente: la singularidad histórica, política, social y económica del continente americano, imposible de entender y de medir con escalas y valores europeos, y, por tanto, sólo asimilable desde una óptica íntima y advertida, que por ahora sólo puede (o necesita) llamar sensibilidad.

En los años posteriores, sin embargo, cuando se concreta su ruptura crítica con el surrealismo y cuando su mística de América se encauza hacia una etapa de profundo estudio de la historia y la cultura de todo el continente, Carpentier comprenderá que algo tan esquivo e indefinible como la sensibilidad no bastaría para reconocer, digerir y trasmitir la compleja realidad del Nuevo Mundo, ni siquiera en el abstracto terreno de la creación musical. Entonces sus nociones sobre la naturaleza de un arte americano, vigoroso e independiente, prescindirán de la sensibilidad como motivo desencadenante, y trasladarán su centro de interés hacia la constatación cabal de los elementos capaces de definir y singularizar el ámbito americano, elementos a los que sólo se llegará desde una postura especialmente lúcida, consciente, alerta, proporcionada por el conocimiento profundo de la realidad americana —y en el caso de la música, gracias al análisis eficaz de sus interioridades y características locales, nacionales, es decir, precisamente lo que sus amigos Roldán y Caturla habían hecho (con su propia colaboración) con géneros tales como el son y la rumba cubana, como queda explicado en los capítulos finales de *La música en Cuba*—.

No obstante, esta superación ulterior de sus postulados de 1931 —en la que veo la razón mayor para el imperturbable olvido al que sometió a este trabajo— además de mostrar la evolución que sigue el pensamiento carpenteriano en la que tal vez sea su línea más compleja y enjundiosa, sirve para conocer el estado preciso de sus concepciones estéticas al abrirse la década de los treinta y explica en buena medida su renuencia a nuevas ediciones de *Ecue-Yamba-O* o a la inclusión de "Histoire de lunes" en sus recopilaciones de cuentos, incluso entre los de *Guerra del tiempo*, con los que guarda más de una afinidad en cuanto al tratamiento cíclico del devenir temporal. De esta manera, el hallazgo de la versión original de "El momento musical latinoamericano" se convierte en una nueva iluminación de una etapa especialmente fecunda y abierta a las más disímiles influencias en Carpentier, además de revelar muy claramente sus propias contradicciones de vanguardista y nacionalista, de folclorista y anticriollista, cuando se acerca al fecundo silencio de los años 1933-1939.

Es obvio, entonces, que en este joven periodista y escritor, esencialmente preocupado por la historia y el destino cultural de su continente, se está produciendo una transformación decididamente raigal: su estancia en París lo está enseñando a ver a América con ojos nuevos. Así, en 1930, entusiasmado por las revelaciones que se le van ofreciendo en la distancia, escribe en estos términos a uno de sus mentores intelectuales de entonces y antiguo compañero de la *Revista de Avance*, Jorge Mañach:

> América me resulta mucho más interesante desde que me encuentro de este lado del charco grande. Algunas cosas de Cuba, de las que "tiramos a relajo", porque pasamos cotidianamente sobre ellas calzando los coturnos de la costumbre, han cobrado un relieve formidable ante mis ojos, desde que estoy aquí. El otro día, por ejemplo, he podido descubrir que el simbolismo sexual de la Charada China concuerda punto por punto con el simbolismo sexual-onírico de Freud. ¿Freud habrá ido a buscar los fundamentos de su teoría a China? En las cosas más barrioteras de Cuba, hay elementos que se vinculan con los problemas capitales del pensamiento actual, utilizando los atajos más imprevistos. En el texto de las cosas como *Oración al ánima sola* o *Plegaria a los catorce santos auxiliares* —que reproduzco en un capítulo del Chivo *[Ecue-Yamba-O]*— resultan verdaderos textos surrealistas.[36]

La misiva, cargada del humor criollo previsible en unas líneas dirigidas al estudioso del "choteo" cubano, advierte claramente los términos de una evolución que no se debe únicamente a la clarificación de perspectivas que engendra la distancia, sino, en lo esencial, a la in-

---

[36] Alejo Carpentier, núm. 1, Archivo del Instituto de Literatura y Lingüística de la Academia de Ciencias de Cuba. Reproducida por Ana Cairo en *op. cit*, pp. 395-398.

fluencia benéfica que sobre la avidez intelectual de Carpentier ha comenzado a ejercer, definitivamente, la escuela artística más trascendente del siglo XX: el surrealismo.

Muchos años después –1974–, cuando Alejo Carpentier gozaba la cúspide de su fama y era reconocido como el autor de varias novelas ejemplares, como el descubridor y máximo representante de lo que él mismo bautizó como "lo real maravilloso americano", como uno de los generadores y más altos exponentes de la avasalladora revolución de la novelística latinoamericana y se hablaba de él como el candidato número uno al Premio Nobel que la veleidosa Academia Sueca nunca le otorgó, el escritor evocaba para un periodista su tránsito por el corazón del surrealismo:

> [En París] escribí relatos surrealistas, como "El estudiante", por ejemplo. Los escribía en francés, idioma que hablo desde niño, pero siempre se los daba a revisar a Desnos, pues nunca he podido sentir el ritmo interior de esa lengua. Me pareció una tarea vana mi esfuerzo surrealista. No iba a añadir nada a este movimiento. Sentí ardientemente el deseo de expresar el mundo americano. *Aún no sabía cómo. Me alentaba lo difícil de la tarea por el desconocimiento de las esencias americanas.* Me dediqué durante largos años a leer todo lo que podía sobre América [...] [que] se me presentaba como una enorme nebulosa, que yo trataba de entender porque tenía la oscura intuición de que mi obra se iba a desarrollar aquí, que iba a ser profundamente americana.
> Creo que al cabo de los años me hice una idea de lo que era este continente. *He dicho que me aparté del surrealismo porque me pareció que no iba a aportar nada a él. Pero el surrealismo sí significó mucho para mí. Me enseñó a ver texturas, aspectos de la vida americana que no había advertido, envueltos como estábamos en la ola de nativismo traída por Güiraldes, Gallegos y José Eustasio Rivera.*[37]

Pero el joven periodista y aprendiz de escritor que en marzo de 1928 llegaba a París acompañado por Robert Desnos fue incapaz, en

---

[37] César Leante, "Confesiones sencillas de un escritor barroco", en *Recopilación de textos sobre Alejo Carpentier*, pp. 62-63. Las cursivas son nuestras.

aquellos días, de resistir los cantos de sirena que, en nombre de la sagrada locura, entonaban los artistas más cuerdos de Europa, y sucumbió ante los innegables encantos del surrealismo, el cual, de alguna forma, se presentaba como la gran opción para cualquier intelectual empeñado —como él— en hacer un arte nuevo, revolucionario, distinto.

Bien significativo es que Carpentier caiga en París precisamente en 1928, una fecha clave en la evolución del surrealismo, pues aquel año representa para el movimiento la llegada de su madurez y, sin transición, el inicio de su decrepitud. Para Maurice Nadeau, informado historiador del surrealismo, 1928 —a diferencia de los convulsos años por venir y los no menos tormentosos dejados atrás— es un raro momento de calma:

> Dentro del grupo —afirma— no se presentan rozamientos aparentes. Faltando cuestiones capaces de hacer surgir conflictos [...] la corriente surrealista vuelve a su cauce y allí se estaciona. Pero es también el año de las realizaciones. Publica Breton *Nadja* y *Le surréalisme et la Peinture*, se efectúa la exposición general de obras surrealistas en "Sacre du Printemps" y la de Max Ernst en lo de Berheim Georges. Parece que el duro tiempo de la lucha ha concluido y que el surrealismo terminó por conquistar carta de ciudadanía.[38]

El movimiento, que tanto había irritado los gustos y costumbres burgueses, consigue entonces un espacio en la cultura oficial y sucede lo inevitable: se estanca y empieza a hacerse estéticamente complaciente (aunque fuera complaciente sólo consigo mismo), excesivamente regulado, al tiempo que algunos de los más fervorosos militantes comienzan a rechazar el patronazgo opresivo de Breton, que hasta entonces habían aceptado. Por eso, continúa Nadeau:

> Durante ese mismo año de 1928, amistades que parecían duraderas se rompen. Los hombres se hacen maduros y son apresados por la ambición personal. La atmósfera del surrealismo se torna irrespirable para algunos. Lo

[38] Maurice Nadeau, *Historia del surrealismo*, 2 t., ejemplar mimeografiado, biblioteca personal de Alejo Carpentier, t. I, p. 111.

declaran muerto o en agonía y quieren realizar su propio destino para el que se creen llamados. Se producen las exclusiones. Son Artaud, Soupault, Vitrac. Desnos se retira dulcemente. Naville se encuentra en trance de ruptura. La colaboración con *Clarité* termina. El Partido Comunista día a día pone peor cara a los nuevos afiliados [Aragon, Breton, Éluard, Péret y Unik]. Asistimos al fin de un periodo.[39]

No resultaría ocioso, aunque fuera de lugar, analizar los caminos que conducen al surrealismo a su cima de 1928. Ahora bien, para el examen propuesto resulta totalmente indispensable establecer algunas consideraciones de los elementos que, a nuestro juicio, despiertan el interés de Carpentier y determinan su peculiar acercamiento al surrealismo, mediatizado, desde el inicio, por la magnética personalidad de Robert Desnos ("quien es tal vez el que más cercano está a la verdad surrealista", según Breton), cuya "dulce" separación de la tiranía bretoniana influirá decisivamente en la visión carpenteriana del movimiento, que se realiza a través de las propias creaciones artísticas de sus integrantes, más que por la asimilación de las formulaciones específicas y tan férreas de los manifiestos y las abundantes evaluaciones teóricas de estos años.

Desde 1925, luego del inflamado manifiesto lanzado por Breton en el año anterior (y que devendría *Primer manifiesto del surrealismo),* el movimiento empieza a afrontar la difícil cuestión de una filiación necesaria. La simple actitud irreverente ante cualquier valor estéticamente establecido, ante todo lo que oliera a convencional y burgués, implicaba a la vez una postura social que, de algún modo, Breton y sus colaboradores se negaban a aceptar como una opción disciplinada. El surrealismo, empeñado en una búsqueda abstracta de las posibilidades del lenguaje como instrumento poético y de la subconsciencia como única fuente de poesía y exclusivo terreno del arte verdadero, se presentaba como una elección personal que cada artista manejaba de acuerdo con sus dotes. "El mundo exterior es hurtado en

---

[39] Maurice Nadeau, *op. cit.,* pp. 122-123. En realidad, Artaud y Soupault son excluidos un poco antes (noviembre del 26) "por incompatibilidad de fines, ya que [...] reconocían el valor de la actividad literaria, y por lo tanto nada tenían que hacer en un organismo que la repudiaba como una vanidad", según Nadeau.

beneficio del mundo que cada uno encuentra en sí mismo y que quiere explotar sistemáticamente."[40] Esta oposición entre dos universos —el interior y el exterior, cuando el movimiento propugnaba la desintegración de las antinomias— cerraba las vías de una posible transformación social que, en más de una ocasión, sin embargo, los surrealistas pregonaron como necesaria.

Por otro lado, se hallaba el complejo problema de la libertad, que a su vez presentaba dos caras: la de la libertad individual y la de la libertad colectiva o social, que debían hallarse por diversos caminos, "a pesar de que la libertad social —como bien advierte Mario de Michelli–, que se debe alcanzar a través de la revolución, se considera como premisa indispensable para llegar a la libertad completa del espíritu",[41] y es aquí donde entran a jugar, en difícil combinación, dos nombres: Marx y Freud, sustentos teóricos de esas dos libertades.

El primero en advertir las posturas inconciliables e insolubles que se plantea el surrealismo es, precisamente, un surrealista de los primeros, Pierre Naville, quien en 1926 juzga que la actitud del movimiento no se propone ningún cambio social verdadero ni una postura definida a favor del proletariado y en contra de la burguesía, a cuyo estado sólo ataca superficial e infructuosamente. Entonces, en su trabajo "La revolución y los intelectuales" (1926), juzga que sólo existen dos vías de solución al movimiento surrealista:

> 1. Ya sea perseverando en una actitud negativa de carácter anárquico, actitud falsa a primera vista porque no justifica la idea de la revolución que propugna y sometida a la negativa de comprometer su propia existencia y el carácter sagrado del individuo, en una empresa que conduciría a la acción disciplinada de la lucha de clases.
>
> 2. Ya sea tomando decididamente el camino revolucionario, el único camino revolucionario, el camino marxista. Esto es, teniendo el convencimiento de que la fuerza espiritual, sustancia que es del todo y parte del individuo, está íntimamente ligada a una realidad social que, en efecto, la supone.[42]

---

[40] Maurice Nadeau, *op. cit.*, p. 92.
[41] Mario de Michelli, *Las vanguardias artísticas en el siglo xx*, Ediciones Unión, La Habana, 1967, p. 123.
[42] Citado por Maurice Nadeau, *op. cit.*, t. I, p. 138.

Sin embargo, aunque Breton acepta en parte las evidencias planteadas por Naville, mantiene en esencia su postura cuando afirma:

> En el terreno de los hechos, no es posible, de nuestra parte, ningún equívoco: no hay ninguno de nosotros que no desee la transferencia del poder de manos de la burguesía a las del proletariado. Mientras tanto es necesario, según nosotros, que las experiencias de la vida interior se prosigan, y, eso bien entendido, sin fiscalización exterior, ni aun marxista.[43]

Es lógico, entonces, que al afiliarse al Partido Comunista Francés en 1927, los surrealistas lo hagan advirtiendo: "Jamás, y en esto insistimos con todas nuestras fuerzas, hemos pensado en someternos a ustedes como surrealistas",[44] declaración que debe haber sido la más surrealista que jamás haya escuchado secretario general alguno. Así, en su misma esencia, novedosa y revolucionaria, el surrealismo como movimiento social cargaba su autodestrucción al pretender participar en un juego político disciplinado y excesivamente ortodoxo que poco tenía que ver con ellos como creadores. De este modo, la pendiente en que cae a partir de 1928 —cuando, para colmo, más férreo se hace el patronazgo de Breton, dios, profeta y secretario general del movimiento— resulta la consecuencia previsible de su inconsistencia ideológica, que se hace totalmente manifiesta cuando se agotan las sorpresas de recursos artísticos que entonces se empleaban por primera vez y se funda todo un sistema retórico de lo onírico y lo maravilloso. Así, a pesar de sus innumerables esfuerzos, Breton y sus colaboradores más cercanos no consiguen jamás que el surrealismo se convierta en una doctrina filosófica y pragmática capaz de interpretar y actuar sobre la realidad. Este fracaso ideológico, sin embargo, ni afectó ni impidió su éxito estético como procedimiento artístico original y capaz de develar nuevas esencias de la realidad contemporánea, ocultas tras lo aparente, o vivas en un universo que escapaba al influjo directo de las leyes objetivas, procedimiento que se estatuía por primera vez. Además, su voluntariosa superación de las antinomias (sueño-vigilia,

---

[43] Maurice Nadeau, *op. cit.*, t. I, p. 142.
[44] *Ibidem.*, t. I, p. 127.

realidad-fantasía, objeto-sujeto, presente-pasado) abría infinitas posibilidades al tratamiento estético del entorno y a la misma factura artística. En fin, el movimiento validaba una novedosa y necesaria revolución en la aprehensión artística de la realidad, incorporaba métodos y perspectivas, transitaba senderos inexplorados, pero se agotaba al mismo tiempo, debido a la aplicación doctrinaria de sus principios, devenidos leyes incuestionables, con los cuales se intentaba, incluso, afectar directamente la realidad.

Es imposible que Alejo Carpentier, llegado a París en el justo año de 1928, advierta en su contacto inicial con el surrealismo las contradicciones esenciales en que se debatía el movimiento y consiguiera separar, de una primera mirada, la paja retórica de la semilla esencial que representaba todo lo verdaderamente útil de sus propuestas estéticas y sociales. Por lo pronto, varias facetas del surrealismo lo impactan y se entroncan, incluso, con sus aspiraciones de minorista y vanguardista: ante todo la proclamada filiación política del movimiento; después, su rechazo a todo lo establecido, lo burgués, la sensiblería —fardos excesivamente pesados para un artista latinoamericano—; su búsqueda de nuevos caminos para penetrar en la realidad de los individuos y de las cosas, en una nueva u otra-realidad, más cabal y polisémica; su visión apocalíptica de la civilización occidental que parece haber dado todo de sí, noción que lo acompañará por muchos años; su culto a la libertad social e individual; además de otros aspectos ya señalados por Klaus Müller-Bergh: "la visión de un universo en disolución, símbolo del desengaño con la civilización occidental, el entusiasmo por elementos primitivos de sociedades poco desarrolladas, la impotencia del hombre moderno frente al dominio de las máquinas y cierto enfoque mimético y orgánico que se desprende de la naturaleza americana",[45] aunque estos últimos elementos, en realidad, me parecen propios de una segunda reflexión carpenteriana.

Esta postura deslumbrada —que evolucionará después hasta las posiciones antibretonianas plasmadas con claridad en su alegato "De

---

[45] Klaus Müller-Bergh, "Corrientes vanguardistas y surrealismo en la obra de Alejo Carpentier", en Klaus Müller-Bergh (comp.), *Asedios a Carpentier*, Editorial Universitaria, Santiago de Chile, 1972, p. 37.

lo real maravilloso americano"– tiene su primera manifestación en un artículo periodístico, titulado "En la extrema avanzada. Algunas actitudes del surrealismo", que envía a La Habana y aparece en el número de *Social* correspondiente a diciembre de 1928. Allí, luego de referirse al "admirable Manifiesto del Surrealismo de André Breton", reparte abundantes elogios a la obra de Desnos, Soupault, Masson, Ernst, Miró, Aragon, Éluard, Péret, Chirico y el propio Breton, para exaltar "la existencia de una 'actitud surrealista' cuya trascendencia no preveía el mismo autor del manifiesto",[46] y entrar luego en estas consideraciones:

> Todo el esfuerzo de los intelectuales contemporáneos, tiende a dar mayor dignidad a la concepción estética. En el fondo, quienes acusan a los nuevos de deshumanizar el arte, protestan contra la extracción de una broza humana –sensiblería, intríngulis hogareños, psicología de cocido familiar– que lo inutilizaba para batir verdaderos récords de altura.[47]
>
> Por consiguiente [agrega más adelante], nuestro esfuerzo creador debe tender a liberar la imaginación de sus trabas, a hurgar en la subconsciencia, a hacer manifestarse el yo más auténtico del modo más directo posible. De ahí los experimentos sorprendentes llevados a cabo por Robert Desnos, Man Ray, Soupault, Breton y otros por medio de la "escritura automática" –escritura rapidísima sin tema dado– destinada a sumir al sujeto en un estado de exaltación inspirada, favorecido por el "dictado del pensamiento, en ausencia de todo control ejercido por la razón, fuera de toda preocupación estética o moral". De ahí el interés apasionado con que los surrealistas siguen las búsquedas que les hacen tocar la médula misma del misterio poético, como *Un recuerdo de infancia* de Leonardo da Vinci. De ahí la calificación de surrealistas aplicada a hombres como Swift, "surrealista en la maldad", o el Marqués de Sade, "surrealista en el sadismo".[48]

En los pocos meses que van desde la carta que enviara a Caturla en vísperas de su viaje a Francia y la escritura de este artículo, Carpentier ha pasado de la información sobre la existencia de un movimiento lla-

---

[46] Alejo Carpentier, "En la extrema avanzada. Algunas actitudes del surrealismo", *Social*, vol. 13, núm. 12, diciembre de 1928, en *Crónicas*, t. I, p. 106.
[47] *Ibidem*, p. 107.
[48] *Ibidem*, p. 110.

mado "superrealismo" a la exaltación de sus principios, métodos y búsquedas, en los cuales parece haber hallado una verdad largo tiempo perseguida y un camino propicio para trascender el simple realismo del arte criollista. Sin embargo, la velocidad con que se deterioraría la aparente unidad del surrealismo y la luz que se filtra por esas fisuras lo harán —a lo largo de la década de los treinta— clarificar algunas de sus perspectivas y hacer más personal y definida su visión del valor real del movimiento como instrumento posible para el artista americano.

Porque a la calma de 1928 sigue la tormenta de 1929 y el cataclismo de 1930. El primer síntoma ya visible de esta debacle está fijado en 11 de marzo de 1929, cuando los surrealistas se reúnen en el Bar du Chateau con el propósito de examinar el problema de Trotsky y la reunión se convierte en el juicio abierto a varios de los asistentes, considerados traidores a la causa del surrealismo por cargos como los esgrimidos contra Soupault y Artaud y otros, como "ejercer el periodismo", "dudar del automatismo", etcétera, además de la cuestión política esencial que ya no podía postergarse: ¿cuán a la izquierda debía estar el surrealista?, ¿era el socialismo soviético, con sus burócratas y comisarios, con sus policías de la cultura, la verdadera opción, la única opción?, ¿era, en fin, el realismo socialista compatible con la libertad sin fronteras que exigía el arte surrealista?

De esta primera batalla abierta queda el testimonio de Ribemont-Dessaignes, que se retira del cónclave y le escribe a Breton al día siguiente:

> Ya hemos visto en qué terminó toda su voluntad colectiva: ¡juicio!, ¡juicio!, ¡y de qué especie! En resumen, ¿alguna vez ha hecho usted algo distinto? Todas las tentativas de acción colectiva no fueron nunca más que perpetuas polémicas personales y, por lo general, de una mezquindad de colegiales... Yo me rebelo enérgicamente contra las normas que usted quiere mantener, contra la mala fe que reinó en la reunión de la calle Chateau y contra la emboscada que tan mal organizó (o muy bien, si se considera desde el punto de vista policial) disimulada bajo el pretexto de Trotsky...[49]

---

[49] Maurice Nadeau, *op. cit.*, t. I, p. 125.

Las palabras de Ribemont-Dessaignes confirman perfectamente las tesis de Nadeau, Michelli y otros historiadores, en torno a la inexistencia de un bloque compacto dentro del surrealismo, aun desde los tiempos de mayor entusiasmo colectivo ("un movimiento —dice a propósito Maurice Nadeau— es una idea en marcha, y no sabiendo con certeza el fin perseguido, los caminos que conducen a ese fin pueden ser divergentes y aun opuestos").[50] Pero, además, la carta es un inmejorable termómetro para medir el calor de las combustiones que se gestaban. No es sorprendente, entonces, que apenas un año después once escritores, entre los que se hallaban algunos de los "hijos" pródigos de Breton y un cubano bastante osado y poco conocido, firmen el panfleto antibretoniano titulado "Un cadáver", con el cual concretaban su separación del grupo surrealista dirigido por el autor de *Nadja*. Ribemont-Dessaignes, Roger Vitrac, Leiris, Georges Limbour, Boiffard, Desnos, Max Morise, Bataille, Jacques Baron, Jacques Prévert y Alejo Carpentier son los firmantes, y uno de ellos —Prévert—, por ejemplo, llama a Breton "inspector del Palacio de las Maravillas, el fiscalizador de entradas, el Gran Inquisidor, el representante del Sueño...", en un tono de burla abierta que desencadenaría la ira del destinatario.

El texto de Carpentier dentro de "Un cadáver" se titula "Témoignage" ("Testimonio") y tiene la clara y esperada intención de provocar nuevas escisiones. Por su brevedad, creo útil su reproducción.

**TESTIMONIO**

El valor subversivo de la obra de Éluard
ANDRÉ BRETON

He visto una sola vez a André Breton (durante el mes de julio de 1928).

Le dije que en América Latina el surrealismo se conocía principalmente a través de los poemas de Paul Éluard.

Me respondió que si las cosas eran así el surrealismo está "perdido" (repitió la palabra varias veces).

---

[50] *Ibidem.*, t. I, p. 75.

Me declaró que además, según él, los poemas de Éluard eran "lo opuesto a la poesía" y que no los entendía en absoluto.

El contrataque de Breton, por supuesto, no se hizo esperar: un *Segundo manifiesto del surrealismo* (1930) ve la luz. Aunque en lo esencial Breton mantiene en este nuevo alegato los postulados fundamentales de 1924, ahora reduce notablemente la lista de bienamados del surrealismo. Así, derroca a Poe, Mallarmé, Rimbaud, Baudelaire, y sólo distingue aún más a la figura de Isidore Ducasse, Conde de Lautréamont, como supremo patriarca y modelo del movimiento. Mientras, el resto del manifiesto se encarga de dar respuesta a "Un cadáver" a través de chismes y consideraciones hirientes sobre sus antiguos compañeros (Vitrac, Masson, Bataille, y hasta Soupault, Naville y Artaud, que no firmaron el documento), de lo cual sólo se salva —y a medias— Robert Desnos, en virtud quizás del antiguo afecto que le profesaba Breton. Por otra parte, el Gran Inquisidor rectifica su posición de 1924 respecto a Tristan Tzara (a quien no mencionaba ni una sola vez en aquel manifiesto, a pesar de la indiscutible importancia de su figura para el nacimiento del surrealismo) y lo revaloriza: "Creemos en la eficacia de la poesía de Tzara —dice ahora—, lo cual equivale a decir que la creemos la única verdaderamente situada en el ámbito externo al surrealismo".[51]

La guerra estaba declarada, y los ataques de parte y parte ponen la sangre al borde del río cuando, a instancias de varios firmantes de "Un cadáver" —en especial de Roger Vitrac—, se abre un nuevo *dancing* en Montparnasse nombrado "Maldoror", con la evidente intención de molestar a Breton y sus fieles tomando la obra sagrada de Ducasse como enseña de un "cabaret surrealista". "El escándalo de Maldoror" —como se tituló la crónica que Carpentier envía a *Carteles*, y que ve la luz en la edición del 20 de abril de 1930— conmovió al mundo literario parisino por la violenta reacción de los surrealistas fieles a Lautréamont, quienes, una noche, irrumpen en el cabaret e inician su demolición: así, "...a las doce y media en punto, entran siete señores con cara trágica, que nadie había invitado (recuerdo que uno de ellos

---

[51] André Breton, *Manifiestos del surrealismo*, Guadarrama, Madrid, 1969, p. 219.

tenía una abundante cabellera y se parecía un poco a Titta Ruffo)... Y de repente la emprenden a golpes, patadas y bastonazos con todas las mesas, sillas, botellas e instrumentos musicales del establecimiento", según cuenta Carpentier a través del personaje del "licenciado Martínez" que inventa para esta crónica, a quien el autor le asegura más adelante que asistió a "un combate promovido por el deseo de defender un ideal ingenuo".[52]

En el caso específico de Alejo Carpentier, el crack surrealista de los años 1929-1930, del que participó activamente, resultó una experiencia enriquecedora y útil para catalizar sus opiniones y actitudes hacia el movimiento. Pero, ante todo, es importante señalar que la ruptura con Breton no significó para él la negación del surrealismo como procedimiento estético, sino apenas la liberación de la metodología férrea que el autor de *Los vasos comunicantes* imponía a sus colegas y la adopción de una visión crítica de determinados excesos y posturas políticas. En la propia crónica "El escándalo de Maldoror" se hace evidente el distanciamiento con que el cubano empieza a observar el "movimiento intelectual más importante que existe hoy en Europa" y la noción plena de su decadencia, una vez alcanzada la madurez, todo matizado con un tono irónico que se convierte en simple burla al referirse a Breton, a quien compara con Robespierre y dice confundir con Titta Ruffo.

Por una vía paralela corre, mientras tanto, su valoración sobre los postulados estéticos y las realizaciones artísticas concretas de los surrealistas, juicios en los que se observan pocos cambios entre 1928 y 1932. Un ejemplo ilustrativo de esta postura y más aún de la evolución que posteriormente se producirá en sus nociones sobre el movimiento y el carácter de lo maravilloso se transparenta en el comentario "André Masson, sus selvas y sus peces", publicado por *Social* en octubre de 1929, donde Carpentier exalta una serie de hallazgos que, precisamente, atacará veinte años después en su prólogo a *El reino de este mundo*. Pero entonces aseguraba:

---

[52] Alejo Carpentier, "El escándalo de Maldoror", *Carteles*, 20 de abril de 1930, en *Crónicas*, t. II, pp. 429-430.

Personajes que andan sobre el agua y ruiseñores de rapiña de Max Ernst; estatuas videntes y autómatas enigmáticos de Chirico; avestruces-perros y plantas corzas de Joan Miró; selvas, animales y peces de André Masson... ¡Con qué maravillosa fauna han poblado estos pintores sus continentes imaginarios!... [...] Colgad un cuadro de André Masson en vuestro departamento y suprimid las ventanas.[53]

El entusiasmo desbordado por un arte capaz de crear una nueva y mejor realidad es palpable y evidente. No hay dudas, entonces, de hasta qué punto el novelista cubano todavía acataba y validaba las concepciones esenciales del surrealismo, y en especial la noción de lo maravilloso, como se volverá a manifestar en su artículo "Pintores nuevos: Roux, el dinámico", publicado en abril de 1930, justamente al calor de "Un cadáver", el *Segundo manifiesto* y los sucesos del Maldoror.

La creación poética –cuando la verdadera creación existe– sólo se lleva a cabo esquivando realidades harto visibles y dando interpretaciones inesperadas al reducido número de elementos humanos de los cuales no puede prescindirse [...] No veo inconveniente en que las oscuras golondrinas de Bécquer queden trasformadas en peces eléctricos, si el hecho se realiza al conjuro verbal de un verdadero poeta [...]
El lenguaje del esteta huye aterrorizado ante los piratas y campesinos de Roux. En efecto, ¿cómo hallar punto de apoyo en una obra que desafía todas las reglas habituales de la expresión? "Hay magia detrás de ello", insinuaba Roger Vitrac en un artículo reciente... Recurrir a la magia en un caso análogo, se me antoja la más lógica solución. El idioma de todo buen poeta, en el lienzo, en el texto, se compone siempre de fórmulas mágicas. Su intención es la de arrojar anzuelos al misterio poético, que existe como fluido, para ver si se le puede robar algo. El poeta desempeña un papel de antena receptora: es un elemento provocador que trata de atraer lo que tiende a permanecer oculto.[54]

---

[53] Alejo Carpentier, "André Masson, sus selvas y sus peces", *Social*, vol. 14, núm. 10, octubre de 1929, en *Crónicas*, t. I, p. 151.
[54] Alejo Carpentier, "Pintores nuevos. Roux, el dinámico", *Social*, vol. 15, núm. 4, abril de 1930, en *Crónicas*, t. I, pp. 170-171.

Y todavía dos años después, cuando con su propia obra Carpentier ha intentado en vano asimilar las cualidades poéticas y reveladoras de la estética surrealista —como lo testimonian los relatos que dejó inéditos, "El estudiante" (inconcluso) y "El milagro del ascensor", ambos redactados entre 1928 y 1930—, el cubano se mantiene como un defensor convencido de los procedimientos y técnicas más ortodoxos del movimiento, como se pone de manifiesto en su valoración acerca de "El arte clásico y singular de Giorgio de Chirico", a propósito del cual concluye:

> Alguien dijo que la fuerza de una imagen, en poesía, se debía al acercamiento acertado de dos realidades distantes. Y Chirico, en sus obras pictóricas, tiene el eterno don de poner en contacto objetos —tal vez vulgares— cuya asociación hace surgir el misterio como una chispa milagrosa. Nada es más ajeno al misterio que el factor truculento: cadáver, puñal, mancha de sangre, de la novela policiaca... Situad, en cambio, *en donde no debiera hallarse* un elemento cualquiera de la realidad: un pez en una mesa de operaciones, una estatua de oro en casa de un pobre, un disco de ferrocarril en una peluquería, un buey en un quinto piso, un armario en medio del Sahara, un cantero de césped en medio de un salón, veinte calamares sobre un piano de cola, una cabeza de ternero en la gaveta de una mesa de oficina... Al entrar en contacto con cosas tan inesperadas, nuestros semejantes se sentirán paralizados por la sorpresa, aniquilados de curiosidad, y crecerá en ellos el profundo malestar que sólo pueden engendrar los grandes misterios [...] cuando el sentido de las asociaciones imprevistas está íntimamente unido a la sensibilidad del artista, cuando forma parte de su lenguaje habitual, y, como en Chirico, se realiza en función de tradiciones poéticas centenarias, se vuelve una facultad admirable de *reorganización de las realidades conocidas por el hombre*.[55]

En estos comentarios, dedicados a Roux y Chirico, pero que engloban la estética de todo el movimiento, el futuro creador de la teoría de "lo real maravilloso americano" maneja con clara y alborozada sim-

---

[55] Alejo Carpentier, "El arte clásico y singular de Giorgio de Chirico", *Social*, vol. 17, núm. 1, enero de 1932, en *Crónicas*, t. I, pp. 240-241. Las cursivas, significativamente, son de Carpentier.

patía una serie de categorías sobre la creación poética y la apropiación de las esencias de la realidad —procesos que considera "misteriosos"—, íntimamente relacionadas con la imaginería de lo maravilloso-surrealista, que lo atraen especialmente por su capacidad "privilegiada" de re-crear la realidad a partir de la percepción y la representación del entorno —objetivo o subjetivo— propio del poeta. Lo significativo, en función de las futuras concepciones de Carpentier, es que justamente toda esta imaginería de lo maravilloso será, casi aspecto por aspecto, uno de los blancos predilectos de sus ataques sobre la validez del surrealismo como método de acercamiento e interpetación de un referente real (la sociedad, la historia, los comportamientos humanos). Pero es obvio, en estos inicios de la década de los treinta, que la declaración de independencia que supuso "Un cadáver" y la amistad mantenida con Robert Desnos (cuyas posiciones políticas se hacían cada vez más radicales, a diferencia del sendero emprendido por Breton) en muy poco varían las consideraciones del cubano en torno a los procedimientos rectores del arte surrealista. La noción de lo maravilloso propuesta por Breton en 1924 le sigue pareciendo válida; la fusión de realidades inconexas, la anulación de las fronteras de las antinomias, la superación de todas las contradicciones —cuyo mejor sustento teórico se encuentra en el *Segundo manifiesto*—[56] le resultan aún el método ideal para trascender lo aparente y alcanzar nuevos prismas de la realidad; el "misterio" y la "magia" invocados desde las perspectivas racionalistas ocultas tras un aparente automatismo poético e imperio del sueño todavía le sugieren novedosas y trascendentales proposiciones, según se evidencia de las citas anteriores. Es decir, justamente aquellos elementos —lo maravilloso, la fusión de realidades antes inconexas, la superación de ciertas contradicciones y hasta el misterio y la magia— que luego encontrará en estado bruto, sin artificios, en la realidad americana, todavía le parecen válidos, en esta concepción subjetiva y formal en que venía derivando la estética surrealista.

[56] "Todo induce a creer que en el espíritu humano existe un cierto punto desde el que la vida y la muerte, lo real y lo imaginario, el pasado y el futuro, lo comunicable y lo incomunicable, lo alto y lo bajo, dejan de ser vistos como contradicciones [...] De nada serviría intentar hallar en la actividad surrealista un móvil que no sea el de la esperanza de hallarse en ese punto". André Breton, *op. cit.*, pp. 162-163.

Pero es que, además, el minorista Carpentier compartirá entusiasmado, en lo esencial, la valoración bretoniana —también contenida en el *Segundo manifiesto* y señalada por Alexis Márquez Rodríguez— respecto a la necesidad de estudiar aquello que Occidente ha excluido de sus objetos gnoseológicos. Porque, afirma Breton:

> Con el pretexto de civilización, con el pretexto de progreso, se ha logrado eliminar del espíritu todo lo que podía ser tildado, con razón o sin ella, de supersticioso, de quimérico [mientras] se ha proscrito todo método de investigación de la verdad que no estuviera de acuerdo con el uso corriente [...] Es posible que la imaginación esté a punto de reconquistar sus derechos.[57]

Reconquista en la que anda empeñado el cubano, para quien toda una serie de elementos "supersticiosos" y "quiméricos" de la realidad americana (el mundo de los negros cubanos, en este instante preciso de su búsqueda) necesitan un rescate capaz de validarlos como una importante visión del entorno.

Parece absolutamente incontestable, entonces, la influencia que el surrealismo, como forma más revolucionaria, audaz y competente de la vanguardia, como "actitud del espíritu hacia la realidad y hacia la vida y no como conjunto de reglas formales y de medidas estéticas",[58] está ejerciendo sobre el espíritu ávido de respuestas del joven Carpentier en los momentos en que se dispone a concluir su novela iniciada en 1927 y al redactar el primero de sus cuentos notables, "Histoire de lunes" (1933). Al contrario de lo que estiman algunos críticos, cuyos juicios siguen con demasiada atención las opiniones interesadas del prólogo a *El reino de este mundo* y varias declaraciones de Carpentier en cuanto a su posterior rechazo a muchas de las proposiciones y procedimientos surrealistas, pienso que esta influencia no sólo está presente en el Carpentier de 1933, sino que deja una huella perdurable y mucho más honda, en su pensamiento y su obra, que lo comúnmente aceptado y que, por cierto, resulta un elemento esencial —el más esencial, junto a su conocimiento de la historia y la realidad americanas— en la perspectiva artística con que se enfrentará a su creación de ma-

---
[57] *Ibidem,* p. 133.
[58] Mario de Michelli, *op. cit.,* p. 216.

durez, especialmente en los años cuarenta y cincuenta (de *El reino de este mundo* a *Guerra del tiempo*, pasando por *Los pasos perdidos*).

Sin embargo, toda esta influencia surrealista —que, como bien afirma Klaus Müller-Bergh, "...confirma las ideas minoristas de Carpentier, lo ayuda a romper una estrecha concepción 'nativista' del arte y lo estimula en el cultivo de nuevos medios expresivos"—[59] pronto comenzará a readecuarse, a personalizarse y a decantarse a partir de los años 1933-1934, cuando el escritor se sume en un aparente silencio creativo que abarcará toda una década. En esta evolución influirá, decisivamente, el reconocimiento de la rutina en que había caído el sistema de escritura automática y el asunto de los relatos de sueños —rutina y agotamiento también advertidos por Breton—,[60] la postura de un anarquismo descentrado de algunos surrealistas que abandonan la pretendida filiación marxista-leninista y terminan abrazados a las ideas trotskistas —lo cual no les impidió brindar un apoyo homogéneo a la República española—, así como la poca novedad que en el plano teórico se advierte en los trabajos reflexivos más importantes de la década —como la conferencia de Breton "Situación surrealista del objeto", de 1935, donde reclama al fin la total separación del arte y la política— y la decreciente originalidad de los productos artísticos posteriores a 1933 se convierten en un cúmulo de elementos capaces de provocar un cambio lento pero radical de su visión del surrealismo, del cual comenzará a desechar "hallazgos" y a readecuar concepciones, al tiempo que su óptica de América y del papel del escritor americano se hace más sólida e independiente, para desembocar, al final, en la crítica incisiva de la paternidad de lo maravilloso asumida por el movimiento.

---

[59] Klaus Müller-Bergh, "Corrientes vanguardistas y surrealismo en Alejo Carpentier", en *Asedios a Carpentier*, p. 36.
[60] André Breton, *Manifiestos del surrealismo*, p. 294. Específicamente afirma Breton en el texto: "La imaginación poética tiene un enemigo mortal en el pensamiento prosaico y, en nuestros días, es más necesario que en cualquier otro momento recordar que aquélla tiene dos enemigos más en la narración histórica y en la elocuencia. Por definición, y a fin de conservar su libertad, la imaginación poética debe considerarse exenta del deber de fidelidad a las circunstancias, de modo muy especial a las enajenantes circunstancias históricas; de igual modo ha de evitar la preocupación de complacer o de convencer, y contrariamente a lo que ocurre en el caso de la elocuencia, ha de mostrarse desligada de toda finalidad práctica".

Tan cierta y necesaria es esta superación de una postura admirativa de los procedimientos y recursos surrealistas, como la aprehensión duradera de varias nociones adquiridas en su convivencia con los creadores del movimiento, nociones que ya lo acompañarán para siempre: y así, junto a los elementos antes mencionados, como son la existencia de un mundo maravilloso más allá de lo aparente –que él encontrará en la realidad misma, y no en el subconsciente–, la fusión de realidades aparentemente inconexas, la superación de ciertas contradicciones, la presencia de la magia, el mito y el misterio, Carpentier también incorpora a su repertorio estético, luego de un proceso de readecuación, la conciencia de la ruptura, la problemática de la libertad social e individual, la noción de que existen y coexisten diversos planos en una misma realidad, así como una mística del arte en la que la fe, o lo que llamaría también un cierto "estado" de inspiración exaltada, juegan un extraño papel de revelación.

Alejo Carpentier, que en los cinco años que van de 1928 a 1933 había mantenido latentes las cruciales preocupaciones artísticas sobre el carácter y destino de un nuevo arte americano, así como sus intereses por el perfil nacionalista de su obra, a la vez que atravesaba la selva turbulenta y enriquecedora del surrealismo que lo estaba "enseñando a ver", decide, justamente en 1933, retomar las viejas páginas de aquella novela iniciada en la cárcel de La Habana con la intención de concluirla y entregarla a un editor.

Como es fácil advertir, existe una distancia notable entre el joven de 23 años que redactó el primer manuscrito del libro y el hombre de 28 que se dispone a concluir la novela, luego de haber trabajado en ella esporádicamente, como es fácil inferir por su correspondencia del momento. Pero en ese periodo de incesantes búsquedas y notables hallazgos una noción esencial para el tratamiento literario de la realidad trabajada en *Ecue-Yamba-O* ha alcanzado su plena madurez: la necesidad de penetrar la realidad más allá de lo que había logrado, con su espíritu positivista, la novela criollista latinoamericana, la cual, en opinión de Carpentier, era apenas un reflejo trasnochado de los productos literarios finiseculares legados por Europa.

Lo cierto es que la narrativa criollista se había contentado con plantearse los fenómenos, personajes y ambientes americanos como cuadros típicos intercambiables, cuya sola presencia en la obra garantizaba su filiación americanista y su misma proposición estética: la de un realismo descriptivo y fotográfico, que entregaba fenómenos por esencias, tipos por personajes, paisajes por contextos, con un valor social y político muchas veces limitado por su propio afán de denuncia y por la circunstancia específica que refleja (como sucede con el Santos Luzardo de *Doña Bárbara*, cuyo aporte moderno al llano es la cerca de alambre de púas). Esta limitación, que se hace evidente al narrador cubano gracias a sus preocupaciones vanguardistas, lo impulsa entonces en la búsqueda de comportamientos y situaciones típicos en los que, sin embargo, la individualidad de los personajes y el flujo de las situaciones dependan de una visión del mundo diferente y capaz de determinar actitudes, acciones, modos de entender, reflejar y enfrentar la realidad. Era necesario para ello, y ante todo, dinamitar el viejo método naturalista de percepción y reflejo literario, aspecto crucial sobre el que insiste Carpentier en su medular reflexión "América ante la joven literatura europea", escrita en 1931 a tenor de la encuesta realizada por *Imán* a "diez auténticos representantes de la literatura europea viviente", donde se les preguntaba: "¿Cómo imaginan ustedes a América Latina?; ¿cuál habrá de ser su posición ante Europa?; ¿cuáles son, a su juicio, sus problemas fundamentales?"

Entonces, a propósito de las opiniones de estos escritores (Soupault, Nino Frank, Desnos, Walter Mehring, Ribbemont-Dessaignes y Georges Bataille, entre otros), el cubano afirma:

En América Latina, el entusiasmo por las cosas de Europa ha dado origen a cierto espíritu de imitación, que ha tenido la deplorable consecuencia de retrasar en muchos lustros nuestras expresiones vernáculas [...] Hoy la reacción contra tal espíritu ha comenzado a producirse, pero es todavía una reacción de minorías. Los Güiraldes, los Diego Rivera, los Héctor Villa-Lobos, los Mariano Azuela son todavía excepciones en nuestro continente. Muchos sectores artísticos de América viven actualmente bajo el signo de Gide, cuando no de Cocteau o simplemente de Lacatrelle [...] Pero, por desventura, no basta decir "cortemos con Europa" para comenzar a ofrecer expresiones genuinamente representativas de la sensibilidad latinoamericana. Todo arte necesita de una tradición de oficio. En arte la realización tiene tanta importancia como la materia prima de una obra... Novelistas como Miguel de Carrión o Loveira –para buscar ejemplos cercanos–, admirables por su poder de observación, su cubanismo, su fidelidad al documento humano, se han resentido siempre de cierta debilidad de metier [...] Por ello es menester que los jóvenes de América conozcan a fondo los valores representativos del arte y la literatura moderna de Europa; no para realizar una despreciable labor de imitación y escribir, como hacen muchos, novelitas sin temperatura ni carácter, copiadas de algún modelo allende los mares, sino para llegar al fondo de las técnicas, por el análisis, y hallar métodos constructivos aptos para traducir con mayor fuerza nuestros pensamientos y nuestras sensibilidades de latinoamericanos [...][61]

Sin duda, Carpentier piensa a estas alturas que al estar él mismo en posesión de un metier novedoso y de comprobada eficacia en la moderna creación literaria europea, su camino hacia las esencias del mundo que pretende reflejar está abierto y desbrozado –permitiéndole tal posesión, además, resolver definitivamente la aparente antinomia vanguardia-nacionalismo–. El mejor testimonio de estas convicciones lo ofrece el propio novelista en un par de cartas que en 1930 y 1931 le enviara a Jorge Mañach y en las cuales hace referencias muy concretas a *Chivo que rompe tambor*, título que por entonces daba a lo que sería *Ecue-Yamba-O*. En la primera de estas misivas comenta:

No sé qué pensarás de Chivo. Puede ser que halles en él más de un defecto. Pero estoy seguro que te interesará. Al menos he hecho con él un ensayo que se ha intentado pocas veces en la literatura de América. Todas nuestras novelas tienen el defecto, ante el espíritu actual, de caer demasiado en la *tranche de vie* con color local, por la necesidad de permanecer fieles a documentos vivientes.

En el Chivo he tratado de hacer otra cosa: he colocado en primer plano, en *close-up,* todos los elementos mitológicos, suprarreales, que puedan hallarse en la vida de las campiñas y pequeñas ciudades criollas contemporáneas...

[61] Alejo Carpentier, "América ante la joven literatura europea", en *Carteles*, 28 de junio de 1931, en *Ensayos*, Editorial Letras Cubanas, La Habana, 1984, pp. 184-185.

Hay un capítulo consagrado solamente a letras de sones auténticos; otro a las oraciones bárbaras que se venden por ahí; otro al simbolismo gráfico –¡absolutamente mitológico!– de las figuras destinadas a representar los partidos políticos en tiempo de elecciones. Ya veremos lo que opinas de ese libro raro y tendencioso.[62]

En la segunda epístola, fechada el 2 de diciembre de 1931, Carpentier es incluso más preciso en sus opiniones y le comenta a Mañach:

[...] no he trabajado al azar, no hay en ese libro un solo detalle que no está justificado por la observación y conocimiento de un hecho por seguro conducto. Aun en lo que a magia se refiere, podría ofrecer, línea por línea, las pruebas y documentos encaminados a probar que no he trabajado a base de imaginación. Se trata de una mitología construida sobre hechos de estricta realidad. Esto, sin contar que no sólo magia hay en ese libro: la molienda, la cárcel, el ciclón, el velorio, el *meeting* político, forman también capítulos aparte. El tono mitológico –"realidad más veraz que la realidad"– sólo ha sido obtenido oponiendo sistemáticamente los elementos más en contraste y menos aptos para explicarse, los unos por los otros.

Opino que la gran equivocación de nuestros novelistas, ha sido casi siempre la de tratar de ordenar y disciplinar la realidad –imperio del desorden y la incoherencia–. Ya no vivimos en la época de los "documentos sicológicos"; el misterio de la vida cotidiana encierra sugerencias poéticas que la razón no debe ingeniarse en controlar. ¡Y cuánto más en nuestros países que han pasado de la vida colonial y provinciana al rascacielos, del quinqué a la bombilla, de la indolente barbarie al maquinismo y al latifundio![63]

Es evidente que estas dos cartas del novelista cubano develan con inapreciable exactitud sus posiciones estéticas y sociológicas justo al emprender la versión definitiva de *Ecue-Yamba-O*. Son notorias, por ello, la presencia de ideas y nociones propias del surrealismo, pero, a

[62] Alejo Carpentier, núm. 1, Archivo del Instituto de Literatura y Lingüística de la Academia de Ciencias de Cuba, reproducida por Ana Cairo, *op. cit.,* pp. 395-398. Al principio de la carta citada, Carpentier se refiere a los tres capítulos de la novela que envió para *Avance* y que, al dejar de salir la revista, aparecieron en la publicación *Aventura en Mal Tiempo,* Santiago de Cuba, 1933.
[63] Jorge Mañach, núm. 192, Archivo del Instituto de Literatura y Lingüística de la Academia de Ciencias de Cuba, reproducida por Ana Cairo, *op. cit.,* pp. 399-401.

la vez, su preocupación por tratar de un modo realista el entorno, desde una óptica nueva que no desdeña el documento folclórico y la investigación histórica, sin apartarse de esa realidad —"imperio del desorden y la incoherencia"—, para lograr una copia cuya fidelidad dependa de un ordenamiento estético (el *metier)*, aunque perfectamente consciente, de hechos y situaciones capaces de develar un universo a cuya virginidad literaria ya se había referido. Aparentemente, la contradicción entre lo vernáculo —la materia— y la vanguardia —la forma— estaba resuelta en la mente de Carpentier gracias a la comprensión de que los métodos empleados por el arte nuevo eran factibles de una readecuación al mundo americano donde ya intuye y afirma la presencia real de una mitología distinta a la invocada por los creadores de la vanguardia, interesados, como se sabe, en ese universo todavía primitivo que sobrevivía en lugares como América Latina.

Sin embargo, entre el entusiasmo y la realidad hubo un trecho: *Ecue-Yamba-O* resultó incapaz de salvar sus propias contradicciones y de encarar, victoriosamente, todas las responsabilidades que le entregó su creador.

Creo que es justo advertir que en el contexto específico de la narrativa cubana de los años treinta, *Ecue-Yamba-O,* junto a *Pedro Blanco, el Negrero* (1933), de Lino Novás Calvo, y *Hombres sin mujer* (1938), de Carlos Montenegro, conforma la cúspide de una novelística que hoy nos parece bastante pobre, pues pocos de aquellos libros han resistido la prueba del tiempo. Sin embargo, vista en el conjunto de la propia narrativa de Carpentier, esta novela primeriza continúa siendo una pieza menor en virtud —sobre todo— de su incapacidad para digerir satisfactoriamente fórmulas estructurales de estilo vanguardista que resultan impostadas, y de su incapacidad para trascender, verdaderamente, el atractivo y revelador pellejo documental del drama histórico y sociológico del negro cubano, para tocar su alma profunda, como aspiraba a realizarlo Carpentier. En cambio, vista como engranaje de la evolución literaria de este autor y como antecedente considerable de los intereses temáticos y sociales que luego nutrirán su concepción de lo real maravilloso americano, *Ecue-Yamba-O* sirve para denotar el rumbo estético de las preocupaciones latinoamericanistas de

Carpentier, así como el estado de sus posibilidades narrativas en este momento.

Como ya queda dicho, *Ecue-Yamba-O* se propuso conciliar las ideas vanguardistas y nacionalistas (surrealistas y minoristas, en lo esencial) en que se debatía Carpentier entre 1927 y 1932, a la vez que intentaba una meditada rebelión contra el chato realismo de la novela criollista. Para conseguir esta conciliación, que implicaba además toda una revolución estética —semejante a la que, con menores dificultades conceptuales, realiza por estos años la poesía de Nicolás Guillén y otros afrocubanistas—, el autor busca la novedad en los dos planos fundamentales de la obra literaria: en su forma y en su contenido.

Formalmente, son conocidas las metáforas vanguardistas que, sobre todo en los primeros capítulos del libro, emplea con abundancia arbitraria, y cuyo mejor ejemplo es la descripción casi cubista y muy futurista del ingenio (figura de teorema, llega a llamarlo) donde viven sus protagonistas, los Cué; la relación máquina-hombre y el imperio de la primera, de tanto sabor futurista; el proceso de universalización del espacio escogido, a través de la misma descripción del ingenio, o de la cárcel y la ciudad, además de la presencia repetitiva del huracán. Todo esto, dentro de una estructura montada en función de los ciclos vitales —económicos, políticos y naturales—, que se cumplen con una exasperante puntualidad —al extremo de determinar la acción y el destino de los personajes—, construcción con la que Carpentier quiso dar forma literaria a la cosmovisión de unos negros todavía apegados en su psicología y modo de vida a las repeticiones interminables de los ciclos naturales, por lo que la existencia de estos personajes "viene a ser una serie de etapas tristes que constituyen una progresión constante, repetitiva, hacia la muerte".[64]

Parece incontestable que la tantas veces mencionada concepción carpenteriana de la historia como ciclos que se repiten unos a otros, calcándose infinitamente, tiene una acabada expresión en esta novela inicial, donde la óptica de los personajes determina la forma misma

---

[64] Joseph Sommers, "*Ecue-Yamba-O:* semillas del arte narrativo de Alejo Carpentier", en *Estudios de literatura hispanoamericana en honor de José Juan Arrom,* Chapel Hill, 1974, p. 237.

del producto estético. Si bien es cierto que algunas reiteraciones en los nombres de los capítulos indicaban una tendencia a lo constante, es hasta el final, con el nacimiento del nuevo Menegildo, que se revela, coherentemente, esta dramática intención del autor: ha pasado el tiempo, las personas deben haber cambiado, pero los acontecimientos se replican inexorable, trágicamente...

>–¡Oye! ¡Y pon a sancochal las viandas pal almuerzo! ¡Orita vienen Usebio y Lui...!
>Las sombras de humo del Central corrían sobre el suelo como un rebaño de gasas oscuras.
>Tres meses después, Menegildo tenía un mes. Era un rorro negro, de ojos saltones y ombligo agresivo. Se retorcía, llorando en su cama de sacos, bajo las miradas complacidas de Salomé, Longina y el sabio Beruá.
>Para preservarlo de daños, una velita de Santa Teresa ardía en su honor ante la cristianísima imagen de San Lázaro-Babalú-Ayé.[65]

La replicación, síntesis de lo narrado en los capítulos 3 y 4 del libro –"Natividad" e "Iniciación (a)"–, dedicados al Menegildo padre de este niño, tiene un carácter diferente a las duplicaciones casi textuales de "El camino de Santiago" y el tránsito histórico de una misma circunstancia –la preparación de la guerra– en "Semejante a la noche". Aquí es obvio que el tiempo ha pasado efectivamente, pero Carpentier quiere recalcar la cerrazón histórica que envuelve a sus personajes, sin esperanzas de mejoras ni expectativas de futuro, atrapados en una fatídica maquinaria histórico-social en la cual ellos sólo funcionan como fuerza de trabajo. Por eso, a pesar de los años, Usebio y Lui parecen ser los mismos de siempre, condenados a trabajo eterno (primera reelaboración carpenteriana, tal vez, del mito de Sísifo que incorpora a *Los pasos perdidos,* ya en otro nivel de elaboración conceptual). La vida del nuevo Menegildo se enfrentará al mismo horizonte oscuro, a las mismas costumbres y trabajos de su difunto padre. Y es que la situación de los personajes, en la realidad, apenas ha cambiado en 20 años, y, si lo ha hecho, es para empeorar. De esta manera, el ciclo, fundado en la cosmovisión de los personajes, adquiere una clara connotación

---

[65] Alejo Carpentier, *Ecue-Yamba-O,* ed. cit., p. 153.

de fenómeno real y a la vez de denuncia social y destila un contundente pesimismo histórico acentuado por la intención de Carpentier.

En el plano estricto del contenido, coincido con Alexis Márquez Rodríguez cuando afirma que

> *Ecue-Yamba-O* quiere apartarse del tono bucólico predominante en la novela criollista, y ensaya uno de denuncia social y política [es el estilo de *Tungsteno* (1931), de César Vallejo, *Marcos Antilla* (1932), de Luis Felipe Rodríguez, o *La ciudad roja* (1932), de José Mancisidor], de una manera tan directa que resulta francamente panfletario. Son abundantes las referencias directas a la explotación del hombre por el hombre, al imperialismo norteamericano, a la corrupción de los políticos cubanos de ese tiempo...[66]

Lo más importante, sin embargo, resulta el tratamiento de la psicología, costumbres y forma de vida de los negros cubanos, elevados por primera vez en la novelística nacional a un nivel de total protagonismo. Carpentier, militante de primera fila en el movimiento afrocubanista, ensaya aquí su visión de un universo vivo y palpitante, largamente relegado, en el que está seguro de hallar algunas claves importantes de la cubanía. De ahí que trabaje no sólo la presencia del negro como factor económico, sino la más importante participación del negro como elemento cultural, dotado de una singularidad que, a toda costa, quiere patentizar el escritor. En este aspecto se hallan algunas claves iniciales de lo que será la futura visión de lo maravilloso y lo insólito que Carpentier introducirá en sus obras de los años cuarenta, claves que funcionan en *Ecue-Yamba-O,* sobre todo, a un nivel mágico: creencias, ritos, rezos, toda una mitología que conforman una visión esotérica de la realidad vivida por estos personajes. Sin embargo, conceptualmente lo más esencial se le escapa a Carpentier de las manos, y él mismo reconoce, tiempo después:

> ...al cabo de veinte años de investigaciones acerca de las realidades sincréticas de Cuba, me di cuenta de que todo lo hondo, lo verdadero, lo universal del mundo que había pretendido pintar en mi novela había permaneci-

[66] Alexis Márquez Rodríguez, "Alejo Carpentier, punto de partida de la nueva novela latinoamericana", *Revista de Estudios Hispánicos*, Universidad de Puerto Rico, año X, 1983, p. 10.

do fuera del alcance de mi observación. Por ejemplo: el animismo del negro campesino de entonces; las relaciones del negro con el bosque; ciertas prácticas iniciácas que me habían sido disimuladas por el oficiante con una desconcertante habilidad.[67]

Sin duda alguna, al hacerse este reproche, el novelista está remitiendo su incapacidad de penetración en ciertas esencias de la mentalidad del negro a los hallazgos reveladores que por primera vez y en toda su fabulosa dimensión había logrado plasmar Lydia Cabrera en su libro de 1954 titulado, precisamente, *El monte* (y subtitulado "Notas sobre las religiones, la magia, las supersticiones y el folclor de los negros criollos y el pueblo de Cuba"). Esta escritora, discípula de Fernando Ortiz y contemporánea de Carpentier —nace en 1899—, que vivió en Francia por los mismos años que el novelista y que en los años cuarenta publica dos libros de cuentos-leyendas de asunto negro (aunque la primera edición, justamente francesa, de los *Cuentos negros de Cuba —Contes nègres de Cuba—* es de Gallimard, en 1936), participa del afrocubanismo con un fervor y una profundidad que trasciende el interés pasajero de una moda estética y, después de *El monte*, que es la obra más rigurosa, documentada, fidedigna y apasionada que se escribe en Cuba sobre este tema, da a conocer en 1957 *Anagó. Vocabulario lucumí*, y en 1959, rompiendo múltiples incógnitas de celoso arcano, *La sociedad secreta Abakuá narrada por viejos adeptos*, testimonio clásico si se pretende conocer los orígenes y prácticas de esta peculiar "masonería" negra trasladada desde el viejo Calabar nigeriano hasta las ciudades cubanas de La Habana, Matanzas y Cárdenas, las únicas del Nuevo Mundo en que existen fundamentos de esa sociedad secreta.

Si me detengo por un instante en el legado hecho por Lydia Cabrera al estudio de la cultura negra en Cuba, se debe a una necesidad esencial: cualquier análisis de los modos verdaderamente válidos en que se ha concretado el realismo mágico en Cuba va a pasar —como premisa o como resultado— por la obra genésica de esta autora, como se

---

[67] Alejo Carpentier, "Problemática del tiempo y el espacio en la actual novela latinoamericana", en *Tientos y diferencias*, p. 196.

constatará más adelante. Por lo pronto, y regresando a la visión limitada con que Carpentier admite haber abordado el asunto en *Ecue-Yamba-O*, su confesión, obviamente, remite al conocimiento posterior de estos fenómenos gracias a Lydia Cabrera,[68] quien desde el principio mismo de su obra *El monte* advierte:

> Persiste en el negro cubano, con tenacidad asombrosa, la creencia en la espiritualidad del monte. En los montes y malezas de Cuba habitan, como en las selvas de África, las mismas divinidades ancestrales, los espíritus poderosos que todavía hoy, igual que en los días de la trata, más teme y venera, y de cuya hostilidad o benevolencia siguen dependiendo sus éxitos o sus fracasos [...] Engendrador de la vida, "somos hijos del monte porque la vida empezó allí; los santos nacen del monte y nuestra religión también nace del monte". Todo se encuentra en el monte —los fundamentos del cosmos—, y todo hay que pedírselo al monte, que nos lo da todo.[69]

Esta concepción cósmica, de total dependencia psicológica y cultural hacia ciertos poderes esotéricos pero muy reales y concretos para el negro cubano, es precisamente la que Carpentier no consigue penetrar hasta su más recóndita esencia, a pesar de su notable conocimiento del asunto y de su intención de crear una historia a partir de esta misma concepción mágica de la realidad —como lo manifiesta su tratamiento argumental de los ciclos naturales y el propio papel de la naturaleza en el destino de los personajes—. Entonces, a pesar de sus mejores intenciones, resulta que Carpentier termina pagando una cuota de tributo al criollismo contra el que se revelaba: su incapacidad provoca que haya demasiados arquetipos en la novela, que exista una imagen social romántica y edulcorada de los "pobres negros" y un análisis político y sociológico que no siempre logra trascender la dura cáscara de los fenómenos, lo aparencial de una realidad múlti-

---

[68] Carpentier sostuvo una larga amistad con Lydia Cabrera que sólo terminó con el exilio de la escritora después de 1959. Sin duda fue Carpentier el primero en saludar críticamente el libro de 1936 de esta autora, cuando escribió: "Acaba de publicarse en París un gran libro cubano. Un libro maravilloso. Los *Cuentos negros* de Lydia Cabrera constituyen una obra única en nuestra literatura. Aportan un acento nuevo. Son de una deslumbradora originalidad. Sitúan la mitología antillana en la categoría de los valores universales". *Carteles*, 11 de octubre de 1936, La Habana, p. 40.

[69] Lydia Cabrera, *El monte*, Editorial Letras Cubanas, La Habana, 1989, p. 21.

ple, compleja y llena de relaciones ancestrales e insospechadas. Por eso, hasta en el mismo lenguaje de la obra –que incluye el glosario final que estaba de moda–, al establecer un contrapunto entre un narrador culto –barroco y vanguardista– que narra desde su perspectiva los acontecimientos que son comentados por los personajes con un lenguaje vernáculo, despojado de eses y lleno de modismos, pierde autenticidad expresiva en virtud de la irreconciliable divergencia entre una imaginería vanguardista y un idioma cuyo ritmo, sintaxis y capacidad denotativa escapan al alcance de un simple vocabulario o una reproducción fonética que pretende ser fidedigna hasta el extremo de rozar a veces lo ininteligible.

Pero no sólo el nativismo funciona en la novela. También existe en *Ecue-Yamba-O* un empleo abundante de recursos propios de cierta narrativa realista que, puestos en función de la denuncia política, trata de presentar "caracteres típicos en circunstancias típicas", al estilo del siglo XIX. La familia Cué ha sido elaborada como patrón de muchas otras familias negras del campo cubano, y en su proceso de desarrollo novelesco aparecen todas las tragedias y alegrías típicas de este conglomerado humano (negros, campesinos, pobres, cortadores de caña) en una época específica: su visión mágica del mundo, su degradación económica, sus costumbres y, en fin, todos aquellos elementos indispensables para la conformación tipificadora a la que se siente atado el escritor. Este proceso de tipificación de la realidad a través de claves repetitivas, insoslayables, siempre presentes, será justamente el método que dinamitará Carpentier a partir de *El reino de este mundo*, cuando su comprensión y conocimiento de América le permitan ver que lo extraordinario, lo insólito, lo maravilloso, revelados a veces en un detalle de aparente intrascendencia histórica, pueden definir mejor un entorno dado que sus características más visibles y reconocidas.

Lo cierto es que el proyecto literario y sociológico ensayado en *Ecue-Yamba-O* constituyó un fracaso estético. Y en este sentido resulta particularmente revelador el balance que realiza Efraín Barradas en su trabajo "Cigarro, Colón: Ciclón: Ciclo", a partir de las valoraciones de seis ensayistas sobre la novela (Marinello, Márquez Rodríguez, Pedro Lastra, Sommers, Barrada y González Echevarría):

Estos seis estudios —dice el crítico puertorriqueño—, los más importantes para el examen de *Ecue-Yamba-O,* coinciden en varios puntos. Todos señalan que la novela es una obra fallida, punto que recalca el mismo Carpentier. Muchos ven en la obra raíces de temas, recursos y logros que el novelista desarrollará en sus obras posteriores. Pero cada crítico hace hincapié en diversos rasgos de la novela donde cree encontrar la fuente, ideológica o formal, de su fracaso. Marinello, Márquez Rodríguez y Lastra recalcan las fallas formales del texto. Para Lastra esas fallas se relacionan con la falta de desarrollo de lo mágico en la novela; para Márquez, con el estilo ensayístico de la prosa; para Marinello la novela no alcanza logros plenos por la pugna interna entre dos estilos o modas. Hay que señalar que las objeciones de Marinello ya apuntan a la de otros tres críticos, Barrada, Sommers y González Echevarría, quienes ven el meollo de las fallas de *Ecue-Yamba-O* en su andamiaje ideológico. Barrada apunta la visión externa y falsa del protagonista y de todos los cubanos negros; Sommers llama a esa visión burguesa; y González Echevarría encaja esa visión falsa del negro en un conflicto de conceptos de la historia, presente en todo el movimiento negrista. Esencialmente, estos seis críticos se complementan, no se contradicen.[70]

Independientemente del grado de adhesión o de contradicción que pueda tener con cada una de esas opiniones, me parece evidente que en el sustrato mismo de todas ellas está la cuestión fundamental del conflicto no resuelto entre vanguardismo y nacionalismo, aceptado por el mismo Carpentier, oposición que, además, adquiere una connotación estilística y conceptual al ver a *Ecue-Yamba-O* sobre el fondo de la novelística posterior de este autor, donde se resuelven y clarifican las pálidas soluciones de la *opera prima,* gracias al hallazgo de una forma expresiva y una conceptualización del universo americano que trasciende ampliamente la propuesta estética y social (casi sociológica) de *Ecue-Yamba-O*.

No obstante, en un análisis global de la evolución artística de Carpentier, y específicamente en un examen del devenir del concepto de lo real maravilloso americano, *Ecue-Yamba-O* reviste una notable importancia, mayor, a mi juicio, que la tradicionalmente concedida a la novela por sus críticos más rigurosos.

[70] Efraín Barradas, "Cigarro, Colón: Ciclón: Ciclo (Notas para una relectura de *Ecue-Yamba-O)",* en *Sin Nombre,* Puerto Rico, julio-septiembre de 1981, p. 87.

En el libro, indiscutiblemente, existe ya una primera y clara comprensión de la existencia en la realidad americana de ciertos valores mágicos, mitológicos, que emanan de esa misma realidad y actúan sobre ella, valores que conoce y maneja el autor en función de sus personajes; hay, además, una comprensión cercana de la historia de América, de la definición de sus gentes y su cultura, a través de la amalgama y el sincretismo que determinan su peculiar formación; existe, también, la noción de un mundo cuya realidad aparece estratificada en planos que se tocan y se alejan, en su dramática convivencia, de acuerdo con la visión del mundo −más o menos mágica, más o menos racionalista− que arrastran sus habitantes; y, por si fuera poco, es evidente, como afirma Lastra, la presencia "detrás de su nativismo, y aunque con impericia [de] un vislumbre de auténticos contextos (ctónicos, telúricos y épico-políticos, por ejemplo)",[71] elementos todos que convierten a *Ecue-Yamba-O* en la pieza literaria más importante para el análisis de lo que he dado en llamar "el primer estado de lo real maravilloso" ("Antecedentes"), del cual me ocuparé en otra parte de este estudio, donde retomaré el examen de esta controvertida novela "afrocubana" en función de su lugar en la evolución de las nociones que desembocarán en el tratamiento, ya consciente, de la realidad americana como un conjunto histórico y social de condiciones maravillosas −o "insólitas", como finalmente las llamará Alejo Carpentier...

El año 1933 marca también la fecha de aparición del primer relato importante de Alejo Carpentier, "Histoire de lunes" ("Historia de lunas"), escrito en francés y publicado por la revista *Les Cahiers du Sud*. Significativamente este cuento, sin duda concebido y escrito después de *Ecue-Yamba-O*,[72] ha venido a resultar el único de los muchos relatos redactados o esbozados por Carpentier en esta etapa que el autor consideró en condiciones de ser entregado para su publicación. Mien-

---

[71] Pedro Lastra, "Aproximaciones afrocubanas", en *Recopilación de textos sobre Alejo Carpentier*, ed. cit., p. 281.
[72] Así lo hace notar Roberto González Echevarría en *Alejo Carpentier: El peregrino en su patria*, Coordinación de Difusión Cultural, UNAM, México, 1993.

tras, olvidados en su papelería, quedaban engavetados, entre otros, su cuento surrealista "El milagro del ascensor", obra de once cuartillas mecanografiadas, dividida en cinco bloques sin numerar, y que aparece fechada, al final, en "mayo de 1929", aunque en la primera página del manuscrito el autor especificó después "1931", lo que hace pensar que el manuscrito hallado se trata de una segunda versión; el caótico relato "De sol a sol", una abigarrada aventura de quince páginas –reescrita y revisada por Carpentier–, que se desarrolla en Cuba, a lo largo de una sola noche, y que por su estilo, asunto y personajes parece escrito entre 1930 y 1933, especialmente por el empleo de personajes-tipos simbólicos bastante similares a los de sus libretos sinfónicos y para ballets, tales como las guajiras prostitutas, la enana matrona y adivina, el marino Simbad, el arquero, etc.; la viñeta "Mogote", fechada –con posterioridad– "París, 1933", donde narra, muy poéticamente, el surgimiento de un mogote, en apenas dos cuartillas mecanografiadas y cinco hojas manuscritas en una caligrafía que empieza siendo apretada y fina, morosa, y luego crece en letras altas y espaciadas, como si los trazos quisieran avanzar hacia un desenlace que nunca llega; y, además, el relato inconcluso "El estudiante", indiscutiblemente escrito entre 1928 y 1930, en el que rinde alborozado tributo al surrealismo en un argumento donde la lógica brilla por su ausencia, mientras la fabulación se torna amanerada, efectista, premeditadamente escandalosa, sin que la prosa o el contenido consignan un brillo especial.

A pesar de que nunca vieron la luz, los cuentos "El milagro del ascensor" y, sobre todo, "El estudiante" presentan más de un punto de interés para el estudioso de la obra de Carpentier, y pienso, por ello, que vale la pena una breve valoración de estas piezas olvidadas y por muchos años desconocidas. En "El milagro del ascensor", subtitulado "Cuento para un apéndice a la Leyenda Áurea", retoma el personaje de Fray Doménico –que fue sólo Fra en el relato primerizo hallado en la maleta de Lina Valmont–, que ahora ha devenido ascensorista, "desde que las acciones consagradas a la gloria del Señor habían sido declaradas superfluas y propiciatorias de ociosidad".[73] Sin mayor

---

[73] Todos los relatos arriba citados se encuentran en el Archivo Especial Alejo Carpentier, al cuidado de Araceli García-Carranza, en la Biblioteca Nacional de Cuba.

trascendencia desde el punto de vista artístico y con pocas consecuencias en la narrativa subsiguiente de Carpentier, este cuento, sin embargo, tiene el especial interés que aporta la confusión misma de sus recursos —reveladora de la desorientación estética que atraviesa el minorista convertido en simpatizante surrealista—, cuando el autor mezcla tranquilamente el realismo con la ciencia-ficción y la leyenda con el surrealismo y el absurdo, en una pieza cuyo ambiente exótico es ahora la ciudad modernista y capitalista por excelencia, Nueva York, en la que la incongruencia del protagonista es destacada por la sucesión de acontecimientos anormales, que concluyen con la subida al cielo del ascensor manejado por Fray Doménico, donde "los santos interrumpieron su partida de golf entre los *holes* 11 y 12, para acoger fraternalmente al bienaventurado", mientras el dueño del edificio demanda a la compañía de ascensores por la mala instalación realizada. En fin, surrealismo burdo y externo.

Más ajustado a propósitos abiertamente surrealistas es, en cambio, el fragmento escrito del relato "El estudiante", una obra enigmática cuyo mito contribuyó a alimentar el propio Carpentier con declaraciones que iban desde la negación de su participación creativa en el surrealismo[74] hasta el reconocimiento de haber comenzado a escribir en París "una serie de relatos con el título de *L'etudiant*, que era una transposición al español del surrealismo",[75] que finalmente se convertirían en un solo relato, pero ahora escrito en francés y revisado por Desnos, pues —aseguró entonces, desmintiendo u olvidando su anterior declaración— "nunca he podido sentir el ritmo interior de esta lengua".[76]

El mito de "El estudiante" o "L'etudiant" creció así, de contradicción en contradicción, hasta que un día de 1989, gracias a la amabilidad de la viuda de Carpentier, Lilia Esteban, pude bucear en la papelería inédita del escritor y encontrar al fin un grupo de cinco cuartillas presilladas y foliadas, mecanografiadas con tinta azul sobre papel cebolla

---

[74] Virgilio López Lemus (comp.), "Alejo Carpentier", *El Nacional*, Caracas, 16 de septiembre de 1945, en *Entrevistas*, Ed. Letras Cubanas, La Habana, 1985, p. 20.
[75] *Ibidem*, "Entrevista en Radio-Televisión Francesa", 1963, p. 79.
[76] César Leante, *op. cit.*, p. 62.

—tal vez copia de un original–, con algunas correcciones hechas a mano con tinta negra y algunos acentos de menos, pero encabezado por un título alentador: "El estudiante".

Se trataba, como queda dicho, de un relato inconcluso, obviamente escrito en español, del que Carpentier sólo llegó a redactar el primer bloque y la oración inicial del segundo.

Hecha esta comprobación —existía el cuento y estaba escrito en español–, lo más importante fue constatar que, en todos los sentidos, se trataba de una pieza cabalmente surrealista. Su tratamiento enervante y racional de una anécdota irracional, el flujo de acontecimientos sólo enlazados por la voluntad del autor, el tránsito enloquecido de escenarios y los sucesos que cierran el primer bloque —o la afirmación que inicia el segundo: "El estudiante tenía una cita con la Albertina de Marcel Proust, a las 4, detrás de la Magdalena"–.[77] sobran para demostrar tal filiación. Pero, además, sobresale en el texto su marcado carácter onírico, el empleo abundante de los símbolos de la modernidad y la decadencia burguesa, las apariciones insólitas y el propio estilo, lleno de metáforas chocantes y símiles aparente o decididamente absurdos.

Por ello, a mi juicio, "El estudiante" aporta un surrealismo tal vez demasiado grueso, sin la elaboración profunda que consiguieron sus más aventajados cultores. El sueño, lo insólito, el ambiente del hospital en que encontramos a este estudiante de medicina, el personaje mismo, testigo de una sucesión de acontecimientos maravillosos, son tópicos ya agotados por el movimiento, del que el autor toma, incluso, un bacalao de propagandas farmacéuticas —del tristemente célebre aceite-de-hígado-de bacalao— para acostarlo en la misma mesa de operaciones que tanto admiraban los discípulos del Conde de Lautréamont.

Creo, entonces, que la significación literaria de "El estudiante" depende fundamentalmente de su valor documental, que refleja a las claras las preocupaciones que por los años 1929 y 1930 —cuando debió redactarlo su autor— rondaban a Carpentier, y por el hecho mismo de ser un trabajo abandonado: "Me pareció una tarea vana mi

---

[77] Véase "El estudiante", en *La Gaceta de Cuba*, ed. cit.

esfuerzo surrealista. No iba a añadir nada nuevo a este movimiento",[78] dijo después el escritor, y al encontrar este manuscrito ya no hubo lugar a dudas de cuánta razón tenía.

También de este periodo tan rico y atormentado —exactamente en 1932, un año después de concluir *Manita en el Suelo*–, Carpentier inicia su colaboración con el músico francés Darius Milhaud, para quien elabora el argumento de la cantata *La pasión negra*, estrenada con éxito en París, y en la que, con toda nitidez, se entrecruzan románticamente las líneas del afrocubanismo y las concepciones vanguardistas entre las que se debatía el autor, pues *La pasión negra* era una "cantata profana sobre un asunto sencillo [...]: hombres negros ayer todavía libres y felices en su isla llena de sol, rebelándose contra la tiranía de las máquinas que le impusieron su férula implacable. Rebelión de los trabajadores contra los amos invisibles [...] Conflicto del ser humano frente a la máquina",[79] en una visión poética y futurista de la realidad que pronto será complejizada, dramatizada y apegada a un contexto específico por la novela *Ecue-Yamba-O*, de cuyo proyecto en marcha parece derivarse la idea de *La pasión negra*.

Finalmente, en "Historia de lunas", en cuyo argumento también está presente el mundo de los negros cubanos y en la misma época reflejada por *Ecue-Yamba-O* —principios de la República–, el autor relega a un segundo plano toda preocupación sociopolítica y de denuncia, para centrar su interés en una historia absolutamente mágica donde afloran, por primera vez en su narrativa, algunas constantes significativas de la obra posterior de Alejo Carpentier, tales como su preocupación por el tiempo, lo absurdo (visto como lo insólito) concebido como una categoría de la realidad americana, la ironía como recurso de penetración y caracterización de un ambiente, y el tratamiento de la magia como motivo desencadenante de las acciones, un poco al estilo de "Viaje a la semilla" y *El reino de este mundo*, además de retomar ciertas preocupaciones ya esbozadas en sus colaboraciones con los músicos cubanos y en *Ecue-Yamba-O*, entre las que se destacan el

---

[78] César Leante, *op. cit.*, p. 62.
[79] Demetrio Korsi, "El estreno de 'La pasión negra'", *Carteles*, La Habana, 7 de agosto de 1932, pp. 16 y 53, citado por Klaus Müller-Bergh, *op. cit.*, p. 31.

carácter sincrético de la sociedad cubana −y, por tanto, de sus creencias religiosas−, así como el retorno de la estructura cíclica y la filiación surrealista propia de ciertas convivencias inesperadas.

Esta fusión de elementos ya tratados con otros aspectos, cuyo pleno desarrollo sólo se observará en la narrativa posterior del autor, convierte a "Historia de lunas" −cuento que significativamente su creador nunca recogió en sus colecciones de relatos y que tal vez por eso apenas ha sido estimado por la crítica, generalmente servil a las opiniones de Carpentier en todos los sentidos− en una pieza de cambio, de notable importancia en la evolución del escritor, no sólo por las preocupaciones y conceptos esbozados, sino también porque lograba congeniar, con más fortuna que *Ecue-Yamba-O,* las intenciones nacionalistas y vanguardistas que por entonces acechaban al narrador cubano.

"Historia de lunas"[80] cuenta las desventuras de un hechizado, el limpiabotas Atilano, sobre el que pesa un maleficio −muy relacionado con las fases naturales de la Luna pero también con la muy mecánica llegada del tren a la estación del pueblo− capaz de convertirlo en "un escurridizo", de los que se asegura que "son como las serpientes [...] un animal de la sombra, el ánima sola de Eleguá, chivo de cara humana",[81] cuya ocupación principal y favorita es la violación de mujeres. El argumento, ubicado en una población rural imaginaria, cuya conformación es capaz de ofrecer una mayor universalidad abstracta al relato, opta en cambio, por un desarrollo absurdo e irónico de los acontecimientos, que, gracias a un procedimiento totalmente "real maravilloso" −si así lo pudiéramos llamar en este periodo−, derivan hacia un "chambelonesco" enfrentamiento político y un insólito y muy real desenlace.

Ante todo, resulta de especial importancia a la luz de la evolución literaria carpenteriana su tratamiento de la magia, al cual aparece íntimamente ligado el desarrollo cíclico de los acontecimientos. La historia de Atilano, extraída de una imaginería colectiva (que la sustantiva y materializa por la fe, elemento sobre el cual tanto insistirá Carpen-

---

[80] Alejo Carpentier, "Historia de lunas", traducción de Martí Soler, *Obras completas,* t. I, Siglo XXI Editores, 3ª ed., 1986, pp. 221-238.
[81] *Ibidem,* pp. 225-226.

tier en su prólogo a *El reino de este mundo),* tiene su correlato formal en la voz narrativa elaborada por el autor: contra las más fáciles perspectivas de la omnisciencia o la objetividad, Carpentier opta por una tercera persona que funciona como una voz colectiva que expresa la visión del mundo de un conglomerado humano −aunque en más de un momento, por determinados intereses argumentales, este punto de vista pueda sufrir variaciones hacia la perspectiva de un narrador omnisciente−.

Así, en el mismo primer párrafo del cuento se narra una acción colectiva en la que intervienen numerosos personajes −niños, blancos, negros, mujeres, convocados todos, a las 12:28 por el "tren de vagones amarillos [que] se detenía a la entrada del pueblo"−.[82] La acción se repite cada día, siempre contada desde una óptica aparentemente objetiva, casi distanciada, hasta que aparece un verbo en primera persona del plural −*"Caras de mujeres, distintas a las que harto conocemos"*−[83] capaz de introducir un cambio muy significativo que nos enfrenta a dos posibilidades: o que el narrador habla a los lectores al estilo de los cuenteros cubanos o de los narradores decimonónicos −variantes que parecen improbables al dirigirse fundamentalmente a un lector francés−, o que se trata de una voz coral, un narrador colectivo −otra forma del cuentero−, opción esta última que se reafirma y define en el decursar del relato, cuando, por ejemplo, asegura el narrador: "Cuando un hechicero embruja por su cuenta, la víctima no puede pensar en un contramaleficio [...] Los escurridizos son como las serpientes: si *nos topamos* con ellos en el camino y no *los matamos,* se vuelven muy viejos y se meten en el mar..."[84]

Esta reafirmación de la presencia de un narrador colectivo −y evidentemente "ingenuo" en sus nociones de la realidad y lo real− adquiere una especial importancia en "Historia de lunas", pues lo que se narra aquí, de indudables ribetes mágicos, es real para ese conglomerado humano que participa de una historia en la que cree (la fe), a través de un procedimiento similar al empleado en *El reino de este*

---

[82] *Ibidem,* p. 223.
[83] *Idem.* Las cursivas son nuestras.
[84] *Ibidem,* p. 227. Las cursivas son nuestras.

*mundo*, a partir de la óptica de Ti Noel y los esclavos negros tomada como perspectiva rectora en todo un sector de la novela. Esta participación sin distanciamiento de la visión del mundo de los personajes por parte de un narrador colectivo que por instantes se torna omnisciente constituye un recurso que nunca se volverá a presentar en la narrativa carpenteriana, pues, en este relato, la visión e interpretación del entorno está más cerca de las estructuras de pensamiento prelógicas de lo que más tarde se conocerá como realismo mágico americano que de los procedimientos habituales de sus novelas de lo real maravilloso, donde —como se verá— aparecen elementos de distanciamiento y de asimilación lógica para constatar lo insólito y lo mágico existente en la realidad.

Mientras, la función de la ironía cobra un inesperado papel como mediador entre lo que las estructuras de pensamiento occidental considerarían "natural" y la sustancia "mágica" ("sobrenatural") del cuento. Tal vez los dos mejores ejemplos de este tratamiento irónico del contexto sean el episodio carnavalesco del peluquero Jesús, encarnando un San Lázaro negro rodeado de perros de yeso —Babalú-Ayé para la Regla de Ocha, sistema mítico traído por los esclavos yorubas—, y el mismo desenlace del relato, cuando como resultado de la guerra política entre "sapos" y "chivos" —los partidos políticos del pueblo, cuya denominación es también de origen carnavalesco o de parrandas, como se llaman estas fiestas en los pueblos de la región central de Cuba—, desatada por las violaciones del escurridizo Atilano, el alcalde decide la muerte por fusilamiento del hechizado, especificando, "para evitarse explicaciones demasiado largas con el gobernador de la provincia [...] que se trataba de un agitador rojo de los más peligrosos que aspiraban a derrocar el gobierno republicano para sustituirlo por una dictadura bolchevique",[85] pasaje éste que representa ya una verdadera anticipación de la presencia de lo absurdo como elemento palpitante en la maravillosa realidad americana.

En cuanto al carácter cíclico de esta historia mágica, hay sin duda un evidente parentesco con la visión del mundo cerrado que ofrece

---

[85] *Ibidem*, p. 237.

*Ecue-Yamba-O*. En este punto, Roberto González Echevarría, en las páginas que dedica al cuento en su libro *Alejo Carpentier: El peregrino en su patria*, afirma:

> La vaga complicidad existente entre los ciclos naturales y los sucesos en *Ecue-Yamba-O* se ha vuelto más precisa en "Histoire de lunes". Pero hay más, incluso en la oposición entre los dos sustantivos en el título mismo: "historia", término que implica un desarrollo lineal, y "lunas", término que supone una serie de repeticiones cósmicas. El complicado juego de tiempos, fechas y ciclos de la naturaleza comienza a formar un sistema de correspondencias en este cuento que no estaba presente en otros textos del periodo.[86]

A esta "vaga complicidad", que se torna más precisa en la acción referida a los ciclos de la naturaleza que influyen directamente sobre la psicología de los personajes, se une en el relato la presencia repetitiva, todos los días, a la misma hora, de la llegada del tren a la estación del pueblo, elemento mecánico y humano que tiene su correspondencia en el ingenio de *Ecue-Yamba-O,* cuyos ciclos productivos pautan esencialmente la vida de los campesinos que dependen de la fabricación de azúcar. En "Historia de lunas", la fusión de lo mecánico y lo natural (confluencia otra vez de elementos vanguardistas y nacionalistas) determinará el desarrollo mismo del argumento, aunque con una ruptura que parecía capaz de quebrar definitivamente la secuencia del ciclo: la muerte de Atilano. Sin embargo, en el bloque final del relato –VIII– se nos revela que nada ha terminado: el tren vuelve a llegar al pueblo y se repite la misma rutina de su recibimiento que vimos al principio, mientras:

> La mulata china descubrió entre los juncos la piel de una gran anguila. Tenía sobre la cabeza una leve excrecencia parecida a un árbol minúsculo. Las mujeres la llevaron al brujo, que la hizo hervir en un vasija de barro. Y, como se trataba *del doble de Atilano,* fabricó con ella una poción que debía curar la esterilidad y las hinchazones de las piernas mejor que la propia

---

[86] Roberto González Echevarría, *op. cit.,* p. 107.

semilla del escurridizo. *Ahora habría paz por unos meses.* Las malas influencias de la luna se habían retirado, pues el astro entraba en uno de los triángulos del cielo que neutralizaba su acción nefasta sobre la cabeza de los hombres.[87]

Es obvio: apenas se ha cerrado un ciclo: Atilano ha dejado un doble (como Menegildo Cué, como los Romeros devenidos Indianos en "El camino de Santiago", como lo dejará por los siglos de los siglos el soldado de "Semejante a la noche"), y la tranquilidad sólo durará unos meses, hasta el nuevo regreso de la acción nefasta de la Luna. La diferencia esencial con *Ecue-Yamba-O,* en cambio, se fundamenta en el carácter cósmico, inapelable, del ciclo lunar, a diferencia del contexto social, que será quien determine una vida igual a la de su padre para Menegildo II (o la invariable esencia histórica de las guerras de conquista para el soldado de la *Guerra del tiempo).*

Las semejanzas que emparentan a la novela y el relato —"préstamos", los considera González Echevarría— son, sin embargo, mucho más abundantes: la transfiguración del viejo Beruá, de la novela, en Tata Cunengue, mientras la Ma Indalesia del cuento es una síntesis de la Indalesia y la Cristalina Valdés de la novela; la "batería de ronda" y "el santo que baja" en el bloque IV de "Historia de lunas", basado en el capítulo "Nochebuena", de *Ecue-Yamba-O,* del cual reproduce casi textualmente el canto del "Olelí, Olelá" y los nombres invocados, además de la presencia simultánea de fundamentos ñáñigos similares, entre otras muchas cercanías.

No obstante, pienso que el relato constituye un paso de avance hacia la conformación de ese arte americano-universal que obsesiona entonces al joven Carpentier. Es evidente que las agudas influencias vanguardistas —surrealistas, futuristas, expresionistas— que prácticamente decretaron el destino de *Ecue-Yamba-O* están sufriendo ya un proceso de interiorización, de readecuación a un contexto peculiar, en el que, como recursos literarios manejados con mayor eficacia, pueden ayudar decisivamente a la plasmación de una interpretación más acabada y novedosa de la realidad americana. Así, sin emplear ya

---

[87] *Ibidem,* pp. 237-238. Las cursivas son nuestras.

las metáforas exultantes que proliferan en la novela, ni las descripciones geométricas y mecánicas, Carpentier parece haber comprendido que el surrealismo puede ser el estado natural del entorno latinoamericano, en el que siempre se han mezclado con facilidad elementos al parecer incompatibles vistos desde otros contextos culturales y de cuya fusión histórica —social, étnica, etc.— ha brotado una realidad-otra, propia de estas riberas del Atlántico, en virtud de un sincretismo —no sólo étnico, sino también cultural, religioso y hasta económico— que será uno de los fundamentos básicos de su concepción de lo real maravilloso. Además, en el relato los planos de la realidad (el "mágico" y el "real") consiguen una convivencia eficaz, limpiamente imbricada, tal como se vio a propósito del ciclo que se cierra y el que se abre con la muerte de Atilano, mientras la visión del mundo propia del negro cubano deja de ser un elemento aportado y recalcado (explicado) por un narrador distante, para convertirse en una sustancia que emana del contexto en el cual tiene su origen y donde alcanza su validez "real", despojándolo así de cualquier inverosimilitud que pudieran tener episodios como la propia metamorfosis del personaje o las encarnaciones del peluquero Jesús y los poderes de Ma Indalesia o Tata Cunengue.

De este modo, "Historia de lunas" está iniciando un proceso de incorporación de enseñanzas y procedimientos surrealistas, vistos ya desde una óptica mucho más personal, capaz de concretarse en una fusión más armónica de los recursos vanguardistas y los intereses nacionalistas del creador. El proceso de aprender a ver la realidad continental desde un ángulo necesariamente nuevo, en sus contextos propios, en sus singularidades características, pero libre ya del paternalismo criollista con su carga romántica y bucólica, adelantan notablemente a este cuento relegado de Alejo Carpentier hacia lo que será la obra madura del autor, una vez hallados el estilo personal y la concepción de la realidad americana que regirá su estética.

El año 1933, con la publicación de la primera novela y el primer cuento notable de Alejo Carpentier, cierra una etapa de intenso trabajo periodístico y de agónica labor literaria, y abre, a su vez, un periodo de seis años –hasta 1939, fecha del regreso– que, al ser infructuoso para la creación narrativa, menos prolífico para la obra periodística y poco propicio para la producción musical, con mucha frecuencia es obviado por los críticos, que saltan sobre estos años al analizar el desarrollo artístico del novelista cubano. Sin embargo, lo cierto es que el compás 1933-1939 no es un vacío, sino más bien lo contrario: años propicios para llenar lagunas, vivir nuevas experiencias determinantes, conocer mejor –desde la distancia– el mundo en que vivirá a partir de 1939 y el mundo al borde del cataclismo que dejará atrás.

Uno de los fenómenos más curiosos de esta etapa es la notable reducción de las colaboraciones periodísticas de Carpentier con las publicaciones cubanas y europeas, y sus trabajos de ese entonces –generalmente crónicas y reportajes de actualidad para *Carteles*, algunos tan importantes como su revelador testimonio "España bajo las bombas", de 1937– dejan de ser aquellos enjundiosos y entusiastas reportajes y crónicas donde se perfilaba y traslucía su propia evolución estética. Mientras, su trabajo con los músicos se reduce a la cantata para voces masculinas *Invocaciones,* escrita a partir de versiones de poemas en náhuatl, que será musicalizada por su viejo amigo Darius Milhaud, y la composición –a cuatro manos con Charles Wolf– de la música incidental para la versión operática de *Numancia*, de Miguel de Cervantes, presentada por Jean Louis Barrault en el Theâtre Antoine.

En cuanto a la literatura, éste parece haber sido un periodo especialmente agónico: Carpentier emprende la redacción de dos novelas nunca publicadas, de las cuales dirá en una entrevista de 1963:

> En estos años, en realidad, escribí dos novelas que están hechas, terminadas, pero que nunca publicaré. Una de ellas, *El clan disperso*, es una novela que se inicia con el fallido movimiento revolucionario de los "Veteranos y Patriotas", y prosigue hasta un poco después de la caída de Machado. Dos de sus personajes principales eran, bajo otros nombres, Rubén Martínez Villena y el compositor García Caturla. En aquellos días no había encontrado mi estilo ni mi forma. Por ello no acabé nunca de pulir *El clan disperso*, aunque algunos de sus materiales pasaron a novelas posteriores, e incluso el comienzo de esa obra era muy semejante al comienzo de mi última novela, *El siglo de las luces*. La otra novela trataba sobre un minorista que, yendo

a Europa, realizaba un estudio sobre los círculos latinoamericanos en España y Francia, pero tampoco la publiqué nunca por los mismos motivos.[88]

Sin embargo, hay un terreno donde su labor intelectual es particularmente intensa: la producción discográfica y la radio. Desde 1935 y hasta su regreso a América, Carpentier dirige en París los estudios de grabación Foniric, al tiempo que realiza adaptaciones radiofónicas entre las que se destaca su versión (1939) de *El libro de Colón*, de Paul Claudel —tal vez el antecedente más remoto de lo que sería su peculiar visión colombina en *El arpa y la sombra*—, transmitida por Radio Luxemburgo. Este tipo de labores, según el propio Carpentier, influyó decisivamente sobre su dedicación al trabajo literario por estos años, como afirma en una declaración en la que, curiosamente, olvida la antes afirmada existencia de las dos novelas inéditas y supuestamente terminadas:

> Si poco escribí entre la publicación de mi primera novela y 1939, esto se debió, simple y sencillamente, al hecho de que, para ganarme la vida, tenía que pasarme 10 u 11 horas diarias en un estudio de grabaciones de discos, donde los horarios de trabajo no tenían límites. Además, en aquellos años yo creía en la radio como arte nuevo y no me disgustaba la idea de trabajar con Jean Louis Barrault, con Antonin Artaud, etc... y por otro lado, con Maurice Chevalier y mi vieja amiga Josephine Baker...[89]

Con independencia del proceso de maduración de sus ideas estéticas y el aprendizaje narrativo que le reportaron su labor como libretista radial y la escritura de dos novelas que dejaría inéditas (además de la conocida avidez por los asuntos americanos que se mantiene latente y quizás en crecimiento), deben existir otros elementos capaces de generar la vigorosa evolución que se constata entre sus trabajos literarios de 1933 y sus obras de los años cuarenta.

Los resultados de esta evolución, tan evidente como inexplicable

---

[88] Pedro García Suárez, "Alejo Carpentier", *Bohemia*, La Habana, 24 de mayo de 1963, en Virgilio López Lemus (comp.), *Entrevistas*, p. 102.
[89] Citado por Araceli García-Carranza, *Biobibliografía de Alejo Carpentier*, Ed. Letras Cubanas, La Habana, 1984, p. 19.

para muchos críticos, han sido marcados en estos términos por Klaus Müller-Bergh:

> En los once años que transcurren entre la publicación de *Ecue-Yamba-O* (1933) y la siguiente obra de ficción, "Viaje a la semilla" (1944), hay un asombroso cambio de perspectiva. Aunque en la novela afrocubana abundan alusiones al mundo mágico de la liturgia ñáñiga, en *Ecue-Yamba-O* predomina el anhelo realista y documental de presentar una actitud renovadora frente al sector negro de Cuba, despreciado y casi desconocido hasta entonces. Es decir, a pesar del tema novedoso y de ciertas preocupaciones estilísticas, el autor seguía un camino paralelo al de la tradicional novela hispanoamericana. En cambio, en "Viaje a la semilla", si bien continúa el enfoque realista, ahora lo encontramos aplicado a una situación absolutamente inverosímil y artificiosa frente a las apariencias del mundo real.[90]

En este bien llamado "asombroso cambio de perspectiva" siempre se ha visto —y con buena parte de razón— la presencia catalizadora de dos encuentros fundamentales: el que le reportan las investigaciones que, después de su regreso, realizara para su libro *La música en Cuba* (1946), las cuales le permitieron ponerse en contacto directo con el devenir cultural cubano y caribeño desde sus propios orígenes, y, por otra parte, el viaje a Haití en 1943, cuando entra "en contacto cotidiano con algo que podríamos llamar lo real maravilloso".

Pero, antes de pasar a estos encontronazos definitivos, entre 1933 y 1939 Carpentier palpa tres fenómenos, íntimamente ligados entre sí, que vienen a completar, a mi juicio, el cuadro de influencias que lo llevarán a su madurez como escritor: la desintegración del surrealismo como movimiento, la Guerra Civil española y la decadencia de los valores de una Europa cuyo destino inmediato es la guerra.

La definitiva descomposición del movimiento surrealista como propuesta homógenea y la pérdida de su protagonismo cultural —cuyas consecuencias para Carpentier ya hemos esbozado— agiliza la imprescindible superación de los recursos, procedimientos y la ortodoxa metafísica surrealista por el cubano que, al ver el estancamiento filo-

---

[90] Klaus Müller-Bergh, "Alejo Carpentier: estudio biográfico-crítico", p. 42.

sófico y estético en que se ha sumido el movimiento, derivará hacia una postura escéptica, primero, y francamente crítica, después, en un violento viraje donde también influyó la evolución radical de Desnos, que en 1931 ya se atrevía a exclamar: "¡Lautréamont ha muerto: malhaya de su cadáver!" De alguna forma, desde entonces, la personalidad del poeta lo mantenía aliado a ciertas ideas surrealistas antibretonianas, pero surrealistas al fin y al cabo. Por ello, es fácil advertir que de los favorables y exaltados comentarios de 1928-1933 Carpentier pasa a un largo silencio sobre el ya rutinario desenvolvimiento de esta corriente, para luego asumirlo desde una óptica más personal —como ocurre en las crónicas de 1939 "La Habana vista por un turista cubano"— y terminar, hacia 1945 (precisamente cuando ocurre la absurda muerte de Desnos, liberado de Terezín al final de la guerra), ofreciendo su primera visión argumentada del surrealismo-real latinoamericano, al que contrapone al surrealismo de la imaginación europeo (y, por cierto, casi con las mismas palabras que empleará después en el prólogo a *El reino de este mundo),* para decir en aquel momento que del surrealismo sólo queda:

> Lo que suele quedar de toda escuela artística y literaria que ha tenido veinte años de indiscutible vitalidad. Maneras de ver, de interpretar, de sentir. Una cierta malicia —ya adquirida por todos— para revelar la poesía de un contraste entre objetos disímiles, para establecer una determinada jerarquía de imágenes, para advertir el sentido sorprendente de ciertas manifestaciones folclóricas; el valor plástico de las cosas desprovistas, aparentemente, de toda belleza.[91]

La Guerra Civil española, mientras tanto, encauza las expectativas políticas de Carpentier, luego de la frustración y el desengaño que lo embargaron por el fracaso de la revolución cubana de los años treinta, en la cual, como muchos miembros de su generación, había depositado sus aspiraciones y anhelos de una raigal transformación social del país. El estado de sus simpatías por la opción republicana del pueblo español, entendida como único camino válido para el destino del país,

---

[91] "Alejo Carpentier", en *Entrevistas*, p. 19.

se refleja diáfanamente en la serie de cuatro reportajes que entre el 12 de septiembre y el 31 de octubre de 1937 publicara en la revista *Carteles* bajo el epígrafe genérico de "España bajo las bombas", a tenor de su visita a la patria de García Lorca, varios meses antes, como miembro de la delegación cubana al Congreso de Escritores por la Defensa de la Cultura.

Esta permanencia de veinte días en una tierra española "sometida a imperativos telúricos y agentes de muerte, a fuerzas de terror y fuerzas de júbilo y amor a la vida" lo hace afirmar que "nada de lo que se refiera a la España de hoy resulta exento de contenido humano". Su visión del país se transforma entonces de un modo profundo: "en cinco viajes consecutivos a España —dice—, y que hoy he visto transfigurados, modificados en su íntima esencia, por su apego a un ideal o por contacto cotidiano con las más tremendas voluntades de aniquilamiento".[92] Y el periodista se dedica entonces a relatar lo que ve, desde una óptica de absoluta filiación al bando republicano y a unas gentes que, en su memoria, conservan la tenacidad de la muchacha que, en el barrio de Argüelles, insiste en arrancar melodías a un piano al que una bomba le ha cercenado todo el teclado correspondiente a la clave fa.

Pero estas expectativas y esperanzas pronto se verán también frustradas con la victoria de los franquistas, que decretan el fin de una república y de las ilusiones de unos hombres que habían encarnado, en tierra española, los ideales progresistas de Carpentier y sus amigos, cubanos y franceses.

Al tiempo que caía España, el fascismo ascendía como un esperpento terrible que amenazaba la paz, el futuro, la cultura de una Europa que, a fuerza de certidumbres y desengaños, dejaba de parecerle tan culta al escritor cubano que en 1928 había emigrado al Viejo Continente. Este desalentador panorama termina por conformarle una visión escéptica y fatalista —que arrastrará por muchos años— respecto al destino de una civilización que, en ese momento, parece haber dado todo de sí... El regreso a América comienza a pesar como una necesidad apremiante que, una vez realizada, polariza sus opinio-

---

[92] Alejo Carpentier, "España bajo las bombas, I": "Hacia la guerra", *Carteles*, La Habana, 12 de septiembre de 1937, en *Crónicas*, t. II, pp. 205-206.

nes sobre el agotamiento de una vieja cultura —la europea— y el presente y porvenir privilegiado de otra más joven —la americana—, como se explicita en la serie de seis reportajes que entre el 16 de noviembre y el 21 de diciembre de 1941 entrega semanalmente a *Carteles* bajo el apocalíptico título de "El ocaso de Europa", innegable paráfrasis de *La decadencia de Occidente*.

Sin duda, la amarga experiencia europea acerca ostensiblemente a Carpentier a ciertos postulados filosóficos y a algunas de las profecías que Oswald Spengler lanzara en su obra más conocida: *La decadencia de Occidente* (1918-1922). La problemática cuestión de la influencia que las ideas spenglerianas ejercen sobre el Carpentier de estos momentos —y hasta los años cincuenta, incluso— ha sido con frecuencia tema de álgidos debates para defensores y detractores de la filiación marxista de Carpentier y, en general, para los estudiosos de la obra y el pensamiento del gran novelista cubano. Mientras algunos ven en el ideario de Spengler el origen de cierto "fatalismo histórico" presente en la narrativa de Carpentier, otros autores —los que afirman la opción marxista como única ideología del novelista desde los años veinte— niegan o incluso desconocen por completo la existencia de tal contacto —y a la vez de tal fatalismo— en cualquier momento de su obra, mientras otros —los más juiciosos— descubren una presencia spengleriana en la actitud americanista y antieurocentrista que Carpentier esbozará en sus reportajes de 1941, en otros ensayos de estos años e, incluso, en algunos pasajes de sus novelas posteriores. A mi entender, sin embargo, la razón de una posible influencia spengleriana en Carpentier es mucho más compleja y, en general, ha sido estudiada con superficialidad y marcadas intenciones tendenciosas por detractores y exégetas del Carpentier marxista o antimarxista, en una especie de determinismo filosófico que pudiera hacer ver que la filiación ideológica del autor en cuanto a ciertas ideas de Spengler decidiera la grandeza de su literatura y definiera de una vez su interpretación del mundo. Porque es más: en busca de tal filiación hasta se olvida a veces si estas nociones son o no importantes en el contexto mismo de sus obras de ficción y pensamiento.

Ante todo, es indiscutible que sobre el autor de un reportaje como

"El ocaso de Europa" y una novela como *Los pasos perdidos* está pesando una influencia evidente de ciertas ideas del filósofo alemán que se conjugan o vienen a reafirmar algunos de sus intereses de escritor americano: entre ellas, la noción de que las culturas se manifiestan como organismos vivos, que nacen, florecen y caducan –y que Europa ha entrado en esta última etapa, mientras América vive su desarrollo–; la idea de la ligazón entre la cultura y el ámbito natural (el entorno), y la teoría de que cada ciclo cultural puede ser independiente de otro –entendiendo Spengler el ciclo como conjunto histórico-geográfico específico–.

No creo necesario examinar a fondo de qué modo la doctrina spengleriana, fruto de la derrota alemana en la primera Guerra Mundial, se convirtió después en sostén ideológico del fascismo hitleriano, ni me detendré ahora en el análisis de la negación posterior de los postulados de Spengler que se produce en Carpentier gracias a una cabal y militante adopción de la filosofía del desarrollo materialista y dialéctico de la historia. En cambio, es imprescindible recordar que un cúmulo de elementos históricos reales, como los ya anotados –agotamiento de las vanguardias y de su rebeldía antiburguesa, caída de España, ascenso del nazi-fascismo sobre las sólidas culturas alemana e italiana–, reafirmaron en el cubano la idea de una decadencia europea –cuya salvación no ve en la guerra, ni en la supremacía de una clase que engendre ideales y proyectos de grandeza ya perdida, como propone Spengler–, en contraposición al florecimiento americano, mundo nuevo cuyas potencialidades apenas comenzaban a explotarse.

Tal vez el crítico que con mayor detenimiento haya estudiado esta espinosa influencia sea Roberto González Echevarría, quien afirma en un pasaje de su libro *Alejo Carpentier: El peregrino en su patria*:

> En el caso de Carpentier y el afrocubanismo, Spengler provee algunos de los postulados básicos para proponer un comienzo nuevo y radical; pero, paradójicamente, su filosofía al mismo tiempo contradecía algunos de los supuestos fundamentales de la vanguardia, específicamente del surrealismo. Desde su introducción a *La decadencia de Occidente* habla en términos que debieron ser muy gratos a los latinoamericanos: "Y en cuanto a las

grandes culturas americanas, han sido, sin más ni más, ignoradas, so pretexto de que les falta 'toda conexión'; ¿con qué?" [I, 43]. Lo que es más importante, Spengler ofrece una visión de la historia universal en la cual no hay un centro fijo, y en la cual Europa es simplemente una cultura más. De aquí, surge un relativismo en la moral y los valores: ya no es preciso "aculturar" a los negros, ni absorber la civilización europea. Spengler proporcionó el fundamento filosófico sobre el cual cimentar la autonomía de la cultura latinoamericana y negar su relación filial con Europa. La concepción cíclica de la historia de las culturas de Spengler avivó la esperanza de que si Europa estaba en su decadencia, Latinoamérica debía estar en una etapa anterior y más prometedora de su propia evolución independiente. Ésta, la idea más superficial y divulgada derivada de *La decadencia de Occidente*, tiene algunos corolarios significativos relacionados con la actividad artística.[93]

Más adelante González Echevarría analiza en el caso específico de Carpentier la presencia de esta influencia juvenil, a la que se suman nociones extraídas de otros filósofos, entre ellos Vico, Hegel, Sartre y Marx —presencias estas dos últimas que resultan evidentes y sostenidas—. Sin embargo, este crítico, tenazmente empeñado en revelar el carácter antimarxista de las ideas de Carpentier, confunde esta acertada valoración suya del ideario spengleriano en función de su posible identidad con un pensamiento americanista, al ver la impronta temporal de este filósofo —debida a hechos muy concretos— como una presencia permanente en la obra carpenteriana y dándole el carácter de idea promotora del fatalismo histórico en el novelista y de la presencia —para el estudioso indiscutible— de una visión antidialéctica del devenir a partir de la existencia de ciclos cerrados en obras como *Ecue-Yamba-O,* "Historia de lunas", "El camino de Santiago" y la repetición de una circunstancia en "Semejante a la noche". Sobre este particular —cuyo estudio detenido realizaré más adelante— valga anotar, por ejemplo, que lo cíclico en *Ecue-Yamba-O* parte de la visión cultural del negro que se quiere reproducir y de la existencia real de ciclos productivos-naturales (la zafra/tiempo de seca-tiempo muerto/temporada de lluvias), mientras la repetición de "Semejante a la noche" está,

---

[93] Roberto González Echevarría, *op. cit.,* p. 67.

significativamente, indicando una evolución en la que no deja de manifestarse la constancia de ciertas leyes generales del desarrollo, para decirlo con palabras de viejos manuales marxistas.[94]

El también ensayista cubano Emilio Bejel, al estudiar la relación Spengler-Carpentier, se detiene, entre otros aspectos, en la idea de la relación cultura-entorno, en un texto en el que además se analiza esta presencia en José Lezama Lima.

> Para explicar la formación de una cultura –dice Bejel– Carpentier y Lezama parten de otro concepto que coincide con el de Spengler: cada cultura se funda en el paisaje donde le ha tocado desarrollarse. Sin embargo, los dos escritores cubanos modifican de tal manera los corolarios de esta idea que llegan, cada uno por su parte, a resultados muy diferentes a los del alemán. En *La decadencia de Occidente* se establece una relación entre paisaje, cultura e historia que nos puede servir de punto de partida. Spengler pensaba que cada cultura tenía su raíz en un paisaje específico. Una cultura es la orientación espiritual de un grupo humano que ha logrado una cierta concepción unificada de su mundo, de su paisaje; y esta imagen determina todas las demás actividades de esa sociedad [...] Como cada cultura crea su propia imagen, la historia resulta dislocada y multiforme [...] Desde esta perspectiva el estudio de la historia sólo puede aspirar a una comparación morfológica de las diversas culturas, y aun esta comparación morfológica es difícil de justificar, ya que se supone que las culturas son aisladas y no se comprenden entre ellas. Además de estas dificultades teóricas, Spengler presentaba otros problemas para latinoamericanos como Carpentier y Lezama que buscaban una dirección en la historia, una esperanza de mejoramiento. En Spengler no existía un objetivo histórico; de hecho la historia carecía de sentido. Solamente había ciclos aislados. Es obvio, pues, que quien buscara una orientación histórica debía tomar otros rumbos.[95]

Resulta evidente, en el caso de Carpentier, que tal noción de la historia y de la cultura tuvo poca resonancia en su obra de ficción, pues

---

[94] Sobre este proceso en el cuento de Carpentier he escrito el trabajo "Semejante a la noche: el hombre, el tiempo y la revolución", recogido en el volumen *Lo real maravilloso: creación y realidad*, Letras Cubanas, La Habana, 1989.

[95] Emilio Bejel, "Cultura y filosofía de la historia (Spengler, Carpentier y Lezama Lima)", *Cuadernos Americanos*, México, núm. 6, noviembre-diciembre de 1981, pp. 76-77.

a pesar de la reafirmación americanista de sus novelas y relatos y de la declaración de independencia cultural que expresa el prólogo a *El reino de este mundo* y otros ensayos posteriores, la relación acá-allá (América-Europa) es una de las preocupaciones fundamentales de su obra e, incluso, el motivo que desencadena más de una, además de resultar una polaridad altamente significativa a la hora de proponer una imagen de América que desbanque la imagen mitificadora y utilitaria que durante cuatro siglos (desde Colón hasta el Romanticismo) había formado la mentalidad europea del llamado Nuevo Mundo. Por otra parte, la historia adquiere todo un sentido real, de devenir, de plano concreto en el que se desarrollan acontecimientos e ideas dentro de la narrativa carpenteriana, y su evolución (a pesar de la presencia en sus obras de ciclos más o menos reales, más o menos aparenciales) tiene una única dirección: la evolución (aunque esta evolución pueda ser hacia la nada o, incluso, una verdadera regresión histórica, según sea el caso). Y, por último, no me parece nada spengleriana la relación cultura-entorno que a través de lo real maravilloso, primero, y de la teoría de los contextos, más adelante, se observa en la obra del novelista cubano: más bien por el contrario, la visión profundamente histórica del hombre, la cultura, las esencias americanas que aportan las teorías de lo real maravilloso y de los contextos se debe a una cada vez más asimilada presencia de la noción materialista dialéctica de la realidad que Carpentier conoce desde los años veinte, que trata literariamente desde los años cuarenta y en la que milita desde la década de los sesenta, cuando definitivamente se convierte en su única visión del mundo y la realidad, y en su militancia política. No obstante, resulta imposible descartar una probable influencia de Spengler en la premonición de la existencia de contextos americanos típicos a partir de las relaciones cultura-paisaje trabajadas por el filósofo alemán.

Lo cierto es que sería ingenuo —como han pretendido algunos— ver un marxista de cuna en Carpentier e ignorar sectores importantes de las afirmaciones de autores como González Echevarría —que por demás tiene toda la razón cuando comenta que Spengler atrajo a Carpentier porque "concordaba muy bien con el deseo del latinoamericano de declararse libre de la tradición europea; una posición, en suma, que le permitía esquivar la reflexividad del pensamiento europeo para llegar hasta una cultura espontánea, enraizada en el paisaje, en la *terra mater*"—.[96] Al igual que sería iluso desconocer la existencia de textos de franco sabor spengleriano como la serie "El ocaso de Europa"[97] y la visión apocalíptica y enajenada de la cultura occidental que ofrece el narrador de *Los pasos perdidos,* que ha encontrado el paraíso siempre escamoteado en una América balbuciente y primitiva, milagrosamente enajenada de la "historia" contemporánea.

Al final parece evidente que la presencia spengleriana que en definitiva tendrá más peso sobre el ideario carpenteriano es, precisamente, el tan mencionado tema de la decadencia de Europa —por demás evidente en plena Guerra Mundial— y el arribo de América a una etapa de vigorosa madurez —a lo que contribuye también esa Guerra Mundial que trae una bonanza económica—, concepción que la misma realidad le estaba reafirmando.

Por ello, sin duda, donde mejor se advierten los matices de esta idea es en la tesis misma de "El ocaso de Europa", una serie de trabajos francamente despechados y a la vez románticos, donde Carpentier da cuenta de la contundente destrucción de la cultura del Viejo Mundo por una guerra de proporciones nunca vistas y de resultados impredecibles, mientras se dedica a exaltar, con ingenua alevosía, las posibilidades de una América —en la que entusiasta y nada ortodoxamente incluye a los Estados Unidos— donde la naturaleza, el hombre, la industria y la cultura saltan hacia un estadio superior, demostrando que, "como un organismo vivo", ha entrado en una pujante y saludable juventud de la que habrá mucho que esperar.

En los reportajes escritos en el año terrible de 1941, cuando los alemanes ocupan Bulgaria, Yugoslavia y Grecia —después de rendir a Dinamarca, Noruega, Holanda, Bélgica y Luxemburgo y entrar en París— y los japoneses atacan alevosamente Pearl Harbor y los soviéticos re-

---

[96] Roberto González Echevarría, *op. cit.,* p. 68.
[97] Significativamente, el texto no aparece en ninguna de las ediciones cubanas de crónicas y reportajes de Carpentier (todas publicadas después de 1959), ni siquiera en la desautorizada edición de *Crónicas del regreso*, preparada por Salvador Arias para Ediciones Unión, y en la que se recogían textos publicados entre 1940 y 1941, pero sólo los aparecidos en el diario *Tiempo Nuevo* y en el semanario *Tiempo*.

sisten a duras penas el avance de las tropas fascistas, resulta más que lógico el escepticismo carpenteriano hacia el futuro europeo, como es fácil advertir en un pasaje como éste, en el que Carpentier explícitamente avanza todo el tiempo de la mano de Spengler:

> [...] no hay que hacerse ilusiones. Spengler dijo cierta vez que ningún esfuerzo humano podía hacer que un árbol, llegado el ocaso de su existencia, reverdeciera una vez más... Las naciones no son gatos de siete vidas. Civilizaciones de bastante más importancia histórica que la francesa o la alemana han durado, en suma, bastante menos que estas últimas [...] ¿Creéis acaso que el poderío espiritual y material de estas naciones europeas haya de ser algo inacabable?... ¡Hace tiempo que la antorcha de la civilización ha pasado del viejo corredor exhausto a las manos del atlético y juvenil campeón americano! [...] Spengler, precursor del "orden nuevo", afirmó antes de morir, en su prodigioso ensayo sobre la técnica, que el mejor papel que podía desempeñar hoy el hombre europeo era el de aquel centurión, "hallado muerto en Pompeya, porque habiendo sido uno de los primeros en observar la erupción del Vesubio, no había abandonado su posta por no tener orden de hacerlo". La idea de Spengler es cruelmente profética. Porque ése y no otro es el fin que espera al hombre de Europa. La derrota de Francia estaba ya inscrita con caracteres de fuego en el cielo de París, hace más de quince años. También la muerte de los países balcánicos... Y en cuanto a Alemania sería absurdo creer que las aparatosas victorias de la blitzkrieg y de las divisiones panzer signifiquen una proyección hacia el porvenir. Forman parte del desbarajuste final [...] Porque —volviendo a Spengler— nadie puede hacer reverdecer un árbol llegado a su extrema vejez... Los ciclos europeos están colmados. Y esto lo demuestra, más que nada, el auténtico fracaso de las democracias europeas.[98]

El pasaje, suficientemente claro en su exposición, demuestra cuando menos —en estos precisos momentos y con relación a los graves sucesos europeos— la certeza de que Carpentier compartía con evidente entusiasmo americanista la tesis del alemán sobre los ciclos históricos que se suceden a través de civilizaciones (y no de formaciones socio-

---

[98] Alejo Carpentier, "El ocaso de Europa" (I), *Carteles*, La Habana, 16 de noviembre de 1941, núm. 46.

económicas, como habría dicho un marxista que debió haber visto en aquella guerra un reflejo de la crisis general del capitalismo). Por lo demás, en este texto del primer trabajo de la serie de seis, el periodista expone lo que será la tesis central de los restantes reportajes: decadencia europea *vs.* virginidad americana, algo que recalca nuevamente —y con un alborozo casi infantil— en la quinta entrega de "El ocaso de Europa":

> Si en el año 1910 —repito— nos hubiesen dicho alguna vez que Francia, Alemania e Italia dejarían de producir libros y obras de arte, nos hubiéramos llevado las manos a la cabeza con desesperación. Hoy esos mismos países se encuentran intelectualmente esterilizados... ¡y lo grave es que no echamos de menos su ausencia!... ¡No lo sentimos en lo más mínimo! ¿Esto qué demuestra? Que la actividad cultural de los más viejos núcleos culturales de Europa ha dejado de constituir una necesidad para América. Que espiritualmente somos niños llegados a la edad en que se abandona el seno materno, para adoptar una alimentación normal. Esta noción nueva se me antoja una de las revelaciones más trascendentes que nos hayan aportado los días tormentosos en que vivimos.[99]

Para Carpentier, intelectual y psíquicamente necesitado de justificar —o mejor, de justificarse— la tragedia europea y la opción americanista, cualquier asidero parece ser bueno en este preciso momento de 1941. Y ahí estaba Spengler.

Justamente cuando comenzaba a manifestarse diáfanamente este "ocaso de Europa" que tanto impresiona a Carpentier, en el año trágico de 1939, el cubano materializa su varias veces proyectado regreso a la patria, retorno que encarnaba, además, serios riesgos económicos para un intelectual que pretendiera vivir de su trabajo —como había hecho en Francia— en un país cuyos gobernantes políticos y comerciales bien poco apreciaban la labor artística. El Carpentier que regresa con 35 años es el creador de varios libretos sinfónicos y para ballets, autor de un cuento y una novela que ya considera imperfectos, y es,

---

[99] Alejo Carpentier, "El ocaso de Europa" (v), *Carteles*, La Habana, 16 de diciembre de 1941, núm. 50.

sobre todo, un periodista notable. Pero, además, es un intelectual que ya presume de sus conocimientos de la historia y la cultura americanas, que ha vivido la experiencia surrealista en sus años climáticos, cuyos conocimientos musicales se han hecho insondables, y es, todavía, un hombre que arrastra una pregunta sin respuesta: ¿cuál debería ser el estilo, la proyección, la óptica de aquella literatura que intentaba escribir y que, hasta ahora, se le mantenía esquiva, fuera de su alcance cultural y profesional? ¿Era el americanismo, en fin, cuestión de óptica, de contenido, de vehículo, o sólo de sensibilidad?

Los próximos 10 años de la vida de Alejo Carpentier, brillantemente culminados con la publicación de la novela *El reino de este mundo*, antecedida por un prólogo sobre el carácter real maravilloso del mundo americano, darán respuesta a la vieja interrogación y abrirán el camino hacia una de las obras artísticas y reflexivas más trascendentes de la cultura americana del siglo XX.

## II. Ver a América

...resbalando, trepándose, volviendo a resbalar, agarrándose...
ALEJO CARPENTIER, "Capítulo de novela", *La Gaceta del Caribe*, 1944

EN 1948, MIENTRAS DABA LOS TOQUES FINALES a lo que sería su novela *El reino de este mundo*, y automaravillado aún por las insospechadas posibilidades que revelaban —y le revelaban— los peculiares fenómenos trabajados en esta breve pieza, Alejo Carpentier, entonces radicado en Venezuela, entregó al periódico *El Nacional*, de Caracas, una exaltada crónica en la que lanzaba por primera vez, como cuerpo coherente, la idea de concebir a América, su historia, sus hombres y su cultura como una síntesis irrepetible y extraordinaria de elementos insólitos en el tiempo y en el espacio. Esbozaba así su concepción de "lo real maravilloso americano" y para sustentar la teoría podría publicar, al año siguiente, la "historia" de los excepcionales acontecimientos y personajes que gestaron y desarrollaron la sorprendente revolución haitiana, la primera de todas las independencias latinoamericanas.

Con aquella fogosa declaración, convertida después en prólogo a la reveladora novela, fructificaba al fin una etapa de peculiar formación ideológica y cultural que, por los singulares caminos recorridos en las décadas de los veinte y los treinta, le había permitido al novelista cubano armar una visión hasta ese momento inédita —o no concientizada y tratada estéticamente— de las potencialidades artísticas inmanentes en nuestra realidad. Pero, a la vez, quedaría resuelta la difícil y vieja contradicción de ser americano y universal a un tiempo, cuando fundaba una de las vías de indagación más trascendentes y totalizadoras de la historia cultural americana reciente.

Sin embargo, y a pesar de la importancia del hallazgo formulado y tratado estéticamente en la novela de 1949, aquel descubrimiento de "lo real maravilloso", entendido como modo de manifestarse lo americano, no sería un hecho definitivo ni estático —como lo han visto muchos críticos— sino un considerable escalón, pero escalón al cabo, en la progresiva comprensión carpenteriana de las verdaderas y típicas esencias existentes en la realidad y en el devenir americano, como lo demostraría la indetenible evolución de sus concepciones literarias y el consecuente perfeccionamiento de sus nociones de "lo real maravilloso", visible a lo largo de su obra narrativa y reflexiva posterior.

No obstante, la trascendencia de la idea expuesta en el prólogo a *El reino de este mundo* y la revelación que constituía la novela misma —pronto seguida por otra pieza, *Los pasos perdidos* (1953), que validaba aún más la tesis de lo singular americano en el contexto de la cultura occidental— pronto atrajeron la atención de una crítica que acató entusiastamente aquella formulación que venía a resumir, en el decenio clave de los cuarenta, un cúmulo de preocupaciones, ideas, actitudes y búsquedas de los escritores latinoamericanos en torno a un arte vernáculo e independiente que se ajustara a las exigencias de una realidad diferente. Ante todo, porque, como instrumento gnoseológico y como concepción de la realidad capaz de transformarse en imágenes artísticas, "lo real maravilloso" no se comportó como un descubrimiento aislado en el desarrollo intelectual del continente. Junto a esa posibilidad que Carpentier lanzaba y sustentaba después con su propia creación, en la propia década de 1940 habían madurado otras posiciones e ideas artísticas que, a veces hasta en distinto sentido estético, perseguían objetivos similares a los esbozados programáticamente por el cubano: destrozar definitivamente los estrechos cánones del nativismo costumbrista —más productivo y resistente de lo que cabía esperar— y llegar, empleando recursos literarios de avanzada, al hallazgo de las verdaderas esencias americanas, distintivas, y transferirlas al arte.

Libros como *El señor presidente*, de Miguel Ángel Asturias, *El jardín de los senderos que se bifurcan*, de Jorge Luis Borges, *Poesía y prosa*, de Virgilio Piñera, y *Al filo del agua*, de Agustín Yáñez, y obras como la antología de cuentos *Letras y hombres de Venezuela*, donde Arturo Uslar Pietri traslada por primera vez a nuestro contexto, "a falta de otra palabra", el término realismo mágico, ejemplifican las búsquedas epocales de nuestros narradores a través de distintas vertientes que devendrán representativas (y formarán escuelas): el realismo mágico, lo fantástico y el absurdo, y la novela psicológica. Una vez superada la influencia avasalladora de las vanguardias europeas, la literatura narrativa latinoamericana realiza su asalto al cielo.

No es casual que sean los años cuarenta el momento justo de esta eclosión. En aquella década se había gestado un ambiente propicio para la creación nunca antes alcanzado en el continente, y el caso cubano, en el que se inscribe Carpentier, es especialmente significativo en este proceso. En Cuba, política y socialmente se vive un decenio convulso: la frustración de la revolución del 30 ha dejado como secuela el gangsterismo, la violencia, la política como negocio y la corrupción como forma de vida. Sin embargo, esta atmósfera enrarecida es capaz de engendrar una creación literaria que, entre la poesía y la narrativa, alcanza una de las cumbres más notables de la cubanía artística. De especial significación resulta este periodo para el cuento, que arriba a su primer y todavía insuperado momento de oro, gracias a la confluencia de un grupo de autores que, desde estilos y búsquedas formales y conceptuales diversas, consiguen superar definitivamente el posmodernismo literario, el costumbrismo social y un afrocubanismo que raras veces fue más allá de lo folclórico. Nombres que encierran proposiciones tan diversas como Virgilio Piñera, Lino Novás Calvo, Enrique Labrador Ruiz, Onelio Jorge Cardoso, Félix Pita Rodríguez, Lydia Cabrera, Eliseo Diego y el propio Alejo Carpentier —que publica "Oficio de tinieblas" (1944), "Viaje a la semilla" (1944) y "Los fugitivos" (1946)— materializan el viraje narrativo anunciado desde los años treinta y demuestran que la cubanía —y escribir en cubano— era mucho más que escribir sobre personajes negros y campesinos pobres que se expresasen en un "creole" isleño.

Es significativo cómo en Cuba —al igual que en el resto del continente—, mientras se materializa el "ocaso de Europa", decenas de intelectuales que —como Carpentier, Novás Calvo o Pita Rodríguez— habían vivido largos años en el Viejo Mundo regresan al terruño trayendo consigo las experiencias de una vida artística que hasta ahora había sido patrimonio de las urbes europeas.

Las consecuencias de este regreso alrededor de 1940, y de la emigración de intelectuales europeos a América (sobre todo españoles republicanos exiliados) ya ha sido esbozada por Emir Rodríguez Monegal: se crean casas editoras, se fundan revistas, surgen nuevos grupos de intelectuales en las grandes ciudades del continente (en Cuba, por ejemplo, el grupo de la revista *Orígenes* al cual se verá vinculado, aunque marginalmente, Carpentier). El fenómeno, uno de los más significativos en la historia cultural hispanoamericana en lo que va del siglo, tiene otras consecuencias importantes. Rodríguez Monegal escribe: "al mismo tiempo [surge] un crecimiento de la conciencia nacional —que había tenido sus manifestaciones más notables en México, después de la Revolución, para poner un ejemplo conocido— que estimula la obra de ensayistas que se vuelcan cada vez con más ahínco a una doble indagación: el ser del país y el ser latinoamericano".[1]

Son los años, entonces, de obras genésicas como la *Historia de la cultura en la América hispana* (1947) y *Las corrientes literarias en la América hispana* (1949), de Pedro Henríquez Ureña, *La última Tule* (1942), de Alfonso Reyes, *Hacia una filosofía americana* (1945), de Leopoldo Zea, o del revelador ensayo *De la conquista a la independencia* (1944), de Mariano Picón Salas. En Cuba, también, es la época de *Contrapunteo cubano del tabaco y el azúcar* (1940) y *El engaño de las razas* (1945), de Fernando Ortiz, *La industria azucarera de Cuba* (1940), de Ramiro Guerra, *Historia y estilo* (1944), de Jorge Mañach, *La filosofía en Cuba* (1948), de Medardo Vitier, y, por supuesto, *La música en Cuba* (1946), de Alejo Carpentier, además de otros estudios importantes sobre la literatura, el pensamiento y la economía cubanos de los siglos XIX y XX.

[1] Roberto González Echevarría, "Isla a su vuelo fugitiva: Alejo Carpentier y el realismo mágico", *Revista Iberoamericana*, núm. 86, enero-marzo de 1974, pp. 11-12.

Alejo Carpentier, beneficiario y protagonista de este ascenso latinoamericano, se inserta así en una vida intelectual que favorece y alienta, de algún modo, sus viejas preocupaciones latinoamericanistas, al fin materializadas en 1949, cuando su autor alcanzaba la madurez de sus 45 años. No obstante, entre el Carpentier que regresa a La Habana en 1939 y el escritor absolutamente seguro de sus posibilidades y definitivamente dueño de las soluciones ideoestéticas tanto tiempo perseguidas media una nueva evolución en la que influye, como es lógico, el propicio ambiente de indagación histórica y cultural de esa época, pero también —y muy decisivamente— tres fenómenos de índole diversa que, armónicamente sumados a su experiencia minorista, afrocubanista y surrealista, determinarán el rumbo definitivo de su praxis reflexiva y artística, fenómenos sin los cuales resultaría imposible estudiar y entender la obra de Alejo Carpentier: en primer término, las investigaciones que durante varios años realiza para *La música en Cuba*, que lo pusieron en contacto directo con sectores olvidados y oscuros de la historia y la cultura caribeñas, justamente en su manifestación artística más coherente y populosa; después, los viajes a Haití (1943), a la Gran Sabana (1948) y al Alto Orinoco (1949), donde conoció de primera mano la más maravillosa realidad histórica, social y natural del continente; y, por último, el casi desconocido pero trascendental encuentro en Haití con un viejo conocido de París, Pierre Mabille, cirujano y surrealista, quien, como se ha encargado de estudiar la ensayista brasileña Irlemar Chiampi,[2] tanto influyó en la concepción inicial de "lo maravilloso" propuesta por Carpentier en su tantas veces mencionado prólogo a *El reino de este mundo*.

El reencuentro de Carpentier con La Habana, la ciudad de su adolescencia y juventud, donde estrenó sus armas como periodista y escritor, al tiempo que adquiría nociones políticas latinoamericanistas y de

---

[2] Irlemar Chiampi, "Carpentier y el surrealismo", *Lengua y Literatura*, año IX, vol. 9, São Paulo, Brasil, 1980. Una versión casi textual de este trabajo fue leída, en presencia de Carpentier, en el coloquio de Yale sobre "Historia y ficción en la narrativa hispanoamericana", en 1979, y luego recogida por Roberto González Echevarría (comp.) en *Historia y ficción en la narrativa hispanoamericana*, Monte Ávila Editores, Caracas, 1984, pp. 221-249, bajo el título "Lo maravilloso y la historia en Alejo Carpentier y Pierre Mabille".

izquierda a través de su militancia minorista, provocó una sincera conmoción en el espíritu abierto y sensible del hombre que regresaba después de una larga ausencia. El testimonio de este reencuentro se publica en el propio año de 1939, cuando, entre octubre y noviembre, edita en la revista *Carteles* una serie de cinco crónicas —para mi gusto, por cierto, las más felices de toda su excepcional obra periodística—, publicadas bajo el título "La Habana vista por un turista cubano".[3]

Poco valorado por la crítica, que sistemáticamente ha olvidado su existencia, este grupo de trabajos posee, a mi juicio, una trascendental importancia para el análisis de la visión de América y sus singularidades que por entonces portaba el escritor. No es casual, por demás, que sea otra vez el periodismo el medio expresivo ideal para seguir el rumbo de las preocupaciones e ideas de Carpentier, tal como sucedió en sus crónicas del primer periodo habanero y sus años parisinos.

En el trabajo que abre la serie, Carpentier ubica rápidamente al lector en el punto de vista que regirá su acercamiento a La Habana: el de un hombre que regresa a su ciudad luego de once años de ausencia y "[...] se sitúa ante las cosas propias [...] con ojos nuevos y espíritu virgen de prejuicios. Además, los azares de andares por otras tierras suelen traer a la mente más de un punto de comparación y referencia".[4] Dos elementos en su nueva visión habanera han sido apuntados en este primer párrafo: los "ojos nuevos" que confiere, en su caso, no sólo la ausencia, sino también el benefactor aprendizaje europeo, y la capacidad de "comparación y referencia" que brota de esa misma experiencia y prefigura la eterna polaridad acá-allá de su obra mayor. A partir de esta perspectiva comienza, entonces, el verdadero núcleo del trabajo que será, justamente, un recuento de indudable ascendencia surrealista, de los elementos más maravillosos —vale decir, singularizadores— y a la vez característicos de la geografía humana, arquitectónica, social de La Habana.

---

[3] Alejo Carpentier, "La Habana vista por un turista cubano" (i-v), *Carteles*, núm. 41, 8 de octubre de 1939; núm. 42, 15 de octubre; núm. 43, 22 de octubre; núm. 44, 29 de octubre; y núm. 45, 5 de noviembre. Recogidas en Alejo Carpentier, *Conferencias*, Letras Cubanas, La Habana, 1987. La paginación de las citas del texto corresponde a la del libro.

[4] *Ibidem*, p. 181.

Me maravillo [dice entonces de la ciudad] ante su multiplicidad, ante la diversidad de la gente que la puebla, ante su pintoresquismo de buena ley. Y *por asociación de imágenes*, me divierto en hallar analogías auténticas con rincones de Europa que habían retenido mi atención. Porque si bien La Habana tiene una fisonomía, un color, una atmósfera inconfundibles, nos ofrece a veces, al doblar una esquina, al asomarnos a una bocacalle, desconcertantes evocaciones de poblaciones remotas [...] Porque confieso que esta vez La Habana *me ha revelado* cosas que yo no había visto o "*no había sabido ver*" hace once años.[5]

Las frases en cursivas advierten a las claras la filiación de esta perspectiva privilegiada que le permite "descubrir" ciertos elementos insólitos de la cotidianeidad capitalina, de los cuales me permito transcribir dos muestras significativas: los billetes de lotería y los nombres de comercios.

La mitología de los billetes [escribe en el cuarto trabajo de la serie], la simbólica freudiana de los números, pone un olor de prodigio en el ambiente. Nada me regocija más que esos *encuentros entre dos imágenes,* surgidas al conjuro de "cifras" pregonadas por un billetero: ¡El toro con corbata... Majá navegando... La mariposa y la viuda...! "Belleza del encuentro fortuito de una máquina de coser y un paraguas en una mesa de disecciones" —exclamaría una vez más, oyendo a los billeteros de La Habana, el ilustre Isidore Ducasse, Conde de Lautréamont...
El billete de lotería es, además, por sus virtudes de signo de interrogación, por su actividad misteriosa en el futuro —ya que conoce su muerte o su transfiguración el día del sorteo— un objeto situado, hasta cierto punto, en tierra de santos. Rara es la vidriera popular habanera que no tenga por alguna parte una estampa de la Virgen de la Caridad, u otra divinidad propicia. En algunas, las imágenes votivas constituyen verdaderos museos...[6]

Y más adelante, en la misma crónica, recoge otro ejemplo del surrealismo vivo habanero:

---

[5] *Ibidem,* p. 182. Las cursivas son nuestras.
[6] *Ibidem,* pp. 195-196. Las cursivas son nuestras.

Podría hacerse un verdadero florilegio de rótulos habaneros y nombres de establecimientos. Junto a los ya clásicos Recuerdo del Porvenir, La Segunda de Agua Tibia, El Segundo Tigre Reformado, han nacido ahora títulos de kioskos y "cafés de a kilo" no menos jugosos.

En la Calzada de Vives hay un "café de a kilo" titulado:

ALFREDO, BÁÑATE EN EL MAR

En Luyanó, otro, evocador de poemas del siglo de oro español:

LA FUENTE DEL CAMINANTE

Y dejo para lo último el nombre de este carretón de carbonero, cuya revelación me dejó cierta noche absolutamente alucinado:

LOS PRELUDIOS DEL INFIERNO.[7]

Resulta más que evidente, en los fragmentos entresacados de la totalidad del texto, la presencia viva de una influencia surrealista en el modo de ver y asumir La Habana en esta crónica. La presencia relevante de términos como *me maravillo, asociación de imágenes, desconcertantes evocaciones, me ha revelado, olor de prodigio, encuentro entre dos imágenes* o *este maravilloso contraste* (que le provoca el ambiente alucinante del llamado Mercado Único de La Habana) manifiesta una clara filiación conceptual con la estética surrealista y su retórica. Sin embargo, esta enseñanza ya viene transformada en su esencia misma: lo que para Breton y sus colegas brotaba preferentemente del puro contraste literario, del flujo desencadenado de imágenes fabricadas en la (sub)conciencia del artista, Carpentier lo encuentra en "estado puro" —como él mismo diría después— en la vida cotidiana habanera. Los prodigios, las revelaciones, los antagonismos maravillosos, las desconcertantes evocaciones son provocados por la realidad cubana, existen en ella, y el escritor consigue advertirlos gracias a que *ha aprendido a ver* el mundo desde la óptica que le aportó el surrealismo.

Su actitud hacia el surrealismo está muy distante aún de expresar la beligerancia que alcanzaría por primera vez en 1945 y que sustentaría

[7] *Ibidem,* pp. 197-198.

más tarde en el prólogo a *El reino de este mundo*. Las nociones básicas del movimiento pueden todavía congeniarse con sus aspiraciones de minorista y afrocubanista, como es obvio en el mismo texto que analizamos, cuando dice:

> La escuela poética más rica y fecunda de nuestro tiempo, la del "superrealismo", ha sentado una verdad que ha modificado en cierto modo la óptica del viajero moderno. Y es ésta: En lo que el hombre crea no sólo lo artístico es bello. O sea, que un objeto humilde, una obra de artesanía popular, un exvoto enternecedor, un juguete, hechos sin pretensiones artísticas, pueden estar cargados de un fluido poético más valioso que la estética fallida de una creación malograda.[8]

Vista desde la perspectiva de la inmediata evolución carpenteriana, resulta ya significativo que en la máxima surrealista escogida exista una cierta subversión respecto a la calidad de lo maravilloso planteada por Breton en 1924 y reafirmada muchas veces después: sólo lo maravilloso es bello. Carpentier, manteniéndose todavía fiel a la estética del movimiento, escoge, sin embargo, una valoración no artística de lo bello —y por tal, de lo maravilloso— al hallar su existencia en las manifestaciones de la cultura popular y conferirle un carácter mucho más amplio, concreto, utilitario, y vincularlo directamente con una creación popular, marginal, cuyos fines estéticos son bien diferentes, y resultantes de un entorno singular.

Toda esta exaltación de lo popular, de lo real-habanero, de lo insólito cotidiano, y las diferencias entre un acá y un allá están validando, mientras tanto, otra serie de elementos que conformarán después el sustento mismo de la existencia de un mundo "real maravilloso" tal y como él lo concibe desde 1948. La presencia de un sincretismo étnico y cultural, la evidencia de un tiempo propio americano, la visión de un contexto en el que lo mágico-religioso (como esa oración del "Ánima triste sola" que transcribe en una de las crónicas) forman parte activa de una realidad bien distante del total racionalismo europeo y están connotando la existencia de un mundo donde lo maravilloso (lo

---

[8] *Ibidem,* p. 191.

insólito) es cotidiano gracias a una peculiar formación cultural, histórica, social, geográfica.

Sin duda, "La Habana vista por un turista cubano" advierte con claridad el tutelaje que todavía ejerce sobre Carpentier la experiencia surrealista, al tiempo que marca importantes distinciones hacia sus principios básicos y prefigura la sólida concepción de la realidad continental que sustentará teórica y artísticamente pocos años después.

Por otra parte, la serie "La Habana vista por un turista cubano" significa el reinicio de una colaboración sistemática de Carpentier con la prensa cubana, que no sólo se concreta en su vieja tribuna de *Carteles* –donde también editó el ya estudiado grupo de comentarios "El ocaso de Europa"–, sino que se prodiga en otras publicaciones como el diario *Tiempo Nuevo*, pronto convertido en el semanario *Tiempo*, empresa a la que estuvo vinculado entre 1940 y 1941, ocupando incluso la jefatura de redacción, la revista especializada en materia musical *Conservatorio* y la efímera revista cultural *La Gaceta del Caribe*, publicada por un grupo de intelectuales comunistas, entre ellos Guillén, Portuondo y Pita Rodríguez y en cuyo número correspondiente a mayo de 1944 publicó un breve fragmento de lo que sería *El reino de este mundo*. Sin embargo, donde su presencia resultó más constante y eficaz fue en las páginas del diario habanero *Información*, labor de la que afirma el crítico cubano Wilfredo Cancio Isla, estudioso del periodismo carpenteriano:

> Las crónicas de *Información* revisten especial importancia. En ellas el periodista ya maduro vuelca sus dotes, pero no en farragosas meditaciones, sino dentro de un concepto dinámico y ágil que atrae sobremanera al lector. Son artículos breves [...] pero constituyen, en contenido y forma, ejemplares muestras de síntesis periodística de poderoso estilo. Y, por otra parte, la trascendencia de estos trabajos radica en que constituyen ricas páginas de exaltación del folklore, la naturaleza y la vida cubanas...[9]

No obstante, la trascendencia de los trabajos aparecidos en *Información* y *Tiempo*, muchas veces realizados con la prisa característica

---

[9] Wilfredo Cancio Isla, *El periodismo de Carpentier*, trabajo inédito, tesis de grado, 1982, Biblioteca de la Facultad de Periodismo, Universidad de La Habana, p. 50.

del oficio, apenas se acerca a la valiosa enjundia que emana de sus crónicas de los años veinte y los treinta. Los comentarios de *Tiempo Nuevo* y *Tiempo,* por ejemplo, escritos con fina precisión periodística, revelan la presencia de dos preocupaciones fundamentales: la música sinfónica –a cuya crítica se dedica con vehemencia– y la vida habanera, con sus lugares y costumbres. Pero se trata, en casi todos los ejemplos consultados –más de una veintena de sus trabajos largos–, de comentarios en los que nunca se lanza en profundidad y sólo revelan, tangencialmente, sus opiniones sobre la cultura y la historia. Pero, aun así, algunos de estos trabajos del periodo 1940-1945 (fecha en que pasa a Venezuela y comienza su labor en *El Nacional)* y en especial varios de los publicados en *Información* revelan, como en las dos décadas anteriores, el ritmo de las preocupaciones estéticas y latinoamericanistas del autor, como bien lo ejemplifica el comentario "Novelas de América", aparecido en *Información* el 3 de junio de 1944, y en el que ya trata lo que luego definiría como algunas de las "problemáticas" de la actual novela latinoamericana: la importancia de "los contextos cabalmente latinoamericanos" y la "labor de definición, de ubicación, que es la de Adán nombrando las cosas".[10]

> Habladme de la estación de ferrocarril de Manaos, de Ameca-Ameca, de Quetzaltenango. Os apuesto a que necesitaréis cuatro páginas de prosa apretada para situarla, con pintura de su público, de su ambiente, de su marco. Para ella no existen módulos de comparación; nunca ha sido pintada ni descrita. Es absolutamente virgen y, por lo mismo, se le desconoce. De ahí que el novelista que necesite de su presencia, se vea llevado a concederle casi tanta importancia como al Hombre –ya que el hombre de América está estrechamente ligado a la atmósfera en que vive, a diferencia del de Europa–. Lo trágico –¡y lo magnífico!– de la novela latinoamericana está en que se adentra en tierras que nunca rompió el arado de la pluma.[11]

Mientras tanto, en el propio año de 1944, Carpentier vuelve a visitar México y allí Daniel Cosío Villegas le encarga para las ediciones

[10] Alejo Carpentier, "Problemática de la actual novela latinoamericana", en *Ensayos,* p. 15.
[11] Alejo Carpentier, "Novelas de América", *Información,* La Habana, 3 de junio de 1944.

del Fondo de Cultura Económica una historia de la música cubana que acompañaría a otras dos historias, sobre el periodismo y la cultura nacional, que debían realizar Francisco Ichaso y Jorge Mañach, respectivamente. El fruto de esta encomienda –que, por las noticias y evidencias que ofrece de investigaciones iniciadas, parece que ya Carpentier planeaba acometer–, luego de otros dos años de trabajo, fue el genésico ensayo *La música en Cuba* (1946), su primer gran trabajo de corte reflexivo desde la escritura de "El momento musical latinoamericano".

Como queda dicho, este nuevo libro adquiere especial connotación en el devenir ideoestético del autor en virtud del conocimiento que le proporcionó acerca de la historia cultural, racial y social de lo que sería su mundo novelesco: el Caribe. Es fácil constatar, en la obra posterior de Carpentier, hasta qué punto sus búsquedas de fuentes documentales para este ensayo lo pusieron en contacto directo con el ámbito cubano, especialmente de los siglos XVII al XIX, de tanta importancia en obras como *El siglo de las luces* o *El reino de este mundo* –toda la aventura santiaguera de Ti Noel y su amo está analizada en términos de importancia histórica de la emigración franco-haitiana en el ensayo–, y decisivo para la realización de un cuento como "El camino de Santiago", cuyo origen está, incluso, en la noticia llevada al libro sobre la existencia de un tal Juan de Emberas (Amberes en el relato), flamenco, que en La Habana "tocaba el tambor cuando había un navío a la vista".[12] Este conocimiento profundo de la vida cubana de entonces, de sus costumbres y personajes típicos, se explica cuando en el prefacio de la obra Carpentier comenta que para su realización:

[...] emprendimos el paciente examen de archivos de catedrales –de Santiago y La Habana principalmente–, de actas capitulares de iglesias y ayuntamientos, de armarios de parroquias (con brillantes resultados en Santiago, por ejemplo, o nulos en Santa María del Rosario),[13] de documentos manuscritos,

[12] Alejo Carpentier, *La música en Cuba*, Letras Cubanas, La Habana, 1979, p. 44.
[13] Otro elemento que reafirma la tesis de que antes de 1944 ya Carpentier investigaba el tema lo ofrece el cuento "Oficio de tinieblas", publicado en 1943, y cuyo asunto y argumento nace de las búsquedas documentales de la catedral de Santiago. Además, la información de la inexistencia de datos en Santa María del Rosario la manejaba desde

de bibliotecas privadas, de colecciones particulares, de estantes de librerías de viejo, revisando a fondo periódicos, gacetas y revistas coloniales. En muchos casos hemos tenido que investigar por "la banda", buscando datos en textos que debían tratar, lógicamente, de todo menos de música (historias del café y del tabaco, autos y ordenanzas militares, ensayos políticos, etcétera).[14]

Con independencia de la trascendencia literaria que llegarían a tener estos conocimientos históricos y culturales, *La música en Cuba* resulta ser una pieza clave y altamente reveladora en cuanto a la evolución de las concepciones de cubanía y americanidad del autor, y en su comprensión de dos factores esenciales en su visión de la realidad continental, como son el carácter especialmente singular de nuestra formación y la presencia de esa nítida ligazón entre cultura-historia-sociedad, que prefiguran claramente la existencia de "contextos" propios y distintivos, todo conseguido en virtud de la compleja circunstancia historiográfica que enfrentó este ensayo que, aun cuando partía del estudio de la música del país, de algún modo se proponía escribir la historia no "escrita" de la isla en sus cinco siglos de vida occidental.

Los críticos de Carpentier, tradicionalmente apegados a los resultados artísticos de su producción narrativa y a las ideas de su prólogo de 1949, apenas se detienen en la valoración de *La música en Cuba,* que, a mi juicio, resulta capital en el análisis del devenir de los hallazgos y preocupaciones del creador. Es notable, por ejemplo, en el mismo prefacio antes citado, la prefiguración cabal de la teoría de los contextos —sólo elaborada orgánicamente en 1964— en lo que parece un claro análisis marxista de las relaciones del arte con la historia económica y social, cuando afirma:

---

mucho antes, cuando escribe para *Tiempo* la crónica "Un cementerio subterráneo de extraordinario interés histórico aparece bajo el altar mayor de la iglesia de Santa María del Rosario" (edición del 8 de junio de 1941) y en la que dice: "Había, en un inmenso armario, una colección de volúmenes, manuscritos, registros, textos administrativos —más de ochenta tomos— que esperaban desde hacía tiempo un estudio sistemático. Muchos de esos textos resultaban secos y poco reveladores si se les consideraba superficialmente".

[14] Alejo Carpentier, *La música en Cuba*, p. 11.

No pretendemos [...] exagerar la importancia de la música cubana en cuanto al lugar que pueda asignársele en el panorama de la música universal. Pero el estudio de su desarrollo, *en función* del medio, de la densidad de población, de los elementos étnicos puestos en presencia, plantea una serie de elementos interesantísimos, si tenemos en cuenta que guardan una estrecha analogía con los que el investigador podría hallar en otros países del continente, contribuyendo a explicar el mecanismo de la formación de ciertas culturas en el Nuevo Mundo. Por ello, hemos tratado de situar siempre el hecho musical en su *medio histórico,* sin perder nunca de vista el factor social, económico o demográfico.[15]

Esta perspectiva de análisis y tratamiento de la información —información que no es solamente musical, como se ha visto— permea toda la concepción del estudio y le permite a Carpentier, como luego sucederá en sus novelas y cuentos, armar una sólida urdimbre de relaciones en la cual "lo insólito" —la existencia inesperada de un Esteban Salas o de un Nicolás Ruiz Espadero o la avanzada proyección nacionalista de Saumell y Cervantes, la importancia de la influencia franco-haitiana a principios del XIX o la increíblemente agitada vida teatral habanera de esa misma época— se manifiesta en un ambiente concreto, propicio al desarrollo de ciertas actitudes y cristalizaciones artísticas, que pudieran resultar aparentemente ajenas a toda "lógica".

El caso es que *La música en Cuba* está concebido y escrito no sólo desde la óptica del investigador acucioso, del musicólogo erudito capaz de ordenar, valorar, criticar y salvar, sino también, y sobre todo, desde el punto de vista de un participante: Carpentier lleva al ensayo sus peculiares concepciones estéticas sobre el arte musical y su papel en la sociedad y la cultura de un pueblo, y de ahí que marque su acento personal en la búsqueda de las claves de un nacionalismo musical a través de los hallazgos de un Manuel Saumell, un Ignacio Cervantes o un José Mauri, por un lado, y el estudio de formas definitorias de la música popular, como las danzas de salón y el son oriental, por otro. La tesis del libro se encamina a esa búsqueda y establecimiento de lo propio a través de largos tanteos, y por eso no es casual

---

[15] *Ibidem,* p. 10. Las cursivas son nuestras.

que la obra se cierre con el análisis de los trabajos de Roldán y Caturla —para quienes y con quienes colaboró el autor—, exponentes inmejorables del credo estético del novelista en el terreno de la creación musical.

Esta postura alcanza toda su nitidez cuando Carpentier analiza lo que él llama "el caso Espadero", a través del cual manifiesta preocupaciones que lo vienen acechando desde la década de los veinte, cuando escribió sus primeros libretos sinfónicos y para ballets y conoció a Heitor Villa-Lobos.

> El caso Espadero —dice ahora— es sumamente significativo. Nos demuestra cuán peligroso puede resultar para un músico de América una aceptación inconsiderada de tendencias europeas. A ello podréis objetar que también se plantea una cuestión de discernimiento [...] La verdad —la nuestra— no está forzosamente en París o en Viena. El pobrecito Saumell, con todas sus limitaciones, halló su verdad entre el castillo del Morro y los bailes del Tívoli. Tuvo una oscura y modesta intuición de la gran frase de Unamuno: "Hemos de hallar lo universal en las entrañas de lo local, y en lo circunscrito y limitado lo eterno". No de otro modo razonaba Amadeo Roldán. No de otro modo razona hoy un Héctor Villalobos.[16]

Esta concepción y búsqueda de lo autóctono-universal se halla íntimamente ligada al mismo proceso de la formación cultural y étnica de la nacionalidad cubana y de toda la identidad caribeña. Con absoluto convencimiento, Carpentier plantea en el ensayo las razones de una "distinción" nacional que lo lleva a esbozar lo que tal vez sea el elemento esencial de una realidad maravillosa tal y como él la entendería: la presencia determinante de nuestro peculiar mestizaje y el proceso de transculturación del cual son fruto nuestras identidades. Así, desde el mismo comienzo del libro, en el primer capítulo, dedicado al remoto siglo XVI, el ensayista se ocupa de dar testimonio de un proceso de transculturación y mestizaje único en la historia de la humanidad —y ya sabemos la importancia que da Carpentier al descubrimiento de América, "acontecimiento [escribió] tan trascendental

[16] *Ibidem,* p. 166.

y tan importante que hemos de decir que es el acontecimiento más importante de la historia"–,[17] proceso que no es sólo el de la lenta conformación de un arte nuevo, distinto, sino y sobre todo de una fisonomía espiritual diferente, que será una de las fuentes básicas de donde brotará lo maravilloso americano, a través de un proceso que ya, en sí mismo, resulta absolutamente maravilloso, insólito, singular e irrepetible.

La generalmente olvidada trascendencia de *La música en Cuba* en el contexto de la evolución ideológica y estética de Carpentier resulta apenas comprensible cuando se analiza en función del momento histórico en que se escribe esta pieza clave de la ensayística americana –la ya mentada década de los cuarenta–, y más cuando se constata en ella la presencia de ciertos elementos conceptuales capitales en el ideario carpenteriano. Porque, de hecho, este libro no constituye un suceso aislado en la maduración de sus teorías sobre la singularidad americana, pues significativamente, mientras avanzaba en las investigaciones, o ya en plena fase de redacción, el 16 de septiembre de 1945 se publicaba en *El Nacional*, de Caracas, una entrevista –ya citada en el capítulo anterior– en la que Carpentier, al abordar el tema del surrealismo, planteaba por primera vez de forma diáfana su concepción sobre la existencia de "lo real maravilloso americano". Comentaba entonces Carpentier, a propósito de su presunta participación en el surrealismo:

[...] Siempre me detuvo a tiempo la sensación de que el clima surrealista –tan trabajosamente hallado en las ciudades ultracivilizadas– existía en América al estado puro. ¿Qué pintor de naturalezas imaginarias ha superado la expresión telúricamente delirante de una selva tropical? ¿Qué inventor de formas, de animales, de manchas vivientes y extrañas –un Max Ernst, un Miró– puede haber aventajado el ciego poder de la creación de la fauna, raíces, erosiones, corales, parásitos de nuestro continente? Y en cuanto a la manifestación del subconsciente –"despojado de todo lastre intelectual"– más me interesa el estado de éxtasis inspirado en que caen los fieles en una

---

[17] Alejo Carpentier, "La cultura de los pueblos que habitan en las tierras del Mar Caribe", en *Ensayos*, p. 220.

ceremonia de santería cubana, en una fiesta ritual de vodú haitiano, que todos los delirios artificiales propiciadores de la escritura automática, de inspiración onírica, que tanto amaban los surrealistas...[18]

Y más adelante concluye, con palabras que pudieran figurar en el famoso prólogo de 1949:

> En América, el surrealismo resulta cotidiano, corriente, habitual; se le domestica, se le palpa en la simple proliferación de un hongo [...] Esta noción, esta seguridad, me llevó a concluir que era mucho más interesante narrar las ceremonias, tradiciones y leyendas de ciertos cabildos de Cuba, que buscar, como lo quería Lautréamont, "la belleza del encuentro fortuito de un paraguas y una máquina de coser en una mesa de disecciones" [...] Conste que no quiero aminorar el movimiento surrealista. Lo creo de positivo interés y considero que ha cumplido una función innegable. Pero prefiero la materia viviente, el grito, la creación pura que nos brinda nuestra naturaleza.[19]

Resulta más que evidente cómo, cuatro años antes de la edición de *El reino de este mundo* y tres antes de la primera publicación de su manifiesto "Lo real maravilloso de América" en el mismo periódico *El Nacional*, Alejo Carpentier había consolidado teóricamente su visión crítica de los procedimientos del surrealismo —que todavía asumía en 1939— al confrontarlo con la realidad americana. Carpentier poseía entonces, de un modo al parecer definitivo, una noción acabada de la fuerza real de elementos como la fe, la naturaleza, el sincretismo que se daban al "estado puro" en estas latitudes y empezaba a concebir una fundamentación ontológica sobre la que sustentar tales hallazgos. El inequívoco empleo de términos e ideas que luego trasladará literalmente al prólogo explicita con claridad dos fenómenos importantes: primero, la violenta evolución de sus ideas que se constata entre estas afirmaciones y los presupuestos manejados en sus crónicas de 1939 —"La Habana vista..."— y en algunas posteriores, y, segundo, la presencia de una concepción nueva y acabada de la realidad

---

[18] Alejo Carpentier, *Entrevistas*, p. 18.
[19] *Ibidem*, p. 19.

americana, concepción que parte de y a la vez reniega de las fórmulas surrealistas, justo mientras redacta la novela en que ensayará estéticamente esa novedosa visión de la historia y la realidad del continente a través de un episodio específico aunque altamente representativo: la revolución de independencia haitiana.

Los conocimientos adquiridos para la elaboración de su historia sobre la música cubana, sumados a sus viejas y omnipresentes búsquedas de minorista y afrocubanista, están pesando, sin duda, en esta evolucionada noción de la realidad americana. Pero, tal vez, su novedosa visión de la historia, la cultura y la vida del continente no se hubiera materializado con tal celeridad sin su trascendental aventura de 1943: el viaje a la antigua Saint-Domingue, donde, como escribiría en 1948, "después de sentir el nada mentido sortilegio de las tierras de Haití, de haber hallado advertencias mágicas en los caminos rojos de la Meseta Central, de haber oído los tambores del Petro y del Rada, me vi llevado a acercar la maravillosa realidad recién vivida a la agotante pretensión de suscitar lo maravilloso que caracterizó a ciertas literaturas europeas de los últimos treinta años",[20] y surgió en él, ya de modo definitivo, el potente embrión de su concepción de "lo real maravilloso americano".

Cada vez va resultando más difícil aportar algo inédito o novedoso al análisis de la trascendencia indudable que tuvo para Alejo Carpentier su viaje a Haití en 1943, en compañía de su esposa Lilia Esteban y el actor francés Louis Jouvet. Ampliamente reseñada y cabalmente estudiada por los críticos más acuciosos del escritor cubano y muchas veces referida por el propio novelista, esta visita debe su importancia al hecho de que se convierte en el motivo que desencadena no sólo la redacción de *El reino de este mundo*, sino además de su imprescindible prólogo, novela y documento que marcan uno de los puntos de giro conceptuales y estilísticos hacia la nueva narrativa latinoamericana.

Durante largos años, como ya queda apuntado, el mundo de los negros cubanos, su concepción mágica y animista de la realidad, así

---

[20] Alejo Carpentier, prólogo a *El reino de este mundo*, p. 9.

como las prácticas rituales de la santería y los misterios de los fundamentos ñáñigos, habían atraído la atención de Carpentier, al punto de convertir este ámbito en el tema recurrente de su creación artística y de numerosos trabajos periodísticos, como los que publicara en Francia. Esta preocupación y su conocimiento cada vez más erudito del entorno afrocubano, reino de la magia y la fe, tuvo, también en París, un impulso adicional cuando en los años treinta, como lo refiere Carmen Vázquez, el cubano:

> [...] conoció también, pero esta vez por medio de Georges Bataille y de Michel Leiris, a William Seabrook, autor de *The Magical Island,* libro sobre el vodú en Haití que acababa de ser traducido al francés. Así descubrió un mundo nuevo, parecido y a la vez diferente de aquel de los ñáñigos que, años atrás, había descubierto con Amadeo Roldán. Este universo se hizo aún más palpable cuando, a pedido de la firma cinematográfica Gaumont, musicalizó una película que Seabrook había filmado en Haití durante la época de sus investigaciones sobre el vodú. Carpentier varias veces me contó cómo, haciendo el lento y penoso trabajo de montaje y de sincronización, había visto a Haití por primera vez.[21]

Sin embargo, el conocimiento directo en 1943 de la potencia del vudú, sus violentos ritos y la absoluta vigencia de su práctica y su filosofía en la vida cotidiana del país, sumado a su incuestionable importancia en el proceso de gestación de la primera independencia latinoamericana y el encumbramiento de personajes como Mackandal, el jamaicano Bouckman y el inconcebible Christophe, vivos todavía en la mitología popular haitiana más de un siglo después de sus actuaciones históricas, sin duda deslumbraron el espíritu sagaz de Carpentier y le entregaron importantísimas claves para la comprensión del ser latinoamericano, ya esencialmente diverso del racionalista espíritu europeo.

---

[21] Carmen Vázquez, "El mundo maravilloso de Alejo Carpentier", *Revista de Estudios Hispánicos*, año X, 1983, p. 20. Lo que no anota Carmen Vázquez es que Alejo conocía el libro de Seabrook desde mucho antes —en su versión original—, que comentó en 1931 para *Carteles*.

Así, pues [diría más tarde Carpentier], todos esos monarcas negros, sorprendentes, muy extraordinarios y el final shakespeariano de Christophe, me encaminaron hacia lo que en el Prólogo a la edición española de ese libro he llamado "lo real maravilloso americano". Es decir, que de pronto descubrí que había, precisamente en todo eso, una maravillosa historicidad que era en definitiva lo que, en mi opinión, le faltó al surrealismo.

En el surrealismo [continúa Alejo], lo fantástico era con mucha frecuencia gratuito, muy bello pero totalmente gratuito, u onírico. Pues bien, yo me encontraba en la América del Sur y en Haití, ante personajes que se convertían en animales, ante reyes increíbles, ante personajes a lo Lautréamont: y todo esto en el contexto de una época y en el ambiente de una veracidad histórica. Entonces fue cuando comencé a tratar ciertos temas históricos americanos tratándolos desde ese ángulo... enfocando esa faceta absolutamente inédita y, en realidad, difícil de situar en un plano paralelo a cualquier verdad histórica europea.[22]

Sin embargo, esa posibilidad "de ver" lo maravilloso, lo insólito, lo extraordinario, en la peculiar realidad haitiana y sudamericana, en su "maravillosa historicidad" o en el "ambiente de una veracidad histórica", arrastraba tras sí un largo proceso de entrenamiento y aprendizaje en el que el mismo surrealismo había desempeñado un papel decisivo: lo maravilloso –real– hallado en el contexto de Haití poseía todas las características de lo maravilloso surrealista, incluidas la crueldad, el sadismo y, por supuesto, la magia, tal como muy bien había aprendido Carpentier en sus años parisinos. Esta "capacidad de ver", que ya había probado en La Habana luego de su larga ausencia, condicionada por el distanciamiento que provoca el tiempo y por el propio entrenamiento surrealista para establecer asociaciones inesperadas, se le revela en Haití en toda su magnitud cuando al fin puede descubrir –porque busca descubrirlo– que el surrealismo es allí tan real como lo sería en México para Breton, que encuentra en la antigua patria de los aztecas "la tierra electa del surrealismo".

Ahora bien, esta percepción de lo maravilloso inmanente en la realidad americana presuponía, además de las específicas condiciones cul-

---

[22] Alejo Carpentier, "Entrevista en RTV francesa", en *Entrevistas*, pp. 91-92.

turales que confluían en la peculiar formación de Carpentier (afrocubanismo, minorismo, surrealismo, certeza de la decadencia europea), la presencia de una capacidad perceptiva especial y de una fe como desencadenante sensitivo, según él mismo lo establecería en su trabajo de 1948 al referirse a la sensación y manifestación de lo maravilloso de la realidad que ya no es lo maravilloso fabricado, aun cuando Carpentier —a estas alturas del prólogo— todavía no lo ha calificado como "lo real maravilloso americano"...

Es precisamente en este importante y polémico aspecto donde aparece la sombra de un personaje inexplicablemente olvidado por la crítica carpenteriana y atinadamente rescatado por la investigadora brasileña Irlemar Chiampi: Pierre Mabille. Respecto de la "presencia oculta" de Mabille, la Chiampi realiza un exhaustivo resumen de los diferentes estudios que, tratando de establecer la filiación exacta de la teoría carpenteriana, han realizado algunos investigadores de la obra del autor cubano: Emir Rodríguez Monegal, que busca coincidencias con lo maravilloso de los manifiestos bretonianos; Klaus Müller-Bergh, en las fuentes nacionalistas y americanistas del cubano; Pedro Lastra, que se remite a las proposiciones americanistas de su compatriota, el autor chileno Francisco Contreras, creador de la novela *El pueblo maravilloso* (1927); Emil Volek, que ve similitudes entre la "esencia" americana y el "Wesen" de los expresionistas alemanes; Carlos Rincón y su teoría de la "otredad" americana de origen romántico; y, finalmente, Roberto González Echevarría, promotor de la tesis del sentido "onteteológico que Carpentier confiere a lo maravilloso americano [que] proviene de la filosofía de Spengler". Y entonces concluye la estudiosa:

> Precisamente debido a este afán por descifrar los secretos de la concepción de lo real maravilloso americano, sorprende la ausencia absoluta de investigación sobre las fuentes teóricas surrealistas posteriores a 1930. Ocho años antes de que Carpentier publicara el texto del Prólogo en *El Nacional* de Caracas (1948), Pierre Mabille publica *Le miroir du merveilleux* (1940), donde emprende el examen vertical de la noción que ocupa el centro de la poética surrealista, pero que hasta la fecha carecía de una reflexión sistemática. Ya diez años antes, en *Egrégores ou la vie des civilisations* (1938), Mabille

replanteaba el tema de la decadencia de Occidente, para augurar el nacimiento de una nueva civilización en América.[23]

Cuando Carpentier llega a Haití y, con sus compañeros de viaje, emprende el revelador recorrido por la tierra de Toussaint Louverture, el automóvil que emplea para tal efecto le ha sido facilitado, ni más ni menos, por su viejo amigo Pierre Mabille, a quien con toda seguridad conociera en París desde 1937 —si no desde antes—. Ahora, en 1943, Mabille, que ya es el autor de los dos libros arriba citados, lleva tres años viviendo en Haití, donde ha ejercido su profesión de médico cirujano, con la categoría de especialista principal del Hospital Francés de Puerto Príncipe y profesor de patología general en la universidad de la capital haitiana. En esta época, además, Mabille se desempeña también como profesor del Instituto de Etnología y ocuparía después los cargos de director del Instituto Francés de Haití y, finalmente, de *attaché* cultural de la legación de su país al final de la guerra (1945-1946).

Mabille, que había nacido en Reims (Marne), en 1904 —y tenía, por tanto, la misma edad que Carpentier—, publicaría después otras obras importantes para el desarrollo del pensamiento surrealista, en especial sobre sus resonancias americanas, como son el tratado *Surrealisme et vaudou* (1947); su conferencia "Un message des Antilles-Wifredo Lam", empleada como prefacio a la exposición habanera del gran pintor cubano (a quien también acogería en Haití, mostrándole, como a Carpentier, la riqueza cultural del vudú) y en la que valora el esencial aporte de Lam al movimiento surrealista; y el libro *Le Merveilleux* (1946), para el cual el propio Carpentier le tradujo del español al francés unas encantaciones aztecas insertadas en la obra, lo cual indica que el contacto entre estos escritores se mantuvo después del encuentro haitiano. La amistad, sin duda sólida pero increíblemente relegada, casi escondida, entre este surrealista francés de la segunda hornada y el novelista cubano queda además rubricada con la existencia, en el archivo personal de Carpentier, de una copia de la despedida de duelo que Jean Hélion escribió a la muerte de Pierre Mabille, el 13 de octubre de 1952.

[23] Irlemar Chiampi, "Carpentier y el surrealismo", pp. 155-156.

El encuentro, nada "fortuito" pero verdaderamente surrealista de Carpentier y Mabille en Haití cobra una significación notable cuando se analiza la trascendencia de este contacto a la luz de la indudable influencia que, al menos en una primera etapa de la concepción teórica carpenteriana de "lo real maravilloso americano", ejercen las ideas que el francés expone en sus obras, especialmente en *Le miroir du merveilleux*, su libro de 1940.

El proceso de esta influencia queda exhaustivamente estudiado por la propia Irlemar Chiampi en su ensayo "Carpentier y el surrealismo" (1980), donde la profesora brasileña analiza las semejanzas del concepto de "le merveilleux" de Mabille a la luz de "lo real maravilloso" carpenteriano. Por la indudable importancia de esta cercanía conceptual y para apoyar afirmaciones posteriores y establecer algunos desacuerdos con las conclusiones de Irlemar Chiampi, citaré en extenso algunos pasajes clave de su texto.

Ante todo, destaca en las concepciones que Carpentier parece haber adoptado de Mabille la idea de que "lo maravilloso" se alcanza no sólo por un procedimiento mental, sino que en América aún existe un sustrato real capaz de provocarlo y que la conciencia del hombre —el hombre con capacidad para ello— es la que sirve como mediadora para advertirlo y establecerlo poéticamente. Es decir, en claros términos carpenterianos: lo maravilloso brota de la realidad, pero su sensación necesita de la fe.

A este respecto afirma Mabille:

El diccionario enseña que "merveille" (maravilla), deriva de "mirabilla", que a su vez deriva de "miroir" (espejo): "cosa susceptible o digna de ser mirada". Pudiéramos apartarnos de la frontera del latín y encontrar el origen de la raíz MIR en el sánscrito, pero no vamos a remontarnos tan lejos. La etimología oficial parece verdadera, aunque casi asombra que "admirable" (estupendo, admirable) haya llegado sin deformación, mientras que "merveilleux" haya sufrido grandes cambios. Sin duda, en los dos casos, el trayecto ha sido diferente. La diversidad de los pueblos y de las categorías sociales ha intervenido en ello. Comoquiera que sea, alrededor de la raíz MIROIR prosperó una bien extraña familia: *mirer, se mirer, admirer, admirable* y sus derivados *miracle* (milagro, maravilla), *mirage* (espejismo, ilusión), y, en fin, *miroir.* Buscando la definición de *merveilleux,* llegamos a *miroir,* "el más común y más extraordinario de los instrumentos mágicos".[24]

A propósito de esta extraña búsqueda lingüística y conceptual, comenta entonces Irlemar Chiampi:

> La asociación *miroir-merveilleux* no es un mero hallazgo filológico aquí. Para Mabille, el espejo es un instrumento mágico porque en su superficie bruñida el hombre descubre la posibilidad de superar la escisión entre materia y espíritu, a dudar del testimonio de los sentidos inmediatos, de las falsas certezas que la lógica ("domestique complaisante") propone. Lo maravilloso (lo extraordinario, lo que escapa del curso de las cosas) es la dimensión de fuerza o de riqueza que puede ser mirada, vista a través de las ilusiones de los sentidos y las apariencias. El reflejo (la imagen invertida) niega la separación entre lo material y lo inmaterial y, por tanto, la irreductibilidad de los contrarios, para revelar la esencial analogía que existe entre las representaciones mentales y los objetos, entre el hombre y el cosmos.[25]

Esta visión novedosa del capítulo esencial del surrealismo, lo maravilloso y sus fuentes diversas, con la cual Mabille amplía los conceptos sostenidos por Breton, se hace más específica y trascendente para la influencia que la estética del movimiento podría ejercer sobre un Carpentier (o un Lam, un Rulfo, un Cortázar, un Matta o incluso un Jorge Luis Borges), cuando el francés acota:

> Así, ante el *miroir* (espejo), debemos interrogarnos sobre la naturaleza exacta de la realidad, sobre los nexos que unen las representaciones mentales de los objetos que la provocan [...] Más allá de la aprobación, de la curiosidad, de todas las emociones que nos proporcionan los relatos, los cuentos y las leyendas; más allá de la necesidad de distraerse, de olvidar, de procurarse sensaciones agradables o aterradoras, el objetivo real del camino *merveilleux* es, y ya estamos en condiciones de comprenderlo, la exploración más total de la realidad universal.[26]

---

[24] Pierre Mabille, *Le miroir du merveilleux*, Minuit, París, 1962, p. 22. Citado por Irlemar Chiampi, *op. cit.,* p. 158. (Traducción de la cita de Silvia Freyre.)
[25] Irlemar Chiampi, *op. cit.,* p. 158.
[26] Pierre Mabille, *op. cit.,* p. 23. Fuente citada. (Traducción de las citas de Silvia Freyre.)

Y regreso nuevamente a las conclusiones de Irlemar Chiampi, bien precisas al respecto:

> Contrariamente, pues, a la concepción dualista del pensamiento moderno, Mabille invoca lo maravilloso como inmanencia de lo real, para acreditar su interpretación decididamente monista de los fenómenos del mundo. No se trata sólo de rechazar la convención culturalizada de los contradictorios (perceptible e imaginable, naturaleza y sobrenaturaleza), sino reivindicar la omnipresencia de lo maravilloso en el seno de la realidad: *"le merveilleux est partout"*, está "dentro y fuera del hombre", está "entre las cosas y los seres". Somos incapaces, agrega Mabille, de captar esa totalidad, en que cada forma, por humilde que sea, refleja la estructura del cosmos, porque nuestros sentidos se encuentran "entorpecidos por los hábitos de la vida cotidiana".[27]

Resulta sencillamente asombrosa —y esencialmente reveladora— la integración de absoluta armonía que consiguen las tesis de Mabille respecto a lo maravilloso con las concepciones que desde hacía unos años manejaba Alejo Carpentier, también monista en su apreciación fundamentalmente materialista del hombre y la naturaleza. Ante todo, vale notar cómo el elemento artificioso, esquemático, que ya el cubano le reprochaba a los procedimientos surrealistas originales encuentra aquí, desde el mismo seno del movimiento, una respuesta válida y categórica al aceptar que el hombre no es el único gestor de una maravilla "que está dentro y fuera de él" y no únicamente en la subconciencia; además, esos sentidos "entorpecidos por los hábitos de la vida cotidiana" tienen el mismo sonido de aquellos "coturnos de la costumbre" de los que trataba de desembarazarse Carpentier en 1928, o "el hábito [que] había cubierto las cosas de La Habana con una pátina tan espesa que todo descubrimiento, toda revelación se nos hacía imposible", como escribiera a su regreso, en 1939. Pero, sin duda alguna, la confluencia —¿o valdría aceptar: la influencia?— más importante radica en la afirmación de que "el objetivo real del camino *merveilleux* es [...] la exploración más total de la realidad universal" o, dicho con palabras de Irlemar Chiampi, el hecho de que "Mabille invoca lo

---

[27] Irlemar Chiampi, *op. cit.*, p. 159. Las cursivas son nuestras.

maravilloso como inmanencia de lo real", precisión estética y filosófica que constituye una verdadera revolución —una subversión— dentro de las viejas concepciones surrealistas y que concuerda perfectamente con la visión carpenteriana de lo maravilloso americano, diáfanamente expuesta desde "La Habana vista por un turista cubano", donde habla de un surrealismo-real habanero que se hace evidente para todo aquel que haya "aprendido a verlo" y que se revela de modo favorecido precisamente en uno de los reservorios de que habla el francés: el folclor popular latinoamericano, la cultura callejera, la expresión artística-utilitaria de las grandes masas.

Además, la cercanía entre los escritores se facilita por el hecho de que tanto en Mabille como en Carpentier existe ya una clara noción de la importancia de ciertas religiones americanas, animistas y milenarias, en la conservación de un caudal insustituible de riquezas mitológicas y poéticas que la civilización occidental europea ha perdido irremisiblemente desde la llegada del racionalismo posnewtoniano y el pensamiento cartesiano. Desde sus primeros trabajos de los años veinte, el cubano se ha remitido una y otra vez al universo mágico de los negros antillanos como fuente de la cual extrae leyendas, motivos, actitudes y, sobre todo, formas de ver el mundo aptas para conferirle otra dimensión a una realidad que no ha perdido del todo su capacidad de asombro y el justo valor de lo "sobrenatural". Mabille, mientras tanto, desde su libro de 1938 *Egrégores ou la vie des civilisations,* había concedido una notable importancia al mundo americano como refugio de lo maravilloso, y sus referencias posteriores al vudú y las cosmogonías mesoamericanas —en las que se detiene con frecuencia en *Le merveilleux*, de 1946— demuestran que para él las culturas negras y autóctonas de América son un caudal notable de lo maravilloso.[28] Esta postura, sumada a la crítica más explícita en Carpentier sobre la pérdida de valores y espiritualidad del hombre occidental ("El ocaso de Europa", por ejemplo) y más esencial y filosófica en Mabille ("La sociedad moderna se aleja de sus conceptos mágicos" o "Lo maravilloso aparece en todos los lugares y ocasiones, aun en una época tan adversa

---

[28] *Ibidem*. véase pp. 168-169.

como la nuestra", dirá en *Le merveilleux*,[29] mientras llegará a predecir, incluso, la destrucción de Europa dentro de un siglo, en *Egrégores...*), establece nuevos y significativos puntos de contacto entre ambos autores en el instante de su encuentro en Haití.

Tal vez en este punto del análisis sea evidente que los puentes entre Mabille y Carpentier no sean sólo el concepto surrealista de lo maravilloso como inmanencia de lo real —definitivamente apartado de lo maravilloso decimonónico de un Perrault, por ejemplo— y la revalidación de lo autóctono americano, sino que Carpentier haya visto en Mabille, de algún modo, una actualización del pensamiento de Spengler —que conoce, maneja y en buena medida comparte en esta época, como se ha visto— respecto a la independencia de las formaciones culturales y sus ciclos vitales como organismos vivos. La mística de América aprendida con los minoristas, acendrada con sus lecturas y búsquedas de todos estos años, y fundamentada en su propósito de establecer una ontología original del continente, tenía un respaldo metafísico en Spengler y una demostración práctica en Mabille, que de algún modo venían a sustentar las ideas de Carpentier sobre el "ocaso de Europa" y "el alba americana" —como titula Mabille el último capítulo de *Egrégores...*—: es decir, la dicotomía —que establece claramente en el prólogo— entre descreimiento y mitología, entre pérdida de fe y omnipresencia de la fe, entre Europa (allá) y América (acá), entre lo maravilloso provocado y lo maravilloso materializado. Lo que, en cambio, no parece imbricarse de ningún modo al concepto historicista carpenteriano de lo maravilloso —la teoría del cubano es, en esencia, un modo de explicar y asumir la historia del continente y de ubicarla en la "historia" occidental— es la concepción vitalista de la historia, asociada a ritmos cósmicos, determinismos geográficos y astrología cultural, que sostiene Mabille en sus textos. No hay dudas de que, más que el fundamento histórico y filosófico mabilleano, Carpentier ha asumido utilitariamente determinadas conclusiones del francés y conceptos que se limitan a la esfera de acción de lo maravilloso como inmanencia de lo real —como manifestación de la realidad

---

[29] Pierre Mabille, *Le merveilleux*, Les Éditions des Quatre Vents, París, 1946, pp. 64 y 87. (Traducción de Silvia Freyre.)

para Carpentier– y a su percepción –la fe–, mientras ha desechado la farragosa justificación idealista del renacer americano –que Mabille extiende a toda la periferia cultural del Occidente pero teniendo en cuenta, más que la misma evolución de estas regiones, la influencia de equinoccios y fuerzas cósmicas–. Es fácil de comprobar, tanto en sus trabajos teóricos como en sus realizaciones artísticas, que el escritor cubano nunca compartió las teorías de Mabille –ni aun las de Spengler, si trascendemos la cáscara de los entusiasmos y depresiones pasajeras– para asumir y explicar la historia y mucho menos lo histórico. Y esto es así a pesar de la presencia, más o menos evidente, más o menos esencial, de desenvolvimientos cíclicos en sus relatos –ya sean ciclos cósmicos como los de "Historia de lunas" o "Los fugitivos", ya históricos como los de "Semejante a la noche", o económicos-productivos como los de *Ecue-Yamba-O*–. La historia, para Carpentier, como veremos más adelante, conserva siempre un carácter de devenir progresivo –a veces recóndito, es cierto, y nada ortodoxo, por demás, si se mira desde una perspectiva marxista escolástica–, al que, no obstante, puede imbricar con más o menos fortuna ciertas nociones culturales spenglerianas y mabilleanas que sirvan para alentar y apoyar sus ideas de entonces. No obstante, la misma noción esencialmente histórica de lo "real maravilloso" que fundamentará Carpentier será un aspecto decisivo en su personalización de esta categoría, pues mientras el francés extiende su noción de lo maravilloso a "lo extraordinario, lo que escapa del curso de las cosas", el cubano, al definirlo como "lo real maravilloso americano", lo reubicará como lo extraordinario que escapa al curso de la lógica racional y la centrista evolución histórica europea, actitud con la que se aleja de Mabille y se acerca a toda una vieja corriente del pensamiento americanista con que se explicaba la historia de América frente a la europea, para, buscando la originalidad del Nuevo Mundo, conseguir a la vez su reconocimiento: originalidad y reconocimiento que, en la polaridad acá-allá (América-Europa), tratará de fundamentar su ambicioso manifiesto de 1948.

Sin embargo, existe un elemento altamente polémico en las concepciones carpenterianas de lo maravilloso expuestas en 1948-1949 cuyo origen indudable sí parte de las teorías de Mabille: la problemática presencia de la fe. "Para empezar, la sensación de lo maravilloso presupone una fe", afirmará el novelista cubano en el prólogo a *El reino de este mundo*, con lo cual acata una actitud esotérica de la que renegará suavemente en sus trabajos posteriores y que, no obstante, ha determinado la interpretación de la teoría carpenteriana por parte de numerosos críticos, entre ellos la propia Irlemar Chiampi y, sobre todo, Alexis Márquez Rodríguez, principal defensor de la tesis de una mística de la percepción de lo maravilloso, idea que desde el mismo texto de la novela *El reino de este mundo* (y mucho más en las obras posteriores del autor) entra en contradicción con el modo de percepción y reflejo de la realidad tratada en el libro y pierde así toda su validez estética.

Parece evidente que Carpentier, barruntando ya la existencia de lo real maravilloso americano como concepto gnoseológico y cualidad ontológica, al ponerse en contacto directo con Mabille y sus escritos, encuentra no sólo una reafirmación de sus ideas, sino además una fundamentación filosófica atractiva para explicar el comportamiento real y la percepción de lo maravilloso literario que se aviene perfectamente a las concepciones surrealistas que aún conserva. Como ya lo ha señalado Irlemar Chiampi:

> [...] Mabille atribuye un valor heurístico a ciertas prácticas de liberación de los sentidos para acceder al reino de lo maravilloso y expresarlo en signos poéticos. Tal posición no le impide, sin embargo, reconocer que lo maravilloso auténtico sobrevive en el alma popular, en los impulsos místicos *("les élans du mysticisme"),* en la fe espontánea de la colectividad. Refiriéndose a la sistematización doctrinal que la religión opera sobre los ritos y mitos primitivos para asignarles un fin moral, dice Mabille: "*Or le merveilleux suppose mois des solutions qu'une volunté constante d'exploration du dominine inconnu; le vrai creyent ignore cette inconnudés qu'il poseé de le foi*" (Carpentier dirá "Para empezar, la percepción de lo maravilloso presupone una fe"). El argumento es pues el mismísimo que vimos en Carpentier: lo maravilloso es naturalizado por la fe del creyente. La valoración de la búsqueda artificial de lo maravilloso y a la par de la creencia espontánea no guardan cualquier contradicción aquí. Al contrario, hay una justa demarcación de los límites entre la actividad poética (que supone el desarrollo de las facultades

oníricas e imaginativas, pero bajo el control de la razón), la creencia espontánea −está descomprometida de los mecanismos racionales− y hasta de la(s) religión(es) que reduce(n) el campo de lo maravilloso al erigir sus dogmas y preceptos morales. [...] En cuanto a las fuerzas de lo maravilloso, Mabille señala la cultura popular como *locus* privilegiado donde subsisten la fe primitiva y las expresiones más fidedignas de las inquietudes de la humanidad. Carpentier, como se sabe, confirma integralmente esa tesis en su enaltecimiento de los mitos y leyendas americanas.[30]

La función que Mabille otorga al elemento de la fe para el conocimiento de lo maravilloso se explicita en dos líneas de su reflexión: la crítica a la modernidad desacralizada −núcleo temático de su ensayo posterior, *Le merveilleux*− y la valoración del folclor "como repertorio de representaciones del subconsciente colectivo".[31] La primera de estas proposiciones es fácil de rastrear en el Carpentier de esta época; la segunda constituye una de sus preocupaciones básicas desde el año 1923, y en 1939, como hemos visto, todavía afirma que "En lo que el hombre crea no sólo lo artístico es bello" (y bello es aún sinónimo de maravilloso), en medio de una apasionada defensa de la artesanía popular cubana.

Lo más revelador no resulta entonces la cabal aceptación carpenteriana del misticismo monista de Mabille respecto a lo maravilloso (como inmanencia de lo real, conclusión a la que había llegado por sus propios medios), sino la valoración de la percepción necesaria de esa realidad maravillosa a través de una sensación especial del medio que, casi palabra por palabra, el cubano trasladará a su prólogo al referirse a lo maravilloso como "una inesperada alteración de la *realidad* (el milagro)", a "una revelación privilegiada de la *realidad*", a una "iluminación inhabitual o singularmente favorecedora de las inadvertidas riquezas de la *realidad*" y a una "ampliación de las escalas y categorías de la *realidad*", todo perceptible "en virtud de una exaltación del espíritu que lo conduce a un modo de 'estado límite'"[32] −con

---

[30] Irlemar Chiampi, *op. cit.*, pp. 164-165.
[31] *Ibidem*, p. 165.
[32] Alejo Carpentier, prólogo a *El reino de este mundo*, p. 11.

lo que advierte a las claras que la cualidad de maravilloso, existente en la *realidad,* sólo se alcanzará desde la óptica con que se le perciba–.

Aunque Carpentier, al proponer esta redefinición de lo maravilloso en el prólogo todavía no ha definido, a su vez, lo "real maravilloso americano", el contexto del ensayo permite establecer una clara relación de dependencia entre el concepto literario y el ontológico, pues ese "real maravilloso" encontrado en la realidad americana sólo puede manifestarse por los mismos mecanismos lógicos, factuales y perceptivos de lo maravilloso literario que ha asumido como categoría estética y como calificación de la realidad: es decir, lo "real maravilloso" advertido como (y gracias a) "una inesperada alteración de la realidad (el milagro)", etc., y perceptible en virtud de esa exaltación del espíritu con que Carpentier recorre la realidad y la historia de Haití y Venezuela, con lo que el escritor cubano establece una precisa relación de dependencia entre un modo de percibir (subjetivo) y una manifestación de la realidad (objetiva) a partir de la cual explicar la originalidad histórica de lo real americano, pues sólo a través de esa dependencia es posible advertir esta calidad maravillosa dada por la alteración, la revelación, la iluminación, la ampliación de la realidad que se consigue, únicamente, desde la perspectiva subjetiva (la percepción).

Independientemente de las contradicciones que pudiéramos marcar entre las afirmaciones teóricas y la propia praxis literaria de Carpentier, es indiscutible la fuente de donde provienen tales concepciones:

> Para desencadenar tal percepción privilegiada, Mabille recomendará en otro pasaje de su ensayo una exploración a través de los "*états psychologiques limites, qui peuvent étre ou en deca de la concience, dans le reve, ou au dela, dans une lucidité hyperconsciente surrationalle* [...]" Nótese que Carpentier se refiere, igualmente, a los "estados-límites" (que pone entre comillas, ¿aludiendo a Mabille?), aunque no precisa qué tipo de actividad síquica requiere el sujeto para "revelar" lo maravilloso. ¿Es la "exaltación del espíritu" un ejercicio orientado?, ¿una práctica onírica o es consciente? Si bien en el fragmento del Prólogo que reproducimos [se trata del que va desde "Lo maravilloso comienza a serlo..." hasta "estado límite"] ciertas palabras como milagro, revelación, iluminación, parecen recortar el sentido de la emoción auténtica (del creyente, digamos), sólo el contexto del prólogo desambigüi-

zará las expresiones "estado límite" y "exaltación del espíritu" para situar los mecanismos de liberación de los sentidos en el *ámbito* de la fe.[33]

Esta preeminencia de la fe —y en última instancia de la religiosidad, origen, para Mabille, de los cuentos y tradiciones populares; asunto, para Carpentier, de obras como *Ecue-Yamba-O*, "Historia de lunas", "Viaje a la semilla" y, lógicamente, la novela *El reino de este mundo*— inobjetablemente tiene un peso específico decisivo en la concepción de "lo real maravilloso americano" según las tesis del prólogo, donde además Carpentier critica el "descreimiento" surrealista a la hora de invocar lo maravilloso, al tiempo que acredita las metamorfosis de un Mackandal como reflejo y resultado de una fe auténtica (fe auténtica, no se debe olvidar, de sus personajes). Carpentier aprovecha —o coincide con— las tesis de Mabille al afirmar que esos prodigios del mundo haitiano responden a la existencia de una realidad empíricamente comprobable, la cual sólo necesita de la fe verdadera para naturalizarse y de una capacidad perceptiva especial —la sensibilidad privilegiada del artista, según Alexis Márquez Rodríguez,[34] que de este modo la reduce y especifica, convirtiéndola en un verdadero privilegio perceptivo exclusivo de los creadores— para ser constatada y tratada estéticamente. La única diferencia entre las propuestas de Mabille y Carpentier, en este aspecto, aparecerán referidas al valor heurístico que sostiene el surrealista y que critica abiertamente Carpentier, y al ámbito geográfico en que funciona lo maravilloso: mientras para el francés todavía Europa pudiera provocar y prohijar lo maravilloso tanto como el privilegiado mundo americano, Carpentier le quita toda posibilidad de asombro a la decadente civilización del Viejo Mundo, donde la cultura está en crisis, el racionalismo se ha impuesto y hasta la naturaleza ha sido dominada y reducida a escala humana, al tiempo que reafirma la franquicia de América como fuente inexplorada y activa de una realidad maravillosa que se propone tratar en el texto narrativo que sigue a estas reflexiones. Porque, en esencia, la distan-

---

[33] Irlemar Chiampi, *op. cit.,* p. 160. (Las cursivas son del propio Mabille.)
[34] Alexis Márquez Rodríguez, "Teoría carpenteriana de lo real maravilloso", *Revista Casa de las Américas*, núm. 125, marzo-abril de 1981.

cia que marca Carpentier de las enseñanzas que toma de Mabille debe ser vista desde las posturas hacia el surrealismo que propone cada uno de los escritores: Mabille, desde dentro, ampliándolo, renovándolo; Carpentier, desde fuera, criticándolo, enterrándolo.

Un importante aspecto, sin embargo, terminará de personalizar la postura de Carpentier sobre lo real maravilloso y la importancia de la fe: el elemento mágico que desencadena todo acto de fe (el milagro, que precisamente el cubano guarda entre paréntesis en su reflexión de 1948, al considerarlo como "una inesperada alteración de la realidad"). La existencia de la magia en tierras americanas, como elemento integrante de la vida cotidiana de una gran parte de sus moradores, vendrá a ser en el análisis carpenteriano —y especialmente en su obra anterior a *Los pasos perdidos*— el núcleo de mayor irradiación de las manifestaciones maravillosas tratadas por el escritor. En varios de sus relatos y novelas de estos años —*Ecue-Yamba-O*, "Historia de lunas", "Viaje a la semilla", *El reino de este mundo*— la presencia del mago como ente catalizador y propiciador de lo sobrenatural le permite al autor contextualizar la preeminencia de lo mágico en el ámbito americano y su funcionamiento a partir de una fe, a la vez que marcar una distancia entre la revelación poética de lo maravilloso (propiedad del artista) y su revelación real (atributo de personajes extraídos de la realidad). No se trata, entonces, de una fe abstracta, provocada o ideal, sino concreta y real que a través del mago consigue incluso la máxima aspiración transfiguradora: la metamorfosis —física en unos casos, lógica en otros—, el cambio de naturaleza como comportamiento posible de una realidad específica. El mago de Carpentier, por cierto, es un hombre de fe, un verdadero creyente, y el ámbito de sus poderes —como se verá en *El reino de este mundo*, sobre todo— es el universo de los otros creyentes, poseedores de su misma fe.

Parece indiscutible, de cualquier forma, la importancia del hallazgo teórico de Irlemar Chiampi, al establecer claramente la filiación de "lo maravilloso" surrealista tratado por Pierre Mabille y lo "real maravilloso americano" expuesto por Carpentier en 1948, sobre todo en virtud de la relación establecida respecto a la inmanencia de lo real y sobre todo con el problemático elemento de la fe. Sin embargo, a la luz del pensamiento carpenteriano, y visto en su evolución posterior y en la propia práctica narrativa del autor, aquellos procedimientos que él mismo exaltará en el famoso prólogo tienen una trascendencia bastante limitada y no serán los únicos mecanismos para establecer y reflejar lo singular americano escondido bajo el binomio semántico de "lo real maravilloso". No obstante, Irlemar Chiampi, al igual que otros críticos del novelista cubano, se apega demasiado a las afirmaciones beligerantes y circunstanciales de este texto, en detrimento de la "verdad literaria" de las novelas y cuentos del autor. De este modo, restringe su análisis al planteo de influencias —sólo vistas en el plano teórico y no en el artístico— que pronto serán superadas por Carpentier, una vez pasada la exaltación conceptual que le provocó el descubrimiento de sus coincidencias con Mabille y las posibilidades de fundamentación filosófica que le proporcionaba el francés desde las posturas del pensamiento surrealista que, a pesar de ciertas negaciones y ataques, sigue influyendo sobre el escritor cubano.

Por lo demás, como ya lo ha señalado Emir Rodríguez Monegal,[35] en la propia novela *El reino de este mundo* hay una clara convivencia estética de lo mágico (el realismo mágico americano) y de lo maravilloso (lo real maravilloso americano), convivencia en la que las ideas de Mabille sólo tendrán una presencia visible en el primero de estos componentes, mientras que la visión de las decisivas irregularidades históricas y culturales del mundo real y maravilloso americano se comportará desde entonces como un hallazgo de Carpentier, fruto de todas las influencias aquí analizadas, pero también de su peculiar comprensión de los procesos y fenómenos típicos de la historia, la cultura y la realidad americanas, en medio de un periodo de incesantes búsquedas ontológicas por toda una generación de intelectuales latinoamericanos.

Entre el viaje a Haití (1943) y la publicación del polémico manifiesto sobre "lo real maravilloso americano" (1948) existen otros hechos artísticos y vitales de suma importancia en el devenir ideoestético del

---

[35] Emir Rodríguez Monegal, "Lo real y lo maravilloso en *El reino de este mundo*", en Klaus Müller-Bergh (comp.), *Asedios a Carpentier*.

escritor cubano, acontecimientos y aprendizajes que, unidos a los episodios y encuentros antes señalados, determinaron en considerable medida que su segunda novela, *El reino de este mundo*, transformara raigalmente los procesos estéticos, conceptuales y estilísticos ensayados en la obra iniciaca, *Ecue-Yamba-O*. Por lo demás, para arribar a cualquier definición cabal del proyecto teórico de "lo real maravilloso" resulta indispensable el análisis interesado de estas nuevas experiencias carpenterianas.

Justo después del revelador encuentro haitiano y cuando había comenzado las investigaciones para *La música en Cuba* y la redacción de la novela de 1949, Carpentier escribe un cuento cuyas proposiciones formales y conceptuales lo ubican, definitivamente, en el sendero de la expresión propia y de las búsquedas más trascendentales de las esencias americanas: "Viaje a la semilla", escrito, según Carpentier, en una noche "de un tirón, en cinco horas"[36] y publicado por primera vez en 1944, se convertía en el relato que demostraba al fin las inmensas posibilidades del hasta entonces prometedor Alejo Carpentier, que —según su propio juicio— hallaba al fin, con este cuento, su forma y su estilo.

En el peculiar tratamiento de la anécdota y del tiempo en "Viaje a la semilla", así como en la sorprendente madurez narrativa que su autor alcanza en la elaboración de este relato, existen notables diferencias con los trabajos anteriores de Carpentier, incluido el cuento "Oficio de tinieblas", publicado en *Orígenes* ese mismo año. Pero tal vez la medida más exacta de las proporciones de esta vigorosa evolución resulte la existencia, entre las obras inéditas e inconclusas de Alejo Carpentier, de un relato de 17 cuartillas, sin fechar, titulado "Audiencia de reyes", en el que aparecen personajes, ambientes y épocas que luego trasladará a "Viaje a la semilla".

"Audiencia de reyes", cuyo texto mecanografiado parece ser una segunda versión, con correcciones y añadidos del autor —evidencia de que trabajó bastante el relato—, se desarrolla en La Habana, a principios del siglo XIX, y alrededor de los personajes de Don Marcial, Marqués de Capellanías (quien tiene una novia llamada María de

---

[36] Alejo Carpentier, "Autobiografía", *Bohemia*, La Habana, 26 de diciembre de 1986, año 78, núm. 25, p. 17.

las Mercedes y un calesero llamado Melchor, igual que el Marcial que protagoniza "Viaje a la semilla") y de los actores Antonio Rosal y Mariana Galindo. La anécdota del cuento, significativamente, aparece recogida en estos términos en *La música en Cuba:*

> En aquella sociedad de ánimos provincianos, las mujeres de teatro que tuvieran buena vocación para ello podían actuar en *gold deggers* con gran provecho. En una casa contigua al Teatro Principal —calle de Luz, número 1— la actriz Mariana Galindo fue apuñalada y dejada por muerta, al haber provocado los legítimos celos del actor Antonio Rosal. Éste se abrió las venas, muriendo cuando su esposa volvía a la vida con varios tajos en las carnes. Inútil es decir que durante treinta años los habaneros comentaron este suceso.[37]

El hecho revelador de que el núcleo anecdótico del relato aparezca recogido en el ensayo de 1946 —donde se hace evidente un minucioso conocimiento del ambiente teatral cubano de la época— puede indicar con bastante certeza que "Audiencia de reyes" es un "subproducto" de las investigaciones que realizaba entonces Carpentier y que muy probablemente —como ya dije— se iniciaron antes de 1944, fecha de su viaje a México, donde se le contrata el libro. Por otra parte, también es indudable que "Viaje a la semilla" tiene su origen más preciso en esta pieza inédita, como lo indica la coincidencia de nombres entre sus personajes y algo del carácter libertino de Don Marcial, presente en las dos obras.

Sin embargo, lo verdaderamente trascendente cae dentro del campo de la realización literaria, tan diferente entre "Audiencia de reyes" y "Viaje a la semilla". Veamos. En el primer relato Carpentier cuenta la historia desde una tercera persona omnisciente y convencional, como convencional es el desarrollo lineal del argumento. El componente negro que aparece en la obra está despojado de todo peso en la acción —algo bastante extraño en la producción carpenteriana publicada entre 1933 y 1949—, y aunque hay referencias a sus rituales y creencias mágicas, éstos más bien tienen una función de dar color local, de crear ambiente, en lugar de aportar la significación cultural que

---

[37] Alejo Carpentier, *La música en Cuba*, p. 129.

hemos visto en los otros trabajos del periodo. Por lo demás, su acción es lenta —y más que lenta, trabada—, llena de vericuetos narrativos innecesarios, alejada del valor estilístico del barroquismo carpenteriano, y falta en la obra esa intención de indagar en problemáticas sociales, históricas o existenciales que caracteriza su narrativa. Se trata, en esencia, de una buena noticia histórica que nunca devino buena literatura. No obstante, en "Audiencia de reyes" afloran por momentos chispazos de una prosa que busca su definitiva consagración, como en este fragmento de la página 9: "Dos tritones, cansados de no vomitar agua, unían las colas sobre las conchas de un aguamanil. En el fondo del patio, un granado malograba sus frutos, de tanto haber sido regado con salpicaduras de jabón".[38]

Si, como hemos visto, entre la redacción de "Audiencia de reyes" y "Viaje a la semilla" deben mediar muy pocos años (siempre menos de cuatro), la distancia estilística y conceptual que los separa refleja el sorprendente y a la vez esperado hallazgo de una voz propia en la que al fin se consigue la "maravillosa" fusión entre lo mágico, lo real, lo insólito y lo suprarreal, en una obra donde se concretan, también, preocupaciones básicas de su narrativa como son el transcurrir del tiempo y la noción filosófica de la libertad, vistas en un contexto americano típico pero a la vez universal.

Esta pieza clave de 1944 refleja también de un modo inmejorable el peso que ciertas concepciones surrealistas todavía tenían sobre la estética del narrador cubano. Ante todo, está el recurso netamente surrealizante de la inversión del devenir temporal como método para revelar una "percepción de remotas posibilidades" escondidas en la vida común y nada agitada de Don Marcial. Si bien es cierto que un elemento mágico propio de la realidad americana es el que desata el prodigio —los poderes del negro viejo que, al comenzar el cuento, "...hizo gestos extraños, volteando su cayado sobre un cementerio de baldosas...",[39] y el tiempo comenzó a transcurrir al revés—, no menos

---

[38] Alejo Carpentier, "Audiencia de reyes", relato inédito, 17 páginas, mecanografiado, Fondo Alejo Carpentier, Biblioteca Nacional de Cuba.
[39] Alejo Carpentier, "Viaje a la semilla", en *Cuentos*, p. 81, Ed. Arte y Literatura, La Habana, 1977.

verdadera resulta la noción de que tal procedimiento posee un indiscutible regusto surrealista, al ubicar los acontecimientos en el plano de otra realidad posible, regida por otras leyes, a pesar de que Carpentier, para validar sus propias intenciones, mantiene esa subversión de la realidad dentro de un contexto concreto, cuyas singularidades y especificidades históricas mantiene inalteradas, como en el más ortodoxo realismo decimonónico.

El resultado del cuento –a diferencia de la tragedia casi "clásica" esbozada en "Audiencia de reyes"– es de una originalidad convincente: el autor, renegando de los métodos convencionales del realismo literario, de una visión criollista y explícitamente comprometida con el entorno americano, invierte las leyes lógicas del desarrollo temporal y la concepción habitual de un argumento para tantear ciertas singularidades del universo americano –sincretismo, desarrollo económico peculiar, desfasaje cronológico respecto a Europa, etc.– y entregar un cuento que parte definitivamente los tiempos de su creación en un antes y un después de "Viaje a la semilla" –o de 1944–.

También pertenece a este periodo un curiosísimo texto cuya existencia –y, por tanto, cuya importancia en el desarrollo artístico de Carpentier– ha sido totalmente ignorada por la crítica, a pesar de que revela, con una claridad tal que asombra, las difíciles definiciones artísticas (estilísticas y conceptuales) en que se debatía Alejo Carpentier en el proceso de redacción de su novela *El reino de este mundo*, y el modo en que había comenzado a plantearse una evidente existencia de lo maravilloso en la realidad y la historia americanas.

En el número 3 del nuevo mensuario habanero de cultura *La Gaceta del Caribe*,[40] correspondiente a mayo de 1944, aparece en las páginas 12 y 13, bajo el título nada sugerente de "Capítulo de novela", un texto de Carpentier que, según la nota de la redacción, andaba en estos términos: "Alejo Carpentier está terminando una novela cubana de la que algunos capítulos tienen por escenario Haití. El autor de *Ecue*

---

[40] *La Gaceta del Caribe*, que sólo alcanzó a publicar 10 números, estaba dirigida por un grupo de intelectuales comunistas que formaban su comité editor: Nicolás Guillén, José A. Portuondo, Ángel Augier, Mirta Aguirre y Félix Pita Rodríguez, y en ella colaboraron autores como Lino Novás Calvo, Enrique Labrador Ruiz, Juan Marinello y otros.

*Yambao [sic]* nos ha entregado éste, notable por su fuerza descriptiva y por la rica evocación de la gran época del rey haitiano Christophe que en él campea".

Se trata, obviamente, de un capítulo de lo que sería, cinco años después, *El reino de este mundo*. Al entregar el fragmento para su publicación, seguramente Carpentier informó que se trataba "de una novela cubana", de la que sólo algunos capítulos, como el escogido, se desarrollaban en Haití, lo cual demuestra hasta qué punto aquel proyecto —en cuyo argumento definitivo, como se sabe, ocurre justamente lo contrario— andaba aún en ciernes o hasta qué punto varió el asunto de aquella novela que "está terminando", según los editores de la revista, afirmación que parece menos probable por el poco tiempo transcurrido entre el viaje a Haití —a fines de 1943, como recuerda en el prólogo— y la edición del fragmento —mayo de 1944—.

Los hechos narrados en el "Capítulo de novela" pasarían a ser después la sustancia argumental de los ocho capítulos de la tercera parte del libro, es decir, los referidos a la construcción de la Ciudadela de La Ferrière y la caída y muerte de Christophe, castigado por los dioses tutelares del vudú, de los que había renegado en su "blanqueamiento" espiritual hacia el cristianismo. Específicamente, los capítulos de *El reino de este mundo* IV, V, VI y VII de esta parte, que arrancan con el emparedamiento de Corneille Brelle (el Cornejo Breille de la novela), ocupan la segunda mitad del "Capítulo" de 1944, mientras que su primera mitad está centrada en la descripción de la Ciudadela, que en los capítulos II y III de la versión definitiva se produce a través de la misma construcción de la fortaleza, labor en la que participa Ti Noel.

Fuera de la curiosidad que puedan provocar las alteraciones argumentales, varios elementos, de orden narrativo y conceptual, resultan de especial interés en este "Capítulo de novela" al analizarlo contra lo que fue la versión definitiva de estos episodios y siempre a la luz de la evolución literaria de lo que programáticamente fundamentaría Carpentier como su teoría de "lo real maravilloso americano".

Un aspecto esencial de orden narrativo varía sustancialmente entre el "Capítulo" y el libro: la perspectiva desde la que están narrados los acontecimientos. Mientras en *El reino de este mundo* quien narra la obra es un narrador omnisciente, que se refugia muchas veces en el punto de vista de Ti Noel, en el "Capítulo" es también un narrador en tercera persona quien conduce el relato, pero la perspectiva empleada es totalmente distinta: no existe aún el personaje de Ti Noel, sino un tal Lucas, presumiblemente escritor ("Lucas sentía ahora intensos deseos de escribir la historia de Christophe, Rey del Cabo", se lee en la página 13 de la revista), que en el presente de 1940 ha hecho un viaje —como el propio Carpentier— hasta La Ferrière y ha quedado deslumbrado con aquella "tierra de prodigios", "mundo de milagros" que lo asombra con su "atmósfera de Edgar Poe" hasta convencerlo de que "América no necesitaba hacer grandes esfuerzos para crear cosas sorprendentes, de un terrible valor poético". Mientras, los episodios que narran la caída del monarca negro —"el más sorprendente monarca de América", dice el narrador— están contados con unas retrospectivas fácilmente resueltas por la omnisciencia de la voz narrativa, que abandona a Lucas y va al pasado, donde alterna, significativa e inexplicablemente, las formas verbales en pretérito con el presente perfecto.

Si realizo este desglose formal es porque la perspectiva que originalmente Carpentier escogió para narrar esta novela demuestra hasta qué punto el deslumbramiento que le había provocado la visita a Haití —y el reencuentro con Mabille, obviamente— necesitó traducirse literariamente en una perspectiva narrativa también deslumbrada, capaz de marcar explícitamente lo extraordinario de la realidad haitiana y de exponer, con toda evidencia, la presencia de la magia como elemento componente de esa realidad.

El largo proceso de reflexión y escritura que va de 1944 a 1949 ayudaría al escritor a resolver brillantemente esta óptica simplista del primer momento, al convertir a la voz narrativa en cómplice de la visión epocal y participante de Ti Noel, miembro de aquella sociedad, creyente en los ritos del vudú y testigo prejuiciado de los acontecimientos de una historia que es también la suya, y en la que la capacidad de asombro se convierte más en mensaje implícito que en deslumbramiento de un hallazgo por un personaje ajeno al proceso.

En 1944, definitivamente convencido de que "América no necesitaba hacer grandes esfuerzos para crear cosas sorprendentes" y al parecer también convencido por Mabille de su vieja idea de que lo maravilloso podía ser —como lo estaba viendo Carpentier— una inmanencia de lo real en el contexto americano, el escritor decide demostrar claramente cómo lo maravilloso, en tanto extraordinario, es un componente esencial de la historia de América, y cómo el reinado de Christophe fue uno de esos momentos históricos en que lo maravilloso "fluyó libremente". Para ello se imponía una distinción medular que después Carpentier transfirió a la fundamentación teórica del prólogo: la existencia del surrealismo como realidad en América. Así, en la misma entrada del episodio, mientras Lucas avanza penosamente hacia La Ferrière, recuerda la presencia de doce ceibas plantadas en redondo y enumera la lista de dioses beligerantes del vudú para asegurar: "¡Que otros pensaran en el surrealismo!", en una pronta declaración de principios que no sólo no se justifica lógica y dramáticamente dentro de la narración, sino que resulta una alarmante ruptura estilística. Pero tal aseveración admirativa traía, a todas luces, el propósito de establecer definitivamente la noción que ya portaba Carpentier, la misma que cuatro años después sería la afirmación de que en Haití el escritor se vio "tentado a acercar la maravillosa realidad recién vivida a la agotante pretensión de suscitar lo maravilloso que caracterizó a ciertas literaturas europeas de los últimos treinta años".[41]

Varias conclusiones bien importantes se desprenden del análisis de este olvidado "Capítulo de novela". Ante todo, que apenas regresando de Haití, Carpentier se planteó con cierta coherencia la existencia de lo "real maravilloso" como categoría estética y como modo de ser de la realidad americana, desde una postura antitética hacia lo maravilloso del surrealismo bretoniano. También, que el encuentro con Mabille, de algún modo su cicerone en la isla, le corroboraría la cualidad de lo maravilloso como inmanencia de lo real y no sólo como producto de la imaginación, pero que Carpentier, desde un principio, estuvo más interesado en una visión casuística de la historia de América —a través de sus mestizajes culturales y de sus singulares procesos— que en la propuesta vitalista del francés. Finalmente, que el cubano, en los años

---

[41] Alejo Carpentier, prólogo a *El reino de este mundo*, p. 9.

que mediaron entre el inicio del proyecto novelesco y su culminación, conformaría una visión más totalizadora del fenómeno de lo maravilloso americano que se hace más independiente de los tópicos surrealistas —la atmósfera de Poe que encuentra en La Ferrière, contextualizada después como una resultante de la presencia cotidiana del vudú y sus creencias mágicas en Haití—, pero a la vez se aprovecha de ellos para transferirlos de la imaginación a la realidad haitiana —el horripilante emparedamiento de Cornejo Breille, que era sólo un encierro perpetuo en el "Capítulo de novela"—.

Sin embargo, un elemento de orden estilístico llama poderosamente la atención en el fragmento de 1944, contemporáneo de "Viaje a la semilla": y es que Carpentier parece haber hallado, definitivamente, el peculiar estilo que lo caracterizaría. Aunque toda la perspectiva del "Capítulo" quedará subvertida, como antes anotaba, resalta, en cambio, el sostenido empleo de los gerundios encadenados, típicos de su narrativa, como esa serie de "Resbalando, trepándose, volviendo a resbalar, agarrándose [...] sudando, resoplando, lanzando al jinete de la crin a la grupa, rompiendo acciones y ladeando monturas", con que Lucas asciende hacia la cima de La Ferrière. Asimismo, la adjetivación, donde se repiten las tiradas de tres calificativos y la misma construcción sintáctica de las oraciones, descompuestas de su discurrir más recto.

Carpentier, no hay duda, iniciaba en 1944, entre hallazgos e indecisiones, el penoso ascenso ("resbalando, trepándose, volviendo a resbalar, agarrándose") hacia lo que sería la definitiva formulación teórica de "lo real maravilloso americano" y la novela en que demostraría su elaboración estética.

Antes de la publicación de *El reino de este mundo* y su prólogo, ocurre todavía un hecho más de especial interés para el análisis de la evolución que venimos siguiendo. Tal vez menos comentado que el revelador viaje a Haití, pero también inexcusable en la conformación de la imagen americana de Carpentier, lo fue su recorrido por la Gran Sabana de Venezuela, en 1947, al que se sumaría, un año después, la expedición que emprendería por el Alto Orinoco, hasta llegar a la tierra de los indios guahibos, territorio que es —como dijera el escritor—

"una de las regiones menos conocidas de Venezuela, donde nacieron los grandes mitos y prodigiosas leyendas, donde tuvo su asiento la Casa del Sol, morada del Gran Patití y centro de la fabulosa Manoa..."[42]

El resultado inmediato de estas aventuras que llevan al escritor al mismo origen de la civilización americana fue el ajuste de la imagen carpenteriana de la naturaleza y el tiempo del continente, justo cuando concluía la redacción de *El reino de este mundo*. Y el resultado artístico se manifestó, primero, en la serie periodística "Visión de América" y en el nunca concluido "Libro de la Gran Sabana" y, después, en su novela *Los pasos perdidos*, de 1953.

La primera de estas expediciones, a tenor de la cual Carpentier escribe los cinco reportajes que componen "Visión de América" (publicados también en *Carteles*, entre el 25 de enero y el 13 de junio de 1948), es anterior a la edición original del artículo "Lo real maravilloso de América", aparecida, como ya hemos dicho, en *El Nacional*, pero el 8 de abril de 1948. Aunque desde su gestación misma este artículo parece que estaba destinado a anteceder el texto de la novela haitiana de Carpentier (concluida, según la fecha anotada al final del libro en Caracas, el 16 de marzo de 1948) y de ahí su interés focal en la insólita y peculiar realidad de la antigua colonia francesa, no resulta difícil colegir hasta qué punto la maravillosa (mágica) realidad de Haití encontraba su necesario complemento americano en el paisaje venezolano y los hombres que lo poblaban, síntesis magnífica de la realidad de todo un continente. De ahí, lógicamente, las referencias en el prólogo a realidades con las que se ve enfrentado el escritor en este nuevo contacto con el universo americano.

Los trabajos que componen la serie "Visión de América" —es decir, "La Gran Sabana: mundo del Génesis" (25 de enero); "El salto del ángel en el reino de las aguas" (22 de febrero); "La Biblia y la ojiva en el ámbito de la Roraima" (28 de marzo); "El último buscador del Dorado" (9 de mayo) y "Ciudad Bolívar, metrópoli del Orinoco" (13 de junio)— enfrentan al lector con un mundo real y fantástico a un tiempo, generalmente poco conocido, donde los valores míticos subsisten

---

[42] Araceli García-Carranza, *Biobibliografía de Alejo Carpentier*, p. 21.

en un estado puro y donde las nociones tradicionales del tiempo, la distancia, la historia, adquieren nuevas connotaciones, exclusivas de América.

En un fragmento que bien pudo integrar, palabra por palabra, el prólogo a *El reino de este mundo* —no sólo por su tema, sino también por su entusiasmo y vehemencia—, Carpentier reflexiona:

> Hay en América una vigencia y presencia de mitos que se enterraron, en Europa, hace mucho tiempo, en las gavetas polvorientas de la retórica y de la erudición. En 1780 seguían creyendo los españoles en el paraíso de Manoa, a punto de exponerse a perder la vida por alcanzar el mundo perdido, el reino del último Inca [...] En 1794, año en que París elevaba cantatas, con música de Gossec, a la Razón y al Ser Supremo, el compostelano Francisco Menéndez andaba por tierras de la Patagonia buscando la Ciudad Encantada de los Césares. Y es que América alimenta y conserva los mitos con los prestigios de su virginidad, con las proporciones de su paisaje, con su perenne Revelación de Formas [...] Todo lo que imaginaron en fantásticas visiones de italiano o de flamenco los Jerónimo Bosh, los Arcimboldo, los ilustradores de tentaciones de San Antonio, los dibujantes de mandrágoras y selvas de Brocelianda, se encuentra aquí, en cualquier rincón de cerro [...] Ahora me encuentro ante un género de paisaje que veo por primera vez, que nunca me fue anunciado por paisajes de Alpes o Pirineos; un género de paisaje que sólo había intuido en sueños y del que no existe todavía descripción verdadera en libro alguno.[43]

Y en la crónica siguiente, "La Biblia y la ojiva en el ámbito de la Roraima", afirma:

> [...] este mundo [...] sigue siendo, con novedades sumamente superficiales, el que pudieron haber encontrado los conquistadores.
> El tiempo estaba detenido ahí, al pie de las rocas inmutables, desposeído de sentido ontológico para el frenético hombre de Occidente [recuérdense las reflexiones del protagonista de *Los pasos perdidos*], hacedor de generaciones cada vez más cortas y endebles. No era el tiempo que miden nues-

---

[43] Alejo Carpentier, "El salto del ángel en el reino de las aguas", *Carteles*, 22 de febrero de 1948, en *Crónicas*, t. II, pp. 262-263.

tros relojes y calendarios. Era el tiempo de la Gran Sabana. Era el tiempo de la tierra en los días del Génesis.[44]

Al leer estos reportajes se hace evidente, en primer lugar, que varios elementos tratados en ellas –o, lo que es igual, ciertos fenómenos constatados en este viaje y a los que Carpentier dedica su atención– pasan casi directamente a la fundamentación de "lo real maravilloso americano" expuesta ese mismo año. La "presencia y vigencia de mitos" tiene su correlato en la aseveración de que "por la virginidad del paisaje, por la formación, por la ontología, por la presencia fáustica del indio y del negro [...], por los fecundos mestizajes que propició, América está muy lejos de haber agotado su caudal de mitologías",[45] contenida en el prólogo. Además, las referencias a las búsquedas de Manoa y la Ciudad Encantada de los Césares se encuentran definidas en el prólogo como una expresión certera de lo real maravilloso, y así lo explica Carpentier:

> Lo real maravilloso se encuentra a cada paso en la vida de los hombres que inscribieron fechas en la historia del continente y dejaron apellidos aún llevados: desde los buscadores de la Fuente de la Eterna Juventud, de la Áurea Ciudad de Manoa [...] Siempre me ha parecido significativo el hecho de que, en 1780, unos cuerdos españoles, salidos de Angostura, se lanzaran todavía a la busca del Dorado y que, en días de la Revolución Francesa, [...] el compostelano Francisco Menéndez anduviera por Patagonia buscando la Ciudad Encantada de los Césares.[46]

Y es que, como bien dijera Carpentier por esos días, "lo real maravilloso no era privilegio único de Haití, sino patrimonio de América entera...", como es fácil colegir en "Visión de América", donde lo más extraordinario se naturaliza como real y lo sobrenatural tiene toda una lógica cotidiana y telúrica.

Ahora bien, aunque en la serie "Visión de América" hay también una abierta beligerancia contra ciertos valores de la cultura europea,

---

[44] Alejo Carpentier, "La Biblia y la ojiva en el ámbito de la Roraima", *Carteles*, 28 de marzo de 1948, en *Crónicas*, t. II, pp. 266 y 271.
[45] Alejo Carpentier, prólogo a *El reino de este mundo*, p. 14.
[46] *Ibidem*, p. 13.

Carpentier parece decidido a guardar su novedosa noción de lo "real maravilloso americano" para revelar sus descubrimientos haitianos y para prologar después la novela que acababa de terminar. Por ello, aunque "Visión de América" y el texto original "Lo real maravilloso de América" se publicarían simultáneamente, el autor prefiere dejar toda definición teórica para el segundo, mientras la serie funciona como demostración de lo allí esbozado programáticamente, en virtud del lenguaje más descriptivo que analítico del cual se debe valer el autor para mostrar y describir "un género de paisaje que veo por primera vez".

En cambio, pienso que, aun sin la presencia de esta trascendente definición, en varios pasajes de "Visión de América" el autor expresa concepciones que, por su complejidad teórica e importancia posterior en la narrativa y el pensamiento carpenterianos, complementan notablemente —y en ocasiones hasta superan— las nociones sobre la realidad continental expuestas en el prólogo. Concretamente, esta superación se manifiesta en el fenómeno de los contextos, de larga presencia en la obra del autor (prefigurados desde sus primeros textos de ficción y pensamiento), pero cuya formulación teórica no realizará hasta 1964 en "Problemática de la actual novela latinoamericana", ensayo recogido en *Tientos y diferencias*.

Mientras en el prólogo hay un acercamiento específico a lo maravilloso como expresión de nuestra realidad y un análisis horizontal del fenómeno visto en sus dimensiones históricas y en su diferenciación con lo maravilloso "fabricado" europeo, en "Visión de América" existe una comprensión aun más esencial de esa problemática de lo singular en el continente al enlazarla con lo que llamará después "los contextos cabalmente latinoamericanos que pueden contribuir a una diferenciación de los hombres latinoamericanos".[47] A lo largo de los reportajes de 1948, Carpentier constará la presencia de más de un fenómeno insólito —aún no bautizado como tal— o típico del entorno continental —ya sea de carácter natural, cultural o histórico— en función de su ámbito y producto de él, prefigurando así la existencia de una red específica de condiciones y relaciones reales y subjetivas que

---

[47] Alejo Carpentier, "Problemática de la actual novela latinoamericana", en *Ensayos*, p. 16.

formarán sus contextos de desajuste cronológico, de distancia y proporción, de iluminación, ideológicos, económicos, culturales, raciales, etc., en los cuales se originan y por los cuales se explican las singularidades de los hombres, el paisaje y la historia de un mundo apenas explorado pero latente, cuya propia identidad, en todos los sentidos, parece ya establecida al margen de las nociones europeas que trataron de explicarlo desde una óptica centrista.

Este acercamiento más certero a las especificidades americanas, esta comprensión más justa de las condiciones que permiten la existencia de lo maravilloso real en el continente, inaugura, en el propio año de 1948, un alejamiento incipiente de la tesis central que sobre su percepción Carpentier sostiene en el artículo "Lo real maravilloso de América". El elemento mabilleano de la fe como único proceso válido para acercarse y revelar *"le merveilleux"* encuentra en "Visión de América" una naciente contrapartida teórica en el esbozo de una percepción que parte aquí de la identificación de las singularidades en virtud de un conocimiento exhaustivo —y nada místico, nada exaltado— de las regularidades propias de la naturaleza, la historia, la cultura y las etnias americanas, conocimiento del cual hará gala Carpentier en sus mismas novelas. El "germen" de los contextos como visión totalizadora de la presencia y manifestación de lo insólito en América abre entonces un nuevo capítulo en la evolución ideoestética de Carpentier precisamente cuando el novelista cubano alcanzaba una de las cumbres de su pensamiento y su creación literaria con la aparición de su primera gran novela, *El reino de este mundo*, donde sostenía y ensayaba artísticamente las cualidades maravillosas de nuestra realidad. El desarrollo posterior de esa concepción "contextual" de lo insólito, que le abrirá nuevas e insospechadas posibilidades de manifestar estéticamente la unicidad histórica de ciertos procesos del mundo americano, mantiene viva la constante evolución de este autor hasta conducirlo a lo que, a mi juicio, constituye el instante de perfecto equilibrio de su creación literaria y de sus concepciones teóricas sobre el arte americano: la publicación de la novela *El siglo de las luces*, de 1962, y del ensayo "Problemática de la actual novela latinoamericana", de 1964.

Aún antes de penetrar en un examen definitivo de las complejas y polémicas ideas que Carpentier sostendrá en el prólogo a *El reino de este mundo*, y que devendrían su credo estético en este periodo, es preciso hacer una última y curiosa escala en un texto apenas conocido de este novelista, también publicado en 1949, y en el que, inesperadamente, propone para la creación artística americana una poética diferente a la programada en "De lo real maravilloso americano": la revalorización del romanticismo —o de sus cualidades conceptuales— como posible estética en la creación de un arte americano-universal.

Originalmente publicado por la Imprenta Nacional (Venezuela), en 1949, el ensayo "Tristán e Isolda en Tierra Firme" nunca volvió a ver la luz en vida de su autor, que, sin embargo, publicaría tres volúmenes con sus ensayos, artículos y conferencias: *Tientos y diferencias* (1964), *Razón de ser* (1976) y *La novela latinoamericana en vísperas de un nuevo siglo y otros ensayos,* que aparecería en 1981, apenas un año después de su muerte. Este significativo y pertinaz olvido —semejante al aplicado a "El momento musical latinoamericano"— tiene, como se verá, una única motivación: el desacuerdo posterior de Carpentier con sus afirmaciones de entonces, motivadas, sin duda alguna, más por un entusiasmo pasajero que por una convicción duradera, como la de su hallazgo de "lo real maravilloso".

Rescatado por Lilia Esteban de Carpentier y vuelto a publicar 40 años después de su edición original y casi simultáneamente por la *Revista Casa de las Américas* (número 177, noviembre-diciembre de 1989) y en el folleto *85 aniversario de Alejo Carpentier*, de la colección Edición Homenaje de la Dirección de Información del Ministerio de Cultura de Cuba (1990), "Tristán e Isolda en Tierra Firme" tiene, como "Visión de América", un origen circunstancial: en este caso, la primera representación en Caracas, a finales de 1948, de la famosa obra de Wagner. Con este pretexto, Carpentier realiza un erudito y muy ajustado análisis de las aportaciones musicales y la trascendencia wagneriana, que le permitirá lanzarse, nuevamente, a una programación del "deber ser" del arte musical —y la creación artística toda— latinoamericano, tema al que sin duda le interesa referirse mucho más que a las aportaciones wagnerianas.

Son varios los asuntos, en cambio, que pueden atraer el interés sobre este texto, del que los críticos, al parecer, han preferido olvidarse tanto como su autor. El más interesante y trascendente de todos, a mi juicio, tiene que ver con el breve pero significativo análisis de la "apoteosis del barroco" en América, una de las tesis más novedosas del ensayo y, como es sabido, tema central de futuros estudios de Carpentier. La introducción al tema viene dada, en "Tristán e Isolda...", por el examen de las diversas influencias que han estado gravitando en la formación de la cultura americana, sobre lo cual escribe Carpentier:

> El anhelo de afianzar una cultura americana, ecuménicamente hispanoamericana —es decir, una cultura de ámbito propio, consciente de sus grandezas y debilidades, que se aplique a desarrollar sus características más estimables, a exaltar sus valores profundos, a indagar y a definir sus rasgos determinativos— no puede hacerse realidad sin una aceptación abierta e indiscriminada de las influencias que obraron sobre el hombre de América desde la Conquista hasta hoy. Pero ahí se sitúa, precisamente, el paso peligroso. Porque no debemos olvidar que dos géneros de influencia han actuado sobre la formación de nuestra cultura: las influencias legítimas y las influencias artificiales.[48]

Y mientras ubica entre las segundas al modernismo poético ("que produjo verdaderos monstruos al querer transplantar en nuestro suelo los mejores abortos del Parnaso, del simbolismo"), coloca entre las primeras ("aquellas que nos marcaron por derecho propio") "el romance, en poesía; el barroco, en la arquitectura; el estilo de Durante o de Pergolesi, en la música religiosa".[49] Y explica:

> Debido a imperativos históricos, estas influencias fueron fecundas, culminando a menudo —como sucede en la fachada de la iglesia de San Francisco Ecatepec, como en Tepoztlán, como en Santo Domingo de Oaxaca, en México— en la más perfecta expresión de un modo de sentir, ya que es en el Nuevo Mundo donde hay que buscar la apoteosis del barroco.[50]

[48] Alejo Carpentier, "Tristán e Isolda en Tierra Firme", *Revista Casa de las Américas*, núm. 177, noviembre-diciembre de 1989, p. 21.
[49] *Idem.*
[50] *Idem.*

Esta profesión de fe por el barroco, inédita en Carpentier a través de una expresión tan precisa, nos acerca evidentemente a formulaciones posteriores que culminarán en su ensayo de los años setenta "Lo barroco y lo real maravilloso", la más acabada y ajustada expresión de las concepciones estéticas de Carpentier en su momento de absoluta madurez. Sin embargo, lo significativo del hallazgo parece ser el parentesco que ha establecido el escritor entre el espíritu barroco y el espíritu romántico como contraposición al clasicismo, para él totalmente estéril y ajeno al ser cultural americano.

Ahora bien, si dieciocho años antes, en "El momento musical latinoamericano" Alejo Carpentier, viviendo en medio del ámbito surrealista, llega a la conclusión de que en la sensibilidad "tendrá que radicar el carácter latinoamericano de nuestras obras musicales", una vez agotado y trascendido el estadio del folclorismo nacionalista, ahora, en su ensayo de 1949, parece haber hallado una respuesta para él más convincente al álgido asunto del carácter del arte continental, aunque mantenga inalterada la necesidad unamuniana de "hallar lo universal en las entrañas de lo local" como única vía para tal realización estética y conceptual. Lo extraordinario de esta búsqueda, sin embargo, radica en la estética romántica que Carpentier trata de validar como otra "legítima" influencia en la formación de nuestra cultura.

Para comenzar, Alejo sitúa el fenómeno del romanticismo como posible estética americana en estos términos:

> El hombre hallado dentro y no fuera, lo universal en lo local, lo eterno en lo circunscrito. Ese sistema, ese método de acercamiento, único posible en América, es de pura cepa romántica, puesto que tiende a fomentar un necesario nacionalismo, prólogo de un más amplio y más profundo conocimiento de la realidad circundante. El nacionalismo, bajo cualquiera de sus formas, es una noción que debemos al romanticismo.[51]

En realidad, no puede parecer más extemporánea una afirmación de esta índole en el Carpentier de 1949, tan de regreso, a estas alturas, de búsquedas nacionalistas y folcloristas que habían agotado su efec-

---

[51] *Ibidem,* p. 11.

tividad al poco tiempo de iniciadas, y contra las que él mismo —siendo todavía un practicante del afrocubanismo— había reaccionado en "El momento musical latinoamericano" y a las que se oponía en su propia novela de ese año.

No es, por supuesto, descabellada la indagación histórica que sobre tal aspecto realiza Carpentier y que le permite afirmar con toda razón:

> Nuestro pasado, nuestra historia, son románticos, por cuanto los valores que alimentan cualquier romanticismo coinciden con los sentimientos y la expresión peculiar del hombre americano: lirismo a menudo excesivo, nacionalismo, influjo de la naturaleza, apego al folklore, dificultad en frenarse, afición a los temas nobles, sentido de lo épico, etc., etc.[52]

Estos valores, sin embargo, serían necesariamente superados por los artistas de la generación de Carpentier —y por él mismo—, que no pueden detenerse en estos tópicos, buenos, tal vez, para la creación de "personajes de época", como Esteban o Sofía, pero limitados, vencidos, por la visión más profunda propuesta por la literatura y el pensamiento latinoamericanos de estos tiempos.

Junto a esta amalgama de ideas proyectadas hacia el futuro o trascendidas ya en el pasado, Carpentier insiste en "Tristán e Isolda..." en otros asuntos más o menos habituales en su reflexión de estos tiempos: el agotamiento del quehacer cultural europeo, los artificios del surrealismo nada importantes para el artista americano, la necesidad de un acercamiento a la cultura madre hispánica y, como interesante colofón, el rescate de la tesis spengleriana de los ciclos culturales que ya había enarbolado en "El ocaso de Europa". En esta ocasión, sin mencionar al filósofo alemán, se introduce otra vez en el tema para sustentar la tesis del inminente florecimiento cultural americano:

> Ante culturas viejas —afirma—, que giran en redondo por no hallar sino caminos trillados, puertas de antiguo conocimiento, temas cien veces explotados —en arte al menos—, la fe nuestra en el mañana americano no es una mera figura retórica, [...] se funda en la espera perfectamente sensata,

---
[52] *Ibidem*, p. 13.

ni siquiera muy impaciente, de una madurez que habrá de producirse, como se produjo en todas las civilizaciones humanas.[53]

Con independencia de ciertas aportaciones parciales —entre las que vale incluir una nueva prefiguración de los contextos latinoamericanos, esta vez muy claramente el de desfasaje temporal—, pienso que "Tristán e Isolda en tierra firme" poco significa en la evolución del pensamiento americanista de Carpentier más allá de la propia idea de la existencia de tal evolución, que de inmediato superará afirmaciones nacidas de un imprevisible entusiasmo "wagneriano" ("Su poder de seducción alcanza el prodigio"). Su valor, simplemente histórico, radica quizás en reafirmar la convicción carpenteriana de la necesidad de crear un arte que partiendo de las entrañas de lo local alcanzara valores y resonancias universales, fuese cual fuese el vehículo para concretar esa necesidad. Aún así, queda más como un meandro perdido al margen de la corriente principal de un río que fluye, sin detenerse, hacia otros valles más fértiles y propicios, y queda, también, como una importante llamada de alerta para el estudioso de la obra de Carpentier sobre la cautela crítica con que debe acercarse a sus afirmaciones, incluso a las de carácter teórico, y —por ello mismo— verlas contra su narrativa y no en función de ella.

La publicación en México, durante el año 1949, de la novela *El reino de este mundo*, antecedida por su exaltado prólogo sobre lo maravilloso americano, coloca a Carpentier, definitivamente, en la vanguardia de una nueva narrativa americana, y en condiciones de establecer al fin claras diferencias con el nativismo criollista y el realismo, naturalista y folclorizante, que se extendió hasta la misma década de los cuarenta. Con esta pieza, además, Carpentier alcanzaba una madurez estética —que se había advertido ya en su relato "Viaje a la semilla"— la cual era el resultado del peculiar e intenso aprendizaje que siguió el autor desde los años veinte, cuando abrazó ideas minoristas, afrocubanistas y surrealistas. Los años vividos en París, el regreso a Cuba, el encuentro con el mundo inverosímil de Haití y la Gran Sabana, el conoci-

[53] *Ibidem*, p. 12

miento cada vez más exhaustivo de los extraordinarios procesos típicos de la realidad americana, los textos de Mabille y el intenso descontento que le producían sus obras publicadas antes de 1944 son los jirones más significativos de una formación en constante superación, que desemboca en el novedoso tratamiento novelesco y conceptual de la historia americana que ofrece en *El reino de este mundo*.

Sin duda, esta novela sobre el proceso de la revolución haitiana posee una extraordinaria importancia en el incesante debate de ideas que sobre el "deber ser" de la literatura y la conciencia latinoamericana se sostenía desde varios años antes, por autores como el mismo Alejo Carpentier, esencialmente preocupado por este álgido asunto. El tratamiento de lo mágico —el vudú, las creencias animistas— como referente literario y como sustrato actuante en una realidad específica confería a esta obra —junto a *El señor presidente*, de Miguel Ángel Asturias, que sometía las creencias indígenas mesoamericanas a un procedimiento estético muy similar— una capacidad diferente de asumir y reflejar artísticamente los procesos de la realidad en virtud del tratamiento literario de "otra realidad" paralela, oculta, definitivamente suprarreal que, sin embargo, resultaba tan cotidiana y palpable como el más común de los fenómenos naturales. Así, la peculiar formación psicológica del hombre americano, en cuya espiritualidad sobrevivían concepciones bien distintas a las del racionalismo europeo o el pragmatismo norteamericano, se convertía en la perspectiva artística desde la que se colocaba el creador de la obra literaria.

No obstante, los hallazgos narrativos y conceptuales de *El reino de este mundo* han tenido una suerte un tanto "insólita" a causa del manifiesto que prologaba la obra, y por ello tiene toda la razón Emir Rodríguez Monegal cuando afirma al respecto:

> Hasta cierto punto, el prólogo a *El reino de este mundo* ha conocido una fortuna mayor que el texto mismo de la obra. Multiplicado por el comentario de críticos y profesores, reproducido en revistas y colecciones de ensayos, el prólogo ha sido citado y vuelto a citar, hasta completar la vuelta sobre sí mismo e independizarse de la obra que precedía; hasta terminar por convertirse en uno de los lugares comunes de la nueva literatura latinoameri-

cana. Ecos de su definición de lo "real maravilloso" en América, aparecen en escritos de Mario Vargas Llosa, en declaraciones periodísticas de Gabriel García Márquez, en notas críticas de tantos escritores menores. Hasta cierto punto el prólogo se ha convertido en el prólogo a la nueva novela latinoamericana.[54]

Como se ha visto, desde el propio Rodríguez Monegal hasta Irlemar Chiampi, pasando por importantes estudiosos como Roberto González Echevarría, Klaus Müller-Bergh, Carlos Rincón o Emil Volek, se han tratado de desentrañar los orígenes conceptuales y las proposiciones teóricas del prólogo en una serie de análisis que, contradiciéndose o complementándose,[55] han arrojado variadas luces sobre este muy polémico aspecto del pensamiento carpenteriano, al punto de haber cerrado prácticamente el círculo de asedio que se le ha tendido durante más de treinta años.

Sin embargo, dentro de esa diversidad de opiniones y entendimientos ha existido una cierta unidad de criterios debido a que, en la mayoría de los casos, los críticos y teóricos han decidido estudiar *El reino de este mundo* y el resto de la producción literaria carpenteriana desde la perspectiva ofrecida por el prólogo y no contra ella. Es decir, valorando, criticando o simplemente acatando sus opiniones, buscando sus antecedentes y connotaciones teóricas, sin ver muchas veces las afirmaciones conceptuales del documento (que encierra en sí mismo contradicciones, como bien apunta González Echevarría) frente a la realidad literaria que plantea la misma novela de 1949 y las que Carpentier publicaría después. Tal proposición analítica ha sido la causante de que las nociones teóricas originales del autor sobre "lo real maravilloso" se hayan convertido en un fenómeno estático y no en una etapa más en el proceso de constante evolución que sufrió el pensamiento de este escritor y que –lo cual parece aún más grave–

---

[54] Emir Rodríguez Monegal, "Lo real y lo maravilloso en *El reino de este mundo*", en Klaus Müller-Bergh, *Asedios a Carpentier*, p. 10.

[55] Por ejemplo, al referirse a los estudios de González Echevarría, afirma Irlemar Chiampi: "Lo que pretendo rectificar aquí es que, si Carpentier postula lo real maravilloso en el marco de la concepción spengleriana de la Historia, lo hace mediante la versión que presenta Mabille de tal concepción.", nota al pie en "Lo maravilloso y la historia en Alejo Carpentier", ed. cit., p. 246.

no haya propiciado un verdadero entendimiento de las singularidades conceptuales de la propia novelística de Carpentier. Por ello, y a mi juicio, faltan precisiones por hacer y, sobre todo, rescatar la dependencia perdida del prólogo para analizarlo, definitivamente, a la luz de las obras contemporáneas del autor y de la no menos importante perspectiva que significan sus posteriores valoraciones teóricas sobre el concepto. Solamente así —estoy convencido— se podrá valorar cabalmente la proposición teórica y artística de 1949 y examinarla en su continuidad y superación, pues creo firmemente que esta falta de perspectiva histórica ha afectado no sólo la interpretación del prólogo, sino que ha engendrado además confusiones conceptuales que engloban, por ejemplo, la imposible identificación entre el "realismo mágico americano" de un Asturias, un Rulfo o un García Márquez y "lo real maravilloso americano" de Carpentier como una misma estética que tranquilamente puede alternar su denominación. Intentemos, por lo pronto, otra (más que nueva y, sin duda, no definitiva) aproximación a este documento y a la novela que le sigue.

Ante todo, parece que el prólogo —escrito, como se sabe, cuando su autor concluía la redacción de *El reino de este mundo*— trata de revelar el proceso de aprehensión de una realidad —referente extraliterario— concretado por una novela cuyo ámbito argumental es un contexto particularmente mágico y extraordinario (Haití, en tiempos de su revolución de independencia), y de ahí su validez como premisa para comprender ciertas propuestas estéticas de la obra. Ahora bien, a la vez parece muy evidente que en sus realizaciones posteriores Carpentier no podía atenerse ortodoxamente a un programa que, por poco rígido que fuera, de alguna manera limitaría su libertad artística y hubiera convertido sus obras siguientes en epígonos conceptuales de *El reino de este mundo* y su prólogo, cuando, en verdad, cada una de las obras posteriores del novelista —o al menos, cada etapa posterior o "estado de manifestación de lo real maravilloso", como los definiré más adelante—, si bien tienen innumerables puntos de contacto con las ideas sobre el origen y los modos de evidenciarse lo maravilloso americano expuestas en 1949, son, a la vez, resultado de una estética peculiar, de concepciones del mundo en evolución —su filosofía de la cultura, por ejemplo, expresamente marxista en años posteriores– y del nunca postergado afán carpenteriano de hallar lo insólito continental por los más diversos senderos artísticos, sin pretender que cada novela fuera, como *El reino de este mundo* –y como buena parte del argumento de *Los pasos perdidos*–, "una sucesión de hechos extraordinarios", según afirmó en el prólogo.

Es este mismo proceso de superación y evolución que se advierte en el desarrollo ideoestético del autor cubano el factor que engendra (o acentúa) contradicciones y rectificaciones con respecto al prólogo –y no sólo en su narrativa, sino también en su ensayística–, y es el que señala, además, la cautela crítica con que se debe asumir el cuerpo de nociones de un manifiesto evidentemente escrito en un estado-límite de euforia creativa, antibretoniana, latinoamericanista, permeada por determinadas nociones patentadas por Mabille y por Spengler, euforia a la cual se deben ciertos excesos y categorizaciones sobre aspectos capitales como la fe, poco después superados por la misma praxis literaria y nuevos trabajos reflexivos del escritor.

Por ello, para cualquier valoración de las ideas y concepciones manejadas en el prólogo se debe partir de un deslinde inicial del hallazgo principal esbozado por el documento: ¿qué es lo real maravilloso? A mi juicio, lo real maravilloso, entendido como la existencia de una realidad-real americana, distinta de la realidad-otra de los surrealistas y distinta, a la vez, en su asimilación estética y conceptual, de la realidad-mágica creada por la visión prelógica del mundo de una buena parte de los moradores de nuestra América, es, sobre cualquier otra valoración ontológica, gnoseológica o artística, una noción teórica y una traducción estética de una realidad americana realizadas (noción y traducción poética) desde la perspectiva lógica y advertida de un intelectual profundamente interesado en establecer una definición identificadora y original de las peculiaridades del continente frente a la cultura y la historia occidental en que se inscribe. Pero, al estar sometidas (noción y traducción) a un proceso de constante evolución y enriquecimiento, resulta imposible definirlas de una sola vez, como ha sucedido con tanta frecuencia. Baste preguntarse en este sentido: ¿lo maravilloso como lo sobrenatural, como lo mágico, significa lo mismo que lo extraordinario o lo mismo que lo insólito como cotidiano, según afirma Carpentier en su conferencia de 1975 "Lo barroco y lo real maravilloso",[56] donde sustituye definitivamente la categoría de lo extraordinario por la de lo insólito? Esta multiplicidad de connotaciones aplicadas a un mismo concepto reafirma la idea de su carácter de proceso y la necesidad de su análisis diacrónico.

Sin embargo, varias constantes de la noción de "real maravilloso" permanecen estables a través de todos los años en que Carpentier la manejó. La más significativa de estas constantes es el hecho de que se trate, en sí misma, de una noción bisémica, pues desde su aparición teórica lo "real maravilloso" se concibe como un modo de manifestarse la realidad, por un lado, y como un modo de asumirla y tratarla estéticamente, por otro. Esta dicotomía esencial (noción y traducción) nos sitúa, de hecho, ante dos momentos bien definidos, aunque dependientes, de la existencia y manifestación de lo "real maravilloso": se trata de una realidad objetiva y subjetiva, pero siempre histórica y socialmente comprobable, en la que lo insólito, lo extraordinario, surgen de una peculiar formación histórica y socioeconómica capaz de tipificar y distinguir lo americano del resto de la cultura occidental en que se inserta. Pero, a la vez, se trata de una concepción estética que propone el reflejo y singularización de lo americano a partir de sus peculiaridades más insólitas y extraordinarias, tratadas artísticamente en la obra literaria en virtud de un método creador y de determinados recursos poéticos que propenden a la sistematización y evaluación narrativa de esas singularidades.

Así, entendida como realidad americana distintiva y como estética válida para plasmar literariamente tal distinción, la noción lo "real maravilloso" sigue toda una evolución enriquecedora a través de análisis reflexivos y de obras de ficción que en cada momento llevarán determinadas características y concepciones específicas a su modo de entender lo americano y de tratarlo artísticamente. Son estas proposiciones epocales las que nos permiten decir que en su evolución la noción de lo "real maravilloso" carpenteriano atraviesa cuatro mo-

---

[56] Alejo Carpentier, "Lo barroco y lo real maravilloso", en *Razón de ser*, Letras Cubanas, La Habana, 1980, p. 60.

mentos o estados de manifestación diferenciables, que hemos definido como *Antecedentes* (su narrativa y su obra de pensamiento publicada entre los años veinte y 1946), *Formulación y reafirmación* (momento que se compone fundamentalmente con las novelas *El reino de este mundo* y *Los pasos perdidos* y, en lo conceptual, con el imprescindible prólogo sobre lo real maravilloso en América), *Épica contextual* (etapa que se ejemplifica con la reformulación teórica que supone el ensayo "Problemática de la actual novela latinoamericana" y con la renovación estética que se produce en la novela *El siglo de las luces)* y *Lo insólito cotidiano* (integrado por las novelas y relatos de los años setenta y por una serie de textos teóricos escritos por estos años, entre los que sobresale su conferencia de 1975 "Lo barroco y lo real maravilloso").

Aunque dedicaremos el capítulo siguiente de este estudio al examen de los elementos (conceptuales y estéticos) que permiten establecer esta evolución de "lo real maravilloso" a través de cuatro momentos definidos, resulta indispensable su formulación inicial para refrendar la idea de una imposible definición única de esta noción en el cuerpo de la narrativa y la obra teórica de Alejo Carpentier. De este modo, se podrá entender por qué consideramos que el ensayo de 1948, convertido en prólogo a la novela de 1949, debe verse solamente como un momento del proceso —tal vez el más importante, es cierto— de hallazgo de una posibilidad de establecer en la realidad, para luego llevarla a la literatura, la existencia de una serie de fenómenos típicos del ámbito cultural y geográfico latinoamericano capaces de definir lo propio, lo singular, de esta región del mundo. Hecho este paréntesis, volvamos al prólogo.

Cualquier análisis específico de las propuestas teóricas y conceptuales expuestas por Carpentier en el prólogo a *El reino de este mundo* debe deslindar dos cuestiones fundamentales: por un lado, la proposición estética carpenteriana, evidente —o quizás sólo aparentemente— antibretoniana y antisurrealista y a la vez americanista y antinaturalista, opuesta a cualquier enrolamiento ideológico manifiesto, que ocupa buena parte de la exposición del documento; y, por otro lado, la distinción capital entre una ontología europea y una americana, que el autor remite fundamentalmente a la presencia objetiva de fenómenos, personalidades, procesos y acontecimientos maravillosos (extraordinarios) en la historia y la cultura latinoamericanas, a partir de una comprensión de la misma formación de esa ontología americana en virtud de un acendrado mestizaje étnico y cultural en el marco de un paisaje (contexto natural y geográfico) específico y en un devenir histórico esencialmente traumático (conquista, coloniaje, independencias nacionales, esclavitud moderna, guerras fratricidas, dependencia económica, caudillismo político), totalmente desconocido para el modélico y hegemónico desarrollo histórico europeo. En ambos casos, por supuesto, Alejo Carpentier está partiendo de una distinción acá-allá (América-Europa) que no sólo establece los polos de una comparación, sino que, especialmente, propone la necesidad de una diferenciación cultural, espiritual, geográfica e histórica, en la cual ha de fundamentarse la esencia propia de un arte americano definitivamente capaz de expresar la complejidad de su referente.

La proposición estética carpenteriana, por lo que significa de manifiesta y beligerante ruptura con algunas nociones centrales de la estética surrealista, ha marcado muchas veces el carácter del prólogo en su definición de "lo maravilloso" y de "lo real maravilloso", como dos modos de reflejo artístico sobre los que gravita el interés de Carpentier, preocupado, hacía muchos años, por encontrar una estética que, rescatando los hallazgos más importantes del surrealismo (la superación de las antinomias, por ejemplo), trascendiera sus agotados procedimientos para suscitarlo pues, como lo expresara desde 1939, había descubierto en la realidad americana asociaciones y comportamientos objetivos de la más pura cepa surrealista.

Carpentier, que había firmado en 1930 su filiación antibretoniana y que en 1945, al llegar a Caracas, expresó sus desacuerdos con la cansada poética surrealista, emprende entonces un ataque contra los procedimientos para alcanzar lo maravilloso ("fórmulas consabidas" y "códigos de lo fantástico" los llama en el prólogo) con la intención no sólo de advertir su muerte poética, sino y sobre todo de demostrar su innecesaria aclimatación a un mundo donde lo maravilloso es real. Hasta qué punto la tesis monista del también surrealista Mabille sobre lo maravilloso como inmanencia de lo real pueda estar actuando sobre las ideas de Carpentier es para mí un misterio, aun teniendo en cuenta que existe una indiscutible influencia mabilleana en cuanto a la formulación teórica de los modos de percepción de lo maravilloso (la mística de su percepción a través de la fe). Pero es que se encuentra también en Carpentier una firme noción, que se ha ido asentando con los años y con descubrimientos parciales, de que la realidad americana se distingue por su capacidad de manifestarse a través de lo insólito, generado por su abigarrado y peculiar decursar histórico —y por tanto, la literatura que trate de expresarlo debe partir de ese entendimiento—. Carpentier, en este sentido, no parece precisar de la ayuda de Pierre Mabille, que parte de una tesis filosófica (los ciclos cósmicos, etc.) para llegar a una comprobación, mientras que el cubano ha logrado una comprobación en la realidad para proponer una tesis que se le revela como una necesidad inaplazable (en un tránsito que sigue los mismos cauces del proceso cognoscitivo). Es decir, Carpentier ha constatado, ha conocido, ha estudiado la singularidad americana, y plantearla en términos teóricos es apenas una conclusión necesaria y esperada, y más aún cuando estéticamente ha logrado cristalizar este proceso en *El reino de este mundo*.

El fenómeno adquiere su verdadera complejidad, sin embargo, cuando el novelista propone una estética de "lo real maravilloso" como modo de ser del arte latinoamericano y, para fundamentar su análisis, lanza todo su poder de fuego contra el surrealismo. Así, en el prólogo, luego de anotar su visita de 1943 a Haití, donde sobreviven los restos arquitectónicos y espirituales de la asombrosa revolución de la colonia, entra directamente en el tema proponiendo: "[...] me vi llevado a acercar la maravillosa realidad recién vivida a la agotante pretensión de suscitar lo maravilloso que caracterizó a ciertas literaturas europeas de los últimos treinta años".[57]

Dos términos establecen, desde este inicio, las vías de la demostración teórica que seguirá: la necesidad de *acercar*, verbo con el que

[57] Alejo Carpentier, prólogo a *El reino de este mundo*, p. 9. Las siguientes citas del prólogo, por ser abundantes, las señalaré sólo con la paginación que le corresponde en esta edición.

sabiamente el autor evita la acción de comparar, con un matiz semántico diferente en cuanto a la idea de paralelismo y, por tanto, de igualdad de condiciones; e, inmediatamente, la más importante ubicación de su hallazgo: *maravillosa realidad*, conjunción de un adjetivo de connotaciones surrealistas (en este contexto específico, pero de larga presencia en la literatura occidental de lo fantástico y lo onírico) con un sustantivo que no le resulta adecuado, consecuente, y que, por tanto, le confiere una dimensión inesperada: lo maravilloso en (y de) la realidad, cuando lo maravilloso, como categoría estética, siempre aludió a una otra-realidad, creada poéticamente.

Seguidamente se produce la definición conceptual y artística de "lo maravilloso que caracterizó a ciertas literaturas europeas de estos últimos treinta años", cuando dice:

> Lo maravilloso, buscado a través de los viejos clisés de la selva de Brocelianda, de los caballeros de la Mesa Redonda, del encantador Merlín y del ciclo de Arturo. Lo maravilloso, pobremente sugerido por los oficios y deformidades de los personajes de feria [...], obtenido con trucos de prestidigitación, reuniéndose objetos que para nada suelen encontrarse... [p. 9.]

Y enumera entonces diferentes manifestaciones de lo maravilloso surrealista o de lo maravilloso fantástico revalidado por Breton y sus fieles, entre lo que figura ahora el mismo Mabille, que había validado las leyendas medievales como manifestaciones de una realidad maravillosa en la espiritualidad europea anterior al racionalismo pragmático. El cansancio del método, sin embargo, es lo que apunta Carpentier, pues más que la expresión de una mentalidad —como sucedió en la Edad Media— se trata ya de un artificio estético.

> Lo maravilloso obtenido con trucos de prestidigitación, reuniéndose objetos que para nada suelen encontrarse: la vieja y embustera historia del encuentro fortuito del paraguas y la máquina de coser sobre una mesa de disección [...] Pero, a fuerza de querer suscitar lo maravilloso a todo trance los taumaturgos se hacen burócratas [...] Y hoy existen códigos de lo fantástico basados en el principio del burro devorado por un higo, propuesto por los *Cantos de Maldoror* como suprema inversión de la realidad... [pp. 9-10.]

Es tan virulento y transparente el ataque contra los métodos surrealistas e, inmediatamente, el que emprende contra su más ilustre deidad, el Conde de Lautréamont, que el crítico no puede menos que albergar alguna sospecha, pues –bien lo sabía Carpentier– el surrealismo no funcionó sólo como una fantástica inversión de la realidad o un circo de magos y acróbatas de la imagen, sino que desató una búsqueda mucho más profunda de las interioridades espirituales y de los mecanismos de la creación artística, búsqueda que resultó esencialmente revolucionaria, como lo advirtió el propio Breton en el Segundo Manifiesto, al proclamar: "Todo lleva a creer que existe un determinado punto del espíritu donde la vida y la muerte, lo real y lo imaginario, el pasado y el futuro, lo comunicable y lo incomunicable, lo alto y lo bajo dejan de ser aprehendidos contradictoriamente".[58]

Y esta lección la había "aprehendido" Carpentier, como se desprende del análisis subsiguiente a que dedica el prólogo y como lo demostrará, estéticamente, la propia novela, cuando –en inmejorable ejemplo– los esclavos negros ven a Mackandal salvarse de la hoguera de su sentencia (derrotando así la contradicción vida-muerte). Pienso, sobre este aspecto, que la descalificación carpenteriana de los recursos surrealistas no significa, ni mucho menos, una negación tan obvia de su filosofía y hasta de su propia praxis poética, sino que debe remitirnos al indudable interés de fundar otra estética que, una vez ejecutado el necesario parricidio, pusiera en práctica nociones similares a las del movimiento, aunque partiendo de la diferenciación esencial entre realidad y suprarrealidad: de un lado la realidad americana, que engendrará su propia suprarrealidad debido a peculiares actitudes espirituales (la fe) e ideológicas (presencia de la magia), y del otro la suprarrealidad de los surrealistas, fruto de un ejercicio individual (y conscientemente artístico), concebido en medio de una civilización posindustrial en la que el misterio ha sido definitivamente devorado por la racionalidad (el descreimiento). Los ecos del ideario de Mabille vuelven a escucharse a estas alturas...

Así, a pesar de las opiniones devastadoras del prólogo, es un hecho

---

[58] André Breton, *Manifiestos del surrealismo*.

comprobable que Carpentier extrae el principio capital del surrealismo de la desaparición o de la fusión de los contradictorios, de las antinomias, y la importante noción del papel del subconsciente como reformulador de la realidad (la fe). Teniendo como referente privilegiado el mestizaje racial, cultural, social, político, ideológico, económico y hasta natural latinoamericano, que cobija en sí la convivencia real de elementos antagónicos o simplemente paralelos en el marco de otras culturas, le resultaba fácil al autor cubano sostener (y tratar estéticamente) esta difuminación dialéctica e histórica de oposiciones que han dejado de serlo. Porque incluso la realidad americana le permite sostener la disolución de la moderna oposición entre realidad e imaginación, entre pasado, presente y futuro, debido al carácter aleatorio y actuante de las creencias y el tiempo americanos, hijos de una condición histórica singular que le confiere al continente su calidad de único mestizo esencial en el universo moderno. Esta idea, una de las tesis centrales de toda la teoría de lo real maravilloso, tendría su traducción estética incluso en el nivel estilístico con la adopción del barroco (la amalgama) y estará presente en toda la narrativa de Carpentier, de modo más o menos evidente, pero determinando su apreciación de las cualidades del entorno, del carácter de los personajes y hasta de la selección de las situaciones novelescas creadas. ¿Y la fe?

Entre esa crítica a un sector del surrealismo y la adopción de otros de sus aportes estéticos y conceptuales, entra a gravitar el que, quizás, resulte el más álgido y oscuro planteamiento teórico del famoso prólogo: "la sensación de lo maravilloso presupone una fe" (p. 11), dice Carpentier, sin imaginar al escribirlo que estaba dando pie a una de las polémicas más agudas de toda la literatura latinoamericana.

La secuencia de ideas del prólogo nos lleva por estos caminos:

> Pero es que muchos se olvidan, con disfrazarse de magos a poco costo, que lo maravilloso comienza a serlo de manera inequívoca cuando surge de una inesperada alteración de la realidad (el milagro), de una revelación privilegiada de la realidad, de una iluminación inhabitual o singularmente favorecedora de las inadvertidas riquezas de la realidad, de una ampliación

de las escalas y categorías de la realidad, percibidas con particular intensidad en virtud de una exaltación del espíritu que lo conduce a un modo de "estado límite". Para empezar, la sensación de lo maravilloso presupone una fe [p. 11].

Los dos estudiosos que con mayor sagacidad y espíritu crítico han tratado de desentrañar la madeja de ideas de este trascendental aserto carpenteriano han sido, sin duda, el cubano Roberto González Echevarría y la brasileña Irlemar Chiampi, quienes, sobreponiéndose a la glosa mimética del ideario del cubano en que se empantanó la crítica, proponen un examen profundo del tema de la manifestación y, sobre todo, de la percepción de lo maravilloso. No obstante, a pesar de lo ajustado que nos puede parecer por momentos el análisis del tema en trabajos de González Echevarría como *The Pilgrim at Home* o "Isla a su vuelo fugitiva" —entre otros—, pienso que este autor ideologiza hasta el último extremo las ideas de Carpentier y, tratando de calificarlo como un sucedáneo del idealismo spengleriano en contra de la tesis —también ideologizada hasta el último extremo y, por ende, esquemática y absolutista— de toda una hornada de investigadores cubanos defensores acríticos de la eterna filiación marxista de Carpentier, deja escapar toda una serie de ideas que tanto importan al tema como la debatida postura filosófica del novelista por estos años.

Pero volvamos al problema de lo maravilloso y su percepción. Para ubicar su análisis, González Echevarría comienza por decir:

> Aparte de los ataques contra determinados surrealistas, resabio de las pugnas de los años treinta, el ensayo de Carpentier se resume a que lo maravilloso existe todavía en América, y que éste se revela a los que creen en él, no por un acto reflexivo o autoconsciente. Inclusive en los ataques contra el surrealismo el ensayo de Carpentier está basado en Spengler, y es sólo acudiendo a *La decadencia de Occidente* que puede comprenderse lo que Carpentier entiende por maravilloso y cómo define esa fe que lo sustenta.[59]

La fe, para Spengler, sólo era posible en zonas —como el Nuevo Mundo— "que se encontraban en un momento de su ciclo cultural

---

[59] Roberto González Echevarría, "Isla a su vuelo fugitiva", art. cit., pp. 34-35.

anterior al de la reflexividad",[60] tópico a través del cual se tiende un puente no sólo hacia la manifestación de esta fe, sino hacia su desaparición en Europa, que había rebasado el ciclo de la reflexividad —y vivía ya el momento del descreimiento—. Y, seguidamente, para apoyar su tesis, González Echevarría muestra las similitudes entre la crítica carpenteriana a la "pobreza imaginativa" del arte europeo y la valoración de Spengler de la cultura artística de su época contenida en el capítulo IV de *La decadencia de Occidente*, titulado "Música y plástica".[61]

Establecidas por el crítico estas influencias, ya le es fácil concluir:

> Carpentier [...] aspira a fundamentar ese principio trascendente que pide a la narrativa en la fe que le ofrece la cultura, la historia hispanoamericana; en el caudal de mitologías y creencias que él considera vigentes aún en el Nuevo Mundo. Pero su ensayo, y su tentativa, albergan contradicciones insalvables, al menos en los términos en que el problema queda planteado, y que la escritura misma de su ensayo pone en evidencia; porque disertar sobre "lo real maravilloso americano" excluye, si llevamos a sus últimas consecuencias el sistema spengleriano que maneja Carpentier, toda posible espontaneidad producto de una fe, de una falta de autoconciencia. Si lo real maravilloso sólo se descubre ante el creyente, ¿qué esperanzas puede tener de aprehenderlo y manifestarlo Carpentier? El problema de la reflexividad queda abierto, y también el del dualismo: las maravillas quedan del lado de allá, del lado de los afroantillanos, de los indios, a quienes Carpentier supone creyentes, y que pueblan sus ficciones. Pero, ¿dónde queda Carpentier?[62]

Si desconociéramos la impronta que han dejado sobre el pensamiento de Carpentier las tesis sobre lo maravilloso de Pierre Mabille, tal vez podríamos partir, como propone González Echevarría para el análisis de este tópico, de la posibilidad de llevar "a sus últimas consecuencias

---

[60] *Ibidem*, p. 35.
[61] *Ibidem*, p. 36. Escribió Spengler: "Recorriendo exposiciones, conciertos y teatros, ¿qué vemos? Industriosos artífices y necios tornitruantes que se dedican a aderezar para el mercado cosas harto conocidas ya por superfluas e inútiles. ¡A qué nivel de dignidad interna y externa ha descendido lo que hoy llamamos arte y artistas!" En realidad, cuesta trabajo admitir que el ataque específico de Carpentier contra lo que en ese momento consideró un arte decadente —cada generación niega a la de sus padres— sea una copia fiel de estos apocalípticos y mal intencionados (políticamente) ataques a la vanguardia artística europea.
[62] *Ibidem*, p. 37.

el sistema spengleriano que maneja Carpentier" y aceptar la primera de las contradicciones: la exclusión de toda posible espontaneidad producto de una fe, y la imposibilidad carpenteriana de aprehender y manifestar lo maravilloso. Pero los valiosos aportes posteriores de Irlemar Chiampi sobre las fuentes teóricas de "lo real maravilloso" pueden desviar el curso de estas conclusiones, aun cuando aceptemos que la filosofía de la historia de Mabille y la de Spengler tienen más de un punto de contacto precisamente en un acápite que es especialmente atractivo a Carpentier: el que valida su opción americanista.

No obstante, y antes de pasar a Mabille, creo posible hacer algunas precisiones respecto a las conclusiones del autor de "Isla a su vuelo fugitiva": al definir los modos de manifestarse lo maravilloso (cuando "comienza a serlo de manera inequívoca"), Carpentier insiste en ubicarse en una realidad que podríamos llamar concreta, en la que se producen ciertas alteraciones (calificadas de milagro), revelaciones privilegiadas, iluminaciones inhabituales y ciertas ampliaciones de sus escalas y categorías (siempre de esa realidad concreta), que serían *percibidas* con particular intensidad en virtud de una exaltación del espíritu que lo conduce a un modo de "estado límite". Esta *percepción* inhabitual de lo maravilloso de la realidad —que no es sólo privilegio del escritor, como se ha afirmado más de una vez— excluye por el momento cualquier mística religiosa o filosófica y se refiere a una capacidad de advertir esa suprarrealidad-real por vías del conocimiento de lo singular, de lo propio, de lo —es su mejor calificativo— inhabitual que emana de un contexto geográfico y cultural específico (el latinoamericano), conocimiento al que Carpentier llega no sólo por su profundo entendimiento de este ámbito, sino también por vía de la comparación (o el acercamiento) entre realidades objetivas y subjetivas, históricas y culturales, americanas y europeas. La afirmación que problematiza el asunto y que hace pensar en alguna contradicción viene a gravitar, entonces, en la "exaltación del espíritu" que ha permitido la percepción de lo extraordinario, de lo maravilloso, del milagro "con particular intensidad". ¿De qué modo, pienso, se sentía Carpentier en Haití ante su prodigiosa historia, plagada de mitos, lances mágicos y sucesos aparentemente incongruentes? Disfruta una exaltación que, por ejemplo, lo lleva a escribir el deslumbrado "Capítulo de novela" de 1944, cuando ha decidido ficcionar el pasaje más fabuloso de la gestación y resultados de la revolución haitiana. Pero tampoco es casual que, más adelante, Carpentier continúe su fundamentación realizando un recuento de acontecimientos y personajes maravillosos de la realidad americana, que se revelan gracias a su singularidad histórica, fruto de una singularidad ontológica, sin que entonces parezca exaltado. Pero la exaltación del espíritu en un "estado-límite" puede tener aún otra lectura que nada le debería al sistema spengleriano y que radica en su modo de percepción específica por el creador, que busca afanosamente esas aristas de la realidad como signos distintivos de un mundo peculiar en el que la fe sobrevive en enormes sectores de la población. Carpentier, entonces, trata de constatar conscientemente esa singularidad en la que se pueden producir rupturas del orden lógico de la realidad —que a su vez son reales para los hombres que la viven— sin que su existencia y su percepción estén determinadas por una postura mística a la hora de asumirlo teórica y estéticamente.

La contradicción, sin embargo, resurgiría a partir de la afirmación siguiente ("la sensación de lo maravilloso presupone una fe"), con la que Carpentier alza una barrera entre creyentes y no creyentes que, como bien dice González Echevarría, abre un dualismo insalvable. Porque, ¿creía Carpentier en milagros de santos, en licantropías y en demonios? Y más aún, ¿este descreimiento significaba que era incapaz de tratar literariamente realidades —como la de la novela que está prologando— donde abundan metamorfosis, creencias actuantes y otras clases de milagros (incluso ajenos al vudú, como la reaparición del espíritu de Cornejo Breille)? Y dando un pequeño salto atrás, ¿por qué una inesperada alteración de la realidad debe ser definida como "el milagro"? Si bien el término puede remitirnos a un significado que no responde directamente a una connotación religiosa ("suceso o cosa rara o maravillosa", dice un diccionario; "cosa extraordinaria y que no podemos comprender", apunta otro), lo cierto es que su sentido recto y primera acepción es "hecho sobrenatural, debido al poder divino". La única conclusión posible, a estas alturas del examen, apunta, más que a una contradicción, a una confusión teórica capital de los sujetos de análisis con que trabaja el novelista cubano, que, obviamente, parece haber asumido para sí (sin que en verdad le corresponda) la óptica de sus personajes para prescindir del disfraz de "mago a poco costo", vistiendo el de mago verdadero. Esta identificación, que la novela se encargará de romper en más de una ocasión, sí nos enfrenta, por demás, a la más grave de las desventuras teóricas del prólogo: la imposibilidad de convertir en praxis estética la ardua demostración teórica que hemos analizado, sencillamente porque la fe no es el presupuesto indispensable para percibir lo maravilloso, sino para vivirlo sin que sea tal: ni maravilloso ni extraordinario, como le ocurre a los esclavos de la novela.

Tratando de darle una explicación satisfactoria a esta contradicción teórica y estética carpenteriana, uno de sus críticos más apegados, Alexis Márquez Rodríguez, nos hace más evidente la imposible salvación de estas concepciones al afirmar que la particular exaltación del espíritu a que se refiere Carpentier es, ni más ni menos, un privilegio del artista, al afirmar que sólo un creador es capaz de "tratar estéticamente la realidad maravillosa", pero también de percibirla, puesto que "se trata de una situación peculiar y subjetiva del artista, cuyo espíritu, en un grado de exaltación que lo sitúa en un 'estado límite', está en capacidad de percibir lo maravilloso en una realidad en la que el ojo común y corriente no capta nada más allá de lo intrascendente".[63]

Esta excluyente mística de la percepción de lo maravilloso, que nos obliga a imaginar a un Carpentier privilegiado y eternamente exaltado para poder constatar lo extraordinario de la realidad americana, adolece de la necesaria profundidad teórica para explicar la verdadera connotación del proceso y apenas ejemplifica la imposible validación de esta concepción carpenteriana si partimos de su aceptación y no de su indagación crítica.

Pero queda por resolver, todavía, el problema de la fe, sin la cual es imposible la sensación de lo maravilloso. Tal vez arriesgándome a detenerme demasiado en este análisis, creo necesario, no obstante, partir de una nueva precisión: Carpentier habla de la sensación —sen-

[63] Alexis Márquez Rodríguez, *op. cit.*, p. 93.

tir, advertir, constatar– de lo maravilloso, y no de su creación, como correspondería a los surrealistas: y es que este maravilloso de la realidad (que no sería otro que "lo real maravilloso") ya existe con independencia de la subjetividad del artista, y su existencia se da en esa realidad concreta de que antes hablaba. Se da –existe, se encuentra– "[...] a cada paso en la vida de hombres que inscribieron fechas en la historia del Continente y dejaron apellidos aún llevados: desde los buscadores de la Fuente de la Eterna Juventud, de la áurea ciudad de Manoa, hasta ciertos rebeldes de la primera hora..." (p. 13.)

Y la causa de esta existencia de lo maravilloso en la realidad concreta no es, como cabría esperar, fruto de un concepto vitalista de la historia, de un ciclo prerreflexivo ni de una conjunción cósmica y equinoccial que se desplaza de oriente hacia occidente, sino causado por "[...] la virginidad del paisaje, por la formación, por la ontología, por la presencia fáustica del indio y del negro, por la Revelación que constituyó su reciente descubrimiento, por los fecundos mestizajes que propició [debido a lo cual] América está muy lejos de haber agotado su caudal de mitologías." (p. 14.)

Es decir, por específicas conjunciones históricas, sociales, económicas que han llegado a formar un corpus cultural único en América Latina, y en el cual la fe es todavía un valor en uso –como lo ejemplifica Carpentier en el carácter ritual que sobrevive en las danzas colectivas del continente–.

Pero su sensación presupone una fe. ¿Por qué? Mabille ya había advertido el valor de la fe –especialmente la que no ha sido dogmatizada por la religión– y cómo ésta tiene su estado natural en el folclor popular y allí funciona como vía para el conocimiento de la realidad y del alma humana. Carpentier, en la novela, pone en práctica esta teoría y hace correr el argumento de *El reino de este mundo* sobre los motivos dramáticos que le aporta una fe histórica y real que tanto influyó en la independencia haitiana. El mito de Mackandal es un producto de la fe; la acción de Bouckam se apoya en la fe; la caída de Christophe se debe a su pérdida de fe; Ti Noel vive sostenido por su fe, que le permite incluso evadirse. La fe es, en esencia, el motivo literario que conduce toda la narración. Cabe preguntarse entonces: ¿la fe de los personajes hace maravillosos los acontecimientos o los acontecimientos son de por sí maravillosos, gracias a que los motiva la fe? Y más aún: ¿para que el lector –ente de una procedencia cultural semejante a la de Carpentier– sienta lo maravilloso de esos sucesos (lo maravilloso como extraordinario, insólito, inhabitual) tiene que hacerlo desde la fe?

Creo, a estas alturas, que es más fácil asumir a Pierre Mabille como una trampa en la que sucumbió Alejo Carpentier que como una verdadera solución filosófica y teórica para la idea central que está tratando de establecer el cubano desde 1939: la idea de que en América lo insólito es cotidiano, como logrará afirmar en 1975. La mística de la percepción y de la sensación de lo maravilloso expuesta por Carpentier no hace más que impedir, entonces, el claro entendimiento de una teoría que trata de establecer la regularidad de las irregularidades de la realidad americana y la sustancia sobrenatural que se manifiesta en su cultura popular y en el mismo desarrollo de su historia en manos de amplios estratos sociales permeados por la fe.

Lo más interesante, sin embargo, es constatar hasta qué punto –como lo veremos más adelante– los modos de percibir y sentir lo maravilloso elaborados en el prólogo apenas consiguen actuar en los modos de manifestación estética que aportan *El reino de este mundo* y las novelas que la sucedieron.

Las contradicciones internas del prólogo y la improbable aplicación de su mística de la sensación de lo maravilloso en la realización de los productos estéticos de una creación artística consciente fueron, de algún modo, el origen de las sistemáticas confusiones que, desde entonces, afloraron sobre el estudio de la noción de lo real maravilloso. Se iniciaba así –generando nuevas confusiones– un interminable debate teórico que, aceptando, negando y hasta obviando la teoría carpenteriana, trataría de establecer las cualidades de "lo real maravilloso americano" y de su más cercano pariente poético, el realismo mágico americano.

En el mismo año de 1948, también en Caracas, el narrador venezolano Arturo Uslar Pietri prepara la antología de cuentos *Letras y hom-*

*bres de Venezuela*, antecedida por un prólogo en el que —y en esto coinciden numerosos investigadores— por primera vez se aplica a productos artísticos latinoamericanos el concepto de realismo mágico. Esta definición había sido patentada en 1925 por Franz Roh en su libro *Nash-Expressionismus (Magischer Realismus)*, que al ser traducido dos años después por la *Revista de Occidente* sufre una inesperada alteración de su título, y lo que en el original era el subtítulo alcanza ahora la categoría principal: *El realismo mágico. Postexpresionismo*. El libro de Roh, dedicado en lo fundamental a la pintura vanguardista alemana de la posguerra, acuñó aquel término para describir el procedimiento poético a través del cual se ejecutaba la realización plástica de una realidad-otra, generada desde dentro (del artista) hacia afuera, validando así toda la subjetividad del creador como forjador de nuevas realidades. "La pintura siente ahora la realidad del objeto y del espacio no como una copia de la naturaleza, sino como una segunda creación", explicaba Roh, y apoyaba su teoría en la obra de pintores como Schrimpt, Cross, Otto Dix, Georg Gorsz, Paul Klee, Max Ernst, Picasso, Kanoldt, Spices, Balthus y Chagall. Y aseguraba: "El rasgo privativo de esta pintura es que restablece importancia a los objetos, confiriéndoles un significado más hondo que roza el misterio".

La violenta evolución que seguirían muchos de estos pintores, creando incluso nuevas escuelas, junto a la propia decadencia del entusiasmo por las vanguardias a partir de la década de los treinta, sacó de circulación rápidamente el concepto de realismo mágico, que sin embargo tuvo alguna aceptación en medios críticos norteamericanos que trataron de revitalizarlo. Tanto en París como en los Estados Unidos,[64] Uslar Pietri debió haberse familiarizado con el término, y en su antología, al referirse a la producción contemporánea de los cuentistas de su país, decide aplicar la categoría poética de Roh como mejor modo de expresar una cierta violación de los viejos cánones realistas que se estaba produciendo en la literatura venezolana. "Lo que vino a predominar en el cuento y a marcar su huella de una manera perdurable fue su consideración del hombre como un miste-

---

[64] Véase Roberto González Echevarría, "Isla a su vuelo fugitiva", art. cit., p. 20.

rio en medio de los datos realistas. Una adivinación poética o una negación poética de la realidad. Lo que a falta de otra palabra podría llamarse realismo mágico."[65]

En esta fundamentación parece evidente el nexo que Uslar establece con Roh y su concepto: misterio, datos realistas, recurso poético para adivinar o negar la realidad y, por tanto, re-crearla estéticamente, cuando la realidad no satisficiera las expectativas del artista, lo que, a falta de otra "palabra" mejor —afirma—, podría llamarse un realismo mágico. Lo cierto es, sin embargo, que en el caso de *Letras y hombres de Venezuela* lo que en más de una ocasión está evaluando Uslar Pietri en el prólogo son cuentos fantásticos, marcados por el absurdo, o relatos que ejecutan acercamientos a la realidad de modos diversos a los agotados ya por el viejo realismo costumbrista, con los que la narrativa de los años treinta, y sobre todo de los cuarenta, concretaba una relación polisémica con el entorno objetivo que superaba la copia realista. Por lo demás, al hablar de datos realistas, Uslar parece confundir la categoría estética del realismo con la propia realidad que está más allá de la creación artística (datos reales), provocando una ambigüedad conceptual que cierra las vías de cualquier indagación.

Luego de siete años de olvido, el concepto de realismo mágico es revitalizado cuando vuelve a aparecer relacionado con la producción narrativa latinoamericana de las últimas décadas. En 1955 Ángel Flores publica su conferencia "Magical Realism in Spanish American Fiction",[66] y en ella acude al término para referirse a autores como Borges y Mallea, quienes, por su singularidad, "are locate" en "This trend I term 'magical realism'". Y explica:

> Finding in photographic realism a blind alley, all the arts —particulary painting and literature— reacted against it and many notable writers of the First World War period, came to re-discovered symbolism and magical realism [...] The novelty therefore consisted in the amalgamation of realism and fantasy.[67]

---

[65] Arturo Uslar Pietri, *Letras y hombres de Venezuela*, Fondo de Cultura Económica, México, 1948, p. 161.

[66] Ángel Flores. "Magical Realism in Spanish American Fiction", *Hispania*, vol. XXXVIII, núm. 2, mayo de 1955, pp. 187-192.

[67] *Ibidem*, pp. 188-189. "Encontrando en el realismo fotográfico un camino ciego, todas las artes —particularmente la pintura y la literatura— reaccionan en contra y

En el análisis de esta rebelión contra el realismo fotográfico perpetrada por un sector de la narrativa del continente, Flores ejecuta un voluntarioso análisis histórico de esta tendencia, y remite su origen en las letras continentales a la obra de los cronistas de la Conquista y a su posible continuidad en la literatura de lo exótico creada por los modernistas, con lo cual su análisis parte de una confusión insalvable cuando trata de congeniar la estética de lo fantástico con la existencia de una realidad mágica. El meollo de su tesis, mientras tanto, trata de validar la presencia de un "realismo mágico" en la obra de la generación narrativa de los treinta y los cuarenta —la misma que había estudiado Uslar Pietri en Venezuela— y por ello ubica el nacimiento definitivo de la tendencia en el año 1935, fecha de publicación de la *Historia universal de la infamia,* de Jorge Luis Borges, máximo modelo de este nuevo realismo sin fronteras en el que Flores inscribe no sólo a Mallea y Bioy Casares, sino también a autores tan disímiles como Arreola, Onetti, Labrador Ruiz, Novás Calvo y al Rulfo de *El Llano en llamas,* justo en el año en que se publicaba *Pedro Páramo.*

Evidentemente, Ángel Flores se refiere todo el tiempo a un tipo de narrativa de vanguardia que ha concretado una ruptura con el realismo decimonónico (que él llama colonial), apropiándose especialmente de lo fantástico como recurso poético para desbordar estéticamente una asimilación rígida de los referentes extraliterarios, y de ahí que sus modelos valorativos sean, además de Borges, autores como Mallea y Bioy Casares, en quienes se produce una visión estética de la realidad similar, en muchos casos, a la descrita por Roh al referirse a los expresionistas (estética que, en cambio, difícilmente pudiera englobar a Onetti, Novás Calvo y el primer Rulfo). Pero, al anotar la existencia de esta nueva tendencia realista (mágica) en la literatura, Flores deja a un lado el necesario análisis de sus posibles relaciones con sus referentes extraliterarios (realidad objetiva o realidad subjetiva del artista) y, con Roh, limita el proceso a la consideración de la existencia de una solución estética, sin remitirse a la presencia de una realidad (mágica) —aunque es más bien una estética de lo fantástico— como posible sus-

muchos escritores del periodo de la I G. M. redescubren el simbolismo y el realismo mágico [...] La novedad, entonces, consistió en la fusión del realismo y la fantasía."

tento narrativo. Finalmente, en el juicio de Flores hay un par de ausencias que alarman en la medida en que, precisamente en ellos, lo mágico de la realidad sí constituye la fuente de lo mágico literario: el caso de Miguel Ángel Asturias y libros como *El señor presidente* y *Hombres de maíz*, y el de Alejo Carpentier y su prologada novela *El reino de este mundo*.

El hecho de que tal traslación del concepto de Roh, íntimamente ligado a métodos expresionistas y vanguardistas europeos de la década de los veinte, no haya tenido mayor fortuna en el intento de definir los nuevos rumbos de la narrativa en Latinoamérica se contradice con la permanencia posterior del concepto, que muy pronto sufriría una notable resemantización cuando se convierta en una teoría poética ajustada para expresar otros procesos ya típicos de la literatura del continente: la presencia de lo mágico en el ámbito de la realidad y su tratamiento en la narrativa. Pero lo que había sucedido con la definición miméticamente trasladada por Uslar Pietri —"a falta de otra palabra"— o voluntariosamente asumida por Ángel Flores se repetirá en adelante como una larga cadena de confusiones metodológicas y conceptuales, en virtud de la inexistencia de un aparato crítico-teórico entre los estudiosos de la literatura latinoamericana para expresar una nueva realidad artística. Y es precisamente a esta ausencia conceptual a la que se había adelantado Carpentier al proponer una noción —y argumentarla— propia y novedosa: lo real maravilloso americano.

Sólo en los años sesenta, a la sombra extensísima del boom de la nueva novela latinoamericana, el término de realismo mágico iba a cobrar un apellido que lo llenaría de un nuevo sentido y le permitiría, al fin, expresar un contenido singular: "realismo mágico americano". La publicación de obras como *Cien años de soledad*, *La muerte de Artemio Cruz*, *La casa verde* y el redescubrimiento editorial de Rulfo, Asturias, Borges y el propio Carpentier —como novelista y como teórico—, cuando ya se ha hecho común la presencia de un referente mágico de la realidad que es trasladado estéticamente a la producción narrativa con leyes distintas al procedimiento de lo fantástico, permitirá clarificar la existencia de un proceso peculiar mediante el cual se ejecuta un realismo mágico que se distingue, definitivamente, por su relación de dependencia con una realidad mágica más que con una voluntad imaginativa del autor. Así, por primera vez, el viejo concepto poético de Roh cambia verdaderamente su sentido y sirve para describir los rasgos de una relación literaria que implicaba no sólo a los textos sino además a los contextos: literatura y realidad, en fin.

Sin embargo, junto a una útil redefinición del concepto de realismo mágico vendría una nueva confusión cuando numerosos críticos —desde Fernando Alegría hasta el propio Roberto González Echevarría— hagan coincidir la poética del realismo mágico con la de lo real maravilloso o, cuando menos, engloben las dos nociones bajo un solo rótulo, desconociendo las particularidades de un procedimiento estético —el realismo mágico americano— con el de una noción ontológica y conceptual —lo real maravilloso— que, al englobar un referente y una estética peculiar, puede funcionar o no como método y como procedimiento artístico.

Un caso evidente de esta confusión lo constituye la propia praxis teórica de Carpentier. A la altura del año 1975, cuando ya algunos críticos habían propuesto un necesario deslinde entre estéticas cercanas pero diferentes como las de Carpentier, por un lado, y Rulfo o García Márquez, por otro, el novelista cubano, en su importante conferencia de 1975 "Lo barroco y lo real maravilloso", recogida después en el libro de ensayos *Razón de ser*, se pregunta:

> [...] ¿qué diferencia hay entre el realismo mágico y lo real maravilloso? Y si nos ponemos a ver, ¿qué diferencia puede haber entre el surrealismo y lo real maravilloso? Esto se explica muy fácilmente [dice]. El término realismo mágico fue acuñado en los alrededores del año 1924 o 25 por un crítico de arte alemán llamado Franz Roh [...] Lo real maravilloso, en cambio, que yo defiendo, y es lo real maravilloso nuestro, es el que encontramos al estado bruto, latente, omnipresente en todo lo latinoamericano.[68]

Resulta sencillamente pasmoso el hecho de que Carpentier no marque siquiera diferencia alguna entre su teoría de lo real maravilloso americano y la estética que fomentaban los narradores que considero

---

[68] Alejo Carpentier, *Razón de ser*, pp. 57 y 60.

—con otros críticos— como representantes del realismo mágico americano, y mantenga la esfera de su análisis en el nivel de las diferencias existentes entre una categoría estética propuesta para definir cierta pintura expresionista y una realidad —y nada más que una realidad— en la que "lo insólito es cotidiano". Sólo una razón puedo aventurar para justificar tal postura: la de que Carpentier considerase que, más allá de un parentesco, la relación entre las dos vertientes en que se movía la nueva narrativa latinoamericana fuera, para él, una sola: la de una estética que —con independencia de los recursos literarios empleados— se apropia de una realidad maravillosa, en la que conviven lo extraordinario y lo mágico como manifestaciones de ese insólito cotidiano. Y el origen de tal identificación, por supuesto, vuelve a estar en el polémico prólogo de 1949 y sobre todo en la novela que le sigue, cuando el escritor se permite la convivencia, en una misma realidad, de lo mágico y lo maravilloso (o de lo sobrenatural y lo extraordinario, para utilizar otras categorías afines), como componentes válidos de una ontología latinoamericana, pues considera que lo mágico es apenas una de las múltiples manifestaciones de lo maravilloso.

Aunque la razón asiste a Carpentier en esta subordinación de lo mágico a un universo maravilloso, lo cierto es que el tratamiento estético de las singularidades americanas que él proponía difería metodológicamente del que empleaban otros escritores del continente. Una importante luz sobre esta cuestión la arrojaría, precisamente, el autor considerado el padre del realismo mágico americano, Miguel Ángel Asturias, cuando en una entrevista que le realizaran en 1970 definiera de este modo su método artístico:

> Trataré de explicar con palabras muy simples lo que entiendo por realismo mágico. Un indio o un mestizo o un habitante de un pequeño pueblo cuenta haber visto cómo una nube o una piedra enorme se transformó en una persona o un gigante o que la nube se convirtió en una piedra. Todos ésos son fenómenos alucinatorios, que se dan frecuentemente entre las personas de los pueblitos. Por supuesto, uno se ríe del relato y no lo cree. Pero cuando se vive entre ellos, uno percibe que estas historias adquieren un peso. Las alucinaciones, las impresiones que el hombre obtiene de su medio, tienden a transformarse en realidades, sobre todo allí donde existe una determinada

base religiosa y de culto, como es el caso de los indios. No se trata de una realidad palpable, pero sí de una realidad que surge de una determinada imaginación mágica. Por ello, al expresarlo, lo llamo "realismo mágico". La vieja literatura indígena, los libros indígenas que fueron escritos antes de la conquista europea, antes de Colón, como por ejemplo el *Popol Vuh* o *Los Anales de los Xahil*, se destacan por esta realidad intermedia. Entre la realidad que podría llamarse la "realidad real" y la "realidad mágica" tal como la viven los hombres, existe una tercera realidad que no es sólo producto de lo visible y palpable, no sólo alucinación y sueño, sino la resultante de la fusión de las otras dos. Es un poco como lo pretendían los surrealistas de Breton y a lo que podríamos llamar "realismo mágico".[69]

El autor de *Leyendas de Guatemala* y *El señor presidente* ha colocado el aspecto del origen y el funcionamiento del realismo mágico en otra dimensión conceptual que ya nada tiene que ver con los términos manejados por los epígonos de Roh —sobre realidades creadas o transformadas por los artistas— y que se diferencia en un aspecto crucial de lo sostenido por Carpentier: el realismo mágico opera a partir de la existencia de una tercera realidad, que pudiéramos calificar de "realidad mítica" o "mágica", pero realidad al fin, creada por los hombres que la viven, en este caso por los indios mesoamericanos, "una realidad que surge de una determinada imaginación mágica" y que, expresada estéticamente, puede denominarse "realismo mágico",[70] con lo que el elemento de la percepción mítica queda del lado del referente (hombres de la realidad) y no en los predios del artista.

Dos elementos en esta profesión de fe de Miguel Ángel Asturias son de especial importancia para acercarnos a cualquier definición del realismo mágico americano: el primero, por supuesto, la existencia "objetivada" de una dimensión mítica de la realidad, producto de una

---

[69] Günter W. Lorenz, "Diálogo con Miguel Ángel Asturias", *Mundo Nuevo*, núm. 43, enero de 1970.

[70] Curiosamente, Alexis Márquez Rodríguez, en su texto "Dos dilucidaciones en torno a Alejo Carpentier" *(Revista Casa de las Américas*, núm. 87, noviembre-diciembre de 1974), para validar la visión carpenteriana, culta, de la realidad americana, asegura que: "En un nivel primitivo, manifestaciones ubicables dentro de los *lineamientos* del realismo mágico, como ciertos relatos mitológicos y folklóricos, responden a la carencia de recursos racionales que expliquen determinadas realidades que desafían *la imaginación primitiva, excesivamente limitada [sic]*". Las cursivas son nuestras. Sin comentarios.

peculiar psicología en amplios sectores populares del contiente latinoamericano, con lo cual la estética mágico-realista queda ya distinguida de la surrealista (con la cual Asturias está, por demás, muy relacionado), en la cual se proponía crear esa otra-realidad a partir del intelecto del propio creador y sin contaminación alguna del entorno; y, en segundo lugar, la óptica con que el escritor, traductor estético de esa realidad, se acerca a ella: "todos ésos son fenómenos alucinatorios", dice el escritor, que desde su perspectiva culta y racional "se ríe del relato y no lo cree". O sea: tales realidades existen para esos indios, pero no para él. Existen para los que tienen fe y son "fenómenos alucinatorios" para el escritor. Existen, entonces, una realidad mágica —ontológicamente palpable— y un realismo mágico —estéticamente válido—, que se interrelacionan pero —realidad y realismo al fin— no son lo mismo, y media entre ellos la función del creador, artísticamente consciente de la conversión que ha ejecutado.

El realismo mágico funciona, entonces, como traslación estética consciente del modo de pensar característico de grandes masas de pobladores de América, en los que sobreviven estratos de un pensamiento prelógico en el que la realidad se expresa satisfactoriamente por imágenes míticas o mitificadas y no resulta necesario su análisis y valoración casuística de acuerdo con normas de un pensamiento racional (pues la causalidad también es mágica). Por ello tiene razón Asturias cuando afirma la relación entre el realismo mágico y lo que él llama la mentalidad original del indio, que "piensa en imágenes, no ve las cosas en procesos, sino que siempre las lleva a otras dimensiones en las que vemos desaparecer lo real y surgir el sueño, en que los sueños se transforman en realidad tangible y visible"[71] —lo cual sería aplicable a las obras de Rulfo, por ejemplo—. Sólo que Asturias, al hablar desde su propia perspectiva, no incluye la similar apropiación de la realidad que se produce en el pensamiento del negro de origen africano (elemento cultural decisivo en las obras de Carpentier y García Márquez), en el que perviven modos de entender la realidad en los que se funde lo esotérico con lo vulgarmente material. El terre-

---

[71] Günter W. Lorenz, *op. cit.*

no más conocido de esta convivencia tal vez sea el de las religiones animistas traídas de África, todavía muy presentes en la psicología de estos hombres, y que tiene una de sus expresiones en la cercanía real, en la manifestación pragmática y cotidiana, en la injerencia permanente de sus deidades —por lo demás, esencialmente humanas en su comportamiento y decisiones— en la vida de los creyentes. A diferencia de los rígidos dogmas cristianos, en que el Dios omnipresente resulta a la vez inalcanzable para sus fieles y en los que se expresa una estratificación inmutable de la relación hombre-dios, en las religiones africanas —en la regla de Ocha (santería yoruba), en la regla de Palo (brujería conga), en el vudú y hasta en la secta secreta abakuá, que sólo se reprodujo en tres ciudades de Cuba— la convivencia de los hombres y sus dioses se produce de un modo "natural" y cotidiano, objetivando constantemente aquel mundo sobrenatural, que deja de serlo en la medida en que su acción se siente concreta y cercana. Un elemento importante en esta relación íntima entre los dioses (la suprarrealidad) y los fieles (la realidad) se debe, precisamente, al carácter politeísta y los comportamientos humanos, nada sublimados, de los miembros de estos panteones —en más de un sentido, bastante similares al grecolatino—, en que los dioses, además de repartirse los atributos y cualidades de un modo elemental (el mar, la guerra, los ríos, los vientos, el amor, el rayo, etc.), emplean esas posibilidades para fines semejantes a los de un mundo "de acá abajo": para agredirse, para conquistar amores, para matar incluso. Esto convierte a las creencias afrocaribeñas en virtudes y poderes con fines utilitarios y, por tanto, de necesaria presencia en la vida cotidiana de sus fieles: lo mágico, en fin, funciona como una categoría no sólo de explicación filosófica de la realidad, sino además como instrumento de transformación de esa misma realidad invadida por lo mágico, y, al no estar establecidas estas creencias como dogmas rígidos, funcionan entonces como valores míticos. Por demás, los modos de expresar verbalmente la actuación de los dioses por estos creyentes es la primera elaboración poética a la que estarán sometidos estos materiales. Como el mismo Sísifo funcionaba a través de la creación de una metáfora (el mito), o lo era el vuelo de Ícaro, el destino de Prometeo o las actuaciones de Hércules, la expresión de la actividad de un Shangó, santo guerrero de los yorubas, siempre se expresa por medio de *patikís* o parábolas que tienen una expresión narrativa cargada de simbolismo y poesía. Lo mismo sucederá con el mito abakuá de la Sinekanekua (o Sikán) o del Siete Rayos de los paleros. Física, espiritual y poéticamente se establece así una convivencia cotidiana entre hombres y dioses.

La transmutación literaria que ejecuta el realismo mágico aceptando lo milagroso (lo fantástico) como posible y cotidiano para conseguir una visión plurivalente de la realidad tiende a difuminar, definitivamente, las fronteras entre lo real y lo irreal, a convertirlos en esferas contiguas y contaminadas que desconocen cualquier negación contradictoria, para transformar el universo en un todo único. Esta naturalización de lo que podemos entender como sobrenatural es una de las diferencias fundamentales entre esta estética y la de la literatura fantástica, que opera en terrenos similares en cuanto a la factibilidad de los acontecimientos. Pero mientras que el efecto de extrañeza, la connotación sorprendente y explícita de lo sobrenatural que rige los modos de develación de lo fantástico son evidentes en esta modalidad literaria, el realismo mágico se propone exactamente lo contrario: evitar cualquier tipo de extrañamiento, de alarma ante lo imposible a los ojos del lector. Al referirse a los recursos empleados por García Márquez en una obra definitiva de esta tendencia, como es *Cien años de soledad*, Mario Vargas Llosa, en su exhaustivo estudio de la novela, *Historia de un deicidio*, concluye:

> [...] así como para narrar lo real objetivo en el episodio del hielo el narrador se coloca en una perspectiva imaginaria, para narrar lo imaginario se coloca en un plano real objetivo. La desaparición del armenio no merece un solo adjetivo de admiración o sorpresa, en tanto que el hielo genera una verdadera lluvia de ellos. Aquí José Arcadio casi ni nota el hecho mágico: sigue pensando en Melquíades, mientras los otros testigos del prodigio simplemente se dispersan "reclamados por otros artificios". La volatilización de un hombre es simple "artificio", en tanto que el hielo es "prodigioso" y "misterioso".[72]

[72] Mario Vargas Llosa, *Cien años de soledad. Historia de un deicidio*, Monte Ávila Editores, C.A., Impresiones Barcelona-Caracas, 1971, pp. 568-569.

Este procedimiento poético, uno de los más comunes en el libro, tiende decisivamente a evitar el extrañamiento del lector ante lo que pudiera considerarse "mágico" y responde, como toda la realidad creada por la novela, a un modo peculiar de entender los fenómenos por esos personajes desde cuya perspectiva trabaja el escritor.

> La resurrección de un muerto no provoca la más mínima sorpresa; el hecho es descrito con la mayor naturalidad, como si "regresar" de la muerte fuera algo corriente y trivial. En cambio, el hecho real objetivo –el laboratorio de daguerrotipia– deja a José Arcadio "mudo de estupor". Aquí tenemos, en un solo párrafo, el doble movimiento: para narrar una "resurrección" el narrador se traslada a lo real objetivo, para narrar una "fotografía" salta hacia lo imaginario.[73]

Esta evaluación de Vargas Llosa nos coloca de plano en un terreno de especial importancia: el de los recursos narrativos empleados por los autores del realismo mágico. En el caso paradigmático de García Márquez y *Cien años de soledad* se está provocando conscientemente una reformulación de un referente mítico y legendario mediante toda una estrategia narrativa que se propone la validación de lo mágico y lo extraordinario a partir de los recursos empleados por el autor. El más socorrido de todos, en esta novela, será la hipérbole, el gigantismo, la exageración de las cualidades de las personas y los objetos como modo de ofrecerles una dimensión específica y acentuada con toda intención. Este recurso, sin embargo, también tiene su origen en la realidad mítica y legendaria de la que se nutre el escritor, pues el proceso de la memoria colectiva funciona con iguales procedimientos: aumenta las dimensiones reales de lo memorable y disminuye hasta la desaparición las proporciones de lo que le resulta intrascendente. Es decir, a partir de una "realidad mítica" ya creada, y asumida ahora por el narrador (incluso en sus modos de manifestación poética), ésta es codificada estéticamente para significarla en función de un mensaje estético y en los cánones de una estructura. Lo que se propone García Márquez, en fin, es un "daguerrotipo" de cierta forma de

---

[73] *Ibidem*, p. 572.

pensar y de ver el mundo en la que lo mágico es cotidiano, siempre fue cotidiano.

Poéticamente, sin embargo, el modelo de *Cien años de soledad*, a pesar de resultar el más conocido y estudiado, no es el más eficaz como ejemplificación de los recursos definitorios de un realismo mágico americano. Pienso que esta propiedad más bien la carga una novela de fundación —que mucho influyó al mismo García Márquez— como es *Pedro Páramo*, de Juan Rulfo, donde la omnipresencia de un mundo mágico —Comala, comarca de muertos— sirve como especial recurso de estilización de la realidad hasta convertirla en una metáfora de la historia de México y de todo el continente, a partir de una óptica mágico-realista: la convivencia con la muerte, la difuminación de su antagonismo con la vida que se ha generado en la cultura popular mexicana.

Publicada en 1955 —dos años después de la aparición de *El Llano en llamas*, el libro de cuentos que había convertido a Rulfo en un paradigma de cierto neorrealismo literario latinoamericano—, *Pedro Páramo* ejecuta por sí sola una revolución estética de la cual se apropiarán los autores de los años sesenta, trabajándola hasta el extremo de agotarla y, ya en los setenta, haberla convertido en pura retórica de lo mágico-americano.

La gran virtud de esta novela —desde el punto de vista de este análisis— radica en un novedoso tratamiento de lo mágico y lo fantástico, acertadamente asumidos como componentes de una realidad americana específica, la mexicana, que a su vez se relaciona con toda la realidad del continente por el tema propuesto: el del cacicazgo, claro antecedente de las futuras novelas de dictadores de los años setenta, pero que, a diferencia de éstas, elude todo tipo de costumbrismo y exotismo y acude a las esencias míticas del problema, como bien lo ha estudiado Ariel Dorfman.[74]

Al ubicar su historia en un territorio como Comala, Rulfo está ejecutando una doble proposición conceptual: primero, descontextualizar el referente histórico inmediato para evitar cualquier referencia

---

[74] Véase Ariel Dorfman, "En torno a *Pedro Páramo* de Juan Rulfo", en *Imaginación y violencia en América Latina*, Ed. Universitaria, Santiago de Chile, 1970, p. 190.

documental, y, en segundo y muy importante lugar, ubicar la historia en una realidad-otra donde todas las oposiciones antagónicas se difuminan: vida-muerte, realidad-sueño, hombre-mujer, etcétera.

En el pórtico de la novela, Rulfo da la primera señal de su código, cuando dice por boca de Abundio que: "El camino subía y bajaba; 'sube o baja según se va o se viene; para el que viene, baja'",[75] y estructura entonces el resto de la historia en ese movimiento de sube y baja: de la tumba a la tierra, del presente al pasado, de la vida a la muerte, incesantemente, sin respetar convenciones dramáticas ni ordenamientos cronológicos, sino más bien montando el argumento sobre una estructura de sueños, caótica y entrecortada.

Este ejercicio artístico, en el caso de *Pedro Páramo*, está respondiendo directamente a una filosofía de la vida que hace posible tal proposición: una filosofía en la que la muerte y las revelaciones de los sueños tienen el importante papel "real" de que gozan en la cultura popular mexicana, a partir de la cual Rulfo realiza su proyecto. La novela ejecuta, entonces, una clara superación de las propuestas estéticas surrealistas, adelantando un paso más allá en su formulación: no es la visión del artista la que se impone, sino la de sus personajes, miembros anónimos de esa sociedad y portadores de esa filosofía. Los personajes crean, Rulfo traduce y fija estéticamente.

De acuerdo con este código, el narrador de la novela se mueve tras las obsesiones de sus personajes sin marcar nunca la cualificación (natural o sobrenatural, fantástica o real) de los acontecimientos, sin dar margen al asombro, a la duda y ni siquiera a la reflexión. Rulfo naturaliza toda una visión peculiar del mundo y hace que en su novela la complicidad entre el narrador y los personajes sea total, compacta, visceral.

Varios elementos explotados por Rulfo ganarían desde entonces categoría de tópicos para toda una novelística latinoamericana del realismo mágico. El más evidente es la creación de ese mundo paralelo, autónomo, que es Comala —influido, obviamente, por el Yoknapathna de Faulkner—, ubicado fuera de toda lógica naturalista y cartesiana, y en el cual, por tanto, todo es posible, y los presuntos prodigios y mila-

---

[75] Juan Rulfo, *Pedro Páramo*, Colección Literatura Latinoamericana, Casa de las Américas, La Habana, 1968, p. 150.

gros ocurren –y se narran– con la más simple objetividad. En segundo término, la mitificación de la historia, que es deformada hasta el punto de ser apenas reconocible, pero con el claro objetivo de extraer de ella sólo los elementos más esenciales y caracterizadores, dejando de lado una evolución historicista y racional. Finalmente, la voluntad estilística y narrativa que, a partir de la profunda identificación narrador-personajes ya mencionada, crea un sistema de referencias en el que abundan los hipérbatos, las sentencias, el juego dialéctico entre los contrarios y la visión del mundo como un estado en descomposición que tendrá su máxima expresión en la muerte de *Pedro Páramo,* que –al final mismo de la novela– "Dio un golpe seco contra la tierra y se fue desmoronando como si fuera un montón de piedras".[76]

El análisis anterior revela con claridad hasta qué punto los hallazgos y proposiciones de Rulfo están en el origen mismo de la novela convertida en paradigma no sólo del realismo mágico americano, sino de toda la nueva novela del continente: *Cien años de soledad.* Parece evidente que la estética de *Pedro Páramo* se convierte en método narrativo para García Márquez y, a partir de ahí, en la retórica más recurrida de la entonces nueva narrativa.

La creación de Macondo –comarca de vivos y muertos–, el estrangulamiento del devenir histórico, las exageraciones, el hablar sentencioso de los personajes de *Cien años de soledad* revelan claramente su ascendencia rulfiana, así como ciertos pasajes de *Pedro Páramo* trasladados por García Márquez a su novela: desde la lluvia de estrellas que se desata con la muerte de Miguel Páramo, hasta la composición sintáctica y narrativa del famoso comienzo de *Cien años de soledad* ("Muchos años después, ante el pelotón de fusilamiento, el coronel Aureliano Buendía había de recordar..."), ya prefigurado cuando Rulfo escribe: "El padre Rentería se acordaría muchos años después de la noche en que la dureza de su cama lo tuvo despierto y después lo obligó a salir. Fue la noche en que murió Miguel Páramo".[77]

Lo más importante, no obstante, es la apropiación creadora por parte de García Márquez no sólo de los aspectos anteriores, sino y sobre

[76] *Ibidem,* p. 281.
[77] *Ibidem,* p. 220.

todo del método narrativo de Rulfo, definitivamente convertido desde entonces en la estética rectora de un realismo mágico americano en tanto que visión mágica de una realidad desde la perspectiva de unos personajes pertenecientes a ese mismo contexto.

La riqueza de esta propuesta estética, sin embargo, conocería un rápido agotamiento. La perfección artística conseguida por García Márquez en *Cien años de soledad*, unida a su extraordinario éxito editorial, fomentaron el surgimiento de epígonos de todas las especies, poniendo de moda hasta el aburrimiento los diálogos de muertos, las levitaciones, los gigantismos y las premoniciones. Lo extraordinario en este agotamiento metodológico y conceptual es que la más notable de sus víctimas sería el propio García Márquez a partir de la misma novela que seguiría a *Cien años de soledad*: *El otoño del patriarca*.

En un exhaustivo análisis de este proceso, el ensayista colombiano Jaime Mejía Duque —"*El otoño del patriarca* o la crisis de la desmesura", 1975— comenta:

> Cuando apareció el libro de la Eréndira y otros relatos, algunos comentaristas hablaron de la "fórmula industrial" del autor, o sea, del agotamiento de una forma, su degradación a una simple "manera" (infatuación de un estilo sorprendente que así venía a hacerse previsible en cada recodo de la frase).[78]

Para argumentar después la crisis metodológica de *El otoño del patriarca*, a partir de su poetización extrema, su tautología, su misma autofagia respecto a la obra anterior, resultando que el libro:

> Sin buscarlo, [...] ha producido así la caricatura —o la prueba final— de la denominada "novela mágica". Es decir, permite contemplar el estallido de aquel estilo narrativo que se esforzó durante dos generaciones por lo menos en sustituir la "prosa" épica por la "poetización" a ultranza.[79]

El caso García Márquez es sintomático; su escuela se volvió sobre sí mismo, cuando ya era una escuela, como lo comenta otra vez Mejía Duque:

---

[78] Jaime Mejía Duque, "*El otoño del patriarca* o la crisis de la desmesura", en *Ensayos*, Cuadernos Casa, Casa de las Américas, La Habana, 1980, p. 178.
[79] *Ibidem*, p. 185.

Más bien se falla por el engreimiento de la intención supuestamente "mágico-creativa" que, mirada de cerca en sus frutos, acaba en simple manía de improvisación sostenida sobre el cálculo de probabilidades comerciales. La repetición de esquemas y fórmulas es apabullante en nuestra actualidad literaria...[80]

El realismo mágico, para sobrevivir como propuesta estética de validez para reflejar el alma profunda del continente, necesitaba, pues, desprenderse de sus esquemas y métodos agotados y preservar, desde los estilos individuales, sus hallazgos verdaderamente trascendentes. Sin embargo, ni los grandes narradores de los años sesenta ni los realmente valiosos de los setenta —con la excepción, quizás, de Eduardo Galeano y su inclasificable libro *Memoria del fuego*— se atreverían con éxito en esta peligrosa aventura. La novelística de los ochenta, finalmente, más interesada en otro tipo de proposiciones tal vez calificables como "posmodernas" —las de un Fernando del Paso, Abel Posse, Oswaldo Soriano, Manuel Puig, entre otros— seguiría caminos diversos a los pautados por Asturias, Rulfo y García Márquez y optaría por una visión de la historia y el presente americano más próxima a la de "lo real maravilloso americano" de Carpentier, en tanto que camino abierto hacia la búsqueda de lo singular-universal americano, desde las más diversas propuestas estéticas: desde la novela histórica hasta la nueva narrativa policial.

Evidentemente, entre las propuestas estéticas del realismo mágico americano y el reflejo artístico de una realidad insólita que se ejecuta a partir de la concepción real maravillosa, existen diferencias que permiten caracterizar, con bastante certeza, a cada una de estas vertientes narrativas.

Como queda dicho, lo real maravilloso americano supone la existencia de una realidad maravillosa (peculiar, característica, insólita en sus procesos históricos, sociales y en sus comportamientos naturales), que puede existir fuera de la conciencia del hombre (incluso fuera de la conciencia del artista que la percibe y la trata estéticamente), tanto

---

[80] *Ibidem*, p. 194.

como dentro de ella, pero siempre en el ámbito de una cultura y geografía específicas, que Carpentier define como típicamente americanas. Por su parte, el realismo mágico americano supone la existencia de una realidad mágica, de dimensiones míticas, subvertida, violadora de las leyes del comportamiento "normal" de los procesos; una realidad mágica que, sin embargo, sólo existe en la conciencia de los hombres que la han creado de acuerdo con ciertas nociones, tradiciones, creencias y modos de entender el entorno, y que se puede ubicar en el contexto peculiar de una cultura dada. Así, además de un método artístico o recurso literario, el realismo mágico americano es un modo de interpretar esa realidad mítica y de aprehenderla, a través de métodos artísticos y recursos literarios apropiados para ejecutar tal interpretación y aprehensión del referente extraliterario.

El más importante de estos recursos —y el que, a mi juicio, decide la filiación de la obra literaria a una u otra estética— es la perspectiva desde la cual el narrador asuma la realidad: de un lado, una perspectiva que en el realismo mágico se identifica con la de un subconsciente colectivo y que es la misma que poseen los personajes (los creyentes, los creadores de la realidad mítica) y que valide o naturalice lo sobrenatural y lo mágico (vida de ultratumba, levitaciones, metamorfosis, etc.), y del otro, una perspectiva culturizada, más propia del autor que de los personajes, que se encargue de distinguir aquello que resulta insólito (el hecho de que los creyentes conciban una realidad mítica donde son posibles la vida de ultratumba, las levitaciones y las metamorfosis) para resaltar su carácter maravilloso y, por tanto, singular.

Una misma realidad —como lo sostuvo Carpentier— puede, entonces, generar dos posturas estéticas diferentes —que pueden convivir en una misma obra, como es el caso de *El reino de este mundo*, según veremos más adelante—. Lo que resulta definidor, entonces, es que el realismo mágico americano, más que lo real maravilloso, sí presupone en todos los casos la existencia de una fe, más manifiesta e histórica, más real y trascendente, pues su percepción y creencia dependen de unos personajes (a cuyo nivel se sitúa el narrador, como se ha visto) dispuestos, verdaderamente, a creer (y a crear): el conocido ejemplo de la vida de ultratumba narrada por Rulfo en Comala y por García

Márquez en Macondo, establecida como una continuidad realista de la vida material, tal vez sea el mejor modo de percibir este código y su aceptación por los personajes —lo cual va a determinar el modo en que es reflejado y relatado por los escritores—. Lo maravilloso, mientras tanto, precisa en todos los casos de la mirada advertida capaz de marcar lo singular —ya sea por su comprensión histórica o por el simple contraste con los modelos establecidos—, y por eso la perspectiva de un personaje como el narrador de *Los pasos perdidos* y, más aún, la de un Víctor Hugues o el mismísimo Cristóbal Colón pueden funcionar como aristas reveladoras de lo insólito americano.

Por ello, los recursos que Carpentier empleará para concretar esta apropiación literaria de lo maravilloso varían de acuerdo con la misma evolución de sus nociones sobre la manifestación de lo maravilloso en la realidad americana. Por ello, cualquier análisis de las constantes de la praxis literaria debe tener en cuenta la transformación de una noción y, por tanto, de una estética que primero se apropia con igual exaltación de lo mágico y de lo maravilloso —*El reino de este mundo*—, luego adopta un método que dirige sus nociones hacia la evaluación contextual de lo insólito —*El siglo de las luces*— y finalmente culmina su ciclo evolutivo en novelas —las cuatro de los años setenta— donde lo extraordinario es más recóndito y esencial, profundamente histórico y nada exaltado.

Aun así, es posible advertir otra vez la presencia de ciertas constantes sistematizadoras: a diferencia del realismo mágico, por ejemplo, lo real maravilloso operará permanentemente con las leyes de la causalidad. Si novelas como las ya mencionadas, *Cien años de soledad* y *Pedro Páramo*, crean una metalógica, una "cordura" interna que depende de las leyes propias de un pensamiento prelógico asumido poéticamente, en las novelas de lo real maravilloso todo funciona de acuerdo con una lógica cartesiana en la que el desarrollo casuístico de los acontecimientos (referentes históricos en todas las novelas de Carpentier, con excepción de *Ecue-Yamba-O* y de *Concierto barroco*, donde lo ficticio ocupa un mayor espacio) es el que va a determinar, precisamente, su carácter insólito o maravilloso. En ningún caso, además, Carpentier crea una realidad paralela o mítica —ni siquiera en "Viaje a la semilla"– dotada de su propia causalidad, sino que su empeño puede llegar, cuando más, a un reordenamiento de la historia desde la perspectiva que es contada –tal el caso de *El reino de este mundo*–: Carpentier no crea universos –Comalas o Macondos–, sino que los recrea, los rescata, los modela a partir de su misma existencia histórica, asumida desde el conocimiento libresco o la experiencia personal.

Por ello, aun en la más compleja de sus novelas desde el punto de vista de la convivencia de lo mágico y lo maravilloso, como es *El reino de este mundo*, el autor asegura que se trata de "una sucesión de hechos extraordinarios" y que "el relato que va a leerse ha sido establecido sobre una documentación extremadamente rigurosa" y con "un minucioso cotejo de fechas y de cronologías". No obstante, el resultado de tal apropiación histórica es sorprendente, y así lo atestigua, de inmediato, el propio Carpentier:

> Y sin embargo, por la dramática singularidad de los acontecimientos, por la fantástica apostura de los personajes que se encontraron, en determinado momento, en la encrucijada mágica de la Ciudad del Cabo, todo resulta maravilloso en una historia imposible de situar en Europa, y que es tan real, sin embargo, como cualquier suceso ejemplar de los consignados, para pedagógica edificación, en los manuales escolares.[81]

¿Cómo congeniar, entonces, el historicismo vertical de los acontecimientos reales con la metamorfosis de Mackandal (o la del mismo Ti Noel), mágica en su esencia y maravillosa en su trascendencia histórica dentro del proceso revolucionario? La respuesta, en este caso, vuelve a estar en la perspectiva desde la que se narran los sucesos, que en esta novela es mayoritariamente la de Ti Noel, negro esclavo y, por supuesto, creyente del vudú y de la existencia real de las metamorfosis. Sólo esta visión comprometida, interior, podía aportar naturalmente lo mágico, y por ello Carpentier la emplea en lugar de la que había experimentado cuando utilizó al personaje de Lucas, un escritor contemporáneo del narrador, en el "Capítulo de novela" que publicara en 1944.

---

[81] Alejo Carpentier, prólogo a *El reino de este mundo*, p. 15.

En un estudio preciso sobre la convivencia de dos visiones de la realidad —una mágica y otra maravillosa, que sólo existe en la novelística de Carpentier de forma expresa en *El reino de este mundo*— ha escrito Emir Rodríguez Monegal:

> Al elegir a Ti Noel, Carpentier está creando un intermediario para salvar no sólo el problema técnico de la narración misma, sino algo más importante. ¿Cómo trasmitir la maravilla del vaudou sin asumir la perspectiva del testigo comprometido, envuelto en la imagen que describe? El fracaso de Carpentier en su anterior esfuerzo narrativo, *Ecue-Yamba-O*, derivaba de haber adoptado en aquella novela su propio punto de vista de narrador europeizado, de folklorista que registra los ritos afrocubanos, pero que no participaba radicalmente de ellos, de antropólogo distanciado emocionalmente del material que estudia. Al inventar al personaje de Ti Noel —que naturalmente es capaz de registrar la magia del vaudou a la misma altura emocional en que ésta funciona—, Carpentier evita el error de su primera novela y consigue al mismo tiempo dotar su relato histórico de la doble visión necesaria.[82]

Y para ejemplificar su tesis estudia el episodio paradigmático de la muerte de Mackandal en la hoguera, muerte que no es tal para los esclavos, porque:

> Al nivel de Ti Noel (que es el de Mackandal, Boukman y todos los esclavos), lo mágico es real. Al nivel del autor, lo mágico es maravilloso. Por intermedio de Ti Noel y demás figuras negras, Carpentier alcanza a rescatar para su relato esa fe sin la cual lo maravilloso de los surrealistas no llega a ser (según él) sino maquinaria fría.[83]

Esta convivencia de dos visiones —mágica de los esclavos, maravillosa del escritor—, que es a su vez la presencia de dos perspectivas —prelógica de los esclavos, racional del escritor—, no excluye, sin embargo, la presencia indispensable de la causalidad que da carácter maravilloso incluso a lo mágico, pues —y esta importante distinción es

---

[82] Emir Rodríguez Monegal, "Lo real y lo maravilloso en *El reino de este mundo*", en *Asedios a Carpentier*, ed. cit., p. 124.
[83] *Ibidem*, p. 125.

omitida por Rodríguez Monegal en su análisis–, aun por encima de la perspectiva de Ti Noel (mágica), se impone, conclusiva y lógica (maravillosa), la voz del narrador. Así sucede precisamente en el polémico episodio de la muerte de Mackandal escogido por Rodríguez Monegal, en el que la alternancia de datos realistas y apreciaciones mágicas desemboca en la maravillosa visión de la realidad que ofrece el conjunto. Sigamos la secuencia:

> Mackandal estaba ya adosado al poste de torturas [...] El fuego comenzó a subir hacia el manco, sollamándole las piernas. En ese momento, Mackandal agitó su muñón que no habían podido atar, en un gesto conminatorio que no por menguado era menos terrible, aullando conjuros desconocidos y echando violentamente el torso hacia delante. Sus ataduras cayeron, y el cuerpo del negro se espigó en el aire, volando por sobre las cabezas, antes de hundirse en las ondas negras de la masa de esclavos. Un solo grito llenó la plaza:
> —¡Mackandal sauve!
> Y fue la confusión y el estruendo [...] Y a tanto llegó el estrépito y la grita y la turbamulta, *que muy pocos vieron* que Mackandal, agarrado por diez soldados, era metido en el fuego, y que una llama crecida por el pelo encendido ahogaba su último grito [...]
> Aquella tarde los esclavos regresaron a sus haciendas riendo por el camino. Mackandal había cumplido su promesa, permaneciendo en *El reino de este mundo*. Una vez más eran burlados los blancos por los Altos Poderes de la Otra Orilla.[84]

La sucesión narrada ofrece la siguiente continuidad: visión realista (Mackandal atado, encendido y vociferante); visión mágica, a partir de que aúlla "conjuros desconocidos", sin duda para los blancos (caen las ataduras y Mackandal vuela: se ha salvado); visión realista, que "muy pocos vieron", de la muerte del líder (es devuelto a la hoguera y una llama ahoga su último grito); visión mágica, que fundamenta la promesa de Mackandal de permanecer en *El reino de este mundo* (la obra de los Altos Poderes de la Otra Orilla). La habilidad de Carpentier para

---

[84] Alejo Carpentier, *El reino de este mundo*, pp. 48-49.

montar informaciones que se contraponen −proceso que continúa hasta el final del capítulo vii− funciona aquí como un complejo de causas-efectos cuya contraposición es más profunda que el antagonismo verdad-mentira o realidad-irrealidad: es el enfrentamiento de dos visiones del mundo diferentes, puestas en convivencia en la colonia francesa, pero no armonizadas aún en un espíritu mestizo. Lo maravilloso, entonces, brota del encontronazo cultural: la verdad (última escala de la causalidad), al fin, es que un líder revolucionario permanece vivo en la conciencia de sus seguidores gracias a que en ellos sobrevive un entendimiento mágico del entorno.

Episodios como éste, en que la causalidad maravillosa se impone a la visión mágica, se suceden en la obra de Carpentier (la lluvia de mariposas de *Los pasos perdidos* o la cura del asma de Esteban en *El siglo de las luces)* y determinan la presencia de lo mágico especialmente en *El reino de este mundo*, aportando una importante distinción estética y conceptual entre su praxis poética y la del realismo mágico americano.

Otro elemento de crucial importancia para conseguir una distinción entre las actitudes poéticas del realismo mágico con la visión real maravillosa de Carpentier es el carácter desmitificador de esta última. Aunque al estudiar los cuatro estados de manifestación de lo real maravilloso me detendré específicamente en el análisis de las características tipificadoras de las concepciones y los recursos que maneja Carpentier en cada momento de su evolución literaria de medio siglo (incluido su característico y variable empleo del mito), creo imprescindible esclarecer la relación mítica de lo real maravilloso y el realismo mágico para concluir este necesario deslinde.

Mientras las novelas del realismo mágico americano se proponen explícitamente la apropiación de una dimensión mítica de la realidad que se reproduce estéticamente en el plano narrativo, trasladando sus leyes y comportamientos alterados (respecto a una comprensión racional), las novelas de lo real maravilloso, funcionando en un contexto similar (la misma realidad maravillosa), ejecutan un proceso inverso respecto a la mitificación de la realidad. La postura más señalada en este procedimiento depende de la comparación acá-allá

(América-Europa), que como una constante se repite a lo largo de la novelística carpenteriana. Estos polos antagónicos no existen de modo manifiesto en las novelas del realismo mágico, que asumen la singularidad de su entorno como un universo cerrado en sí mismo (y de ahí la tendencia a crear esas "ínsulas" mágicas como Comala y Macondo y tantas otras de tantos narradores menores); sin embargo, la intención desmitificadora de Carpentier, muy evidente ya en novelas como *Concierto barroco* y *El arpa y la sombra*, donde el autor se dedica a desbancar uno tras otro mitos acendrados en la mentalidad europea, necesariamente supone la distinción de lo maravilloso —lo insólito— a partir de una referencia a un no-maravilloso, que se identifica con Europa, como complemento (o más bien como canon) de un universo —el mundo occidental— en el que se inscribe América. Las peculiaridades del continente necesitan, pues, de la comparación para alcanzar tal categoría, para ser culturalmente explícitas, y la desmitificación (mostrar lo insólito como cotidiano) es uno de estos procesos comparativos: la imagen mitificada *versus* la realidad (que incluso puede ser mítica) vista en sus propias regularidades.

Desde el *Diario de navegación de Colón* y sus cartas a los Reyes Católicos, y atravesando todos los siglos posteriores —y con especial énfasis en la literatura del iluminismo y del romanticismo—, la imagen creada sobre América en la conciencia europea (y posteriormente en la norteamericana) ha tenido fines utilitarios que no han dejado de mitificar, a sus conveniencias ideológicas o económicas, la realidad americana en los más disímiles modos: desde el reino del gran Khan hasta la Ciudad Perdida de los Césares, desde la Utopía hasta las películas de Hollywood, desde Calibán hasta el buen —pero nada verosímil— pescador Santiago de Hemingway. La intención desmitificadora funciona, entonces, como una necesidad consciente a la hora de establecer peculiaridades históricas, sociales y geográficas por una novelística que, profundamente comprometida con la historia, se propone, explícitamente, ofrecer una crónica "de lo real maravilloso".

Así, en su novelística de lo real maravilloso, Carpentier insiste en esta proposición desmitificadora (que algunos críticos, desorientados ante tal empeño, han calificado de postura europeizante) para invalidar añejas nociones sobre América y dar cabida, entonces, a los mitos propios ("América está muy lejos de haber agotado su caudal de mitologías", había advertido en el prólogo), sin los cuales resulta imposible la cabal comprensión y asimilación de lo peculiar americano. De ahí la presencia mítica de Mackandal, vista en sus orígenes y manifestaciones, junto a la desmitificación del entendimiento de la Revolución haitiana como eco de la francesa; de ahí la materialización del "imposible" viaje en el tiempo junto a la destrucción de la idea de la posible evasión del hombre moderno; o la multiplicidad de visiones colombinas en *El arpa y la sombra*, donde el escritor se mueve a través de todo el largo monólogo del Colón moribundo entre una mitificación ficcionalizadora de la realidad americana y una desmitificación consecuente de tal expresión histórica de la realidad americana, gracias a la revelación sólo de peculiaridades, singularidades, características propias de un continente concebido como "una crónica de lo real maravilloso". Analizada la teoría carpenteriana en sus contradicciones teóricas y en sus hallazgos relevantes, en sus cercanías y distancias con estéticas afines como la surrealista y la realista mágica, y establecida la existencia de una evolución en el pensamiento y la obra narrativa de Alejo Carpentier, resulta posible, al fin, estudiar las manifestaciones de lo real maravilloso a la luz de los textos literarios y de las proposiciones conceptuales posteriores al manifiesto de 1948-1949. Este examen diacrónico, habitualmente relegado por los estudiosos de la obra de Alejo Carpentier —que lo aceptan o lo niegan desde una definición teórica y, por lo general, desde el estudio de algunas novelas afines a tal definición—, resulta indispensable para establecer las verdaderas características conceptuales y estéticas que el narrador cubano maneja a lo largo de su obra y para comprender, cabalmente, las singularidades de sus hallazgos y la validez de sus propuestas artísticas a través de cuatro estados de manifestación de "lo real maravilloso americano".

## III. Visión de América
## (Los estados de lo real maravilloso)

> —¡Oh! —dijo el Gato—: puede usted estar segura de llegar, con tal de que camine un tiempo bastante largo.
>
> Lewis Carroll, *Alicia en el país de las maravillas* (citado por Alejo Carpentier, *La consagración de la primavera*)

El 24 de abril de 1980, después de una intensa jornada de trabajo, fallecía en París Alejo Carpentier. Testimonio inequívoco de su inagotable pasión por la literatura es la cuartilla a medio escribir, de una novela sobre la vida de Paul Lafargue, que quedó atrapada, para siempre, en el rodillo de su máquina Olivetti. Desde 1966, el escritor desempeñaba el cargo de ministro consejero de la embajada cubana en Francia y, simultaneando esa responsabilidad con su trabajo literario, había logrado escribir cuatro novelas que, publicadas entre 1974 y 1979, venían a coronar uno de los ciclos narrativos más impresionantes de la literatura contemporánea. Cada mañana, antes de partir hacia su oficina para enfrascarse en el trabajo burocrático, Carpentier se levantaba a las cinco y media de la mañana y dedicaba dos o tres horas a la escritura de sus libros, siempre a mano, mientras que en la tarde, luego de un descanso, se ocupaba de revisar lo escrito al amanecer, de pasarlo a máquina —unas tres cuartillas cuando el trabajo avanzaba bien— y de refrescar las bibliografías que le propiciaban la información necesaria para continuar en la redacción de sus libros.

Aquellas obras de los años setenta, vistas hoy en su conjunto, pueden considerarse las novelas menos ortodoxas en cuanto al tratamiento literario de lo que su autor definió en 1948, con tanto entusiasmo, como "lo real maravilloso americano". Había desaparecido de ellas el carácter protagónico del mundo fabuloso de los negros cubanos y haitianos, con sus componentes mágicos; no existía ya la constatación sucesiva de procesos y momentos singulares de la historia de América; la huella de un surrealismo "real" americano apenas lograba evidenciarse, haciéndose recóndita y esencial; lo extraordinario quedaba cubierto con el manto de una cotidianeidad muy cercana a la del realismo. El escritor, además, había afirmado en 1975, en conferencia dictada en el Ateneo de Caracas: "Todo lo insólito es maravilloso", para luego, refiriéndose ya a lo real maravilloso americano —"que yo defiendo"—, especificar: "Aquí lo insólito es cotidiano, siempre fue cotidiano"[1] y rectificar —o tal vez sólo precisar— su tantas veces citada definición de que "lo maravilloso comienza a serlo de manera inequívoca cuando surge de una inesperada alteración de la realidad (el milagro), de una revelación privilegiada de la realidad [...]", porque, "Para empezar, la sensación de lo maravilloso presupone una fe".[2]

¿Qué había ocurrido entre el ensayo de 1948 y la conferencia de 1975? ¿Por qué el carácter de lo real maravilloso americano había variado sus modos de manifestación literaria y se expresaba de maneras diferentes en *El reino de este mundo*, *El siglo de las luces* y *La consagración de la primavera*? ¿Cuáles eran las regularidades de esas transformaciones y de qué recursos literarios se valían para su concreción novelesca? ¿Acaso Carpentier se alejaba lentamente de la estética que había fomentado y defendido con tanta vehemencia porque la consideraba agotada en su manifestación artística o se trataba de una crisis metodológica o de un agotamiento conceptual similar al que sufría el realismo mágico americano o el que en sus tiempos había atravesado el surrealismo?

Sin duda, entre 1948 y 1979, un complejo proceso evolutivo se ha desarrollado en el pensamiento y en la creación literaria madura de Carpentier, del mismo modo que se había evidenciado una evolución en su largo proceso de aprendizaje a través de los años veinte y los treinta y parte de los cuarenta, cuando las experiencias minoristas,

---

[1] Alejo Carpentier, "Lo barroco y lo real maravilloso", en *Razón de ser*, pp. 57 y 60.
[2] Alejo Carpentier, prólogo a *El reino de este mundo*, p. 11.

afrocubanistas y surrealistas lo llevaron a patentar, por primera vez, la concepción de lo real maravilloso americano.

Tradicionalmente, el sector de la crítica que ha centrado su interés en el estudio de la novelística de Carpentier, y especialmente en el análisis de lo real maravilloso, ha decidido obviar esta crucial evolución literaria y teórica y, de González Echevarría a Irlemar Chiampi, de Rodríguez Monegal a Klaus Müller-Bergh —es decir, los más afortunados ensayistas de este proceso—, ha enfocado su atención en la teoría lanzada en 1948 y en su inmediata conversión estética, sin entrar a analizar las distinciones que propone esta evidente evolución. De este modo, muchos estudios sobre el tema se quedan en un análisis del comportamiento teórico de lo real maravilloso y en una comprobación de sus características estéticas.

Creo imposible, sin embargo, concretar un verdadero acercamiento a este polisémico fenómeno de lo real maravilloso sin tener en cuenta las características que lo definen en cada momento de su desarrollo teórico y estético. Para ello, en un trabajo que sobre el tema de lo real maravilloso escribí en 1984,[3] propuse analizar esta evolución a través de cuatro momentos o estados de manifestación de lo real maravilloso, pues —decía entonces—:

> De un examen pormenorizado de su obra narrativa y de sus textos analíticos [de Carpentier], se desprende la existencia de esos cuatro estados de lo real maravilloso que ejemplifican un proceso de enriquecimiento dado por la negación y la superación dialéctica que va recogiendo, de obra en obra, los elementos valiosos, duraderos y significativos, y los va sumando a los nuevos descubrimientos que persiguen ofrecer una imagen cada vez más integral de América, su historia, sus hombres y su cultura.[4]

Diez años después, sigo sosteniendo en su esencia aquella tesis de los cuatro estados en la evolución de lo real maravilloso. Con algunas

---

[3] Leonardo Padura, "Lo real maravilloso: *praxis* y percepción", *Imán*, anuario del Centro de Promoción Cultural Alejo Carpentier, La Habana, año I, núm. 1, 1984. Después este texto, con el título de "Lo real maravilloso: creación y realidad", integró el volumen homónimo que recoge otros tres ensayos, publicado por Letras Cubanas, La Habana, 1989.

[4] Leonardo Padura, "Lo real maravilloso: creación y realidad", p. 39.

rectificaciones, con muchas adiciones y, especialmente, con mayor profundidad y más cantidad de esclarecedoras lecturas complementarias, puedo regresar ahora sobre este asunto, que —como vuelvo a repetir— considero de impostergable necesidad para cualquier examen de la concepción de lo real maravilloso americano en la obra literaria de Alejo Carpentier.

La evolución de los factores componentes (teóricos y estéticos) de lo real maravilloso carpenteriano como noción de las singulares circunstancias americanas engloba en sí misma el devenir de la literatura del gran escritor cubano, pues la elaboración de su teoría, su tratamiento estético y las sucesivas definiciones de su función en ensayos y novelas determinan también el empleo de los diversos recursos narrativos (que llegan a permitir, por un momento, la existencia de un "realismo maravilloso" como estética definida), la forma de revelar o de manifestar los elementos insólitos y hasta la concepción de los personajes, protagonistas que viven en el entorno más o menos asombroso y singular escogido por el creador.

Así, en su formulación literaria —eco, sucesivamente, de lo intuitivo, del deslumbramiento y de la adecuada comprensión de los fenómenos y procesos distintivos de lo americano— lo real maravilloso atravesará cuatro momentos o estados:

1. *Antecedentes*. Ejemplificado en la narrativa por los dos textos de 1933, la novela *Ecue-Yamba-O* y el relato "Historia de lunas", también se manifiesta en los guiones, libretos y letras que escribió para diversos músicos. En lo teórico, mientras tanto, abarca desde el artículo "Una fuerza musical de América: Héctor Villa-Lobos" (1929) y el ensayo "El momento musical latinoamericano" (1931), hasta importantes trabajos de los años cuarenta, como las series de crónicas "La Habana vista por un turista cubano" (1939) y "El ocaso de Europa" (1941), y el ensayo *La música en Cuba* (1946). También se ubican en este momento genésico tres cuentos de los años cuarenta, íntimamente ligados a las investigaciones para *La música en Cuba*: "Oficio de tinieblas", "Viaje a la semilla" y "Los fugitivos".

2. *Formulación y reafirmación*. En lo narrativo engloba dos novelas

de primera importancia en este estudio: *El reino de este mundo* (1949) y *Los pasos perdidos* (1953), y los cuentos de los años cincuenta "Semejante a la noche" y "El camino de Santiago", donde ya se manejan preocupaciones cercanas a las de las novelas. En lo teórico, un texto capital: el prólogo "De lo real maravilloso americano", además de la serie de reportajes "Visión de América" (1948).

3. *Épica contextual*. Tras la crisis "perceptiva" de lo maravilloso que se analizará a propósito de *El acoso*, surge un tercer estado que, literariamente, se sostiene sobre *El siglo de las luces* (1962) y reflexivamente en "Problemática de la actual novela latinoamericana" y la versión ampliada del prólogo de 1949, textos recogidos en *Tientos y diferencias* (1964).

4. *Lo insólito cotidiano*. Narrativamente lo integran las cuatro novelas de los años setenta: *El recurso del método* (1974), *Concierto barroco* (1974), *La consagración de la primavera* (1978) y *El arpa y la sombra* (1979), además del relato "Derecho de asilo". En lo teórico, el texto definidor del estado es la conferencia de 1975 "Lo barroco y lo real maravilloso".

Estos cuatro estados de manifestación de lo real maravilloso en la obra de Carpentier son, por supuesto, deslindes que el crítico puede proponer a partir de la creación ya realizada, aunque la evolución literaria, proceso complejo y sometido a insondables voluntades artísticas y necesidades propias de cada obra, se presenta como una continuidad dialéctica ininterrumpida, factible de conexiones, negaciones y retrocesos que impiden cualquier división aséptica de la creación en estancos autónomos y de fácil separación. No obstante, a la luz de las características definidoras de cada estado y de las regularidades estéticas que en función del hallazgo y tratamiento de lo real maravilloso se desarrollan en la obra de Carpentier, tal distinción permite despiezar y evidenciar una evolución ideoestética especialmente significativa en el contexto de las letras americanas y ejemplar en su empeño de hallar un "deber ser" de nuestra literatura.

## Primer estado. Antecedentes

El arduo proceso que atraviesa Alejo Carpentier en la búsqueda de una personalidad artística independiente tiene su momento de mayor avidez, sin duda, en la década comprendida entre 1923 y 1933 —la década genésica, según la ha llamado Ana Cairo—, cuando, entre sus primeras colaboraciones periodísticas y literarias y la publicación de su novela *Ecue-Yamba-O*, el escritor busca afanosamente una militancia estética y conceptual para su literatura al calor de tres movimientos socioartísticos de signo diferente, pero vinculados por un cordón esencial: la necesidad de renovar la creación literaria y la función del artista. Así, el afrocubanismo —como opción temática y materia prima dilecta—, el minorismo —como escuela ética y política que le aporta una militancia y "una mística de América"— y el surrealismo —como vía estética para la realización formal y para la revelación de una nueva relación entre el creador y el acto creativo— modelan y tensan, en su abigarrada convivencia, las preocupaciones del joven Carpentier en su creación temprana. El peso de tales influjos y su presencia en los textos de ficción y de pensamiento de esta década permiten establecer la existencia de un ciclo homogéneo dentro del largo estado de búsquedas en el que se hallan los antecedentes de su teoría y su narrativa de lo real maravilloso, y resulta posible distinguir, entonces, dos etapas que facilitarían el estudio de esta evolución: de un lado la década 1923-1933 y de otro —separadas por el "silencio creativo" que precede el momento del regreso a Cuba— los cuentos, artículos y ensayos de los años 1939-1946.

Diversos elementos que Carpentier hace confluir en su creación artística y varias nociones teóricas manejadas con insistencia a través de ensayos, crónicas y artículos escritos en el periodo 1923-1933 dibujan con cierta claridad esta obsesiva premonición de la existencia de una realidad maravillosa —por singular— en América Latina, y la necesidad de conferirle una expresión literaria capaz de develarla y a la vez de distinguirla en el contexto del mundo occidental en que se inscribe. Mientras que en su creación artística —obras narrativas y textos para músicos— existe la coherencia que aporta el tratamiento de un mismo universo, el de los negros cubanos, hay dos elementos que se imponen sobre los demás en sus reflexiones teóricas: el del material que debe asumir y tratar el artista latinoamericano y el de la relación estética a través de la cual se concretará dicha apropiación (la recurrente sensibilidad).

El inexplotado material artístico, cargado de poesía y de relaciones telúricas y esotéricas, que le ofrece el mundo de los negros cubanos, tiene su primera expresión artística en la obra carpenteriana a través del libreto de *La rebambaramba* (1926), "Ballet afrocubano en un acto y dos cuadros" que musicalizaría Amadeo Roldán.[5] Con la obra se trataba —escribiría después el propio guionista— "de evocar, a través de grabados románticos cubanos (de Mialhe, principalmente), la hirviente vida populachera de La Habana en 1830, el día de la fiesta de Reyes".[6] El hecho de que Carpentier escoja dentro de aquella "hirviente vida populachera" precisamente el Día de Reyes, única ocasión en el año en que los cabildos negros de la colonia podían sacar a las calles sus bailes y comparsas, orienta el asunto hacia un contexto y unos personajes a través de los cuales el escritor quiere develar una de las facetas de la cubanidad. De este modo, en las breves líneas que deben resumir la acción coreográfica propuesta al autor de la partitura, Carpentier intenta pintar un fresco lo más representativo posible y por ello acude a una simbología que encierra desde la acción misma hasta el escenario y los personajes puestos en escena.

---

[5] Según Hilario González, el libreto fue escrito en 1926 y Roldán lo musicalizó en 1927, aunque su estreno no se produjo hasta después de 1959 (véase Carpentier, prólogo a *Obras completas*, t. I, p. 13). Sin embargo, Araceli García-Carranza, en su *Biobibliografía de Alejo Carpentier*, apunta en el año 1928: "Se estrena en La Habana *La rebambaramba*, página sinfónica de Amadeo Roldán sobre libreto de Carpentier". Por su parte, el propio Carpentier en *La música en Cuba*, p. 248, ubica la obra en 1928, y comenta después: "Queda como la más famosa de sus partituras [de Roldán], habiendo sido ejecutada en México, en París, en Berlín, en Budapest, en Los Ángeles y en Bogotá" (p. 250). Finalmente, el 12 de agosto de 1928, el diario habanero *Excélsior* comentaba el estreno de la pieza: "Hoy se tocó en La Habana por primera vez esta página sinfónica. [...] 'La Rebambaramba' fue deliciosamente ejecutada por la Orquesta Filarmónica". Al parecer, entonces, la secuencia es la siguiente: escrita en 1926, musicalizada en 1927, estrenada como página sinfónica en 1928, no es hasta después del 59 que se le estrena como ballet. A los efectos de la obra de Carpentier, entonces, la ubicaré en 1926.

[6] Alejo Carpentier, *La música en Cuba*, p. 248.

La acción de la obra transcurre en dos jornadas: las vísperas del Día de Reyes y el mismo día de la festividad. El lugar escogido para el primer cuadro es "Un clásico patio colonial",[7] y para el segundo propone la Plaza de San Francisco o la de la Catedral,[8] mientras que los personajes llamados a escena son la Mulata Ladina (Mercé), el Calesero (Aponte), el Soldado, el Negro Curro, las comparsas de Congos y de Lucumíes, los del "Juego de la Culebra" (el diablito, el chino, etc.) y hasta las vírgenes de la Caridad del Cobre y la de Regla; es decir, tipos, símbolos, entelequias de precisa significación histórica y cultural, que le permitieran expresar en pocos trazos un mundo de relaciones profundas con un universo concreto.

A diferencia de otros libretos suyos –tal es el caso de *El milagro de Anaquillé* y *Manita en el Suelo*–, en *La rebambaramba* cualquier intención política manifiesta es desechada por Carpentier, y la pieza funciona como una necesidad de rescate común a todo el movimiento afrocubanista, que ve en la expresión del mundo negro una de las manifestaciones espirituales más acabadas de la cubanía. De ahí que varios elementos sobre los que luego se asentará la concepción de lo real maravilloso hagan su debut artístico en esta pieza, como es el caso de los significativos componentes sincréticos que tan bien encarnan las vírgenes convocadas, precisamente dos deidades de atributos específicamente cubanos: la Virgen de la Caridad del Cobre, patrona de la isla y poseedora de una mitología estrictamente cubana, y la de Regla, andaluza en su origen pero, en virtud de su faz negra, cubanizada en piel y espíritu. Asimismo, afloran ya otros elementos propios de este momento de la creación carpenteriana, como la presencia de la música de los negros cubanos, con su primitivismo de relaciones todavía cercanas a ciertos cantos iniciacos de origen africano, la introducción de esos ñáñigos que reaparecerán en *Ecue-Yamba-O* y la de ciertas convenciones culturales, como la evocación de un teatro bufo (también permeado de símbolos, como el de la trilogía de personajes aquí empleada: mulata-negro-español, como origen del conflicto) o la pertenencia a una cultura (el fracaso del soldado español que se

[7] Alejo Carpentier, *La rebambaramba*, en *Obras completas*, t. I, p. 199.
[8] *Ibidem,* p. 204.

disfraza de diablito), que se utilizan como validación abiertamente nacionalista.

Un año después de escrita *La rebambaramba*, Carpentier redacta *El milagro de Anaquillé* (1927), "Misterio coreográfico en un acto", musicalizado también por Amadeo Roldán y publicado por primera vez en 1937, en la *Revista Cubana*.[9] Al igual que en el caso de su antecesora, en *El milagro...* Carpentier insiste en trabajar el universo de los negros cubanos, pero en este nuevo libreto introduce dos elementos especialmente significativos en el ámbito de sus búsquedas iniciales: la filiación política antiimperialista, a partir de un nacionalismo cultural declarado y militante, y la magia como elemento activo en el desarrollo de la acción.

Ubicada en un contexto rural —un batey cercano a un central—, el guión limita su acción a un enfrentamiento cultural —de origen económico— entre un *business man* norteamericano y un Iyamba cubano: el primero, tratando de falsear la realidad para apropiarse de ella, y el segundo, oponiendo resistencia desde los bastiones religiosos de su cultura oprimida. La tesis del libreto, centrada en este enfrentamiento, tiene tal vez su más explícita enunciación en el pasaje de *Ecue-Yamba-O* (capítulo 27, "Política") en el que el exaltado narrador de la novela explica cómo las creencias religiosas y las prácticas culturales de los negros podían ser el "antídoto" contra una penetración indetenible.[10]

Persiguiendo tal demostración, el carácter alegórico de la obra es transparente desde su misma presentación: otra vez, en lugar de personajes, Carpentier crea tipos (el Business Man, el Marinero, la Flapper, el Diablito, el Iyamba, los Guajiros, etc.) concebidos como entes representativos de determinados valores y actitudes; el escenario en el que se ubica la acción es típicamente cubano: los alrededores de un central azucarero, donde se hace visible la miseria de los trabajadores; la concepción escenográfica busca una generalización abarcadora:

[9] *Revista Cubana*, abril-mayo-junio de 1937, Dirección de Cultura, Secretaría de Educación, La Habana. En su artículo "El recuerdo de Amadeo Roldán" (*Carteles*, 4 de junio de 1939), Carpentier comenta: "*El milagro de Anaquillé*, 'misterio coreográfico afrocubano' que hubiéramos podido titular igualmente 'ballet antiimperialista'", en *Crónicas*, t. II, p. 136.

[10] Alejo Carpentier, *Ecue-Yamba-O*, p. 93.

desde máscaras para algunos personajes, movimientos mecánicos para las acciones escénicas de otros, hasta el diseño cargado de simbolismo que se propone para los bohíos y especialmente para el central ("la mole geométrica de un ingenio",[11] escribe, anticipándose a la descripción con que abrirá *Ecue-Yamba-O*).

Preparado el terreno y el código de la alegoría, Carpentier puede entonces lanzar su mensaje desde las dos trincheras que ha cavado para la obra: la política y la cultural. Mientras que políticamente el autor establece una clara postura nacionalista, contraria a la penetración económica capitalista que quiere ejecutar el Business Man, culturalmente da un paso más en profundidad al convertir el "milagro" en el clímax y desenlace mismo de la pieza: cuando la victoria del Business Man parece segura, como un *deus-ex-machina* brota del bohío del Iyamba la figura divina de los Jimaguas (de "aspecto sobrenatural e implacable") para, con su milagrosa potencia de santos tutelares, resolver el conflicto en favor de sus fieles. A pesar de que la estilización necesaria en este tipo de textos imposibilita al escritor una mayor elaboración conceptual de los significados y de los valores culturales puestos en juego, lo importante es que este primer "milagro" afrocubano en la literatura carpenteriana se produce sin que medie explicación racional alguna, sino que se da por sentado que la fe de los creyentes puede actuar como su chispa generadora y los efectos milagrosos incidir en la realidad: los Jimaguas castigan al Business Man y salvan a los suyos. La magia (y en este caso la magia afrocubana, no la católica), como elemento catalizador de los acontecimientos y como modo de manifestación de una realidad (la de los negros cubanos), adquiere así su carta de ciudadanía en la literatura carpenteriana, al hacer la primera de sus múltiples apariciones funcionando como un recurso típico de la estética del futuro realismo mágico americano: es decir, brotando de los personajes y siendo naturalizada por ellos, sin interferencia explicativa del narrador.

Para conseguir el efecto de este mensaje, Carpentier ha trabajado en el "escenario" de *El milagro...* con toda una serie de elementos afi-

---

[11] Alejo Carpentier, *El milagro de Anaquillé*, en *Obras completas*, t. I, p. 272.

nes a sus propuestas ideoestéticas, como es el empleo, "sin modificación alguna, [de] el ritual coreográfico de las ceremonias de iniciación afrocubanas",[12] además de personajes propios de la secta abakuá, como el Diablito o el Iyamba, sin los cuales es imposible ejecutar las prácticas esotéricas del ñañiguismo, como la iniciación que se reproduce en la Escena 6.

El hecho de que *El milagro de Anaquillé* haya sido escrita en 1927 explica con bastante certeza su cercanía ideoestética y hasta argumental con la novela *Ecue-Yamba-O*, cuya redacción inicial es de ese mismo año. Coincidencias episódicas y conceptuales como la iniciación, el poder de los santos Jimaguas, el baile del Diablito, la tesis nacionalista y hasta el escenario (campo cubano, cerca de un central que se describe con muy similares adjetivos futuristas) y el carácter simbólico de los personajes escogidos corroboran la íntima comunicación que existió entre estas obras y vuelven a reafirmar la necesidad de ver los textos del periodo como una unidad artística cerrada y homogénea, con independencia del lenguaje utilizado y el medio para el que Carpentier escriba: para el teatro, para la música sinfónica o para la narrativa.

Aunque son varios los textos "de servicio" que Carpentier redacta después de *El milagro de Anaquillé* –entre ellos, *La hija del ogro* (1927), sus cinco "poemas afrocubanos" (1927-1928) o *La pasión negra* (1932)–, pienso que el más acabado e interesante de todos en la evolución literaria del escritor es el libreto para la ópera bufa *Manita en el Suelo*, que en 1931, luego de una angustiosa espera, al fin recibiera, remitido desde París, el compositor Alejandro García Caturla.

El origen de esta obra, según el musicólogo Hilario González, está otra vez en *Ecue-Yamba-O*, pues en 1930, revisando la novela, Carpentier "halló en su propio libro, la idea de la trama y los personajes para una acción escénica".[13] Comoquiera que la versión inicial de *Ecue-Yamba-O* es anterior a la redacción de *Manita en el Suelo*, es factible que los "préstamos" existentes entre las dos piezas tengan tal ori-

---

[12] *Ibidem,* nota liminar de 1937, p. 266.
[13] Hilario González, nota de carátula del disco *Manita en el Suelo, Ópera bufa,* Alejandro García Caturla, LD 4209, EGREM, La Habana, Cuba.

gen, como es el caso de la sesión de santería con el canto del "Olelíolelá" y la propia presencia del personaje histórico de Manita en el Suelo, de la *potencia* ñáñiga "Tierra y Arrastrados".[14]

A diferencia de sus otros libretos, Carpentier trata ahora de imponer una visión esencialmente poética del asunto trabajado, en busca de una universalización más cabal de su contenido. En la nota introductoria de la obra, ya expresa claramente las intenciones artísticas de *Manita en el Suelo*:

> El fin perseguido por los autores de esta acción burlesca es presentar en un escenario, por primera vez en Cuba, todos los personajes de la mitología popular criolla. En el texto aparecen fragmentos de oraciones, décimas guajiras, poemas baratos. Para el ritmo general de las palabras se ha buscado siempre la cadencia de los refranes populares, locuciones típicas, canciones y sones [...] Gráficamente, todo lo que ocurre en el pequeño escenario debe verse envuelto en una atmósfera de oraciones, litografías de cajas de tabacos, imágenes de santería y altares de brujería.[15]

El primer elemento significativo que distingue a esta obra es que, más allá de una posible elaboración estética de una realidad histórica —se sabe que existió el ñáñigo Manita en el Suelo—, se trata de un acercamiento a mitos y cultos que son en sí mismos una elaboración poética de la realidad: de este modo, entre el referente y el producto estético media una doble distancia de la cual Carpentier se aprovechará en el futuro, cuando el elemento mítico de la realidad americana sea uno de los sectores más trabajados en piezas como *El reino de este mundo* o *El arpa y la sombra*. Aquí, sobre la mitología verbal que creó a un Papá Montero o magnificó las aventuras de Manita en el Suelo y la mitología textual de oraciones, cantos rituales y poemas

---

[14] *Ibidem*. Hilario González recuerda que *Manita en el Suelo* fue el apodo de "Manuel Cañamazo [que] cierta vez, en una reyerta, puso en fuga a una potencia rival prediciendo un eclipse de luna que se produjo instantes más tarde, lo que lo rodeó de una aureola de ser el negro que podía 'apagar' la luna a voluntad". Cañamazo, junto a otros ñáñigos, murió en 1871, durante el asalto que éstos ejecutaron a la cárcel habanera con la intención de rescatar a los estudiantes de medicina condenados a muerte por el gobierno colonial.

[15] Alejo Carpentier, *Manita en el Suelo*, en *Obras completas*, t. I., p. 241.

populares, Carpentier mitifica nuevamente esa realidad ya mitificada para entregar a García Caturla una perfecta estilización de una historia fabulosa en la que parece haber encontrado la "gran cantidad de cubanía" que obsesivamente buscaba.

Tratándose de un libreto para ballet, Carpentier acude nuevamente a su método de trabajar más con símbolos que con elementos realistas. Otra vez los personajes tienen este carácter, aunque mientras unos representan una entidad abstracta (el Capitán General de España o el Chino de la Charada), la mayoría es una elaboración mítica a partir de un referente mágico o real (los tres Juanes del mito de la Caridad del Cobre y la virgen misma; Papá Montero y Manita en el Suelo, Tata Cuñengue y Candita la Loca, héroes populares). Los acontecimientos, mientras tanto, se mueven entre la alegoría a una realidad muy específica (el hambre de la gran crisis de los años treinta, que obliga a los Juanes a comerse el gallo sagrado de los ñáñigos), la fantasía mágica a partir de un hecho real (Manita "desinfla" la Luna, porque se cuenta que, en cierta ocasión, predijo un eclipse) y la fantasía mágica mitológica (aparición de la Virgen de la Caridad: el milagro).

Así, en las páginas de *Manita en el Suelo* Carpentier expresa, con magistral densidad, todo un cúmulo de preocupaciones y concepciones culturales de especial importancia en su temprana búsqueda de lo distintivo cubano: el sincretismo racial y cultural como sustento de la nacionalidad; lo mágico y lo mítico como componentes activos de la realidad; la convivencia armónica de diversas raíces culturales en un mismo contexto; lo negro como expresión de cubanía; la música y el folclor popular como manifestaciones de una identidad nacional, etc., sin necesidad de rozar el panfleto político, ni el tratamiento explícito de estas nociones, como sucedió en *El milagro de Anaquillé*.

En su conjunto, estos tres libretos —lo más importante de la obra artística de Carpentier antes de la publicación de sus obras narrativas de 1933— expresan diáfanamente las concepciones culturales de que se había ido armando el escritor en sus primeros años de trabajo intelectual. Su decidida militancia afrocubanista, su interés en la búsqueda de lo cubano, la importancia concedida a una mitología y cultura populares y la defensa de una opción nacionalista aparecen como las constantes que unifican estas tres piezas y cuyo tratamiento estético se continuará y profundizará, de acuerdo con el nuevo medio escogido, en su cuento "Historia de lunas" y su novela *Ecue-Yamba-O,* los documentos literarios más significativos de este primer estado de la evolución de lo real maravilloso.

En cada periodo de su evolución artística —estados de lo real maravilloso—, Alejo Carpentier tiene la guía teórica más o menos segura, más o menos ortodoxa, que, emanando de la propia *praxis* artística, trata a la vez de darle fundamentación conceptual a los textos literarios. Si en el segundo estado de lo real maravilloso el trabajo teórico capital es el manifiesto de 1948 sobre "Lo real maravilloso de América", en el estado siguiente lo será el ensayo "Problemática de la actual novela latinoamericana", con su teoría de los contextos de tan evidente plasmación en *El siglo de las luces*. Mientras tanto, sus novelas de los años setenta tienen un correlato conceptual en la conferencia de 1975 "Lo barroco y lo real maravilloso".

Sin embargo, los textos para sinfonías y ballets de los años veinte y treinta y las obras narrativas del periodo se resienten por la falta de "un" texto analítico que exponga, de una vez, las concepciones teóricas y culturales del escritor. De este modo, el establecimiento de tales preocupaciones sólo puede realizarse a través de un rastreo por sus crónicas y artículos periodísticos, en los que, comentando y evaluando por lo general la obra de otros, deja correr sus propias nociones sobre las cualidades de la obra de arte y la responsabilidad del artista latinoamericano.

Los dos textos que con mayor claridad ejecutan esta aproximación teórica, los ya mencionados trabajos "Una fuerza musical de América: Héctor Villa-Lobos" y "El momento musical latinoamericano", enfrentan al estudioso a un arduo problema técnico: en ambos Carpentier se refiere fundamentalmente a los condicionamientos y posibilidades de los creadores musicales del continente, y no a los escritores —poetas y novelistas—, por lo que sus afirmaciones sólo colateralmente podrían explicar la situación exacta de sus nociones literarias.

Varios artículos de este periodo, publicados fundamentalmente en

*Social* y *Carteles*, permiten esbozar, con cierta seguridad, las condiciones que el joven escritor le debía exigir a la obra propia. Trabajos como "Jean Cocteau y la estética del ambiente" (1925), "Man Ray. Pintor y cineasta de vanguardia" (1928), "En la extrema avanzada. Algunas actitudes del 'surrealismo'" (1928), "André Masson, sus selvas y sus peces" (1929) y "El arte clásico y singular de Giorgo de Chirico" (1932), entre muchos otros, develan varias preocupaciones esenciales que de algún modo definen sus intereses estéticos en este feraz periodo.

Tal vez el más importante de los hallazgos carpenterianos del momento que se expresa en sus crónicas sea la noción, casi obsesiva, de la necesidad de trascender la reproducción mecánica de la realidad que las estéticas predominantes en Europa hasta los años veinte —y todavía en uso en América Latina— habían impuesto a la literatura. Desde sus primeros textos periodísticos, el joven Carpentier expresa su entusiasmo por todo método artístico que le sugiera la posibilidad de revelar una nueva dimensión de la realidad, y de ahí el inmediato fervor que profesa por las novedades formales y conceptuales del surrealismo desde el instante en que descubre las potencialidades de esta escuela poética.

Esta búsqueda de una estética capaz de superar el tratamiento servil y meramente especular hacia el entorno en que se había empantanado cierto realismo fotográfico que se había aclimatado en América, y la persecución de una segunda y más acabada visión de la realidad, que le permita revelar sus aristas más profundas, es, a mi juicio, una de las génesis teóricas de sus nociones sobre la existencia de una realidad maravillosa en América. Sin duda, el surrealismo, por un breve tiempo, lo entusiasmó como método artístico y como actitud del creador ante el entorno, por la comprobada efectividad del movimiento en cuanto a la manifestación de nuevas realidades maravillosas. Pero el mismo desgaste de su estética desestimuló su posible filiación artística al movimiento.

Precisamente, en la elaboración de un cuerpo de ideas que conformarán después su noción sobre la existencia de una realidad maravillosa en América radica una de las más interesantes coyunturas en que se debate Carpentier en este periodo de aprendizaje: mientras en su literatura el escritor ha decidido optar por la filiación afrocubanista, en su ideario aparece ya una clara preocupación latinoamericanista que sólo se concretará en su narrativa veinte años después, con la publicación de *El reino de este mundo*. La disyuntiva que se le planteaba a Carpentier entre el afrocubanismo (como literatura de resistencia, como opción nacionalista y como la mejor vía a su alcance para escapar del sociologismo positivista) y el espíritu minorista que lo abocaba a una "mística de América" parece tener su punto de máxima confrontación en el polémico tratamiento del folclor y la real capacidad de éste para escapar de los "insularismos intrascendentes" de que le hablaba a García Caturla.

Ante todo, pesa sobre el Carpentier de estos años su limitado conocimiento de la realidad americana, e incluso de la misma realidad e historia cubanas,[16] dentro de las cuales sí había sido un interesado observador de las manifestaciones de las religiones y el folclor de los negros. Este universo se le presentaba, pues, como el más factible de ser tratado estéticamente en busca de la "gran cantidad" de cubanía que su nacionalismo cultural le imponía. Pero, ciertamente, los módulos y esquemas rígidos de lo folclórico entrañaban el riesgo de una mirada superficial, limitada a manifestaciones visibles y estereotipadas de las convenciones establecidas que conforman un "folclor", es decir, "lo folclórico".

Pero, incluso, lo folclórico entrañaba un riesgo adicional: ¿cómo expresar con un lenguaje nuevo, con una perspectiva de avanzada, un universo que se caracteriza precisamente por un aferramiento a la tradición, a lo establecido, a lo invariable? Las oraciones, mitos, leyendas folclóricas cubanas tenían la ventaja de que apenas habían sido estimadas por la alta cultura, pero una vez tratadas, reflejadas, ¿eran factibles de una reelaboración que no las distorsionara, contaminándolas y, al fin, desvirtuándolas?... El álgido conflicto entre nacionalismo y vanguardismo en que se debatirá *Ecue-Yamba-O* es, estéticamente,

---

[16] Véase Alejo Carpentier, "Un camino de medio siglo", en *Ensayos*, ed. cit. "[...] no había manuales de historia de Cuba –dice al referirse a su niñez–. Es decir, que mi generación, la que fue al colegio en la misma época que yo, creció desconociendo literalmente la historia de Cuba y la historia de América", p. 91.

la comprobación de que avanzaría por un camino cerrado. La evaluación del folclor como escalón que era necesario trascender es, teóricamente, la tesis central de "El momento musical latinoamericano", su más importante ensayo de este periodo.

Ya en 1929, en el artículo "Una fuerza musical de América: Héctor Villa-Lobos", Carpentier ha dejado claro su acuerdo raigal con el músico brasileño en cuanto al carácter del arte sonoro americano: según Villa-Lobos, tal filiación era un problema de sensibilidad, y gracias a ella los materiales folclóricos podían ser sometidos a una necesaria revalorización, a través de la cual el artista sólo asumía lo esencial de la manifestación folclórica, pues, confesaba el autor de *Saudades das selvas brasileiras:*

> Nunca me entretengo en cazar temas populares cuando viajo por el Brasil [...] No necesito fotografiar elementos auténticos, porque esos elementos laten en mí con fuerza mayor. Sería capaz *de inventar* todas las melodías que cantan los indios y negros de mi tierra. Por ello es tan brasileña mi música, ya que de ninguna manera se me podría calificar de folklorista. Todas mis melodías son originales, aunque se ajusten a algún modelo existente.[17]

La opinión de Villa-Lobos, asumida por Carpentier, se contraponía de algún modo a las prácticas seguidas por él y Roldán cuando trataban de copiar la música de las iniciaciones ñáñigas en sus días de "enfermedad infantil del afrocubanismo".[18] Pero, vencido el virus, Carpentier reconoce las limitaciones del folclor para esa necesaria búsqueda de una más profunda visión de la realidad, y le concede a la sensibilidad esa importante misión.

> Ningún compositor [escribe ya en 1931] puede resultar más italiano que Rossini; ningunos más auténticamente franceses que Rameau, Couperin, Debussy, Ravel... Y si bien sabemos que estos músicos amaron el folklore, sería absurdo afirmar que extrajeron de él su hondo carácter nacional. *Castor y Polux, La Mer, Dafnis*, resultan obras francesas por razones mucho

---

[17] Alejo Carpentier, "Una fuerza musical de América: Héctor Villa-Lobos", en *Crónicas*, t. II, p. 137. Las cursivas son nuestras.
[18] Alejo Carpentier, "El recuerdo de Amadeo Roldán", en *Crónicas*, t. II, p. 133.

más profundas que las expuestas por voces del terruño [...] Los temas populares pueden ser, ciertamente, aliados estimables y valiosos en la elaboración de un arte, pero no debe creerse que ofrecen soluciones duraderas a los problemas que se plantean ante la música naciente de un país o —como ocurre en nuestro caso— de un continente. Su misión es de gran importancia en el estadio-nebulosa de una escuela que aspira a personalizarse; pero siempre tendrán que ceder su lugar a las puras e incontenibles manifestaciones de la sensibilidad.

Para concluir su reveladora tesis con la aseveración de que: "En la sensibilidad tendrá, pues, que radicar el carácter latinoamericano de nuestras obras musicales".[19]

Estas afirmaciones, posteriores a la escritura de sus libretos para *La rebambaramba* y *El milagro de Anaquillé*, surten su efecto ya en el texto de *Manita en el Suelo*, donde, a pesar de trabajar otra vez con elementos extraídos del folclor popular, éstos ya se ven sometidos a una estilización poética que trata de salvar sólo "el carácter", desechando el hecho en sí, el documento anotado, la historia real. Sin embargo, al referirse a su literatura —manifestación con leyes propias, diferentes a la música, y menos factible de ser explicada por categorías esquivas como la sensibilidad—, Carpentier funciona todavía con mecanismos donde la "veracidad", la copia fiel, parecen ser decisivos, pues —en el mismo año 1931, exactamente el día 13 de marzo— le escribe a García Caturla sólo para pedirle "un favor": que le remita una enumeración de las cosas que suceden en un velorio ñáñigo, pues dos personajes de su novela "El chivo que rompió el tambor" *[sic]* —*Ecue-Yamba-O*— deben hablar sobre ese tema y "quisiera que en el diálogo hubiera alguna mención a hechos exactos". Por lo demás, antes ha dejado bien claro que "No tengo la pretensión, desde luego, de describir una ceremonia que no he visto..."[20] *Ecue-Yamba-O*, la única novela de este estado y, sin duda, la pieza literaria más importante del periodo, será el terreno donde se debatirán estos juicios conceptuales encontrados en busca de una definición estética.

---

[19] Alejo Carpentier, "El momento musical latinoamericano", ed. cit., p. 60.
[20] Alejo Carpentier, *Obras completas*, t. I, p. 293.

Según Alejo Carpentier, la primera versión de *Ecue-Yamba-O* fue escrita como en un rapto, en sólo nueve días, entre el 1º y el 9 de agosto de 1927, mientras sufría prisión en la cárcel habanera de Prado número 1 —la misma que en 1871 habían intentado asaltar Manita en el Suelo y sus "ecobios" ñáñigos—. La fecha de la versión definitiva de la obra, que sería publicada en Madrid en 1933 con el subtítulo de *Historia afrocubana*, por la Editorial España, indica que la reescritura se produjo en "París, enero-agosto de 1933".[21] Sin embargo, en más de una ocasión, durante 1930 y 1931 —en cartas a Mañach o a García Caturla, por ejemplo— Carpentier aseguraba haber concluido el libro y estar ya en espera de su publicación, lo que también confirma Hilario González, estudioso de la obra carpenteriana pero además íntimo amigo del escritor por largos años, compañero suyo en el decisivo viaje al Alto Orinoco, cuando afirma que "En 1930, en París, Alejo Carpentier debió releer y hacer retoques a su primera novela, *Ecue-Yamba-O* [...] para enviarla a una casa editora en Madrid".[22] Entonces, ¿1930, 1931 o 1933?

Si a estas alturas importa tanto precisar la fecha de culminación de la novela —diferencia de apenas tres años que puede parecer intrascendente en una evolución de medio siglo—, se debe a la relación que establece *Ecue-Yamba-O* con el relato "Historia de lunas" —al parecer, éste sí, escrito en 1933— en cuanto al tratamiento literario de un aspecto crucial en la formación de la visión real maravillosa de la realidad americana: la magia. La cercanía de estos dos textos, novela y cuento, que llega al extremo de los préstamos intertextuales de personajes, mitos populares y hasta pasajes narrados, se rompe, en cambio, en cuanto al empleo de la perspectiva narrativa utilizada para asumir los procesos mágicos, pues mientras en *Ecue-Yamba-O* ya Carpentier establece el método rector que caracterizará la presencia de este elemento en la producción mayor de lo real maravilloso (distancia objetivizante entre narrador y referente, entre autor y personajes), en el relato se trabaja sobre una cerrada identificación de perspectivas narrador-personajes que será el sello distintivo de la estética del realis-

---

[21] Alejo Carpentier, *¡Ecue-Yamba-O!*, Editorial España, Sucesores de Rivadeneyra, Madrid, 1933, p. 225.
[22] Hilario González, *op. cit.*

mo mágico americano. ¿Qué texto es anterior y cuál posterior?, cabe preguntarse. ¿Cuál está más cerca de los libretos de sinfonías y ballets, del cuento surrealista "El estudiante" y de toda una estética que se propone naturalizar lo mágico sin interferencia alguna? La lógica de la evolución carpenteriana en este importante aspecto de su obra debía indicar que la culminación de *Ecue-Yamba-O* es posterior a "Historia de lunas", en virtud de la relación que guarda el cuento con sus antecesores y la novela con sus sucesores, pero entonces cabría preguntarse: ¿mentía Carpentier en las cartas a sus amigos? O, si fuera posterior, ¿el cuento es de algún modo un regreso estético respecto a la novela? Ante la duda —que ni siquiera la anotación de la versión definitiva en la primera edición de la novela logra disipar del todo—, veamos cómo se manifiesta esta embrionaria concepción de lo maravilloso en ambos textos narrativos y luego intentemos proponer conclusiones.

Al analizar —capítulo I— la oposición entre vanguardismo y nacionalismo que enfrenta Carpentier al emprender la versión definitiva de *Ecue-Yamba-O*, comentaba cómo el escritor, para escapar de cierta retórica propia de un realismo fotográfico y nativista, se proponía, con el argumento y los protagonistas de su novela, realizar una globalizante metáfora de la vida de un amplio sector de la sociedad cubana de principios de siglo. La metáfora —lo vanguardista— acudía, sin embargo, a los términos de una circunstancia típica —el nacionalismo—, en la cual, casi a modo de enumeración, eran llamados a filas toda una serie de elementos característicos y generalizadores: desde el ámbito físico en que se desarrollan sus personajes —primero el contexto rural típico, en las inmediaciones del ingenio; luego el urbano, en la ciudad innominada donde vive Menegildo— hasta los aspectos más significativos de una geografía —el ciclón—, de una economía —la zafra y el tiempo muerto—, de un sistema político —la preparación de unas elecciones— y de una cultura —las creencias religiosas siempre presentes—, que en su engranaje armónico conseguían armar el fresco totalizador perseguido por Carpentier. De este modo, la novela, avanzando más por la adición de módulos significativos que pueden replicarse o incluso suprimirse —representados por los mismos títulos de los capítulos que repiten su nominación–, que por un desarrollo dramático ascendente conseguido a través de una armazón cerrada de las líneas argumentales, elude un tratamiento "biográfico" o psicológico de la vida de Menegildo en favor de un tratamiento sociológico, ejemplar, de la existencia de todos los negros campesinos cubanos, empobrecidos, sometidos a voluntades económicas y sociales sobre las cuales no tienen ninguna potestad ni influencia.

Esta concepción, más simbolista que realista –y de franca influencia expresionista, según Emil Volek–,[23] pretendía de algún modo dinamitar el simple calco de un referente, eludir la imagen especular patentada por el realismo del siglo XIX, para convertirse en un reordenamiento de la realidad desde una perspectiva estética en la que, junto a la denuncia social, se perseguía la revelación de un mundo apenas conocido y muy poco tratado artísticamente hasta esos momentos y sobre el cual Carpentier quiere llamar la atención por la riqueza mítica y los valores mágicos que en él sobreviven.

En última instancia, tal interés –legado por el afrocubanismo y el minorismo– entroncaba a Carpentier con toda una tendencia de las literaturas de vanguardia en su búsqueda de sectores de la realidad a los que había permanecido ajena la conciencia europea durante varios siglos. Como bien afirma Roberto González Echevarría, "es notorio que el modernismo europeo (es decir, lo que vino a ser la vanguardia) [...] constituye la búsqueda de una visión del mundo diferente u opuesta a la de la cultura occidental".[24] Es el momento del auge del negrismo, de la subconciencia, del irracionalismo filosófico y artístico, de la reacción contra el positivismo y el neokantismo, del redescubrimiento de Nietzsche y del gran auge de Freud, es decir, de toda una serie de posturas metafísicas y culturales que se movían en la periferia (intelectual y geográfica) de la vieja filosofía (racionalismo) y la tradición artística (realismo) burguesas, y que venían a descomponer, por primera vez, el centralismo histórico europeo.

---

[23] Emil Volek, "Alejo Carpentier y la narrativa latinoamericana actual", *Cuadernos Americanos*, núm. 296, Madrid, febrero de 1975, p. 333.

[24] Roberto González Echevarría, "Isla a su vuelo fugitiva: Alejo Carpentier y el realismo mágico", *Revista Iberoamericana*, núm. 86, enero-marzo de 1974, p. 27.

Para ello, es evidente, Carpentier no podía limitar sus búsquedas a la presentación folclorizante –que ya sería de por sí novedosa, incluso para el lector americano, y hasta para el cubano– del mundo fabuloso de los negros criollos, sino que debía hacerlo desde una postura estética que le permitiera marcar con mayor intensidad la singularidad física y espiritual del entorno y de los personajes. El estilo vanguardista, las metáforas futuristas y chocantes, las desintegraciones casi cubistas de paisajes naturales y de lugares –ingenio, cárcel, ciclón, etc.–, se le presentaban entonces como una opción válida para desperezar cualquier mirada ya prejuiciada por años de literatura costumbrista y realista. El lector debía desmontarse de "los coturnos de la costumbre" y presenciar un verdadero acto de desvelamiento para el que Carpentier, entre 1927 y 1933, sólo contaba con la fortaleza verbal de una nueva retórica, lo cual ha sido, precisamente, el aspecto de la novela más atacado por sus críticos –especialmente Marinello–, que no han sabido ver, históricamente, la disyuntiva que se le presentaba al joven escritor. Lo cierto es, sin embargo, que tal proyecto estilístico apuntaba ya a la búsqueda de una estética que tiene en su origen, precisamente, la búsqueda de lo maravilloso, de lo extraordinario, o al menos de lo diferente:

> La minuciosa descripción de lo real para minar la familiaridad de la percepción habitual es característica de la estética de principios de siglo, desde un Azorín hasta los formalistas rusos, quienes sostenían, por ejemplo, que la metáfora chocante del poeta futurista forzaba al lector a percibir con mayor nitidez los objetos dispares que ésta aproximaba. Lo que varía en todos los casos es el acto de percepción, que al asumir una perspectiva inusitada proyecta sobre la realidad un asombro o una devoción que hacen del gesto y del objeto un milagro, las "maravillas concretas" de que habla Guillén [Jorge] y la magia del ser a que a veces apela Roh [Franz]. Es el roce de los dos elementos, de la subjetividad y de lo real, lo que genera la alquimia, pero lo real, según Roh, permanece inmutable.[25]

No es descabellado pensar que ya en estos momentos Carpentier esté manejando las categorías de Franz Roh y *El realismo mágico*, que

[25] *Ibidem,* pp. 24-25.

había leído en la *Revista de Occidente*. Las sucesivas descripciones con que el cubano acercará objetos, acontecimientos, actitudes, comportamientos culturales en apariencia disímiles a lo largo de esta primera novela provocan una sensación de descubrimiento francamente reveladora, gracias a la alteración del "acto de percepción" al que se refiere González Echevarría. En realidad, sólo en algunos pasajes de la novela —y quizás de modo inconsciente— Carpentier acude a una causalidad "mágica" para avanzar en el desarrollo de los acontecimientos; como norma, mientras tanto, emplea una actitud avisada que, sin proponerse transgredir los marcos habituales de lo real y lo "verosímil", arroja una nueva luz sobre fenómenos y acontecimientos que son vistos ahora con una mayor intensidad. Lo maravilloso, al final, es la realidad misma —objetiva o subjetiva, ordinaria o alterada por cierta magia capaz de provocar su reordenamiento—, sobre la que el escritor ha puesto el acento de sus intereses estéticos y hasta políticos y sociales.

Como se sabe, una de las preocupaciones básicas de Carpentier, en este momento, parte precisamente de la relación entre el escritor, el documento real-referencial y el producto artístico. En sus cartas a Mañach, enviadas en 1930 y 1931, el novelista en ciernes le expresa a su maestro su preocupación al respecto: mientras en la primera misiva le expone que la fidelidad al documento ha sido uno de los defectos de la novela latinoamericana de esos tiempos, en la segunda, por el contrario, justifica su postura hacia el referente al aclarar que "[...] no he trabajado al azar, no hay en ese libro un solo detalle que no esté justificado por la observación y conocimiento de un hecho por seguro conducto", postura que encuentra su comprobación cuando Carpentier excluye el velorio ñáñigo que pensó trabajar en la novela, y sobre el cual, al parecer, García Caturla nunca le envió la descripción solicitada ("No tengo la pretensión, desde luego, de describir una ceremonia que no he visto", decía entonces). Es más: en 1975, al preparar la primera reedición autorizada de *Ecue-Yamba-O*, todavía insiste sobre su conocimiento directo del asunto, cuando revela que, incluso, "Mucho había conocido a Menegildo Cué, ciertamente compañero mío de juegos infantiles. El viejo Luis, Usebio y Salomé —y también Longina, a quien ni siquiera cambié el nombre— supieron recibirme a mí, muchacho blanco..."[26] La dificultad de convertir un material "realista" en un producto "simbolista" tiene una de sus expresiones literarias en los desafueros idiomáticos en que se mueve el lenguaje de *Ecue-Yamba-O*: del lenguaje vanguardista del narrador, plagado de metáforas futuristas y surrealistas, al calco del habla de sus personajes, no sólo en sus giros y modismos, sino incluso en su pronunciación, en una actitud documental en constante fricción con la postura culta del narrador. Otra de las dificultades en que colocó a Carpentier la disyuntiva realismo-simbolismo se hace evidente en las detalladas descripciones de las ceremonias religiosas —iniciación ñáñiga, fabricación del embó, posesión por el santo, etc.–, narradas con una minuciosidad que, cuando menos, revela la intención carpenteriana de que su obra sea, además de una novela, un documento autorizado, casi antropológico, sobre tales prácticas religiosas de las que, sin embargo y según su propia confesión, apenas logró rozar su verdadera esencia (p. 11).

De cualquier modo, en la relación que establece Carpentier con el referente extraliterario, *Ecue-Yamba-O* ofrece una actitud peculiar que apenas tendrá espacio en los siguientes estados de lo real maravilloso, cuando la historia —como referente e incluso como tema— irrumpa definitivamente en su novelística. A pesar de su conocimiento directo, personal, de los protagonistas y la época en que se desarrolla el argumento de *Ecue-Yamba-O*, no quedan dudas de que al escritor, más que recrear una historia conocida, le interesa ficcionalizarla, para alcanzar la multitud de propósitos que carga la novela (y de ahí la visión generalizadora). Tal actitud ante lo "histórico" queda claramente revelada, por ejemplo, en el capítulo 32, "Rejas (b)", cuando el narrador —de un modo casi imprevisto, sencillamente voluntarioso— decide contar una historia real —la del proxeneta Alberto Yarini y la guerra entre chulos franceses y cubanos por el dominio de la zona de San Isidro, hacia 1910– pero la enmascara tras nombres ficticios —Yarini es ahora Mario el Grande, y su rival, Louis Lotot, es nombrado Mesié

---

[26] Alejo Carpentier, *Ecue-Yamba-O*, prólogo, p. 11. (A partir de esta nota, hasta el final del capítulo, todas las referencias textuales a las obras de Carpentier las indicaré con el número de la página correspondiente a la edición citada.)

Absalón—, a pesar de que lo narrado, en un alto porcentaje, se corresponde con los hechos históricos —entre los que se incluye la referencia misma al entonces presidente de la república—. Si contrastamos tal actitud con la seguida en novelas como *El reino de este mundo* o *El siglo de las luces*, donde incluso personajes históricos muy secundarios mantienen intacta su historicidad, queda claro que los intereses de Carpentier por esta época —pues algo similar ocurrió en *Manita en el Suelo* y con "Historia de lunas"— no es la historia en sí misma, sino la intención de remarcar, para hacerlos notables, ciertos aspectos de la realidad histórica cubana, pero digeridos y potenciados por la ficción.

De todos los elementos sumados por Carpentier para conseguir su visión totalizadora y repetitiva —zafras, ciclones, elecciones, etc.— sólo uno era exclusivo de los negros cubanos y les permitía a éstos ejercer una cierta influencia sobre la realidad —para transformarla incluso—: sus creencias religiosas. Ofrecidas como un vasto reservorio mitológico en el que venían a confluir prácticas de brujería, santería, espiritismo, catolicismo, vudú, protestantismo y ñañiguismo, en una amalgama sincrética de franco carácter maravilloso por la cantidad de raíces y credos —muchas veces antagónicos— puestos en contacto y herética convivencia, en estas creencias religiosas está, tal vez, el nudo conceptual de la singularidad cubana más importante de la novela.

Si una de las influencias que está pesando sobre el Carpentier de estos años es la propuesta surrealista de la eliminación de las antinomias y el método artístico de acercar en un mismo plano realidades diversas, la amalgama religiosa de los negros cubanos sin duda le estaba ofreciendo, en la misma realidad (referente documental), un contacto de antinomias más vivo y atractivo que el que pudiera extraerse de un ejercicio poético con la subjetividad. Este hallazgo, que será unos años después la piedra angular de su debate con el surrealismo, constituye, obviamente, una de las más señaladas características literarias en que se manifestará lo maravilloso —real— en este estado primario de su evolución.

Al expresar en la novela, y con especial interés, toda la compleja mitología del negro cubano, Carpentier no logra escapar del enjuiciamiento sociológico al que ha sometido a todo el material literario escogido. Más que un componente orgánicamente engarzado en una visión del mundo —como ocurrirá en *El reino de este mundo*—, las creencias religiosas se convierten en verdaderos tratados documentales que el escritor no quiere dejar de reflejar y, lo que es más grave estéticamente, de explicar.

Así, más que una visión cómplice de estos fenómenos, *Ecue-Yamba-O*, en virtud del lenguaje simbolista y la perspectiva narrativa empleadas, nos ofrece una visión exterior de esta rica mitología, en función de sus valores culturales, políticos y sociales. Tal vez el momento más sintomático de la novela para entender el modo en que se asumen y reflejan estas mitologías sea el capítulo 12, con el que se abre la segunda parte ("Adolescencia"), titulado "Espíritu Santo". Dedicado al aprendizaje "místico" de Menegildo, heredero de toda una tradición cultural, en un primer momento el capítulo se encarga de establecer el potencial mágico de estas religiones y el modo en que, influyendo desde otra realidad, puede incluso actuar sobre la vida cotidiana, transformándola. Sólo había que "conocer"; por eso dice el narrador:

> La pobre ciencia de Salomé desaparecía ante el saber profundísimo del viejo Beruá... Para este último, lo que contaba realmente era el vacío aparente. El espacio comprendido entre dos casas, entre dos sexos, entre una cabra y una niña, se mostraba lleno de fuerzas latentes, invisibles, fecundísimas, que era preciso poner en acción para obtener un fin cualquiera. El gallo negro que picotea una mazorca de maíz ignora que su cabeza, cortada por noche de luna y colocada sobre un determinado grupo de granos sacados de su buche, puede reorganizar las realidades del universo. Un muñeco de madera bautizado con el nombre de Menegildo se vuelve el amo de su doble viviente. Si hay enemigos que hundan una puntilla enmohecida en el costado de la figura, el hombre recibirá la herida en su propia carne... [p. 50.]

Y sigue mencionando ejemplos de esta potencia mágica, hasta explicar cómo, donde los blancos sólo ven emanaciones lógicas del mundo objetivo, los negros encuentran las manifestaciones de un gran saber, centenario y arcano. En todo el proceso de esta exposición, el narrador se ha mantenido cercano a la perspectiva de sus personajes —de los cuales, escogiendo el caso de Menegildo, ha destacado antes su elementalidad intelectual–, para luego romper drásticamente con esta posible identificación y ofrecer su perspectiva de hombre blanco, culto y necesariamente racional, al decir:

> Si se acepta como verdad indiscutible que un objeto pueda estar dotado de vida, ese objeto vivirá. La cadena de oro que se contrae, anunciará el peligro. La posesión de una plegaria impresa, preservará de mordeduras emponzoñadas [...] Cuando el santo *[sic]* se digna a regresar del más allá, para hablar por boca de un sujeto en estado de éxtasis, aligera las palabras de todo lastre vulgar, de toda noción consciente [...] Es posible que, en realidad, el santo no hable nunca; pero *la honda exaltación producida por una fe absoluta* en su presencia, viene a dotar al verbo de su mágico poder creador, perdido desde las eras primitivas. [...] Sin sospecharlo, Beruá conocía prácticas que excitaban los reflejos más profundos y primordiales del ser humano. Especulaba con el poder realizador de una convicción; la facultad de contagio de una idea fija; el prestigio fecundante de lo tabú; la acción de un ritmo asimétrico sobre los centros nerviosos... [pp. 50-51, las cursivas son nuestras.]

Y Carpentier concluye su disertación un poco después con palabras de etnólogo que aclaran aún más su postura:

> Basta tener una concepción del mundo diferente a la generalmente inculcada para que los prodigios dejen de serlo y se sitúen dentro del orden de acontecimientos normalmente verificables. Estaba claro que ni Menegildo, ni Salomé, ni Beruá habían emprendido nunca la ardua tarea de analizar las causas primeras. Pero tenían por atavismo, una concepción del universo que aceptaba la posible índole mágica de cualquier hecho [p. 54].

Ante todo, los fragmentos citados exponen claramente un par de nociones básicas para el análisis de la génesis de la teoría carpenteriana de lo real maravilloso: primero, que existe una división entre creyentes y no creyentes, pues mientras los primeros aceptan por una "fe absoluta" las revelaciones mágicas, los otros saben (o creen saber) que se trata sólo de una "honda exaltación" (del espíritu) y de ciertos mecanismos, internos o externos, que actúan sobre la psiquis de los individuos; y, en segundo término, vienen a demostrar el hecho de que el narrador (voz del autor en esta novela) milita entre los no creyentes y conoce (o cree conocer) las causas reales de las manifestaciones mágicas, pues él ya estaba despojado del atavismo de esa "concepción del universo que aceptaba la posible índole mágica de cualquier hecho".

Más allá de la claridad que respecto a los planteamientos de 1948 sobre lo maravilloso y la fe tienen estos pasajes de 1933, sí resulta indiscutible que establecen, definitivamente, la postura de Carpentier frente a las creencias de sus personajes en esta novela (y en esta época): para él, estas prácticas religiosas son fruto de un maravilloso primitivismo ancestral, todavía conservado en América, pero no representan su propia concepción del mundo, por lo cual parece urgido de establecer una distancia entre ellos y él: la que impone el narrador, con su lenguaje ensayístico y con sus explicaciones cuasicientíficas de los fenómenos que conforman una religiosidad. Es evidente, entonces, que no estamos ante una visión realista mágica del entorno, sino ante una postura lógica, "civilizada", que se convertirá después —convenientemente readecuada en una estética más coherente— en la óptica rectora de la visión de lo real maravilloso y en su diferencia esencial respecto al realismo mágico.

Tanto el capítulo "Espíritu Santo" como el 19, "El embó", resultan decisivos para la comprensión de los personajes concebidos y la función pragmática y vitalista conferida a la religión por todo un conglomerado humano, y así en "El embó", cuando Menegildo, enamorado, va en busca de la ayuda de Beruá, el viejo le dice: "Mientra no hay enfelmo naiden se acuelda de uno" (p. 65), pero no duda en ofrecerle el remedio que el joven le solicita para su mal de amores y prepara el *embó* que pondrá a Longina a los pies de Menegildo.

Sin embargo, existe un pasaje de la novela —capítulos 41 y 42, "Nochebuena" y "Quiquiribú"— en el que la voz del narrador apenas se interpondrá entre las causas y los efectos de los procesos mágicos. Cuando en la fiesta de Nochebuena, celebrada en la casa de Cristalina Valdés, los ñáñigos —Menegildo, Antonio y sus "ecobios"—, alentados por el alcohol y las recientes disputas con una potencia enemiga, se dejen llevar por sus impulsos y profanen con instrumentos de juerga "un ritmo sagrado y toques que sólo corresponden a los tambores religiosos", se está produciendo una alteración del arcano que exigirá un castigo: la muerte de Menegildo, a manos de sus rivales, es el pago por tal desacato, pago del que logra escapar el negro Antonio, pues, como se había visto en el capítulo anterior (40, "El diablo"), éste ha sabido procurarse la protección que significa poseer un "diablo" —collar preparado—, además de la posesión de un muerto que aleje de sí a los enemigos. Pero Menegildo, desguarnecido, pagará la culpa de la violación. En todo este proceso —que abarca tres capítulos consecutivos— Carpentier ha logrado que su voz narrativa se mantenga en un nivel de objetividad hacia lo narrado que evita el comentario explicativo respecto a los fundamentos mágicos de estos acontecimientos. La secuencia resulta, entonces, como una urdimbre de causas y consecuencias tejidas por hilos invisibles entre profanación-culpa-protección-castigo, y sigue un curso oculto, totalmente mágico, siempre establecido desde la perspectiva de los personajes, de un modo que pocas veces se repetirá en la narrativa posterior de Carpentier —"Historia de lunas" y "Viaje a la semilla" serán los únicos ejemplos de este recurso mágico-realista en que efectos sobrenaturales provoquen consecuencias objetivas mediante una causalidad oculta—.

Cada uno de estos pasajes, referidos a las creencias religiosas de los negros cubanos, ofrecen además un importante elemento en la conformación de una circunstancia única, típica de América: el sincretismo religioso. Los altares de Beruá y Salomé, por ejemplo, consiguen armonizar, en un mismo plano, creencias europeas y africanas ancestrales cuya convivencia sólo se produce en el Nuevo Mundo. Menegildo, por su parte, logra ser un compendio aún más significativo: junto a las creencias cristianas y de la santería de Beruá, aceptará después la mitología abakuá, o participará en una sesión de espiritismo científico, mientras que un personaje como Longina habla de los poderes del vudú y comparte las creencias de Menegildo, o Cristalina Valdés, espiritista, puede a su vez comulgar y practicar creencias de santería.

El cuadro de esta magnífica e insólita convivencia en *Ecue-Yamba-O* lo completan las imágenes de los trabajadores jamaicanos, cultores del protestantismo, y de los haitianos, fieles del vudú, convocados todos en la periferia del ingenio azucarero al conjuro del elemento económico, que los ha hecho emigrar a los campos cubanos en busca de un salario. De estas creencias, en las que Carpentier no se detiene, lo importante en la conformación de una visión maravillosa de América está justamente en su convivencia, en su presencia en un mismo plano de la realidad, provocando una cercanía que el escritor presiente sencillamente insólita, por singular, en el contexto de la cultura contemporánea.

Sin embargo, todavía estas religiones deben enfrentar una nueva responsabilidad en la novela: la de sostener una opción nacionalista capaz de resistir la penetración comercial y cultural imperialista. La romántica tesis central de *El milagro de Anaquillé* reaparece aquí claramente explicitada en el capítulo 27, "Política", en el que el narrador (Carpentier), luego de explicar las características carnavalescas de la política cubana de la época, analiza de qué modo el capital extranjero, fundamentalmente norteamericano, se ha ido apropiando de la "isla de corcho", produciendo a la vez un proceso de negación cultural al que sólo se oponen, sin saber muy bien que lo hacen, los creyentes negros:

> ¡Hasta la rústica alegría de coco y los caballitos de queque retrocedían ante la invasión de los ludiones de chicle! ¡La campiña criolla producía ya imágenes de frutas extranjeras, madurando en anuncios de refrescos! ¡El orange-crush se hacía instrumento del imperialismo norteamericano, como el recuerdo de Roosevelt o el avión de Lindbergh...! Sólo los negros, Menegildo, Longina, Salomé y su prole conservaban celosamente un carácter y una tradición antillana. ¡El bongó, antídoto de Wall Street! ¡El Espíritu Santo, venerado por los Cué, no admitía salchichas yanquis dentro de sus panecillos votivos...! ¡Nada de hot-dogs con los santos de Mayeya! [p. 93.]

No obstante, la falta de una conciencia política en estos hombres hace que su resistencia intuitiva, ancestral, vaya siendo dinamitada por un proyecto avasallador y consciente al que ellos, como clase social, no se pueden oponer. El ejemplo de Mackandal no es siquiera una noticia histórica, una leyenda perdida, en la ideología de los Cué. La ingenua opción levantada con tanto entusiasmo por Carpentier (empleando incluso sucesivos signos de admiración) poco podía hacer por la independencia económica y cultural a la que aspiraban los minoristas.[27]

Todavía en el terreno de las creencias religiosas, se encuentran en la novela otros aspectos de interés para la definición de las características de este estado embrionario de lo real maravilloso. Uno —de especial importancia— es el de la naturalización, en la realidad objetiva, de ciertos "encuentros fortuitos" de clara estirpe surrealista, lo que ya representa, en Carpentier, una personalización de las enseñanzas y recursos del movimiento. Uno de los pasajes que ponen de manifiesto esta asimilación creadora se produce en el capítulo 14 —"Fiesta (a)"—, cuando Menegildo, en el batey del San Lucio, se topa con los jamaicanos del Ejército de Salvación y dice el narrador:

> Los transeúntes se habían agrupado para ver a una jamaiquina que entonaba himnos religiosos, acompañada por dos negrazos que exhibían gorras de la Salvation Army [...] Era una inesperada visión de la escena a la que se asiste, cada domingo, en las calles más sucias y neblinosas de las ciudades sajonas [p. 65].

El encuentro de algo que parece descontextualizado, extraído de otra realidad, se produce, en cambio, en la realidad, y se contextualiza por la necesidad económica que obliga a estos hombres y mujeres a emigrar. Pero sólo la visión culta y lógica del narrador es capaz de ver y resaltar lo insólito del acontecimiento, al establecer claramente los términos de una comparación cultural entre un acá (Cuba) y un allá ("ciudades sajonas"), sin la cual Carpentier piensa que no funcionará estéticamente el prodigioso acercamiento de dos universos en apariencia inconexos.

Mientras tanto, en el capítulo 41 —"Nochebuena"— la consecución de un efecto similar está trabajada con otros recursos. La fiesta en la casa de la espiritista Cristalina Valdés, a la que asisten Menegildo, An-

[27] En uno de sus párrafos, el "Manifiesto Minorista" de 1927 se pronunciaba: "Por la revisión de los valores falsos y gastados. Por el arte vernáculo y, en general, por el arte nuevo en sus diversas manifestaciones. Por la reforma de la enseñanza pública. Por la independencia económica de Cuba y contra el imperialismo yanqui. Contra las dictaduras políticas unipersonales en el mundo, en América, en Cuba..."

tonio y "casi todos los miembros del Enellegüelle" (potencia ñáñiga a la que ellos pertenecen), funciona como un prodigioso compendio de elementos dispersos, convocados todos por una religiosidad heterodoxa y funcional, que pone en un mismo nivel de influencias a los ritos ñáñigos venidos del viejo Calabar, con la posesión "de un santo" propio de la santería que "le baja" a Cristalina, en un ámbito (la casa de Cristalina) que habitualmente está dominado por las fuerzas benéficas de los transmisores espirituales de la mujer: "Lenin, Napoleón, Lincoln, Allan Kardek y el Crucificado [que] estaban alineados en una mesa, en busto y efigie, para presidir la fiesta..." (p. 145), pues según Cristalina Valdés "todos los 'hombres grandes' eran transmisores [...] de una fuerza cósmica, indefinible, tan presente en el sol como en la fecundación de un óvulo o una catástrofe ferroviaria", y por eso, en su sala, era posible ver unidos, por la facultad de la posesión de tal poder, "un retrato de Allan Kardek [que] se avecinaba con un triángulo masónico, un Cristo italiano, el clásico San Lázaro Cubano 'printed in Switzerland', una efigie de Maceo y una máscara de Victor Hugo" (p. 137). Una corriente de surrealismo, naturalizado aquí por la fe de unos creyentes, permite este insólito contacto, esta amulatada contaminación, que define otra vez uno de los rasgos esenciales y distintivos de la realidad en que está hurgando Carpentier: el sincretismo caribeño, capaz de fundir, junto con razas y culturas, religiones y visiones del mundo antes excluyentes.

En la búsqueda de las raíces primeras de las manifestaciones de lo real maravilloso americano en la narrativa de Carpentier existe una noción de importante desarrollo en obras posteriores que tiene su más remoto origen en *Ecue-Yamba-O:* los contextos latinoamericanos. Si ya en el ensayo "El momento musical latinoamericano" fue posible establecer la presencia de una diferenciación de la realidad latinoamericana que parece una franca premonición de esta teoría de los contextos, en *Ecue-Yamba-O*, narrativamente, existen procedimientos y búsquedas que pueden conducir al crítico al hallazgo de este curioso embrión.[28] Pienso que el mismo interés metafórico, generalizador,

---

[28] Véase Pedro Lastra, "Aproximaciones afrocubanas", en *Valoración múltiple. Recopilación de textos sobre Alejo Carpentier*, pp. 281 y ss.

que sustenta la estructura de la novela, es el elemento que permite la configuración de una posible contextualización de procesos típicos de América Latina, ubicados en un espacio y un tiempo propios y determinados, y con los cuales Carpentier se propone ofrecer una cubanía —en paisajes físicos y naturales y en personajes— que de algún modo nos distinga y nos identifique.

No obstante, tal vez sea preciso aclarar que, más que contextos, Carpentier trabaja, en realidad, módulos significativos y caracterizadores de una circunstancia específica que, en su caso, aparecen con la clara intención de contextualizar ciertas actitudes, acontecimientos y comportamientos humanos y sociales.

Aunque años más tarde, al elaborar teóricamente esta proposición de la relación entre los diversos componentes de una realidad, Carpentier acude a las afirmaciones de Jean-Paul Sartre, en este momento específico de sus búsquedas la influencia que en este aspecto más pesa sobre el pensamiento del cubano es, sin duda, la de Oswald Spengler, como se ha encargado de sostenerlo Roberto González Echevarría en su estudio *El peregrino en su patria*. La íntima relación cultura-paisaje (que se evidencia ya en la nominación misma de los dos primeros capítulos del libro, titulados exactamente "Paisaje (a)" y "Paisaje (b)", y con los cuales el escritor ubica a personajes, asuntos, tiempo histórico del relato y hasta el mismo drama que se desarrollará) tiene una evidente conexión spengleriana a través de la teoría del carácter orgánico de la naturaleza y la cultura (la naturaleza en la novela es un ente vivo), y del desenvolvimiento histórico en ciclos, noción de especial importancia en la narrativa carpenteriana de estos años.

Así, desfilan por la novela contextos raciales, económicos, ctónicos, políticos, de desajuste cronológico, culturales, culinarios e ideológicos —todos citados por el escritor en su ensayo "Problemática de la actual novela latinoamericana"—, que proponen una singularización del ámbito cubano en su relación con el ámbito universal, o al menos occidental. De este modo, el contexto económico, marco fundamental en el que se desarrollará la vida de los Cué, antecede incluso la aparición de los personajes en la novela, y los capítulos 1 y 2 se encargan de conseguir esta importante ubicación: las máquinas, el ingenio, las cañas, la zafra son los elementos que rigen la vida de los personajes, dictando con sus leyes económicas sus destinos individuales; rasgos de la política cubana de la época, con sus características chambelonescas y saineteras, pero profundamente dramáticas para el país, aparecen en el capítulo 27, "Política"; la geografía insular, las fuerzas de una naturaleza muy lejos de estar domada, a cuya merced están los hombres, conforman un contexto natural que se evidencia en los cuatro capítulos −8 al 11− en que se describe el típico ciclón tropical; el sincretismo, la convivencia racial, la pervivencia de ritos ancestrales, el cruce cultural, la religiosidad, la función pragmática de lo mágico y lo esotérico que recorren, de modo visible o transfigurado, todos los acontecimientos de la novela, conforman a su vez un típico contexto racial, religioso y cultural que nos define, identifica y singulariza...

Gracias a toda esta confluencia de hallazgos y tanteos −la convivencia de lo mágico y lo maravilloso, la presencia de un sincretismo cultural y racial como rasgo distintivo de una identidad, los métodos para destacar singularidades americanas, la presencia de un cierto surrealismo real en nuestro medio, y hasta la prefiguración de esos contextos cabalmente latinoamericanos−, *Ecue-Yamba-O* se revela como la más importante y trascendente pieza de este periodo de la narrativa carpenteriana, vista en función de teorizaciones y experimentos narrativos posteriores. La significación de esta novela (por lo general minimizada en su trascendencia por una crítica más preocupada por la calidad literaria o el valor ideológico de la obra) resulta, entonces, de especial interés en la búsqueda de orígenes estéticos y teóricos del fenómeno artístico y conceptual de lo real maravilloso y constituye −sin dudas para mí− un documento literario imprescindible para comprender los primeros pasos −y no precisamente perdidos− de un camino de medio siglo.

Si escasa ha sido la fortuna crítica de *Ecue-Yamba-O*, prácticamente nula ha sido la trascendencia de "Histoire de lunes" entre los estudiosos de la obra de Alejo Carpentier. Relegado por su autor y despreciado por los críticos −con excepción de González Echevarría en *The Pilgrim at Home*–, este relato, escrito en francés y publicado en 1933 en la revista *Les Cahiers du Sud*, encarna una especial importancia a la hora de establecer los prolegómenos de la teoría y la literatura de lo real maravilloso americano.

Ya en el primer capítulo de este ensayo, al analizar el lugar del relato dentro de la evolución artística temprana de Carpentier –días de pugna estética entre vanguardismo y nacionalismo–, comentaba dos procesos fundamentales en el cuento: su carácter cíclico –ciclos naturales y ciclos mecánicos profundamente entrelazados– y el empleo de una voz narrativa coral como modo de naturalizar la visión mágica de la realidad en que se sustenta toda la obra. Ambos aspectos, muy cercanos a *Ecue-Yamba-O*, nos permitían considerar –apoyados además en la existencia de préstamos– a la novela y al relato como un binomio literario de relaciones muy íntimas dentro de la narrativa de Alejo Carpentier.

Vistas en función de búsquedas y hallazgos que anuncien la futura llegada de la noción real maravillosa de la realidad americana, cada obra tiene su signo distintivo esencial en el tratamiento dado a uno de los cimientos fundamentales de la teoría carpenteriana: la magia y la fe.

A diferencia de lo visto a propósito de *Ecue-Yamba-O* y la convivencia de causalidades lógicas y mágicas en su desarrollo, en "Historia de lunas" se produce una transformación radical: desde el motivo mismo del cuento hasta su desarrollo argumental, todo en él funciona a partir de un elemento mágico –el maleficio– con el cual se identifica el autor, cuya voz, en esta ocasión, no es tan cercana a la de Carpentier, sino que corresponde a un conglomerado de individuos que participan del drama extraordinario del limpiabotas Atilano, convertido por un maleficio y por la acción de la Luna en escurridizo violador con extrañas preferencias políticas.

Si una de las características rectoras de la estética del realismo mágico americano es la identificación narrador-personajes como modo de naturalizar lo mágico, "Historia de lunas" es, entonces, requisito por requisito, un cuento del realismo mágico más que de lo real maravilloso –a diferencia de *Ecue-Yamba-O,* donde la visión maravillosa del autor se impone a la óptica mágica de sus protagonistas en casi todos los pasajes de la historia–.

Así, con una concepción de lo mágico más próxima a la empleada en *El milagro de Anaquillé* y *Manita en el Suelo*, donde fuerzas externas y apariciones extraordinarias propician incluso el desenlace de los argumentos, y con una forma que, como en aquellos textos, parece presentarnos una fábula donde sobreviven ciertas resonancias de una literatura europea de lo fantástico –recuérdese que Swift, por ejemplo, es uno de los modelos dilectos del surrealismo–, "Historia de lunas", pasando sobre *Ecue-Yamba-O*,[29] trae a la literatura carpenteriana el motivo más importante de su noción de lo extraordinario que ensayaría en los días en que puso en práctica su teoría de lo real maravilloso: la metamorfosis, el acto mágico por excelencia en toda una tradición literaria de varios siglos y considerada como la máxima demostración del poder sobrenatural del mago, del hechicero, del brujo, cuando por sus artes consigue cambiar la cualidad de los seres o los objetos.

Si en *El reino de este mundo* la potencialidad mágica de ciertos poderes esotéricos –puestos en función política inmediata– está en las metamorfosis de Mackandal, primero, y de Ti Noel, después –uno para la acción, otro para la evasión, la no-acción–, en "Historia de lunas" la metamorfosis posee la característica de motivo desencadenante de las acciones narradas: la modorra del pueblo provinciano, donde todo estaba sometido a ritmos repetitivos –la llegada del tren pauta la vida del lugar–, es sacudida por la transformación que sufre el limpiabotas Atilano que, sacado de su propio ritmo –limpiar en el mismo orden los mismos zapatos, los mismos días– altera todo el flujo de la vida del lugar. Atilano, sin embargo, no posee ningún poder ni se transforma con la voluntad concreta de buscar la libertad –por la acción o por la evasión–, sino que es una "víctima" de fuerzas que lo superan. "Cuando el hechicero embruja por su cuenta [aclara el narrador], la víctima no puede pensar en un contramaleficio. El escurridizo sigue

---

[29] También Roberto González Echevarría considera que el relato es posterior a la novela. Véase *The Pilgrim at Home,* ed. cit., p. 88.

siendo escurridizo hasta el fin [...] [Pues] todo lo que tiene que ver con influencias de la luna sólo puede terminar muy mal."[30]

En ambos casos —*El reino...* e "Historia..."— la acción y el argumento se nos presentan desde una perspectiva mágica, que en la novela es a veces explicitada y racionalizada por el narrador —como en el pasaje estudiado de la muerte de Mackandal—, mientras que en el cuento se nos enfrenta a una causalidad mágica homogénea, que rige el desarrollo de todo el relato, la acción misma y la psicología de los personajes. No es esta acción mágica, por cierto, similar a la de "Viaje a la semilla", donde los poderes del negro viejo consiguen el acto extraordinario de invertir el fluir del tiempo, para regresar a un pasado donde las acciones se desarrollan con una lógica "realista" puesta de acuerdo con la alteración del devenir temporal, sino que lo cotidiano en "Historia de lunas" no se presenta como extraordinario al lector, sino como un modo de ver y vivir los acontecimientos en el que no hay sorpresa ni extrañamiento por parte de los personajes.

Un elemento ya manejado en *Ecue-Yamba-O* y traído a debate por el prólogo de 1949 es, otra vez, la piedra angular de toda esta concepción mágica de la realidad: la fe. El proceso parece claro: la religiosidad de los personajes (que incluso creen en varios cultos diferentes y en apariencia antagónicos) engendra la fe, y la fe, a su vez, les permite naturalizar lo mágico sin conflicto alguno. De este modo, aceptar que Atilano se haya convertido en escurridizo por un maleficio que sólo funciona de acuerdo con la acción de la Luna se asume como algo natural y sabido, al igual que el hecho de que los poderes de Tata Cunengue —bloque v— le permitan saber, a través del santo convocado y puesto a hablar, la identidad del maldecido, o que todos en el pueblo acepten las visiones que se le presentan a Jesús el peluquero, el mismo que "[...] cuando se volvió Santa Bárbara por unos días, no se le molestó con preguntas inútiles. Se le pusieron alimentos al pie de un árbol y eso fue todo" (p. 227), el mismo Jesús que, en día de procesión, apareció en andas sobre una tarima, seguido por mujeres

---

[30] Alejo Carpentier, "Historia de lunas", ed. cit., p. 227.

[...] que gritaban, agitando pañuelos de colores:

—¡San Lázaro vive! ¡San Lázaro vive!

Y bien vivo que está San Lázaro. Apoyándose en muletas da de vueltas a una gran matraca con su mano izquierda. Sus piernas están ornadas de llagas pintadas con tinta roja. ¡Ah, ese peluquero Jesús! El año pasado Santa Bárbara descendió a su cuerpo para hacer escuchar su divina voz a sus fieles. Esta vez se despertó sintiendo que el aliento de San Lázaro recorría sus miembros. Una voz le susurró al oído: "Lázaro, ¡levántate y anda!" Cayó en trance... [p. 235.]

Salvo una leve ironía que por momentos deja correr Carpentier sobre la descripción de estos hechos (tal sucede respecto a la relación del escurridizo con sus presuntas violadas), nunca en el relato se rompe esa estrecha perspectiva entre narrador y personajes (que la voz coral ya nos ha permitido establecer que son lo mismo), dando así a lo mágico, por única vez en toda su narrativa, el carácter de perspectiva rectora de la obra literaria.

El final del relato, sin embargo, introduce un ligero reacomodo de esta identificación que el lector ha debido asumir, cuando todos los efectos mágicos del relato tengan una lectura abiertamente realista en la solución que las fuerzas del orden encuentran para la crisis "política" creada por Atilano: el alcalde del pueblo —que aparentemente también cree, pero cree mucho más en los beneficios de su posición— decide la muerte por fusilamiento de Atilano, acusándolo de agitador comunista. Este brusco enfrentamiento con una realidad tan rampante viene a sustentar el matiz irónico antes trabajado y, en especial, a establecer la categoría rectora del absurdo sobre todos los acontecimientos narrados. El absurdo —modo de manifestarse cierta realidad latinoamericana— precisa de este modo la visión de Carpentier —no del narrador— sobre la historia concebida y logra introducir un leve compás de distancia entre el código mágico y la visión del mundo del escritor.

De cualquier modo, "Historia de lunas" significa, narrativamente, un ensayo importante dentro de la literatura de Carpentier en cuanto a la relación mágica personajes-narrador-realidad y advierte sobre la preponderancia de la fe como elemento indispensable para la consecución de tal perspectiva subjetivizada de la realidad.

En este periodo de tanteos, cuando Alejo Carpentier no ha podido aún hacerse de una estética personal, parece evidente que las influencias surrealistas están pesando sobre su tratamiento del referente extraliterario y lo abocan a soluciones dispares en sus dos obras más interesantes del momento. De cualquier forma, la visión mágica de la realidad, esté o no condicionada por la influencia del surrealismo, permite establecer el interés carpenteriano por acercarse al típico universo de América, donde tales pases mágicos han adquirido una innegable presencia en la realidad misma, actuando sobre ella e, incluso, transformándola: es, en fin, un surrealismo de la realidad.

Queda, entonces, "Historia de lunas" como un nuevo experimento, trascendente a pesar del olvido a que fue sometido, en un proceso literario que apenas comenzaba a establecer sus cimientos hacia 1933.

Las regularidades existentes en las obras de pensamiento (ensayo y periodismo), en los libretos para sinfonías y ballets y en el cuento y la novela analizados evidencian una visible coherencia de intereses y búsquedas en esta etapa de la producción carpenteriana que permiten definir las características de este estado embrionario de lo real maravilloso americano. Con independencia de importantes textos de los años cuarenta —desde "La Habana vista por un turista cubano" a *La música en Cuba*—, donde la concepción de lo maravilloso real americano comienza a adquirir una madurez conceptual mucho más consciente (antes de su formulación teórica definitiva de 1948), pienso que en los textos escritos hasta 1933 está ya la génesis indudable de la praxis creativa y teórica —concepciones de la literatura y la realidad— de la trascendente noción carpenteriana.

A estas alturas del análisis es posible definir algunas de las características más importantes del momento inicial del primer estado de lo real maravilloso, entre ellas:

—El sincretismo como modo de ser de la realidad americana. Al dedicar el asunto de sus textos de creación más importantes de la etapa solamente al mundo de los negros cubanos (afrocubanismo), Carpentier propone como "tierra electa de la cubanía" todo el conjunto de costumbres, creencias, relaciones, mitos de los negros cubanos, en quienes se ha producido un violento proceso de transculturación que de algún modo define la misma formación de una cultura y una nacionalidad cubanas. En sus libretos para Roldán y Caturla y en su cuento y su novela de 1933, el escritor evidencia la mezcla singular de componentes étnicos y culturales que confluyen en este conglomerado humano, en un proceso de simbiosis único en el mundo (tipicidad americana). La realidad espiritual cubana, caribeña y latinoamericana toda se caracteriza y distingue, entonces, por este singular proceso de fusión.

—Presencia del surrealismo. Muy evidente en sus cuentos inconclusos "El estudiante" y "El milagro del ascensor", de franca impronta surrealista, en el resto de su producción literaria publicada en estos años también se manifiesta una influencia surrealista, pero generalmente asumida ya desde una postura crítica, que se define por la readecuación de ciertas normas del movimiento. El surrealismo, como escuela más vigorosa de la vanguardia europea de los años veinte, había acendrado en el escritor cubano la noción de que es posible trascender la realidad aparencial para arribar a una realidad-otra, recóndita, esencial, ordenada y regida por fuerzas invisibles (la subconciencia, la magia, etc.), realidad en la que pueden estar las esencias tipificadoras de un universo de relaciones ocultas o manifiestas. La apropiación crítica de este hallazgo resulta especialmente evidente en la premonición de la existencia de un surrealismo-real americano, en cuya cotidianeidad e historia se producen relaciones muy semejantes a las buscadas por los surrealistas en una realidad ficticia. La cercanía de elementos históricos, sociales, culturales, étnicos, geográficos aparentemente disímiles y ahora amalgamados en una misma realidad hacen que el entorno americano —aún poco conocido para muchos de sus creadores— se revele como una síntesis prodigiosa de elementos dispares, en el que las antinomias tradicionales pierden sus fronteras excluyentes. Esta convivencia surrealizante define también las características de una realidad única, donde la magia puede ser un factor influyente en la propia realidad. La expresión de esta singularidad americana, en esta etapa, se encuentra fundamentalmente en sus textos literarios, en especial en su narrativa. Esta importante noción, elaborada teóricamente, será una de las tesis centrales de su manifiesto de 1948.

—Lo mágico como categoría de la realidad. En virtud del propio sincretismo americano y con una perspectiva entrenada por el ejercicio surrealista y el cercano conocimiento de las búsquedas conceptuales del movimiento, Carpentier descubre en la magia omnipresente en las concepciones animistas del negro afrocubano una relación esotérica con la realidad que tiende a naturalizar lo sobrenatural (el milagro) gracias a la existencia de una fe. Esta concepción (muestra del surrealismo-real americano) se consigue, sin embargo, por dos métodos distintos: mientras que en la novela *Ecue-Yamba-O* la visión del mundo fabuloso de los negros pasa a través de la pupila culta de un narrador, generalmente empeñado en establecer claramente el origen de estas nociones mágicas, en trabajos como *El milagro de Anaquillé, Manita en el Suelo* y, especialmente, en "Historia de lunas" la concepción propia de estos hombres se ofrece sin interferencia alguna, desde su propia perspectiva (la fe), dejando que lo mágico "fluya libremente" y determine el desarrollo de la acción, las actitudes de los personajes y el acercamiento mismo a su realidad. Estos métodos serán el origen de dos visiones del mundo capaces de engendrar dos estéticas: la de lo real maravilloso y la del realismo mágico americano. De este modo, en las obras del primer estado se produce una fácil convivencia entre lo mágico (aportado por los personajes, poseedores de una fe) y lo maravilloso (fruto de la reflexión del autor, que explicita lo insólito y singular de esa misma presencia mágica en todos los aspectos de la realidad). El milagro, como revelación suprema del poder terrenal de fuerzas ocultas en las que se cree, está presente en cada una de las obras del periodo y es motivo desencadenante en unas y elemento generador del desenlace en otras.

—Simbolismo y alegorías. Tanto en los textos para sinfonías y ballets como en las obras narrativas (incluidos los relatos inconclusos), el Carpentier de estos años trabaja sus obras sobre módulos simbólicos, como alegorías significativas, como metáforas de necesaria decodificación, en busca de una relación mucho más abarcadora entre el texto y el referente. Fruto de una cierta poética vanguardista —futurismo, expresionismo, surrealismo— y esbozadas teóricamente en varios artículos de la época referidos al arte de vanguardia, las parábolas carpenterianas del periodo se proponen ofrecer una lectura más vasta y completa de la realidad reflejada. Si en los textos de servicio este método responde a las propias necesidades expresivas del medio en que se utilizarán sus argumentos, en las obras narrativas —lo cual se hace muy evidente en *Ecue-Yamba-O*— el escritor se propone con metáforas, símbolos y alegorías concretar verdaderas parábolas polisémicas que rompan las clásicas estructuras realistas y ofrezcan una visión problematizada de la realidad. Los personajes de estos textos, como ya se ha visto, encarnan en sí una carga simbólica que interesa más al escritor que su propia definición psicológica: más bien crea tipos que personajes de características singulares.

—Reacción contra la estética realista. Tratada reflexivamente en artículos y crónicas periodísticas del periodo y creativamente en sus textos literarios, Carpentier se propone —con éxito en "Historia de lunas", con menos fortuna en *Ecue-Yamba-O*— una rebelión contra el dócil realismo fotográfico que imperaba en la literatura cubana y latinoamericana del momento. Los métodos del arte de vanguardia y la adopción del universo afrocubano con sus componentes mágicos serán los elementos decisivos en esa rebelión con la que el escritor persigue trascender una visión superficial y pautada del referente para alcanzar una mirada más íntima y profunda de los fenómenos de la realidad sobre los que trabaja.

—Tratamiento circular del tiempo. Uno de los componentes más polémicos de las obras literarias carpenterianas —y sobre el que se han arrojado, tal vez, mayor cantidad de juicios encontrados, tanto literarios como filosóficos— está en el empleo del tiempo. Elemento siempre presente y en constante evolución a través de su narrativa, en este periodo creativo del primer estado de lo real maravilloso Carpentier trabaja en sus textos narrativos una concepción circular del tiempo. Los ciclos cerrados de *Ecue-Yamba-O* —económicos y naturales— y de "Historia de lunas" —mecánicos, mágicos y cósmicos—, a pesar de sus características propias, ofrecen una noción circular del devenir temporal como ciclos inviolables que se repiten por voluntades que superan las propias posibilidades transformadoras del hombre, sujeto a tales repeticiones circulares en las cuales no hay atisbo de desarrollo (espiral), sino un eterno volver al punto de partida.

—Nacionalismo. Miembro de filas del minorismo y admirador de un arte moderno que ha descentrado la imagen rectora europea, Carpentier trabaja en sus textos literarios y reflexivos del periodo una militante postura nacionalista —que metodológicamente lo enfrenta a sus búsquedas estéticas de vanguardia—. Su identificación de lo afrocubano como manifestación privilegiada de una nacionalidad es tal vez el valor nacionalista que mejor define los intereses carpenterianos. Teóricamente, en el ensayo "El momento musical latinoamericano" aboga por un necesario nacionalismo sobre el cual deben erigirse las búsquedas artísticas de los creadores del continente.

—Necesidad de participación. A diferencia del tratamiento más armónico y recóndito de ciertos contenidos políticos que se observará en los dos siguientes estados de lo real maravilloso, la vocación política de los textos literarios carpenterianos es evidente en estos momentos —como lo será en ciertas obras del último estado—. Sumergido en una época de definiciones políticas urgentes, Carpentier hace que sus textos participen directamente de esta contienda: *El milagro de Anaquillé* y *Ecue-Yamba-O* son los trabajos que mejor expresan esta vocación. Resultado de su militancia minorista, de su opción estética afrocubanista y del pensamiento antiburgués que obtiene del surrealismo, el tratamiento explícito —y por momentos hasta ingenuo— de los contenidos políticos es una de las fallas artísticas más evidentes de este momento, al punto de lastrar a su novela *Ecue-Yamba-O*.

—Folclorismo y sensibilidad. Teóricamente, varios trabajos de pensamiento de este periodo del primer estado de lo real maravilloso están dedicados al deber ser de un arte latinoamericano auténtico y propio. La búsqueda de definiciones metodológicas y conceptuales válidas para tal empeño se refleja en sus comentarios sobre el quehacer artístico de varios creadores latinoamericanos del momento: Roldán, Orozco, Villa-Lobos, Carlos Enríquez, Abela, Figari. La necesaria superación del tratamiento de los módulos folclóricos —en tanto manifestación fenoménica— se le presenta a Carpentier como una necesidad del arte latinoamericano en su momento nacionalista. La polémica y esquiva "sensibilidad" se ofrece entonces como recurso artístico para asumir lo válido y esencial de un contexto típico. En su creación artística, sin embargo, lo folclórico mantiene todavía un peso considerable y limita su misma percepción de ciertas realidades menos evidentes, sobre las cuales su "sensibilidad" es todavía incapaz de revelar lo que, en obras de los estados siguientes, se da por un profundo conocimiento de las peculiares regularidades latinoamericanas.

—Contextos y premoniciones de lo insólito. La existencia de relaciones específicas que en su urdimbre histórica y social conformen las características de una realidad propia (los contextos) aparece ya prefigurada en textos narrativos *(Ecue-Yamba-O)* y ensayísticos ("El momento musical latinoamericano") de este periodo. El carácter singular de la geografía, la cultura, la política, la existencia de un arcano primitivismo en ritos y costumbres, el intenso cruce racial y religioso en el continente, le revela a Carpentier esta importante noción que luego desarrollará teórica y estéticamente de modo consciente. De igual manera, la presencia de acontecimientos, procesos, fenómenos y rasgos sorprendentes en la realidad americana, capaces de definirla frente a la realidad europea (acá-allá), también se prefigura desde este estado temprano de lo real maravilloso, en el que ya se gesta en él una "mística latinoamericanista".

—Relación historia-ficción. La relación de las obras artísticas con el referente extraliterario reviste un carácter singular en este periodo. Mientras que en los restantes estados la historia desempeñará un rol protagónico y será el referente más utilizado, aquí Carpentier decide trabajar procesos más o menos cercanos en el tiempo y de algún modo referidos a su experiencia y apropiación de una realidad conocida (llegando incluso a transfigurar la historicidad de ciertos personajes, como ocurre en *Ecue-Yamba-O)*. La necesidad de participación, su vocación afrocubanista y folclorista, y el empeño fabulador (sumado a su todavía insuficiente conocimiento de la historia cubana y latinoamericana) determinan la selección de los referentes utilizados para la creación de sus obras narrativas y de servicio.

—Intertextualidad. Una de las características de toda la narrativa carpenteriana, inaugurada en este estado embrionario, es la intertextualidad. Mientras los textos históricos ofrecerán fuentes para tal proceso en novelas de estados posteriores *(El reino de este mundo, El siglo de las luces, El arpa y la sombra*, por ejemplo), aquí la cita de otros textos tendrá una fuente peculiar: la mitología popular cubana. Textos de oraciones, canciones, historias verbales aparecen en obras como *Ecue-Yamba-O*, "Historia de lunas", *Manita en el Suelo*, en las que incluso se trabaja a partir de realidades ya mitificadas por la imaginación popular. Como característica singular de las obras literarias de este estado se encuentran las citas cruzadas (préstamos) que se producen entre unas y otras: así, entre los "poemas afrocubanos", *El milagro de Anaquillé, Manita en el Suelo, Ecue-Yamba-O*, "Historia de lunas" y hasta en el relato inconcluso "El estudiante" se suceden los préstamos textuales, se cruzan los motivos argumentales, se repiten los personajes, hasta conformar una urdimbre homogénea que, de algún modo, hace que todas las obras del periodo sean sólo una: la novela del negro cubano, con sus miserias, mitos, expectativas y virtudes culturales. Es la confluencia, en fin, de las tres proposiciones en que se debate el joven Carpentier: el minorismo (nacionalismo), el surrrealismo (vanguardismo) y el afrocubanismo (terreno estético donde se produce el arduo enfrentamiento de la vanguardia y el nacionalismo).

En el primer capítulo de este estudio señalábamos cómo el año 1939, fecha del regreso a Cuba, marca en la obra de Carpentier un importante paréntesis en su evolución estética y conceptual. Todavía distante de la formulación definitiva de una teoría sobre la maravillosa singularidad americana y de su tratamiento narrativo en *El reino de este mundo*, los años del regreso están marcados por experiencias vitales decisivas (reencuentro con La Habana, viajes a Haití y Venezuela, entre otros), por hallazgos conceptuales reveladores (contacto con Mabille y sus trabajos sobre el surrealismo, el vudú y el arte americano) y también por la escritura de textos que acercan ya la formulación teórica y estética de lo real maravilloso americano.

La evolución continua en que se presenta la obra de Alejo Carpentier nos permite, con muchas reservas, una demarcación de momentos que, como células interdependientes, conforman la totalidad del organismo. Por ello, a pesar del aparente silencio creativo de los años 1934-1938, pienso que una serie de cuentos y textos de reflexión escritos entre 1939 y 1946 pertenecen todavía al momento genésico de la teoría y la narrativa de lo real maravilloso (primer estado) y que, junto a los trabajos de la fructífera década 1923-1933, funcionan como una unidad conceptual: la de los necesarios tanteos y definiciones que permitirán la expresión madura de todos estos hallazgos en *El reino de este mundo* y su prólogo.

Creo que los textos que mejor revelan el desarrollo ideoestético de Carpentier en este segundo momento del primer estado son los trabajos periodísticos "La Habana vista por un turista cubano" (1939) y la serie de artículos "El ocaso de Europa" (1941) —analizados ambos en el primer capítulo—, junto a tres cuentos que tienen entre sí más de un rasgo común, pero que a su vez continúan en otro nivel los trabajos literarios de 1933: me refiero a "Oficio de tinieblas", "Viaje a la semilla" y "Los fugitivos", con los que culminan satisfactoriamente las búsquedas afrocubanistas del autor. Y, sustentando temática y argumentalmente muchas de las obras periodísticas de estos años y casi todos sus relatos de la década —incluso varios de los que nunca concluyó o publicó—, el trabajo más importante del periodo y que constituye la verdadera obra de madurez conceptual de esta etapa: el ensayo *La música en Cuba*, de 1946.

Con independencia de los elementos con los que en este ensayo se produce una clara anticipación de algunos de los componentes más importantes de la teoría de lo real maravilloso —análisis histórico y cultural del mestizaje, premonición de contextos americanos, visión caribeña e integradora de una expresión cultural, ya estudiados en el primer capítulo—, *La música en Cuba* tiene la trascendente virtud de poner a Carpentier, definitivamente, en posesión de materiales históricos factibles de ser tratados estéticamente y en los cuales, por encima de preocupaciones políticas más o menos agobiantes, se encuentran ciertos valores permanentes de una cultura y una nacionalidad, de una historia y de un modo de ser (espiritual, social y hasta económico) en los que al fin halla esa quintaesencia de la cubanía que tanto ha perseguido desde sus años de militancia minorista. El conocimiento íntimo de una expresión cultural –la más importante manifestación cultural cubana y la que mejor define una expresión nacional en la isla, es decir, su música–, vista en sus relaciones históricas y económicas con el contexto que la genera, dota a Carpentier, por primera vez de manera inequívoca, de una visión histórica que se convertirá, a partir de este ensayo y de las investigaciones que lo antecedieron, en el ámbito más recurrido de su producción literaria. La historia, como tema y asunto, llega a la obra de Carpentier traída de la mano de este genésico estudio para provocar un importante giro en la creación y el pensamiento carpenteriano y para convertirse, desde entonces, en la fuente de inspiración (incluso estilística) más recurrida del narrador cubano.

Sin embargo, creo que en realidad el proceso es más complejo que el conocido hallazgo de antecedentes históricos en la génesis de varios cuentos de estos años —"Viaje a la semilla", "Oficio de tinieblas", "El camino de Santiago" y hasta de un sector importante de *El reino de este mundo*–, creados todos a partir de noticias históricas encontradas en el curso de las investigaciones para el libro. Lo que Carpentier posee a partir de estas búsquedas es la necesaria noción de ciertas singularidades y regularidades históricas de un proceso cultural que de alguna manera define ejemplarmente la formación de toda una identidad caribeña, noción que le permite establecer, ya desde una óptica autorizada y advertida, la existencia y los modos de manifestación –a través de cuatro siglos de historia– de toda una cultura, una espiritualidad y hasta de una fisonomía geográfica, en la que se podrá sostener su idea de que América constituye un mundo de manifestaciones maravillosas gracias a su tipicidad histórica en el contexto del mundo occidental. De este modo, el inicio de un acercamiento sistemático a la historia de América, comenzado en realidad desde los años del silencio creativo 1934-1938 —y con el que venía a suplir su desconocimiento de un asunto al que se había acercado antes sobre todo por la vía de la "sensibilidad" de una mística americanista– se convierte al fin en instrumento literario y en capacidad de realizar síntesis y generalizaciones sin las cuales no hubiera podido formular su trascendente teoría fundacional de "lo real maravilloso americano".

Esta definitiva posesión de un acervo histórico es la que marca —entre otras— una diferencia sustancial en las ideas de Carpentier sobre un aspecto de tanta importancia en este primer estado como lo es el surrealismo. Si bien el Carpentier que llega a París deslumbrado por los hallazgos del movimiento no es el mismo que poco después firma "Un cadáver" y escribe la crónica "El escándalo de Maldoror", en sus textos de los años treinta todavía es visible —como queda estudiado— una importante huella surrealista que, sin embargo, ya tiene un carácter distintivo: el surrealismo-real. No obstante, al llegar a La Habana y enfrentarse entusiastamente al surrealismo-real de su ciudad, entre los diversos modos a su alcance para establecer la singularidad habanera, el escritor opta en la serie "La Habana vista por un turista cubano" por una visión que se empeña en destacar sólo aquellos elementos que pudieran hacer más evidentes las relaciones insospechadas, sorprendentes, surrealizantes, que se establecen a diario en la realidad de la urbe. Estos aspectos, ciertamente integrantes de la realidad cubana, adquieren un protagonismo en estos trabajos de 1939 en el que el empeño surrealista funciona todavía como perspectiva rectora y privilegiada por el escritor, que advierte claramente en el texto su cercanía a los métodos y búsquedas del movimiento.

Apenas seis años después —lapso en el que también se produce su encuentro haitiano con Pierre Mabille, quien lo conecta con una nueva visión del surrealismo—, Carpentier respondería una entrevista para *El Nacional* (1945) en la que, definitivamente, patentiza su idea de que existe en la realidad de América un surrealismo similar pero objetivo, esencialmente telúrico, y por tanto diferente al engendrado por medios poéticos en la subconciencia de los artistas europeos, y de la disidencia pasa a la crítica abierta de la incapacidad de los métodos surrealistas a la hora de expresar la riqueza natural y cultural americana. Lo que parece haber cambiado en ese tiempo —años en que escribe los tres cuentos que distinguen literariamente este segundo momento del primer estado— es la raigal comprensión histórica de esas manifestaciones surrealizantes, que pasan a ser vistas no como fenómenos característicos, sino como resultados de toda una complicada y "surrealista" convivencia de circunstancias nunca antes enfrentadas en otros ámbitos geográficos o culturales.

Si bien el origen de tales ideas sobre Cuba y América tiene sus raíces en los textos de los años veinte y treinta, es en la literatura creada a partir de 1944, con la llegada de la historia como nueva preocupación artística, cuando definitivamente se asume una visión más acendrada de los procedimientos surrealistas que, despojados de la preeminencia que tuvieran en las obras de 1933, pasan a ser ahora un método artístico del que se vale el creador como modo ideal para resaltar la existencia real de ciertas convivencias insospechadas.

Por otra parte, los textos reflexivos de estos años vienen a ser, en más de un aspecto, superaciones de varias ideas y preocupaciones importantes del momento anterior —superación en la que, otra vez, la presencia de la historia juega un importante papel catalizador—. Tal vez donde con mayor claridad se aprecie la nueva perspectiva carpenteriana sea en su acercamiento al asunto de lo folclórico asumido desde una postura nacionalista. El Carpentier de los años cuarenta, lejos ya de los afanes militantes del minorismo y del afrocubanismo, parece haber ajustado su visión respecto al valor de los módulos folclóricos en la conformación de una cultura, y asume la labor del negro en el ámbito de la espiritualidad cubana desde una postura mucho más esencial y menos "coloreada" y tipicista que la trabajada en el decenio anterior. El nacionalismo, definitivamente, es asumido como una etapa ya superada en la creación artística nacional —y lo remite en *La música en Cuba* a la obra de un Saumell o un Cervantes, más cercanos al romanticismo criollo— mientras considera la necesaria búsqueda de fuentes que, partiendo de lo popular, lo autóctono, superen los fáciles esquemas de la visión folclorista y la postura nacionalista, para llegar a esencias duraderas en las que se hallen las claves artísticas de una expresión nacional capaz de superar la reproducción mimética del documento y la visión naturalista de la realidad. En su opinión, tal ha sido el mérito artístico de Amadeo Roldán y Alejandro García Caturla, precisamente las dos figuras con cuya obra se cierra el largo periplo de cuatro siglos emprendido a través de la historia de la música cubana.

Aunque tal vez parezca de menor trascendencia debido a la motivación coyuntural que lo desata, también se inscribe como una variante respecto a su pensamiento anterior la clara —y spengleriana— noción de la decadencia europea frente al vigoroso auge de la joven cultura americana. Los acontecimientos que se suceden entre la Guerra Civil española y la segunda Guerra Mundial, obviamente, influyen de modo decisivo en estas vehementes posturas carpenterianas en cuanto al apocalíptico análisis del futuro europeo. Lo trascendente, sin embargo, sería ver de qué modo estas nociones —claramente expuestas en la serie "El ocaso de Europa"— llegan a permear su literatura y a marcar la eterna dicotomía acá-allá sobre la que se sustentan su obra literaria y algunos de sus más importantes trabajos teóricos —incluido el prólogo de 1949—. Sin duda, el pesimismo histórico respecto al destino europeo que se transparenta en el Carpentier de este momento permanece vivo más de diez años después cuando publique su novela *Los pasos perdidos* o el cuento "Semejante a la noche" y —así lo pienso— hasta otros diez años más, pues también permea la visión del autor de *El siglo de las luces*. Esta contraposición de América como tierra de lo posible —mitos posibles, revoluciones posibles, magia posible— frente a una Europa desgastada, descreída, envejecida, convertida en un infierno de guerras sucesivas y con una cultura que parece haberse agotado sin remedios, entronca satisfactoriamente —para Carpentier— con una visión spengleriana de la historia que, en esta función —Spengler-Carpentier—, ha sido detenidamente estudiada por González Echevarría. Ahora bien, preciso es reconocer que asimismo la historia, a partir de *La música en Cuba*, se convierte en una ganancia permanente para el resto de la obra carpenteriana, las nociones spenglerianas sólo vienen a ser un sustento para la visión americanista del escritor en días de lógico desencanto ante acontecimientos muy precisos. Los ecos americanistas posteriores, si bien originariamente pueden verse relacionados con Spengler y sus teorías, creo que son ya esencialmente carpenterianos en tanto que proposiciones para un entendimiento de América en relación con la cultura dominante a la que se opone y para la fundación de una ontología original.

Todas estas nociones, que acercan conceptualmente a Carpentier a la formulación de su teoría sobre "lo real maravilloso americano", tienen su parcela de experimentación en el terreno de la literatura. Tres cuentos, escritos y publicados entre 1944 y 1946 —es decir, en el umbral de la edición de *El reino de este mundo* con su prólogo–, permiten analizar estéticamente los rumbos literarios de Carpentier antes del gran giro de 1949.

Cronológicamente, el primero de los relatos carpenterianos de estos años es "Oficio de tinieblas", presumiblemente escrito en 1943 y publicado por primera vez en la revista *Orígenes,* de José Lezama Lima, en 1944.

Como ningún otro cuento del autor, "Oficio de tinieblas" es un evidente "subproducto" de las investigaciones emprendidas para la redacción de *La música en Cuba:* desde los acontecimientos que narra hasta la propia estructura de la obra, pasando por la época histórica y el mismo estilo permeado por giros característicos de viejas crónicas periodísticas, todo en él tiene una clara ligazón con las búsquedas documentales que Carpentier realizaba en esos momentos y que le sugirieron la redacción de esta pequeña obra.

Ubicado en Santiago de Cuba durante el año de 1852 —año del terremoto y el cólera–, el argumento de "Oficio de tinieblas" es de una pasmosa simplicidad: relata, en nueve bloques, los antecedentes, efectos inmediatos y consecuencias posteriores de un devastador terremoto que impone el imperio de la muerte en la cálida ciudad cubana. Un solo personaje —el negro Panchón–, sin desarrollo dramático ni psicológico alguno, mantiene alguna ilación entre los acontecimientos narrados, pues, más que sobre un devenir narrativo, Carpentier arma la historia a partir de viñetas que se adicionan con cierta armonía, persiguiendo la creación de un ciclo cerrado alrededor del año —de enero a diciembre— en que se ubica el argumento.

Varios críticos, a partir de afirmaciones hechas por el propio Carpentier,[31] han estudiado la relación entre la composición del relato y

---

[31] Klaus Müller-Bergh, "Alejo Carpentier: estudio biográfico-crítico", en *Asedios a Carpentier,* y Alejandro Cánovas, "La composición e ironía en 'Oficio de tinieblas'", Premio 13 de Marzo de 1985, Departamento de Actividades Culturales, Universidad de La Habana, La Habana, 1987.

la de la *Misa de réquiem* (o *Misa a cuatro voces*) del más importante músico cubano del siglo XVIII, Esteban Salas. Esta obra, que se consideraba perdida, fue una de las encontradas por Carpentier en los archivos de la catedral de Santiago de Cuba —precisamente uno de los escenarios del cuento—, y sus nueve partes parecen corresponder con los nueve bloques en que se divide "Oficio de tinieblas", que es además el número exacto de oraciones que integran el primer oficio de Viernes Santo, del que el escritor toma el título.

Tal experimento, que con toda maestría repetirá Carpentier en *El acoso* a partir de *La heroica* de Beethoven, queda aquí, sin embargo, en el nivel de una propuesta apenas conseguida: algo de ambiente, de una visión desoladora, de la preponderancia de la muerte, difícilmente ofrecen la dimensión que como propuestas temáticas alcanzan el resto de las obras del autor, en las que es posible realizar lecturas colaterales de infinitos significados. Tal vez esta falta de profundidad y de riqueza de sentidos haya sido el motivo de la escasa fortuna crítica de un relato cuya mayor revelación, quizás, esté en el nivel del lenguaje, en el que ya se advierte una incipiente personalización del barroquismo léxico y sintáctico que caracterizará toda la obra madura de Alejo Carpentier.

El hecho de que Carpentier tome como referencia estructural para su cuento una obra rescatada de Esteban Salas y que ubique su relato en un año preciso en el que ocurrieron acontecimientos históricos de probada veracidad trasladados al argumento (terremoto, cólera, muerte del general Enna) advierten que por primera vez en la obra del novelista se está fraguando una relación distinta con el referente: lo histórico es la materia escogida, y a diferencia de sus obras anteriores, el autor se siente obligado a respetar una historicidad que, trabajada en acontecimientos y personajes de menor relevancia, le permitan, sin embargo, establecer un comportamiento cronológicamente comprobable de lo narrado. Dos brevísimas referencias —entre otras— en el relato parecen demostrar la necesidad de tal conexión con el referente histórico sobre el que funda la ficción: la mención a las "funciones de ópera de gran espectáculo" que se dieran cuarenta años atrás,[32] cuan-

---

[32] Alejo Carpentier, "Oficio de tinieblas", en *Cuentos*, Editorial Arte y Literatura, La Habana, 1977, p. 119.

do sin duda parece referirse a "la primera compañía de teatro español que visitó Santiago"[33] hacia 1815, como él mismo afirma en *La música en Cuba,* y la mención a Isabel Gamborino,[34] sin duda la misma persona que con su verdadero nombre de Manuela Gamborino (¿una equivocación de Carpentier en el cuento?) recuerda en su ensayo como una de las más famosas actrices de la primera mitad del siglo.[35] Esta relación con lo histórico –que es fruto, como ya se dijo, de lo investigado para su ensayo de 1946– le permite a Carpentier dar una nueva dimensión a su relato: el fundamento histórico es no sólo noticia sobre la cual desarrollar el acto imaginativo, sino contexto de múltiples relaciones en las que se va estableciendo un cotejo del cual la misma literatura saldrá enriquecida y dimensionada.

En otro orden técnico, existe un elemento de "Oficio de tinieblas" que despierta cierto interés en las vías de la evolución carpenteriana: el empleo de lo fantástico. Si en sus obras anteriores –especialmente "Historia de lunas"– los acontecimientos sobrenaturales estaban fundados en todos los casos sobre una causalidad de origen mágico –magia afrocubana–, en este cuento de 1944 reaparece –en otro nivel de elaboración, por supuesto– el elemento fantástico que el escritor sólo había empleado en sus relatos y leyendas de los años veinte. En este caso se trata de las "sombras" que, como presagio de los sucesos de aquel "año que cobraba un mal aspecto",[36] empiezan a comportarse de un modo extraño: "No estaba demostrado que los objetos pintaran en los pisos un cabal equivalente en sombras. Más aún: las sombras tenían una evidente propensión a quererse desprender de las cosas, como si las cosas tuvieran mala sombra" (p. 115).

Y el desprendimiento inesperado se produce al fin con la sombra de Panchón:

> Panchón salió de la catedral [...] estaba impaciente por beberse los dos reales de vellón que acababa de ganar. Tal vez por ello no observó que su sombra se había quedado atrás, en la nave, pintada sobre una baldosa en la que

---

[33] Alejo Carpentier, *La música en Cuba*, p. 115.
[34] Alejo Carpentier, "Oficio de tinieblas", p. 120.
[35] Alejo Carpentier, *La música en Cuba*, p. 120.
[36] Alejo Carpentier, "Oficio de tinieblas", p. 115.

se leía: Polvo, Cenizas, Nada. Ahí estuvo largo rato, hasta que terminó la ceremonia y la envolvieron las chisteras. Entonces atravesó la plaza y entró en la bodega donde Panchón, ya borracho, la vio aparecer sin sorpresa. Se acostó a sus pies como un podenco. Era sombra de negro. La sumisión le era habitual [p. 115].

La causalidad arbitraria de tal comportamiento de las "sombras" no responde aquí a ningún pase mágico, a ningún efecto de encantamiento que provoque tan sobrenatural resultado, sino que su arbitrariedad funciona con los mecanismos de una literatura fantástica que naturaliza lo imposible partiendo únicamente de la complicidad del lector y los presupuestos de la imaginación del escritor. Incluso, lo descrito tiene poca relación con los recursos surrealistas que asumen, desde sus propias leyes, la riqueza de una realidad-otra en la que la proposición poética rompe las fronteras de lo real y lo imaginario para crear una lógica diferente. Lo desconcertante en "Oficio de tinieblas" es que sólo en el comportamiento de las "sombras" se distorsione un flujo realista claramente establecido en todo el relato, donde hasta las pautas del tiempo responden a una cronología precisa que va de enero a diciembre, de los comportamientos diferentes de la naturaleza a su rebelión (el terremoto), para cerrar el ciclo con su normalización.

En estos momentos, cuando Carpentier todavía busca establecer su propia definición estilística, tal tratamiento de lo fantástico señala, cuando menos, que el escritor ha decidido violar toda convención realista estricta y que cualquier código que le permita enriquecer la visión literaria de la realidad es factible de ser trabajado en sus obras. La falta de un sistema, sin embargo, se evidencia en la multiplicidad de opciones a las que acude —diferentes en los tres relatos de este momento—, de acuerdo con las mismas exigencias de los acontecimientos narrados y no siguiendo una estética precisa, como sucederá a partir de 1949.

Mientras tanto, una importante variación estilística, que engendrará toda una tendencia en la obra de Carpentier, ya aparece limpiamente esbozada en este cuento: las descripciones de indudable sabor surrealista. No se trata ya, en esta ocasión, de la convivencia real y en un mismo plano de objetos disímiles en el espacio y el tiempo histórico, sino de una concepción más profunda de la composición de la imagen, que se hace especialmente visible en la descripción del terremoto (bloque VI), que, como bien comenta Müller-Bergh, recuerda obras de Dalí como *La ciudad de los cajones* y *Persistencia de la memoria*, o piezas de Chirico como *Estación Montparnasse* y *Melancolía turinesa*.[37]

> [...] las dos torres de la catedral se unieron en ángulo recto [escribe Carpentier], arrojando las campanas sobre la cruz del ábside. En un segundo se contrariaron todas las perspectivas de la ciudad. Los aleros se embestían en medio de las calles. Tomando rumbos diversos, las paredes de las casas dejaban los tejados suspendidos en el aire, antes de estrellarlos con un tremendo molinete de vigas rotas [p. 121].

Lo ajustado de la descripción, que persigue crear la imagen de una desintegración, está conseguido aquí con metáforas que, sin perder el efecto de remover la percepción del lector, no acuden ya a la voluntariosa y esquemática elaboración de la imagen que existía en *Ecue-Yamba-O*, donde imperaba la descripción futurista y expresionista de los elementos. Sin embargo, no será hasta el cuento siguiente de Carpentier, "Viaje a la semilla", donde esta nueva concepción narrativa alcanza ya la individualidad que le permitió forjar un estilo.

De los siete relatos que Carpentier decidió incluir en sus antologías definitivas —todos los que publicara después de "Historia de lunas"—, "Oficio de tinieblas" es sin duda el menos revelador como obra literaria en sí: su importancia, sin embargo, está en el anuncio concreto de una revolución estética de la que Carpentier muy pronto obtendrá frutos trascendentales para su narrativa y para la de todo el continente.

Todo lo contrario a lo que puede afirmarse en cuanto a la trascendencia de "Oficio de tinieblas" ocurre respecto al otro cuento que Carpentier publicaría en el propio año de 1944: "Viaje a la semilla", pieza con la que ha dicho su autor: "hallé mi forma y mi estilo".

[37] Klaus Müller-Bergh, "'Oficio de tinieblas', un cuento escasamente conocido", en *Asedios a Carpentier*, pp. 55-56.

Publicado en un bello tomito de 54 páginas financiado por el autor e impreso por la casa habanera de Ucar, García y Compañía, con viñetas tomadas de las "Muestras de los caracteres de letras de la Imprenta de Marina de la propiedad de Don José Severino de Boloña, Habana, 1836",[38] este relato evidencia la madurez estética de Carpentier en el terreno de la narrativa justo al cumplir los 40 años: se trata, sin duda alguna, de la obra que coloca al autor en el camino de sus más trascendentes búsquedas artísticas y la que revela, con mayor evidencia, su capacidad para asumir todas las influencias formadoras que ha venido recibiendo y devolverlas ya marcadas por la huella de una individualidad al fin conseguida.

Siendo el relato más conocido de Carpentier, poco se precisa decir sobre su argumento: es la historia de la vida de Don Marcial, aristócrata cubano del siglo XIX, poseedor del título de Marqués de Capellanías, cuya existencia –gracias a los poderes mágicos de un "negro viejo"– comienza a transcurrir invertida, desde la muerte hasta el regreso definitivo al útero materno. Dividido en trece breves capítulos, el I y el XIII –primero y final– transcurren en un tiempo normal, mientras que los capítulos intermedios –del II al XII, a partir del acto mágico y hasta la culminación del retorno– se desarrollan en un tiempo invertido. La simplicidad argumental de la obra, sin embargo, esconde tras sí uno de los valores más apreciables de este cuento: la multiplicidad de significados e interpretaciones que le han hallado los numerosos críticos que –esta vez sí– se han ocupado de su estudio.

[38] Otro misterio carpenteriano se cierne sobre esta primera edición. A partir de su inclusión en *Guerra del tiempo* y en las posteriores recopilaciones de cuentos del autor, siempre "Viaje a la semilla" está dividido en 13 capítulos. Sin embargo, en la edición original son sólo 12, pues el VI y el VII aparecen fundidos en uno solo, el VI, y así suma uno menos. Lo más significativo, sin embargo, es que al separar esos dos capítulos en sus ediciones definitivas, o bien Carpentier corrigió una enorme errata de la edición de 1944 o –lo que nos parece más aceptable, aunque el autor nunca hablara de ello–, que incluyera una versión definitiva en la que añade los dos párrafos del capítulo VI que van desde "Y hubo un gran sarao...", hasta "[...] bailando con altivo mohín de reto.", con el que cierra el capítulo. El VII, entonces, comienza en el segundo párrafo del VI de la versión original, o sea, el que dice: "Las visitas de Don Abundio..." y termina donde lo hacía originalmente el VI: "[...] imágenes que recobraban su color primero". Con independencia de que se trate de una errata en el original o de una versión definitiva, lo cierto es que los dos párrafos añadidos son de especial importancia para el cuento, por lo que tomaremos como referencia el relato "completo" incluido en *Guerra del tiempo* y en la edición de *Cuentos* (Arte y Literatura, La Habana, 1977) que hemos venido empleando.

La primera advertencia sobre la polisemia de la obra quizás la ofrezca la propia biografía de Don Marcial. Carpentier, al proponerse la narración de la vida "invertida" de este personaje, debió optar por una estilización de acontecimientos que saltaran de uno a otro momento significativo de su existencia, sin complejizar —casi sin tratar— su psicología ni su actuación exterior. Puesto "al derecho", el Marqués sólo hace en la vida lo que cualquier persona pudiera hacer: nace, crece, juega con perros, luego con un calesero —único amigo que se le individualiza—, asiste al colegio, sufre crisis religiosas de adolescencia, las supera en una juventud libertina, se casa, ve morir a su esposa y, poco más tarde, muere él mismo, después de arruinar el patrimonio que heredó. No obstante, al invertirse el tránsito "lógico" de este devenir nada extraordinario, varios elementos de esta biografía simplísima adquieren una connotación reveladora: se trata, ante todo, de un pasaje entre dos nadas: de la nada de la muerte a la de la no-existencia prenatal, en una clara alegoría del destino humano y de la humanidad misma, pues para reafirmar su tesis el relato se enmarca entre dos caos desintegradores: el de la demolición de la casa señorial de los marqueses de Capellanías (narrada con una intención estilística similar al terremoto de "Oficio de tinieblas"), que abre el relato, y el torbellino del bloque final del capítulo XII, cuando, ya desaparecido Marcial, animales, plantas y cosas se desintegran en un apocalíptico viaje a los orígenes, a la nada, a los tiempos anteriores del primer día de la creación: al inicio —que es el fin— de todo...

Pero, en este viaje indetenible de la vejez a la niñez, de la nada a la nada, se está produciendo también para el protagonista un feliz regreso a la libertad absoluta que significa la falta de compromisos sociales, morales, económicos y hasta afectivos, en una evasión de todas las convenciones de la vida en sociedad que, en otra circunstancia, será el tema del próximo cuento de Carpentier, "Los fugitivos".

El Carpentier que redacta "Viaje a la semilla", en 1944, parece seguir teniendo las mismas dudas en cuanto a las posibilidades civilizadoras del hombre que expresara en su serie periodística "El ocaso de Europa". La larga experiencia de una guerra más cruenta que todas las que existieron a lo largo de la historia, las barbaries del fascismo y el colapso de la cultura más desarrollada del planeta vestían de colores pesimistas cualquier idea sobre el porvenir de la humanidad, y Carpentier no es el único intelectual latinoamericano que reacciona con tal dosis de escepticismo apocalíptico.[39] La evasión social del personaje, entonces, no necesita de programas ni de búsquedas preconcebidas, sino que es asimilada por éste como parte de una felicidad recobrada inconscientemente, aunque con beneplácito.

Varios pasajes en el cuento nos advierten sobre esta "recuperación" de la libertad. Ya en el capítulo III, el mismo en que resucita Don Marcial, se nos cuenta de su ruina económica, a propósito de la cual:

> Pensaba en los misterios de la letra escrita, en esas hebras negras que se enlazaban y desenlazaban sobre anchas hojas filigranadas de balanzas, enlazando y desenlazando compromisos, juramentos, alianzas, testimonios, declaraciones, apellidos, títulos, fechas, tierras, árboles y piedras; maraña de hilos, sacada del tintero, en que se enredaban las piernas del hombre, vedándole caminos desestimados por la Ley; cordón al cuello, que apretaba su sordina al percibir el sonido temible de las palabras en libertad. Su firma lo había traicionado, yendo a complicarse en nudo y enredos de legajos. Atado por ella, el hombre de carne se hacía hombre de papel.[40]

Esta prisión perfecta —económica, social, moral, legal— en que encontramos a Don Marcial apenas levantado del lecho de muerte irá perdiendo sus barrotes a lo largo de su regreso, y en el capítulo V, al deshacer su matrimonio con la marquesa para recuperar su soltería, se habla en términos de que "los esposos fueron a la iglesia para recobrar su libertad" [p. 84] —primera ruptura de un vínculo—, y en el capítulo siguiente se cuenta:

> Y hubo un gran sarao, en el salón de música, el día en que alcanzó la minoría de edad. Estaba alegre, al pensar que su firma había dejado de tener

---

[39] "En 1944 —ha escrito Manuel Durán— Europa yace en ruinas y el futuro cultural del mundo civilizado parece orientarse hacia caminos no europeos. (Algunas páginas de la revista *Cuadernos Americanos* de aquellos años, releídas hoy, dan un tono excesivamente pesimista e incluso apocalíptico pero que sin embargo es fiel a la actitud del momento.)", en "El cómo y el porqué de una pequeña obra maestra", en *Recopilación de textos sobre Alejo Carpentier*, p. 296.

[40] Alejo Carpentier, "Viaje a la semilla", en *Cuentos*, p. 82.

valor legal, y que los registros y escribanías, con sus polillas, se borraban de su mundo. Llegaba el punto en que los tribunales dejaban de ser temibles para quienes tenían una carne desestimada por los códigos [p. 85].

Vencidos los compromisos económicos, Don Marcial —ahora sólo Marcial— sigue desprendiéndose de ataduras: un día deja de estudiar —de conocer—, otro abandona la religión, otro de respetar al padre —relación filial que le restaba libertad— y finalmente, cuando pierde la posibilidad de hablar y mantener cualquier comunicación con el mundo "civilizado", adopta las costumbres del perro Canelo —otro tipo de comportamiento social, bastante libertino en este caso, a diferencia del que existirá en "Los fugitivos"— hasta que:

> Un día, señalaron el perro a Marcial.
> —Guau, guau! —dijo.
> Hablaba su propio idioma. Había logrado la suprema libertad [p. 94].

Pero, de ahora en adelante, la agradable evasión se complica: pierde sensaciones, conocimiento, se le retira el bautismo —último lazo social que le restaba— y, finalmente, vuelve a la nada: "penetró en un cuerpo caliente, húmedo, lleno de tinieblas, que moría. El cuerpo, al sentirlo arrebozado en su propia sustancia, resbaló hacia la vida" (p. 95). La madre de Marcial es quien resucita ahora de su muerte en el parto, para iniciar ella misma un tránsito invertido similar al de su hijo. Y así hasta el infinito: hasta la nada.

El tema de la búsqueda de la libertad y de la evasión hace aquí su debut en la obra de Carpentier. Libros posteriores, en especial las novelas *El reino de este mundo*, *Los pasos perdidos* y *El siglo de las luces*, introducirán nuevas variaciones sobre un asunto que llega a convertirse en una verdadera obsesión para el narrador cubano. Lo específico de "Viaje a la semilla", en este sentido, es su aparente desligamiento contextual, su posible universalización, al estar referido a un momento histórico del que Carpentier sólo se vale como telón de fondo y no como referencia concreta —exactamente lo contrario a lo que sucederá en los textos antes mencionados—. Sin embargo, lo "aparente" de la desconexión histórica dejaría de ser tal si se quisiera ver en la vida del

Marqués una representación simbólica de toda una aristocracia cubana del siglo XIX que, de los esplendores económicos y sociales en que vivió en los albores del siglo, arriba al final de la centuria en franca decadencia ante el empuje burgués que se concreta con la importación de capitales y una nueva filosofía económica, política y social: es el fin de un mundo, que también se disuelve en la nada de una república desvalorizada y caótica.

La diversidad de lecturas que Carpentier consigue ofrecer en las pocas páginas del cuento contrasta, significativamente, no sólo con su simplicidad argumental, sino también con los recursos técnicos empleados para lograr tales efectos. Manuel Durán, por ejemplo, ha estudiado hasta qué punto la idea de invertir el tiempo lógico del relato no es ni mucho menos original de Carpentier y ha rastreado en el ilustre origen del recurso, que se remonta a los textos de Platón y de toda una tradición literaria europea y que reaparece, justo en 1944, en las *Ficciones* de Borges.[41] Sin embargo, el elemento fantástico o mágico en que se han basado estas inversiones sufre una readecuación precisa en "Viaje a la semilla": se trata, otra vez en Carpentier, de un acto de magia, de hechicería, pero el ejecutante es un "negro viejo", cubano o afrocubano —para retomar el término de entonces—, dotado de poderes como para que, con unos gestos extraños y el volteo de su cayado "sobre un cementerio de baldosas", se produzcan el milagro de la reorganización del caos —reconstrucción de la casa semidemolida— y el de la resurrección y vivir invertido de Marcial. Como acto mágico —en nada relacionado con una cierta liturgia religiosa, siempre de fines precisos, sean éstos cuales sean—, lo que sorprende es su aparente falta de motivaciones. ¿Por qué lo hace? El relato no ofrece respuestas a estas interrogantes, y la única posible es que el escritor quería hacerlo a partir de un basamento esotérico muy preciso. Lo interesante, sin embargo, es que Carpentier acuda a poderes mágicos de un negro viejo para desatar el prodigio —otra metamorfosis, sólo que ésta no se limita a ser una transformación de la apariencia física— y no al simple recurso surrealista de invertir voluntariosamente

---

[41] Véase Manuel Durán, "El cómo y el por qué de una pequeña obra maestra", art. cit.

la antinomia pasado/futuro, violando la contradicción realista de causa-efecto en el sorprendente movimiento efecto-causa, futuro/pasado: "Los cirios crecieron lentamente, perdiendo sudores. Cuando recobraron su tamaño, los apagó la monja apartando la lumbre" o "Cuando el médico movió la cabeza con desconsuelo profesional, el enfermo se sintió mejor" [p. 81], etcétera.

No parece difícil establecer los nexos de tales asociaciones con los métodos propios del surrealismo (relojes que marchan hacia atrás, efectos-causas descompuestos, etc.) e, incluso, con la retórica verbal del movimiento. La diferencia, entonces, está en el origen mismo de la inversión —una causa: los poderes del negro; un efecto: la inversión del tiempo—, origen que está en la misma realidad americana aunque su manifestación en el relato sea típicamente surrealista, en tanto efecto estético destinado a provocar una percepción alterada y más profunda de la vida de Marcial. Es notorio, en este sentido, que Carpentier no considere nunca a este cuento como una obra surrealista, a pesar de que no sería difícil calificarla de tal: elementos sobran para demostrar esta filiación. Lo característico, sin embargo, es que se trata de una apropiación de creencias existentes en un grupo humano específico, para el que lo sobrenatural del proceso puede ser natural.

Una vez ejecutada la mágica inversión del devenir temporal y creada la convención de una metarrealidad, nada en el relato indica que se produzcan nuevas alteraciones de la lógica propuesta mediante sucesivos procedimientos mágicos o fantásticos. Por el contrario, la nueva realidad es tratada "realistamente", respetándose así psicologías, evoluciones, cronologías, modos de ser y de entender el contexto, con lo que Carpentier ejecuta un procedimiento estético que, otra vez, lo acerca a las técnicas propias del surrealismo.

Pero lo que definitivamente caracteriza como mágico-realista el desarrollo argumental del cuento es la actitud de Marcial y el resto de los personajes que, a su alrededor, también viven la regresión —la esposa, el padre, etc.–. Si en *El reino de este mundo* Monseiur Lemonard de Mezy hubiese sido testigo de las metamorfosis de su antiguo esclavo Ti Noel, sin duda alguna el asombro lo habría fulminado. En cambio, el prodigio del transcurrir invertido del tiempo no lo es, en ningún caso, para los personajes de "Viaje a la semilla", que aceptan tal alteración del código lógico establecido con total naturalidad e, incluso, inconciencia, como pudo ser normal para los habitantes de Macondo el vuelo de Remedios la Bella o para Juan Preciado la existencia de Comala. Esta realidad-otra, donde lo mágico es posible, se convierte en la realidad-real de los personajes, sólo que, a diferencia de los ejemplos de Rulfo y García Márquez (existe una fe), no se trata de una convención cultural de la que ellos participan, sino de una circunstancia literaria creada por el escritor. Tal vez el dato que precisa esta diferencia se encuentre en el párrafo que abre el capítulo VI –presente en las dos versiones del cuento–, cuando explica el narrador:

> Una noche, después de mucho beber y de marearse con tufos de tabaco frío, dejados por sus amigos, Marcial tuvo la *sensación extraña* de que los relojes de la casa daban las cinco, luego las cuatro y media, luego las cuatro, luego las tres y media... Era como *la percepción de remotas posibilidades*. Como cuando se piensa, en enervamiento de vigilia, que puede andarse sobre el cielo raso con el piso por cielo raso [...] Fue una impresión fugaz, que no dejó la menor huella en su espíritu, poco llevado, ahora, a la meditación [p. 85, las cursivas son nuestras].

Marcial ha estado al borde de descubrir lo extraordinario de su situación –en verdad los relojes marchan hacia atrás– al tener una "sensación extraña" que quizás sólo se deba a los efectos del tabaco y el alcohol consumidos. La "percepción de remotas posibilidades" le hubiera explicado su extraordinaria experiencia, pero Carpentier le cierra el camino hacia ese descubrimiento, pues sólo hace posible tal sospecha cuando ya Marcial es un hombre poco llevado a la meditación. Los intereses estéticos del narrador se han impuesto ahora a las posibilidades de sus personajes, para mantenerlos en la parcela que le interesa cultivar: la de una magia compacta que los envuelve, vedando cualquier sensación de extrañamiento, sin que para ello sea necesaria la existencia de una fe en ninguno de ellos, con excepción del mago mismo (el negro viejo), que sí cree en sus poderes. Pero en el párrafo, además, existe una frase de franco sabor surrealista –ese "enervamiento de vigilia"– que puede permitir percepciones alteradas, con la cual Carpentier pretende lanzar un puente hacia una convención poética ya patentizada por el surrealismo, gracias a la cual lo imposible, en "estados psicológicos límites", puede ser posible y asumido como tal.

Dentro de la obra de Carpentier la filiación de esta noción mágica de la realidad empleada en "Viaje a la semilla" está más emparentada con otras obras del primer estado de lo real maravilloso que con las concepciones de los textos posteriores. Evidentemente, el autor está trabajando aquí desde una óptica propia del realismo mágico americano —como ocurrió en "Historia de lunas" y en la causalidad oculta que decreta la muerte de Menegildo en *Ecue-Yamba-O*— y no desde la visión diferenciada —por los juicios del narrador— que caracterizará su visión de lo real maravilloso. No hay en "Viaje a la semilla" distancia alguna ni extrañamiento entre el poder del negro viejo —y su psicología— y el narrador, que se limita a presentar objetivamente lo que sucede gracias a esas facultades que le otorgan al negro sus "poderes".

Como el mismo Carpentier de 1944 es un hombre desencantado ante el destino de Europa, el autor de "Viaje a la semilla" es ya el viajero que conoció en Haití los reveladores secretos del vudú y su potencia sobre la realidad. Esta experiencia, sumada a la del largo conocimiento de los ritos y creencias afrocubanos, debió estimularlo en la creación de este mundo paralelo en el que viven Marcial y los suyos, fomentado sólo por los atributos prodigiosos del negro viejo y su cayado.

Como pieza de cambio en la evolución estética carpenteriana, "Viaje a la semilla" ejecuta además una decisiva reelaboración de los componentes folclóricos con que el autor había practicado el afrocubanismo. Ya en los tres relatos de esta década, los personajes negros —Panchón, Cimarrón y el Negro Viejo— dejan de ser personajes típicos que deben encarnar toda una postura nacionalista en virtud de sus creencias y manifestaciones culturales. Los módulos folclóricos, definitivamente, han quedado atrás, y aunque sigan siendo relatos en que los negros cubanos y sus costumbres mantienen un importante protagonismo, no se persigue con el afán de antes la búsqueda de una tipicidad generalizadora, sino todo lo contrario: la explicitación de una actitud a partir de la pertenencia a un entorno cultural. Si el negro viejo es mago —no sabemos siquiera si es un babalao yoruba, un santero o un brujo de la regla de Palo, lo cual hubiera enriquecido su tratamiento folclorista–, es porque Carpentier necesita un mago y, en las condiciones cubanas del siglo XIX, sólo los negros poseen tal capacidad. La propuesta, entonces, queda estilizada, descarnada de elementos ornamentales, y el nexo con la realidad posible ejecutado dentro de la realidad también posible de unas creencias y una cultura. El nacionalismo, definitivamente, ha dejado paso a una búsqueda de lo esencial que subyace detrás de lo aparente que, a pesar de su riqueza y colorido, frustró –al decir del propio autor– su búsqueda de lo más profundo y auténtico del alma del negro cubano.

De este modo, los dos cuentos de 1944, "Oficio de tinieblas" y "Viaje a la semilla", colocan definitivamente a Carpentier al borde de la trascendente revolución de su estética que se ejecutará en 1949: con sus cuarenta años, el escritor cubano está en posesión no sólo de "una forma y un estilo", sino también de una cabal comprensión de la historia, de una nueva visión de lo folclórico y lo nacional y sobre todo, de una concepción cada vez más personal de la necesaria expresión de unas singularidades americanas capaces de distinguir histórica y culturalmente el complejo mundo de relaciones existente al sur del río Bravo.

La última pieza literaria que, cronológicamente, vendría a integrar el largo periodo de los antecedentes de lo real maravilloso es el relato "Los fugitivos", publicado en Caracas durante 1946, después de haber obtenido una mención honorífica en el concurso anual del periódico *El Nacional*.

Sobre este cuento, que Carpentier incluiría a partir de la edición de 1972 en su colección *Guerra del tiempo* –que originalmente (1958) sólo recogía *El acoso* y los relatos "El camino de Santiago", "Semejante a la noche" y "Viaje a la semilla"–, Carpentier confesaría en 1970 que: "Ese relato, 'Los fugitivos', que publican ahora en todas partes, no me gusta tampoco. Responde, en realidad, a un estilo que no es mío, lo mismo que mi novela *Ecue-Yamba-O*. No creo que sean malos como literatura".[42]

[42] Alejo Carpentier, "Los pasos encontrados", entrevista de Joaquín Santana, en *Entrevistas*, ed. cit., p. 186.

Tan tajante afirmación en cuanto a la incongruencia "estilística" del cuento sólo puede responder a una cuestión esencial en la perspectiva literaria: la filiación absolutamente realista de "Los fugitivos", una pieza en la que —como en la visión rectora de los acontecimientos en *Ecue-Yamba-O* a través de su narrador— Carpentier no emplea ninguno de los recursos literarios convocados en sus otros cuentos para ofrecer una dimensión diferente de la realidad, distinta a la tradicional perspectiva realista hacia el referente.

Lo asombroso, sin embargo, es que con "Los fugitivos" estamos ante una obra de indiscutible perfección formal y trascendente significación humanista y que, además —aun siendo un meandro en su tratamiento de lo mágico y lo extraordinario—, trabaja con dos elementos de capital importancia para toda la narrativa carpenteriana: primero, la imposibilidad del hombre de escapar de su tiempo y su circunstancia, idea que regirá el planteo de obras como *El reino de este mundo*, *Los pasos perdidos*, *El siglo de las luces* y hasta *La consagración de la primavera*; y segundo, la noción de la existencia de ciclos vitales, determinados en el cuento por los periodos naturales y las pautas productivas, preocupación de larga presencia en la obra del autor.

Antes de penetrar en el análisis del tratamiento específico de estas cuestiones en el relato, en el caso de "Los fugitivos" se hace necesario examinar una filiación literaria de la que depende, en importante medida, el tratamiento de aquellos dos temas. Porque llama poderosamente la atención el hecho de que siendo éste un cuento protagonizado por un negro cimarrón, que escapa de su condición de esclavo y realiza durante unos meses un tránsito hacia etapas vitales alejadas del mundo civilizado, Carpentier no caiga nunca en la tentación folclorizante característica del afrocubanismo que él mismo había practicado. Ningún elemento en la obra responde, entonces, a los cánones clásicos de aquel movimiento: ni en el lenguaje, ni en la actuación del personaje, ni en su relación con la naturaleza o la sociedad aparecen ya los módulos folclóricos de una escuela con la que, definitivamente, Carpentier parece haber saldado sus cuentas.

Por el contrario, con la fábula perfecta de Perro y Cimarrón el escritor, más que una lectura directa de la relación del negro cubano con la sociedad en que se inscribe, está proponiendo una visión existencial, generalizadora, de una circunstancia humana abarcadora que escapa de los estrechos márgenes de una literatura de evidentes compromisos sociales y culturales. De este modo, el relato —como "Viaje a la semilla" y otros posteriores— está funcionando como una profunda metáfora sobre la permanencia en el tiempo y el espacio de determinados comportamientos humanos, a los que el individuo no puede escapar en tanto que ser consciente y social, y por ello el escritor ha optado por una anécdota que coloca al hombre en una relación primaria con su entorno, idea que estilísticamente se refuerza con la preponderancia en el cuento de la perspectiva limitada y natural del perro.

Dividido en ocho breves capítulos, el argumento de "Los fugitivos" se desenvuelve en un lapso de dos años durante los cuales se desarrolla una aventura altamente típica en toda la región del Caribe: la del cimarronaje. Cimarrón ha escapado de la dotación del ingenio y Perro, que lo perseguía, ha optado por unirse al hombre para comenzar ambos una vida natural, libre, ajena a los cánones de una convivencia social en la que ambos sufren sus particulares esclavitudes: son instrumentos de trabajo y de ello depende su valor. Ahora, al conseguir su evasión, ambos personajes comienzan un regreso a escalas más primitivas de la vida en el planeta (en su tiempo y espacio histórico tal liberación resulta imposible), regreso que en el cuento tiene una correspondencia con su alejamiento del batey del ingenio y de las costumbres de la sociedad en que vivieron: si en el capítulo II, "Por hábito, Cimarrón y Perro se despertaron cuando sonó la campana del ingenio",[43] ya en el III, "después de dormir demasiado en las mañanas, sin campanas ni patadas, se habituaron a ponerse a la caza desde el alba", y viven "en una caverna, bien oculta por una cortina de helechos arborescentes" (p. 103), a la que no llegan los ecos de su antigua esclavitud.

Sin embargo, la regresión aún no ha terminado: un día Perro comienza a escarbar en el fondo de la cueva y descubre unos restos aborígenes que espantan a Cimarrón, y emprenden un nuevo aleja-

---

[43] Alejo Carpentier, "Los fugitivos", en *Cuentos*, p. 101.

miento —lo más distante posible de toda referencia civilizada— que culmina en "una cueva de techo más bajo, donde el hombre tuvo que entrar en cuatro patas" (p. 104), retrocediendo físicamente a una animalidad ya superada por el hombre (nuevo viaje a la semilla). Al parecer, Cimarrón y Perro, a estas alturas, han logrado su máxima aspiración: la libertad. Sin embargo, la imposibilidad de esta evasión comienza a fraguarse en ese mismo capítulo III, cuando Cimarrón siente la necesidad de acercarse al mundo que ha abandonado —en una clara anticipación de la tesis fatalista que determinará el destino del protagonista de *Los pasos perdidos*. Entonces, Cimarrón volverá, y el regreso será el fin del idílico estado de gracia en que había vivido desde el día de su fuga. Fuerzas que lo superan como individuo van a obligarlo a retornar, pues en el retorno está su condena como ser social.

Lo más interesante en cuanto al devenir temporal en que se desarrollan las acciones del relato es que los dos años que cubre el argumento han perdido su valor histórico-temporal y sólo funcionan como plazos naturales que se calcan a sí mismos, pautados por los diversos ciclos de la naturaleza: el día y la noche, el frío y el calor, la lluvia y la seca, y especialmente la alarmante llegada de la primavera que, en los capítulos I, IV y VI, introduce importantes puntos de giro: en el primero, la decisión de Perro de apartarse de la jauría de los rancheadores (la que persigue a Cimarrón, que ha escapado ya de su propia cofradía); en el segundo, la necesidad de Cimarrón de integrarse a la sociedad de los hombres en busca de amor, compañía, placeres; en el tercero, la de Perro de integrarse, él también, a una nueva sociedad, en su caso la de los perros jíbaros de la montaña, donde —como su último amo— buscará amor, compañía y placeres y obtendrá además —él sí— la suprema libertad de no responder a la voz de ningún dueño, al quedar completamente al margen de la "civilización" que hasta entonces lo había utilizado.

Así, el cuento describe dos ciclos completos sobre el eje simétrico de la primavera, constante climatológica que Carpentier asocia a determinados comportamientos que afectan la naturaleza misma del género animal:

La primavera los agarró a los dos, al amanecer [dice en el inicio del capítulo IV]. Perro despertó con una tirantez insoportable entre las patas traseras y una mala expresión en los ojos [...] Cimarrón hablaba solo. Ambos estaban de pésimo genio. Sin pensar en la caza, fueron temprano hacia el camino [p. 105].

Un ciclo cósmico —recordemos "Historia de lunas"—, inalterable y recurrente, determinará las acciones de los personajes, pero también la misma estructura del cuento: tres primaveras coinciden con tres periodos de vitalidad sexual en Perro y con tres momentos decisivos de la vida de Cimarrón: su fuga, su captura y su última fuga, en la que encuentra la muerte en las fauces de su antiguo compañero. Tal como ocurre en *Ecue-Yamba-O* e "Historia de lunas" —y luego en obras posteriores del autor, especialmente "El camino de Santiago" y "Semejante a la noche"—, se producirá en "Los fugitivos" una replicación en la que el principio y el fin del relato se tocan en una vuelta en redondo: "Olía a negro. Y ahí estaba el negro, en efecto, con su calzón rayado" (p. 100), dice el narrador en el capítulo I, cuando se produce el primer encuentro entre los personajes, encuentro del que nace una amistad avalada por la mutua necesidad que sienten; "De pronto el hombre apareció. Olía a negro. [...] Otros eslabones, más gruesos, sonaban bajo los flecos del pantalón rayado" (p. 110), dice ahora el narrador, al final del capítulo VII, cuando se produce el encuentro final entre Perro y Cimarrón, en el que el hombre, intentando un nuevo regreso, muere destrozado por el animal. La replicación, sin ser el calco típico de otras obras, funciona aquí como una espiral perfecta, pues los desenlaces de ambos encuentros serán bien diferentes: en el capítulo VII Perro ataca a Cimarrón y lo hace por dos razones: primero, porque el hombre le evocaba obediencias a las que el animal no quiere regresar; segundo, porque Perro, fatalmente conformado también por los hombres, "Había recordado, de súbito, una vieja consigna dada por el mayoral del ingenio, el día que un esclavo huía al monte" (p. 111). Perro, al final, ha sido también un instrumento de la sociedad de la cual, definitivamente, no puede evadirse el hombre.

La total imposibilidad de evasión que sufre Cimarrón —si se aleja de la sociedad, necesita volver a ella; cuando decide volver a la vida primitiva, la sociedad lo castiga por medio de Perro— revela una clarísima alegoría que exhaustivamente se trabajará en *Los pasos perdidos:* el hombre no puede escapar de su tiempo y de su circunstancia y cualquier intento de fuga fracasará. Lo característico del cuento, sin embargo, es su visión poética de esta alegoría, tratada en sus extremos posibles a través de elementos altamente significantes: Cimarrón huye de la esclavitud (máximo opuesto de la libertad) y regresa a un mundo de relaciones prehistóricas (caverna, cacería, recolección de frutos), pero los lazos invisibles de su condición de ser social siempre lo alcanzarán por más que huya.

La relación de "Los fugitivos" con algunas de las preocupaciones capitales de la narrativa carpenteriana resulta evidente. A pesar de su irrelevancia en cuanto al empleo de recursos típicos de una visión mágica o maravillosa de la realidad americana y hasta de la ausencia de la omnipresente influencia surrealista de estos años, el cuento sirve para revelar las tesis humanistas e historicistas de Carpentier en días de la posguerra, cuando si bien la victoria sobre el fascismo se había concretado, el ejemplo de lo ocurrido en Europa hacía dudar en las posibilidades de progreso humano. El nexo con el revitalizado pensamiento existencialista (1946 es, por ejemplo, la fecha de publicación de *Existencia y libertad humana en Jean-Paul Sartre*, de Gabriel Marcel), para el cual el tema de la libertad por medio de la "elección" es una de sus tesis centrales en cuanto a la relación hombre-sociedad, ya parece evidente en "Los fugitivos", siete años antes de la publicación de *Los pasos perdidos*. Asimismo, la persistente relación hombre-naturaleza y la influencia primaria de los ciclos cósmicos revelan también la permanencia de viejas nociones spenglerianas asumidas por Carpentier en su literatura y su pensamiento. Todo esto, sumado al fatalismo dramático que el autor impone al desenlace del cuento, explicita la visión apocalíptica de la sociedad vista en los otros dos relatos de estos años.

De este modo, con independencia de gustos personales justificados en la percepción de cualquier autor respecto a su propia obra, "Los fugitivos", última pieza literaria del primer estado de lo real maravilloso carpenteriano, cobra una especial importancia en el devenir estético del autor: obra de continuidad y ruptura, de ensayo hacia el futuro y de culminación magistral de una estética (el afrocubanismo), sobrevive además por su perfección estilística y formal, al punto de convertirse –desde su misma publicación–[44] en una obra polémica y reveladora del complejo universo literario creado por Alejo Carpentier. Con perdón de sus gustos...

El estudio de los rasgos conceptuales y estilísticos más significativos de los tres cuentos que Carpentier publicara entre 1944 y 1946, y la revisión de las propuestas teóricas hechas en sus trabajos periodísticos y ensayísticos de esta etapa (1939-1946), previa a la formulación y tratamiento estético de su teoría de lo real maravilloso, nos permiten, nuevamente, establecer ciertas regularidades en su obra literaria y reflexiva. Estos trabajos, que –como queda dicho– pueden ser incluidos en el primer momento de la evolución literaria de lo real maravilloso carpenteriano –antecedentes–, pero agrupados en un periodo diferente al de los textos de 1923-1933 (y no sólo por una diferencia temporal), evidencian un enriquecimiento y una personalización del ideario estético del autor, en virtud –ante todo– de su propia maduración intelectual, pero, además, del proceso de aprendizaje que se desarrolla tras su regreso a Cuba y su revelador conocimiento de otras realidades latinoamericanas.

De este modo, el segundo momento del primer estado de lo real maravilloso tiene como características más señaladas:

–La historia como contexto, tema y asunto. Si en sus textos anteriores Carpentier prefiere tratar acontecimientos y personajes cercanos en el tiempo –incluso conocidos personalmente por él–, a partir de este momento y gracias –fundamentalmente– a las investigaciones para *La música en Cuba*, la historia, como referente y como mundo de relaciones, hace su definitiva entrada en la obra del autor, al punto de convertirse en una de las características que luego definirá buena

---

[44] "Este cuento propició una animada polémica entre Rafael Angarita Arvelo y Juan Liscano, publicada en los periódicos *El Universal* y *El Nacional*." Araceli García-Carranza, *Biobibliografía de Alejo Carpentier*, p. 20. Lamentablemente no hemos tenido posibilidad de consultar estos trabajos, que sin duda esclarecerían las opiniones que existieron a raíz de la publicación de "Los fugitivos".

parte de la estética de lo real maravilloso. Sus tres cuentos del periodo se desarrollan en el siglo XIX cubano y, aunque sólo uno es de asunto documentalmente histórico, el universo de relaciones históricas sostiene las tesis de las obras y las especificidades de sus personajes. La relación historia-ficción cambia entonces definitivamente respecto a su obra anterior: más que la historia verbal y folclorizante, ahora el autor trabaja un contexto histórico específico, partiendo incluso del documento y el dato histórico comprobable.

—Presencia del surrealismo. La compleja relación de Carpentier con el surrealismo alcanza en estos años una problemática asimilación. Mientras que en unos textos exalta la capacidad de percepción que le ha aportado el surrealismo ("La Habana vista por un turista cubano"), en otros ya ataca abiertamente los métodos del movimiento (entrevista de 1945), pero, estéticamente, se apropia de sus recursos ("Viaje a la semilla" y "Oficio de tinieblas") con una visión cada vez más personal y profunda. La huella del surrealismo —se ha producido ya su encuentro con Mabille—, a pesar de sus declaraciones, se mantiene como una influencia decisiva en la realización estética del escritor cubano y en su modo de acercarse y asumir la realidad.

—Reacción contra la estética realista. Como en el momento anterior, Carpentier acude a diversos recursos estéticos para violar un acercamiento dócil al referente. Si bien "Los fugitivos" responde a un discurso plenamente realista, sus otros dos cuentos introducen elementos mágicos y fantásticos para crear nuevas realidades que le permitan trascender una visión especular de la realidad, en busca de esencias más profundas, ocultas, inasequibles a la mirada tradicional.

—Lo mágico como categoría de la realidad. El cuento más importante del periodo —"Viaje a la semilla"—, al estar fundado sobre un procedimiento mágico, valida nuevamente la concepción de lo mágico como modo de ser de la realidad americana. La visión mágico-realista que rige este cuento refuerza las nociones trabajadas en el periodo anterior respecto a este importante elemento conceptual de la narrativa carpenteriana.

—Superación del folclorismo y el afrocubanismo. Tanto en los textos teóricos como en los relatos del momento, Carpentier ejecuta una clara superación de sus concepciones afrocubanistas, folcloristas y nacionalistas de su periodo anterior, en un proceso capaz de adecuar sus búsquedas conceptuales y estéticas a las exigencias de su ya cercana formulación teórica de "lo real maravilloso americano". Asuntos como el de la sensibilidad quedan definitivamente desterrados de su análisis del proceso cultural cubano –*La música en Cuba*–, cuando maneja categorías más ajustadas a su visión de las necesidades artísticas. Paralelamente, al asumir al negro cubano no ya como un compendio de actitudes folclóricas y nacionalistas (prototipo), sino como un personaje literario y social con específicas características culturales, generadas por la transculturación y el sincretismo, supera su visión exteriorista y utilitaria –ideológica y culturalmente utilitaria en la obra anterior del autor–, para tocar ciertas esencias de su comportamiento histórico. La profusión de textos que escribe entre 1923-1933 sobre el folclor negro en Cuba deja su lugar, ahora, a esenciales referencias analíticas sobre el papel de la influencia negra en la formación cultural caribeña.

–Tratamiento circular e invertido del tiempo. Trabajando otra vez con ciclos temporales específicos –un año en "Oficio de tinieblas", dos años y tres primaveras en "Los fugitivos", una vida en "Viaje a la semilla"–, cerrados en sí mismos, dictados por giros cósmicos, biológicos o naturales invariables, Carpentier mantiene una visión del devenir temporal cercana a la de su obra anterior, aunque, por primera vez, aparecen atisbos de desarrollo (tiempo en espiral). El caso singular de "Viaje a la semilla", con su devenir temporal invertido, añade una notable riqueza al tratamiento del tiempo en la obra de Carpentier, a través de un tema de especial importancia en su narrativa: la regresión posible (evidente en Marcial, física e intelectualmente; evidente en Cimarrón, aunque sólo en su modo de actuar).

–Contextos y premoniciones de lo insólito. Mucho más visible en sus textos teóricos y periodísticos que en sus relatos –por la brevedad de éstos–, se mantiene una prefiguración de contextos específicos que caracterizan la realidad cubana y americana y la existencia de condiciones singulares (insólitas) en su desarrollo. Tanto en *La música en Cuba* como en "La Habana vista por un turista cubano" hay un tratamiento de las urdimbres culturales y raciales −sincretismo−, así como económicas y hasta geográficas e históricas, que generan la existencia de contextos típicos y de elementos diferenciadores de nuestra realidad.

−Búsqueda de la libertad e imposibilidad de la evasión. El tema de la libertad, que en las obras anteriores fue tratado como la necesidad de una libertad colectiva *(El milagro de Anaquillé* y *Ecue-Yamba-O*, historias de explotación social tratada explícitamente), sufre una importante alteración en los cuentos de los años cuarenta. Ahora es la búsqueda de la libertad individual −metafísica o históricamente buscada− la que se impone en "Viaje a la semilla" y "Los fugitivos". Conseguida en uno de esos cuentos y frustrada en otro, significa la entrada definitiva del tema, ya conscientemente elaborado, en la narrativa carpenteriana.

−Simbolismo y alegorías. La presencia de elementos simbólicos y alegóricos se repite como una constante en la narrativa carpenteriana. De modo mucho más estilizado en sus obras de estos años (en las que desaparece la necesidad de participación política visible en sus primeras obras), los símbolos y alegorías tratados en sus cuentos confieren una dimensión especial a sus propuestas culturales y filosóficas: desde la imposibilidad de la evasión del hombre o la búsqueda de orígenes −físicos y culturales−, hasta la difuminación de las contradicciones de la realidad, las metáforas carpenterianas aluden a una compleja urdimbre de relaciones capaces de crear la polisemia que caracterizará su obra literaria.

−Personajes no problemáticos. Al circunscribirse su creación de este momento a tres cuentos −género poco dado a la complejización de personajes−, los protagonistas del periodo −en especial Cimarrón y Marcial− no son personajes humana o culturalmente problemáticos. Puestos en función de tesis que interesan mucho más al autor, sus criaturas parecen manejadas por hilos a veces demasiado visibles que moldean su comportamiento dramático y su destino literario. No hay, pues, búsqueda de personajes en abierto conflicto con su medio −actitud estética que ya había determinado la suerte de Menegildo o la actuación de Atilano, también empleados como "entes" significativos más que como individualidades−.

—Visión apocalíptica de la realidad. Uno de los rasgos más características de esta etapa de la reflexión y la creación carpenterianas es la visión disolucionante de la realidad. Un fundamentado pesimismo histórico respecto al papel y el valor de la cultura —tesis de "El ocaso de Europa"— se traslada a sus cuentos, plagados de caos, destrucciones, disociaciones de todo tipo: históricas, físicas, espirituales, temporales. La duda sobre la mejoría del futuro del hombre —tal vez ya de influencia existencialista— se convierte desde esta etapa en una de las constantes que caracterizará en gran medida la producción siguiente del escritor cubano. Alejo Carpentier, "hombre de su tiempo" —como él mismo se calificó—, reaccionó como su tiempo, y su literatura es el más fiel reflejo de sus preocupaciones, dudas y desencantos durante aquella primera mitad de los años cuarenta.

Todas estas características —sumados ya uno y otro momento del primer estado de lo real maravilloso (antecedentes)— conforman, claramente, los rumbos literarios de Alejo Carpentier en un periodo fundamental de su evolución literaria: la que va del aprendizaje mimético al hallazgo de una voz y una estética personal. El resto de su obra —que analizaré dividida en tres nuevos estados de lo real maravilloso— no será más que la consumación literaria de las búsquedas y tanteos de estos largos años de peculiar formación cultural, política y profesional del hombre que revolucionaría la narrativa del continente con la publicación de *El reino de este mundo* y su teoría sobre "lo real maravilloso americano".

### Segundo estado. Formulación y reafirmación

Si el primer estado de la evolución de lo real maravilloso, extendido a través de un larguísimo periodo de tiempo y adoleciendo de un texto teórico rector, se caracteriza por la abundancia de búsquedas y la diversidad de proposiciones, el segundo, por el contrario, podría definirse ya por la coherencia estética y conceptual de una obra, reflexiva y artística, dedicada a sustentar ortodoxamente la idea de que América Latina es, precisamente, la tierra escogida por "lo real maravilloso".

Dos novelas, dos cuentos y dos textos analíticos, escritos todos entre 1948 y 1953, integran este periodo especialmente homogéneo de la formulación y reafirmación de las novedosas ideas americanistas de Alejo Carpentier: las novelas *El reino de este mundo* (1949) y *Los pasos perdidos* (1953), los cuentos "Semejante a la noche" (1952) y "El camino de Santiago" (escrito hacia 1952),[45] y los textos "Lo real maravilloso de América" (1948 y 1949, ya como prólogo) y la serie "Visión de América" (1948) componen una singular propuesta que, de la plasmación del concepto a la realización estética, desarrolla en nuestro ámbito uno de los proyectos capitales sobre el carácter y las necesidades de una creación artística esencialmente latinoamericana.

Sin duda, el instante climático de este segundo momento de la evolución de lo real maravilloso lo consiguen la publicación de *El reino de este mundo* y su combativo prólogo, dos piezas a las que debí referirme en el análisis de las categorías centrales de la propuesta carpenteriana (la fe como vehículo para la percepción, la existencia de una realidad maravillosa, la distinción ontológica acá-allá, entre otras) y en el estudio de su cercanía y diferenciación respecto al realismo mágico americano. No obstante, varios elementos de estas obras, vistos ya desde una perspectiva diacrónica y en el examen horizontal del devenir conceptual y artístico de Carpentier, imponen un regreso a los textos y a su multiplicidad de proposiciones e indagaciones.

La idea de concebir a América, su historia, sus hombres, su cultura y hasta su naturaleza como una síntesis privilegiada de presencias,

---

[45] Aunque la primera edición de "El camino de Santiago" es de 1958, como parte del volumen *Guerra del tiempo; tres relatos y una novela*, México, Compañía General de Ediciones, y en el manuscrito primario de Carpentier, de 124 páginas y subtitulado "Auto sacramental en once capítulos", no aparece fecha de escritura, algunas referencias del autor permiten darlo por terminado hacia 1952. En *Palabras en el tiempo de Alejo Carpentier*, de Ramón Chao, p. 10, dice Carpentier que el cuento ha sido escrito simultáneamente con *El acoso* y *Los pasos perdidos* (es decir, antes de 1953). Mientras, en la entrevista que le realizara Salvador Bueno para *Carteles* (23 de abril de 1953, recogida en *Entrevistas*, p. 35) dice el escritor que "Hace años me llamó la atención una noticia de Irene Wrigth [...] donde se habla del único músico que había en la ciudad por aquel tiempo, llamado Juan de Amberes. El año pasado realicé un viejo proyecto de escribir la vida de este hombre". Quedaría claro así que fue escrito en 1952, aunque una molesta duda subsiste: en la entrevista a Bueno, Carpentier confiesa que no ha terminado aún *El acoso*, dado por terminado en el libro de Chao. ¿Estaría realmente terminado, como él asegura, este cuento que no se publicaría en ninguna revista hasta su definitiva aparición en *Guerra del tiempo*?

acontecimientos y procedimientos maravillosos –precisamente por su cualidad de reales–, lanzada por Carpentier en su artículo "Lo real maravilloso de América" y tratada como demostración teórica en la serie de reportajes "Visión de América", tiene su primer correlato artístico cabalmente consciente en la novela *El reino de este mundo*. Mientras en los textos de ficción anteriores –desde los días de *El milagro de Anaquillé* y la versión primaria de *Ecue-Yamba-O*– el escritor bordea esta conceptualización en la búsqueda afanosa de un "deber ser" estético, en la novela ya prologada con el artículo de 1948 Carpentier ha conseguido plantear y tratar literariamente este hallazgo teórico que enrumbará, definitivamente, toda la evolución de su literatura posterior.

En *El reino de este mundo*, entonces, Carpentier consigue –si nos atenemos a lo dicho en el prólogo–, aun "sin habérmelo propuesto de modo sistemático", narrar: "[...] una sucesión de hechos extraordinarios, ocurridos en la isla de Santo Domingo, en determinada época que no alcanza el lapso de una vida humana, dejándose que lo maravilloso fluya libremente de una realidad estrictamente seguida en todos sus detalles".[46]

Porque, como dice a continuación, el argumento novelesco se fundamenta en una rigurosa investigación documental y respeta fechas, nombres de personajes, locaciones y procesos históricos. Sin embargo –necesario es repetirlo–, la novela narra "una sucesión de hechos extraordinarios".

Evidentemente, tal formulación estética, advertida desde el prólogo, será una de las características estructurales más notables de la novela (característica que se conservará para todas las obras de este segundo estado), al punto de determinar la composición misma del argumento, la estructuración y accionar de los personajes, el montaje de los capítulos, la voz narrativa empleada –perspectiva– y, sobre todo, la selección del referente histórico y textual (la realidad histórica y la historia escrita) que realiza el autor para conseguir la narración de esa "sucesión de hechos extraordinarios".

---

[46] Alejo Carpentier, prólogo a *El reino de este mundo*, p. 15.

## VISIÓN DE AMÉRICA

Comoquiera que *El reino de este mundo* junto a *Los pasos perdidos* han sido las dos novelas más exhaustivamente estudiadas en la obra carpenteriana –y no sólo por su primacía temporal respecto a las novelas posteriores–, muchas han sido las valoraciones críticas encaminadas a analizar la peculiar composición de esta pieza. Una de las más atendibles, sin duda, es la propuesta por Oldric Bélic, quien –citado en extenso por Emil Volek– sostenía que el argumento

> [...] está construido por el reflejo del gran drama revolucionario en las mentes del pueblo negro haitiano. La atmósfera mágica está reforzada por los métodos surrealistas en la construcción de la acción (es decir, no existe una acción continua ni un lazo aparente de una sucesión lógica, los acontecimientos parecen ser dirigidos por fuerzas sobrenaturales)...[47]

Por lo que, afirma Volek, la estructura de la pieza es una especie de contrapunto en el que los conflictos se reiteran. Frente a esta concepción extraída del surrealismo, se levanta la interesante proposición de Roberto González Echevarría sobre el carácter esotérico de un argumento montado a partir de asociaciones numéricas (el 1, el 7, el 8, el 13, etc.) y días de la semana (domingos y lunes), finísimo análisis que, sin embargo, lo lleva a la conclusión de que tan arduo –como increíble– esfuerzo subliminal carpenteriano al estructurar su novela sobre la simbología de los números y los días de la semana es apenas una demostración de la pesimista filosofía spengleriana del fin del mundo y el caos, asumida por Carpentier y revertida en la estructura cíclica de esta novela sobre el fracaso revolucionario.[48]

Entre uno y otro extremos –el del antirracionalismo surrealista y el del racionalismo cartesiano– está, a mi juicio, la verdadera razón de una selección de acontecimientos y una estructuración argumental tan peculiares como las que entraña esta novela.

Recordemos, ante todo, que el libro se divide en cuatro partes y 26 capítulos. Cada una de esas partes, con una función de ciclo dotado de relativa independencia:

[47] Emil Volek, "Análisis e interpretación de *El reino de este mundo* y su lugar en la obra de Alejo Carpentier", en Julio Flores, *El realismo mágico de Alejo Carpentier*, Ediciones Orellana, Valparaíso, 1971.
[48] Véase Roberto González Echevarría, *Isla a su vuelo fugitiva*, cap. III.

*1*. El ciclo Mackandal, con ocho capítulos, narrados básicamente desde la perspectiva de Ti Noel. Esta parte recoge toda la historia del primer caudillo anticolonial, desde su mutilación hasta su polémica muerte en la hoguera. Históricamente va de 1753 a 1758.

*2*. De la rebelión de Bouckman a la independencia, con siete capítulos, narrados del I al V desde la perspectiva de Ti Noel, con una ruptura en el VI —"La nave de los perros"—, en el que se introduce una perspectiva que sigue las aventuras de Paulina Bonaparte en Haití —hasta el capítulo VII, final de esta parte, en cuyo último párrafo reaparece Ti Noel—. Históricamente abarcaría desde 1791 hasta las inmediaciones de 1804, fecha en que son derrotados los franceses.

*3*. Ciclo Henri Christophe, también con siete capítulos, narrados los cuatro primeros desde la perspectiva de Ti Noel y los tres restantes por un narrador que sigue a Christophe en sus últimos avatares, desde la aparición del fantasma de Cornejo Breille hasta la muerte del emperador. Históricamente, alrededor del año 1820, fecha de la caída de Christophe.

*4*. Con sólo cuatro capítulos, el I se desarrolla en Roma, alrededor de Solimán, el antiguo esclavo de Paulina Bonaparte, y los tres restantes rescatan la perspectiva de Ti Noel —abandonada durante cuatro capítulos—, abarcando así dos ciclos diferentes unidos por un hilo común: el fracaso de la revolución. Históricamente estaría alrededor de 1826, cuando el presidente Boyer proclama su Código Rural (aparición en la novela de los agrimensores).[49]

Como se ha visto, en la obra se dan cuatro grandes saltos temporales y seis rupturas de la perspectiva narrativa, cercana a cuatro personajes (Ti Noel, Paulina, Christophe y Solimán) que dislocan cualquier esbozo de un devenir lineal y dramático del argumento, en función de un desarrollo por adición y acumulación en el que sólo Ti Noel tiene vestigios de una cierta evolución narrativa. Incluso, los cambios de perspectiva se producen como verdaderas alteraciones del fluir narrativo, propiciando no sólo cambios de personajes, sino de locaciones, ambientes, épocas y miradas sobre la realidad narrada.

---

[49] *Ibidem*, p. 52.

Tal estructuración argumental –con todo lo que arrastra en el plano composicional de la obra– está indicando una clara posición selectiva de Carpentier ante sus referentes. Lo primero que podría llamar la atención en este sentido es que el escritor cubano, por ejemplo, no haya escogido a líderes como Toussaint o Dessalines para figurar en su obra y haya preferido sólo hablar de Christophe. Igualmente, resulta sintomático que un personaje de ninguna importancia en el proceso haitiano, como Paulina Bonaparte[50] –de la actuación de Leclerc, el enviado napoleónico, apenas se habla–, irrumpa bruscamente en el argumento, creando un verdadero meandro ciego en el devenir de la historia narrada, pues poco aporta como información y casi nada como progresión.

A tan voluntariosa –al parecer– construcción argumental se enfrenta, sin embargo, la probada historicidad de hechos, procesos y personajes narrados, que en varios pasajes es de tal raigambre documental que Carpentier casi cita textualmente a los historiadores –incluso a sí mismo, en temas ya tratados en *La música en Cuba*–. Todo en la novela –o casi todo– ha sido realmente "establecido sobre una documentación extremadamente rigurosa que no solamente respeta la verdad histórica [...] sino que oculta, bajo su aparente intemporalidad, un minucioso cotejo de fechas y de cronologías". Sólo que Carpentier no hace historia, sino literatura.

Tal "poda" histórica, con la cual Carpentier ejecuta una precisa selección de momentos, personajes y locaciones –varias de Haití, Santiago de Cuba, isla Tortuga, Roma–, señala, obviamente, algo más complejo que una ordenación surrealista y menos cabalística que una correspondencia numérica y semanal: es la evidencia de que el autor ha aplicado un método, un método narrativo que, por su determinante presencia en las obras de este estado, llamaré un "realismo maravilloso".

Por supuesto, la ya mentada "sucesión de hechos extraordinarios" estaba revelando tal posibilidad que, vista a la luz de la estructura de la obra y en su relación con el referente, se hace más clara y precisa. Es evidente que a Carpentier, al escribir su novela, le interesa estable-

---

[50] Las fechas y acontecimientos en torno a Paulina, por ejemplo, son obviados sabiamente por González Echevarría, que no pudo acomodarlos a su análisis.

cer, sobre todo, que estamos ante una realidad americana maravillosa, y así lo advierte: "[...] por la dramática singularidad de los acontecimientos, por la fantástica apostura de los personajes que se encontraron, en determinado momento, en la encrucijada mágica de la Ciudad del Cabo, todo resulta maravilloso en una historia imposible de situar en Europa, y que es tan real..."[51]

Ahora, la existencia de tal realidad maravillosa no le garantizaba su tratamiento estético específico —como ocurrió en las obras anteriores, también referidas a un universo maravilloso aún no definido como tal— y, deslumbrado él mismo por las posibilidades artísticas de su descubrimiento conceptual, transforma su visión de la realidad en método artístico capaz de establecer, con preferencia y toda claridad, el carácter maravilloso del referente, y destacar sólo lo más extraordinario, singular, revelador, en una historia que abarca más de 70 años.

No es casual, por ejemplo, la vigorosa transformación textual que se puede advertir entre el "Capítulo de novela" que publicara en 1944 y la obra definitiva, concluida en 1948. Un elemento de especial importancia es completamente restructurado: el punto de vista. Si en aquel "Capítulo" Carpentier acudía al personaje de un escritor, contemporáneo suyo, para narrar la maravillosa realidad haitiana —algo que sí hará en *Los pasos perdidos* con su narrador-protagonista—, ahora la visión queda circunscrita a personajes de época con los cuales se identifica el narrador en tercera persona, con especial preferencia por el esclavo Ti Noel, presente en casi toda esta larga historia.

Ti Noel no es, para nada, una selección casual: el personaje, por el contrario, tiene la importante encomienda de ser el mediador entre la visión mágica de los negros esclavos y la constatación maravillosa que ejecuta el narrador (como se vio en el capítulo anterior). Pero, metodológicamente, la visión interesada de Ti Noel se encarga de llevar el argumento, precisamente, a través de aquellos sucesos históricos preteridos —no habla, por supuesto, de decretos de los Estados Generales ni de la Declaración de los Derechos del Hombre, de tanta influencia en este proceso—, aquellos acontecimientos en los que hay

---

[51] Alejo Carpentier, *op. cit.*, p. 15.

una suficiente dosis de elementos extraordinarios capaces de dar su carácter al libro: así, desde los ojos de Ti Noel se suceden las licantropías, los pactos espirituales con el Gran Allá, la relación mágica con la naturaleza y el cosmos, la visión optimista de los negros y su misma comprensión de la imposibilidad humana de la evasión, además de ser un personaje también favorecido a la hora de constatar la insólita singularidad de ciertos procesos reales.

Cuando Carpentier rompe en la novela, por primera vez, la perspectiva que ha seguido a Ti Noel, es precisamente un personaje del bando "opuesto" quien toma las riendas del relato: Paulina, blanca, europea, esposa del gobernador colonial. Sin embargo, la visión de esta mujer —cuya "maravillosa" presencia histórica en Haití deslumbró a Carpentier— viene a complementar la óptica específica del esclavo, con una mirada europea que intenta ficcionalizar la realidad americana (de ahí las menciones a Pablo y Virginia y a Bernardino de Saint-Pierre, o a la novela *Un negro como hay pocos blancos*). Por ello, el tránsito del "ensueño tropical de Paulina Bonaparte" (p. 81) al trastorno de la epidemia de peste que también contagia a Leclerc (paralelamente con un significativo cambio de texto leído en favor de Alejandro Oliverio Oexmelin, cronista de la piratería) evidencia el reordenamiento de la visión europea en favor de la urgente mística americanista, que le aporta Solimán con sus remedios y creencias que "revolvían en ella un fondo de vieja sangre corsa, más cercano de la viviente cosmogonía del negro que de las mentiras del Directorio" (p. 84). La visión idílica del mundo americano que había aportado Paulina tiene su fin cuando: "La muerte de Leclerc, agarrado por el vómito negro, llevó a Paulina a los umbrales de la demencia. Ahora el trópico se le hacía abominable, con sus buitres pacientes que se instalaban en los techos de las casas donde alguien sudaba la agonía (p. 85)."

Y Paulina huye para siempre de aquel mundo que se ha trastocado en imagen y ficción, pero "En la cesta que contenía sus ajados disfraces de criolla viajaba un amuleto a Papá Legba, trabajado por Solimán, destinado a abrir [...] todos los caminos que la condujeron a Roma" (p. 86).

El contrapunteo de estas dos perspectivas extremas —negra haitiana, una; blanca, europea, la otra— está advirtiendo una de las características más importantes del método carpenteriano para revelar lo maravilloso de los acontecimientos ya escogidos precisamente por sus ribetes extraordinarios. Mientras la visión cómplice de Ti Noel es capaz de admitir y naturalizar un mundo de relaciones mágicas del cual él mismo es fruto —como Mackandal o Bouckman y hasta el propio Christophe—, la otra visión, externa, se enfrenta a un mundo incomprensible, y de la misma inteligibilidad, como una chispa, brota la comparación maravillosa.

Varios son los modos de manifestar lo maravilloso patentados por este método artístico. El más importante de todos, como cabía esperar, está en la revelación de la psicología de los negros esclavos, protagonistas de la revolución. El recurso empleado para ello —como se vio en el capítulo anterior— comparte ciertos procedimientos típicos de la estética del realismo mágico, en tanto que la perspectiva del narrador se identifica con la de los personajes —la de Ti Noel, especialmente—, en busca de una naturalización de los componentes mágicos. Fuera del ya analizado pasaje de la muerte-salvación de Mackandal, de muy preciso tratamiento en la pieza, varios son los momentos en que el recurso mágico-realista aflora en la novela. Tal vez el más revelador e inconfundible de todos se encuentre en el capítulo III, primera parte —"Lo que hallaba la mano"—, que por su carácter paradigmático creo necesario analizar en detalle.

Mackandal y Ti Noel visitan a la Maman Loi, a quien el manco le consulta sobre los posibles efectos de los hongos que ha ido recogiendo:

> Ella los examinaba cuidadosamente, apretando y oliendo unos, arrojando otros. A veces se hablaba de animales egregios que habían tenido descendencia humana. Y también de hombres que ciertos ensalmos dotaban de poderes licantrópicos. Se sabía de mujeres violadas por grandes felinos que habían trocado, en la noche, la palabra por el rugido. Cierta vez la Maman Loi enmudeció de extraña manera cuando se iba llegando a lo mejor de un relato. Respondiendo a una orden misteriosa, corrió a la cocina, hundiendo los brazos en una olla llena de aceite hirviente. Ti Noel observó que su cara reflejaba una tersa indiferencia, y, lo que era más raro, que sus brazos, al ser sacados del aceite, no tenían ni ampollas ni huellas de quemaduras, a pesar del horroroso sonido de fritura que se había escuchado poco antes. Como

Mackandal parecía aceptar el hecho con la más absoluta calma, Ti Noel hizo esfuerzos por ocultar su asombro [pp. 28-29].

Si desmontamos la secuencia de significantes que nos propone el pasaje, veremos hasta qué punto se le ven las costuras a la intención carpenteriana de naturalizar lo mágico de América en este capítulo. Sobre el procedimiento seguido por el narrador, ha escrito Irlemar Chiampi en su artículo "Realismo maravilloso y literatura fantástica":

> En el realismo maravilloso, el objetivo de problematizar los códigos sociocognoscitivos del lector, sin instaurar la paradoja, se manifiesta en las referencias frecuentes a la religiosidad, en cuanto a modalidad cultural capaz de responder a su aspiración de verdad supra-rracional. En *El reino de este mundo* [...] la serie de acontecimientos legendarios que antecedieron a la independencia de Haití, comparece sistemáticamente vinculado al pensamiento mítico de los negros, para evitar el efecto de fantasticidad que convertiría a esa historia en un referente imposible. Utilizando uno de los motivos clásicos de la literatura fantástica —la licantropía— el escritor cubano le elimina la connotación sobrenatural [...] Vinculadas a la práctica mágica de la religión vudú, tales metamorfosis son "naturalizadas" al adquirir una función histórica y social de promesa de liberación para los esclavos haitianos.[52]

En el episodio de la Maman Loi, primero en la novela que presenta directamente un proceso mágico, Carpentier emplea el recurso descrito por la investigadora brasileña. Un fluir narrativo realista (la evaluación

---

[52] Irlemar Chiampi, "Realismo maravilloso y literatura fantástica", *Eco*, noviembre de 1980, núm. 229, suplemento de 1980, Bogotá. Respecto de su definición de realismo maravilloso, como definición estética que engloba a toda una literatura latinoamericana no-realista, la autora justifica de tal modo su denominación: "[...] conviene justificar por qué abdicamos de la expresión 'realismo mágico' [...] Si bien entre los factores que determinan nuestra preferencia por el término realismo maravilloso se incluye el reconocimiento de la práctica teórica y literaria de Carpentier, adoptando su noción referencial de lo 'real maravilloso americano', nuestra opción se debe, ante todo, al deseo de situar el problema en el ámbito específico de la investigación literaria", pues, comenta, "Maravilloso es tema ya consagrado por la poética", mientras "mágico" es un término tomado de otra serie cultural y al acoplarlo al realismo implicaría una teorización, ora de tipo fenomenológico (la 'actitud del narrador'), ora de orden contenidista (la magia como tema). *El realismo maravilloso*, Monte Ávila Editores, C. A., Caracas, 1983, p. 49.

de los hongos) da paso a una conversación sobre tópicos clásicos de la literatura europea de lo fantástico y de lo maravilloso (amoríos de monstruos y metamorfosis zoológicas), para, con un inesperado giro, zambullirnos en los poderes mágicos de la mujer: sin más motivos, como si quisiera demostrar una posibilidad mágica, la Maman Loi introduce los brazos en aceite hirviente. Ti Noel oye el chisporroteo de la fritura, pero la mujer no se altera y saca sus brazos sanos de la olla. Ti Noel, entonces, se asombra, pero "hace esfuerzos por ocultar su asombro", porque Mackandal —un iniciado— "parecía aceptar el hecho con la más absoluta calma". Al desaparecer el asombro, se esfuma el efecto más preciado de la literatura fantástica y deja de existir la paradoja. Sin embargo, lo mágico es aquí gratuito —sin trascendencia argumental y sin justificación dramática en el pasaje mismo— y demasiado grueso, pero tiene la función de abrir los términos de un código: lo imposible es posible; los negros creen; los magos y brujas de vudú tienen poderes; el milagro se ha producido. El resto de los acontecimientos mágicos de la novela —metamorfosis de Mackandal, complicidad con la naturaleza de Bouckman, etc.— deben ser, entonces, aceptados del mismo modo. Al narrar el pasaje, además, Carpentier ha tomado la perspectiva de Ti Noel y, a diferencia del momento de la ejecución de Mackandal, no la ha abandonado nunca, y desde sus ojos de nuevo iniciado se ofrece este prodigio "real".

La estructura de este episodio-pórtico de lo mágico en la novela hace explícitas las intenciones de Carpentier de comulgar literariamente con un universo de relaciones dentro del cual "lo fantástico" tradicional es absolutamente "real" y activo dentro de la misma realidad, por lo cual los efectos de asombro, paradoja, terror e inquietud —provocaciones típicas de lo fantástico— pierden su cualidad y se difuminan.

De ahí que en toda la historia de Christophe —tercera parte, sobre todo en los capítulos IV al VII— lo mágico funcione como subtexto del trágico destino del primer monarca negro del Nuevo Mundo. Desde la fantástica aparición del espectro de Cornejo Breille —tan shakesperiano— a la rebelión contra el antiguo cocinero devenido emperador, toda la ilación de acontecimientos tiene una base mágica: Christophe ha renunciado a la religión de su pueblo –la que lo llevó al trono– y será castigado por los poderes de estas mismas creencias relegadas por él en su boato de corte europea. Al no creer, o negar las creencias, Christophe ha perdido la fe, y sin fe no hay milagros: ni siquiera la sangre de los toros vertida en la construcción de La Ferrière le sirve para nada:

> [...] aquella fortaleza, única en el mundo, era demasiado vasta para un hombre solo, y el monarca no había pensado nunca que un día pudiese verse solo. La sangre de los toros que habían bebido aquellas paredes tan espesas era un recurso infalible contra armas de blancos. Pero esa sangre jamás había sido dirigida contra los negros, que al gritar, muy cerca ya, delante de los incendios en marcha, invocaban Poderes a los que se hacían sacrificios de sangre [p. 124].

La derrota del rey está decretada por esos poderes...

Si la constatación de lo mágico-maravilloso pasa por estos mecanismos, la de lo maravilloso-real tiene, en cambio, un signo diferente en varios momentos del libro: lo extraordinario de la realidad sí es asombroso y de tal sorpresa brota su definición. Con especial énfasis el método del realismo maravilloso de Carpentier trabaja este recurso en la tercera parte de la novela, cuando Ti Noel regresa de Santiago de Cuba y se encuentra con un mundo real pero incongruente que lo lleva de sorpresa en sorpresa. La primera verdad reveladora de tal enfrentamiento se produce con el paso de los húsares de Christophe: "Habituado a los sencillos uniformes coloniales, Ti Noel descubría de pronto, con asombro, las pompas de un estilo napoleónico, que los hombres de su raza habían llevado a un grado de boato ignorado por los mismos oficiales del Corso" (p. 98).

El asombro ante tales galas, no obstante, es precisado por el narrador, que sí puede establecer los términos reales de la comparación, al referirse a un estilo napoleónico desconocido por su personaje. Más adelante, en el mismo capítulo, al llegar a los predios de Sans-Souci, se repite la paradoja imagen-realidad y Ti Noel se detiene "*maravillado por el espectáculo más inesperado, más imponente* que hubiera visto en su larga existencia" (p. 98, las cursivas son nuestras): la imagen idílica de un palacio rosado, que como transportado de la Normandía hubiese caído en Haití, provoca la esperada maravilla por su aparente (y real) incongruencia contextual: "Pero lo que más asombraba a Ti Noel era el descubrimiento de que *ese mundo prodigioso*, como no lo habían conocido los gobernadores franceses del Cabo, era un mundo de negros" (p. 99, las cursivas son nuestras).

La repetición del recurso casi establece una regla metodológica: lo mágico, lo sobrenatural, se asume naturalmente, mientras que lo extraordinario de la realidad se plasma desde el asombro de Ti Noel, naturalizándose así lo mágico y resaltándose lo extraordinario.

No obstante, lo maravilloso en la novela tiene otros modos de plasmación. El más sostenido, quizás, sea el recurso de origen surrealista de hacer coincidir, en un mismo plano, dos entidades contrastantes para vencer su carácter antinómico. Las maravillosas coincidencias carpenterianas, sin embargo, siempre ocurren en el plano de la realidad, y precisamente por ello son real-maravillosas. Ejemplos de este procedimiento abundan en la novela: desde la misma ilógica aparente de la traslación a Haití de una corte estilo europeo pero encabezada por un negro —"aquel que fuera antaño cocinero en la calle de los Españoles" (p. 100)— hasta la misma posibilidad de realizar una independencia política y económica no contemplada en el pensamiento revolucionario occidental, sostienen la validez de este recurso.

Así, parecen del mejor surrealismo episodios y procesos como la construcción de La Ferrière, mojada con sangre de toro y con métodos de trabajo empleados por última vez en el mundo por los faraones egipcios de la antigüedad; el destino de Christophe, más novelesco que real por su tragicidad de teatro isabelino; la reunión de objetos saqueados de Sans-Souci por Ti Noel (una mesa de Boulé, un paraván de Coromandel, un pez luna embalsamado, una cajita de música, una bombona de vidrio verde, una muñeca vestida de pastora y tres tomos de la Gran Enciclopedia (p. 143), convertidos en galas y muebles de su casa, entre las ruinas de la mansión de Monseuir de Mezy; o la conjunción inesperada ("por una graciosa casualidad") de cabezas de cera con pelucas de moda junto a cabezas de ternero desolladas "con un tallito de perejil sobre la lengua, que tenían la misma calidad cerosa", y a su vez cercanas de la tendedera de librero en la que cuelgan estampas con el rostro del rey de Francia y otras cabezas empelucadas de "altos personajes de la Corte" (pp. 20-21), en una extraña y premonitoria convivencia. El recurso surrealista de despertar la percepción a través de metáforas inesperadas es definitivamente readecuado así en la narrativa carpenteriana como modo de establecer insospechadas relaciones propias de una realidad-real americana, donde la crueldad, el sadismo, la pesadilla, la brutalidad son omnipresentes (lo real-maravilloso no siempre es bello) y funcionan en un contexto que se rige por leyes históricas, naturales y ajustes temporales diversos a los del pautado mundo europeo.

El método del realismo maravilloso, inaugurado por Carpentier con esta novela, le ha permitido realizar, entonces, desde la selección de los acontecimientos históricos más propicios a la revelación de lo extraordinario —mágico o maravilloso—, hasta el empleo de una diversidad de recursos poéticos y conceptuales para establecer el carácter singular de los acontecimientos —espirituales o reales— narrados en la obra. La presunción de realizar una "crónica de lo real maravilloso" queda así conseguida, gracias, precisamente, a la conversión de un hallazgo conceptual —la singularidad americana frente a los modelos europeos y la existencia de un surrealismo real en el continente— en método artístico factible de ejecutar, estéticamente, la reveladora definición anunciada en el prólogo.

Sin embargo, en la evolución de la estética carpenteriana y de su concepto de lo real maravilloso, *El reino de este mundo* plantea otros elementos de interés que son, en el devenir narrativo del escritor cubano, constantes de primera importancia teórica y literaria.

Uno de los más polémicos asuntos de la novela está relacionado con el tema de la búsqueda de la libertad. Esta preocupación, que como una espina dorsal recorre toda la narrativa carpenteriana, ha provocado en el caso de *El reino de este mundo* —otra vez— las más enconadas disputas, vistas, generalmente, desde una perspectiva más ideologizante que literaria, fundamentada en la intención manifiesta de ubicar a Carpentier en uno u otro lado de la frontera marxista.

El hecho cierto de que ésta sea una novela de explícitas tesis filosóficas (como todas las obras del autor), en la que se enjuician ideas como el fracaso revolucionario, el papel del hombre en la historia y la imposibilidad de la evasión —pero tratadas desde una perspectiva de acontecer narrativo—, ha permitido el florecimiento de diversas interpretaciones.

Tres aspectos importantes propone en este álgido terreno esta novela de 1949: primero, si existe una visión circular o progresiva de la historia; segundo, si el hombre como individuo social —ciudadano— tiene algún papel en la historia; tercero, si la visión sobre el fracaso revolucionario haitiano propone una reflexión pesimista sobre el tema. Y la importancia relativa que concedo a estos asuntos, por supuesto, también está dependiendo de las respuestas específicas que, en este momento, le dará Carpentier a nociones que había manejado ya en piezas como *Ecue-Yamba-O*, "Viaje a la semilla" y "Los fugitivos", y que luego reaparecerán, entre otras piezas, en *Los pasos perdidos* y *El siglo de las luces*.

Como se vio en el análisis de la estructura de la novela, hay en *El reino de este mundo* una evidente proposición cíclica del desarrollo del argumento a través de la historia: tres momentos revolucionarios (Mackandal, Bouckman-Dessalines, Christophe), fracasados en la medida en que la esclavitud de la gran masa del pueblo haitiano se mantiene después de cada uno de ellos, conducen, en el desenlace de la novela, a una búsqueda de la libertad por un camino pasivo: la evasión. El hecho de que miles de personas hayan luchado y muerto por alcanzar la libertad social no ha sido garantía de su consecución. La previsible corrupción del poder, los intereses de clase y las diferencias raciales, al final, han determinado la suerte del largo periplo revolucionario, y Ti Noel, como todos sus iguales, sigue siendo tan esclavo en 1826 como lo fuera en 1753. Hay un recurrente volver al principio, que es la tralla, el trabajo forzado, el engaño. Pero el aprendizaje se ha producido, y por ello el viejo esclavo, provisto de pronto de poderes similares a los de su amado Mackandal, intenta su particular búsqueda de la libertad en la evasión, ya que aquélla no se ha conseguido mediante la revolución. Como "ciudadanos", Ti Noel y los demás esclavos han jugado, entonces, un papel de soporte más que de motor histórico, a pesar de sus protagonismos y decisivas rebeldías a lo largo de esta historia. Un regusto spengleriano y existencialista recorre esta demostración filosófica del fracaso y el eterno regreso.

Significativamente, en el intento mismo de evasión de Ti Noel está la verdadera clave filosófica de la novela. Y en su fracaso está la respuesta: la evasión es imposible y volver a empezar —otra vez como Sísifo— es su eterna condena, pero es, al mismo tiempo, su más alta misión como hombre, como ciudadano, como habitante de *El reino de este mundo*. El caos —y otra vez el caos— que se produce al final de la novela, cuando Ti Noel ha fracasado en sus intentos de escapar, está marcando el inicio de un nuevo ciclo porque "el anciano ha lanzado su declaración de guerra a los nuevos amos, dando orden a sus súbditos de partir al asalto de las obras insolentes de los mulatos investidos" (p. 154). Todo comienza de nuevo, y en la posibilidad de ese comienzo, en el que la naturaleza impone un caos cómplice —ahora en forma de huracán devastador—, está la salvación del personaje y de su mismo destino histórico.

El hecho de que las metamorfosis de Ti Noel —de pronto dotado de estos poderes— sean francamente poéticas, en contraposición a las metamorfosis "históricas" de Mackandal, advierte con claridad la clave metafórica en que el escritor ha ubicado el desenlace de la novela: como pocas veces en el argumento, ahora Carpentier se ha desembarazado de la historia y de los textos referenciales para sumergirse en la más absoluta ficción y, desde ella, hacer su propuesta final —como moraleja, pues tiene un cierto regusto didáctico—, dotándola de una perspectiva sémica que la ubica por encima de las contingencias factuales específicas en que se había venido moviendo hasta entonces. Ésta es su visión contemporánea y comprometida del tema que, quizás, mejor caracterice a esta novela multitemática: el de la búsqueda de la libertad después de cada fracaso.

Tal lectura de la proposición final de la novela la está salvando de cualquier mirada pesimista (por más que haya manejado, como lo hace, concepciones spenglerianas y existencialistas): los fracasos reales de las rebeliones y revoluciones no son definitivos, y siempre es posible —y más que posible, humanamente necesario— comenzar de nuevo, porque "la grandeza del hombre está precisamente en querer mejorar lo que es" (p. 153). Por ello, la evasión no es válida ni posible, porque la historia siempre alcanzará al individuo; por ello, cada ciclo cerrado abre uno nuevo, que a su vez se cerrará (no importa ya si con otro fracaso), pero en otra altura, en otra experiencia; por ello, cada hombre es responsable de su propia vida, y en el resquicio mínimo en que puede proyectar su voluntad individual, debe hacerlo, como parte de una naturaleza inconforme. Y si Ti Noel había participado de la historia –hasta ese último capítulo del libro– de un modo casi instintivo, pasivo, ahora se convierte en protagonista, en ente generador, no importa ya si desde la locura o desde la muerte, convirtiéndose otra vez en motor y no en simple polea transmisora... Por lo demás, las otras respuestas a estas interrogantes las ofrecerán futuros personajes de Carpentier: su protagonista de *Los pasos perdidos*, sus personajes de *El siglo de las luces*, sus soldados de "Semejante a la noche"; Vera, Enrique, el Estudiante, los dos Juanes y hasta el mismísimo Cristóbal Colón de *El arpa y la sombra*, cuando cada uno, desde su perspectiva histórica y su coyuntura social, busque desde las más diversas posiciones una libertad siempre escamoteada.

Otra de las características importantes de este momento de la evolución de lo real maravilloso está relacionada con la misma identidad americana que Carpentier pretende establecer desde el prólogo y en las reflexiones contemporáneas manejadas en "Visión de América". Elementos tratados en la novela, como el sincretismo cultural americano –desde el mismo vudú hasta la imagen de convivencia múltiple de razas, culturas y religiones en los capítulos cubanos–, la existencia de un tiempo diferente en América, la premonición cada vez más clara de que existen contextos típicos –históricos, raciales, sociales, geográficos, etc.– y la marcada diferenciación entre un acá y un allá funcionan como mecanismos para esta comprobación, en el plano estético, de ciertas formulaciones teóricas capitales.

El hecho mismo de que Carpentier en esta novela se mantenga alejado de cualquier visión folclorista y costumbrista del asunto –ganancia ya percibida en sus obras más recientes– le permite una real profundización psicológica, social y estética en las vías de una comprobación metodológica y conceptual de la existencia de una realidad americana típica, suprarreal por momentos, mágica en muchas de sus manifestaciones más visibles, extraordinaria en su singularidad, y cuya expresión artística debe ser —así lo argumenta y lo manifiesta literariamente— la responsabilidad primera del escritor americano. Definitivamente Alejo Carpentier se ha impuesto esta tarea.

La posibilidad americana de viajar en el tiempo histórico y de conseguir el viejo anhelo poético y filosófico de escapar a la circunstancia social-individual para hallar refugio en un mundo paralelo se le hace evidente a Carpentier en sus expediciones a la Gran Sabana (1947) y al Alto Orinoco (1948) y tuvieron su primera reflexión literaria en la serie de reportajes que componen "Visión de América" (1948). La simultaneidad de estos acontecimientos y escritos con la culminación de *El reino de este mundo* y la publicación de su futuro prólogo como artículo periodístico (1948) sin duda sirvieron para alentar en el escritor cubano la posibilidad de trasladar la comprobación teórica —comprobación que acababa de ajustar a su narrativa con *El reino de este mundo*— a la revelación de un universo en el que, otra vez, lo real maravilloso se encontraba a cada paso: en una geografía deslumbrante, apenas entrevista y jamás descrita; en una acumulación de mitos autóctonos y universales (el diluvio, la Fuente de la Eterna Juventud, la transmutación del oro, Manoa, El Dorado, etc.); en una realización histórica y real de los tópicos literarios europeos de lo fantástico y lo imaginario (la Utopía, la evasión perfecta, el Paraíso Terrenal), y hasta la misma materialización del viaje en el tiempo desde la modernidad hacia los estados anteriores a la prehistoria y el surgimiento mismo del hombre (el Cuarto Día del Génesis), en una verdadera aglomeración de asuntos puestos en asombrosa convivencia y que constituían una síntesis y suma tan prodigiosa de elementos real-maravillosos (extraordinarios) en el contexto americano como para permitirle, otra vez, lanzarse a su constatación novelesca.

Considerada por muchos la más personal y lograda novela de Alejo Carpentier, *Los pasos perdidos*, publicada en 1953, vino entonces a reafirmar artísticamente la ardua aplicación metodológica de la noción carpenteriana de América como síntesis única de procesos sociales, históricos y naturales, en virtud de la cual "lo fantástico se hacía realidad"[53] y lo maravilloso imaginado fruto de la más cotidiana convivencia. No obstante, junto a tal reafirmación conceptual, *Los pasos perdidos* significaría, a su vez, el agotamiento de ese mismo método artístico del realismo maravilloso, llevado, en esta novela, hasta sus últimas consecuencias ideoestéticas.

Para algunos críticos, sin embargo, *Los pasos perdidos,* más que una culminación evolutiva, constituye una pieza de cambio y ruptura dentro de la estética carpenteriana. Así, desechando la identificación en cuanto al método que la liga de modo indefectible con la obra precedente (y que a la vez la distingue de piezas posteriores), se ha hecho hincapié en que el autor se apoyaba esta vez en un referente bien distinto y en un punto de vista narrativo totalmente cambiado. A diferencia de *El reino de este mundo,* en esta ocasión Carpentier partía de una experiencia personal, contemporánea, y de la visión de un narrador-protagonista muy cercano a él —al punto de que comparten muchos rasgos biográficos y más de una noción ideológica— para conseguir, otra vez, su personal comprobación histórica y ontológica sobre la singularidad americana. Pero, además, mientras que el motivo argumental más importante de la novela haitiana es el destino del hombre en el huracán de las revoluciones —tema eminentemente político—, ahora el autor da un paso más allá y centra su interés en el mismo destino del hombre y su lugar sobre la tierra, por encima de contingencias políticas y enrolamientos ideológicos explícitos o coyunturales.

¿Cómo es posible congeniar, entonces, en un mismo estado evolutivo dos novelas marcadas por tales distancias formales y conceptuales? A mi entender, la continuidad y cercanía estética de estas dos piezas está, precisamente, en su ortodoxo tratamiento y búsqueda de lo real maravilloso que, si en *El reino de este mundo* es lo maravilloso histórico americano, permeado por la presencia de la magia, en *Los pasos perdidos* es lo maravilloso americano de la Historia, vista como acontecer y presencia social y humana a través del tiempo y en los predios —valga la repetición nominal— de *El reino de este mundo*.

De este modo, sólo aparentemente —en el plano de ciertos temas

---

[53] Alejo Carpentier, "Visión de América", "El salto del ángel en el reino de las aguas", *Crónicas*, t. II, p. 263.

recurrentes– es posible admitir la existencia de una ruptura en *Los pasos perdidos* respecto a la obra anterior del novelista. El hecho de que el asunto escogido sea ajeno a las concepciones mágicas de los negros antillanos, que había sido hasta entonces el universo único de su creación, y que, en lugar de acudir a la recreación histórica, se lance sobre la Historia misma pero vista desde la contemporaneidad y en sus valores filosóficos, apenas afecta lo que constituye el verdadero cordón umbilical que une a las dos novelas de este estado: la coincidencia en el método artístico del realismo maravilloso.

Así, al aplicar un método empeñado en la insistente revelación y tratamiento de las realidades más insólitas de un referente determinado, *Los pasos perdidos*, desechando el componente mágico en favor de la comprobación mítica y de la constatación de lo singular, se convierte en la novela más ortodoxa del realismo maravilloso carpenteriano, en la cual método, recursos, noción y teoría funcionan en el plano estricto de la más pura manifestación y constatación de lo maravilloso en la realidad, sin las notables contaminaciones mágicas de su pieza anterior, ni las contextualizaciones de lo insólito que caracterizará a las obras posteriores.

La conversión del hallazgo teórico en método artístico determinará, entonces –otra vez, pero por última vez–, el tratamiento de los componentes esenciales de la novela: argumento, estructura y personajes.

Siendo la obra más conocida de Carpentier –por la singularidad de su asunto y por su abundancia de peripecias–, poco hay que decir sobre su argumento: apenas que la búsqueda de unos primitivos instrumentos musicales indoamericanos conduce al protagonista a un viaje físico que es, a la vez, un remontarse en el tiempo histórico que le hace evidente la posibilidad de la evasión que tanto anhela.

No obstante, de un modo similar al experimentado en la novela de 1949, la selección de acontecimientos novelescos en la conformación del argumento indica claramente una relación específica con el referente: se trata de contar una historia montada sobre una secuencia ininterrumpida de fenómenos, comportamientos, procesos singulares –otra "sucesión de hechos extraordinarios"–, en detrimento de una visión más "realista" y abarcadora –tradicionalmente realista y abarcadora– que pudiera explicitar, con su tratamiento, el origen de ciertas realidades típicas que, o bien son vistas desde el prisma peculiar de este método artístico, o, incluso, son simplemente desechadas por Carpentier.

Por ello, al ordenar los acontecimientos novelescos, el escritor se permite insistir en la estructura cíclica que, de estadio cerrado en estadio cerrado, lleva al personaje a un final que de algún modo calca el inicio, para proponer una lectura más compleja que la simple peripecia de la aventura narrada. Dividida en seis capítulos, cada uno de ellos representa un ciclo determinado, tanto geográfico como social e histórico:

—Capítulo primero (tres subcapítulos): La Gran Ciudad (identificable con Nueva York). Tiempo: la modernidad.

—Capítulo segundo (cuatro subcapítulos): La ciudad americana (de la Capital a Los Altos). Tiempo: el romanticismo —mediados del siglo XIX–.

—Capítulo tercero (nueve subcapítulos): El mundo de la Conquista (Puerto Anunciación), con personajes extraídos del Medievo. Tiempo: eras del caballo y el perro, siglo XV.

—Capítulo cuarto (seis subcapítulos): El río y la selva. Se atraviesa la Puerta del Tiempo. Tiempo: del Paleolítico al Neolítico y, finalmente, al Cuarto Día del Génesis, antes de la creación del hombre. Fin de la historia y del tiempo.

—Capítulo quinto (nueve subcapítulos): Mundo de las Mesetas: Santa Mónica de los Venados, el Valle del Tiempo Perdido. Tiempo: fuera del tiempo y de la historia. Evasión posible.

—Capítulo sexto (cinco subcapítulos): El regreso. Vuelta del protagonista a su época y la imposibilidad de un nuevo regreso al mundo sin tiempo. Terminan las vacaciones de Sísifo.

Esta distribución del tiempo histórico en ámbitos sociogeográficos específicos permite que "el espacio adquiera una dimensión temporal; a su vez, el tiempo 'se hace visible' y se manifiesta en el espacio",[54] como ha dicho Emil Volek, al referirse a un juego espacio-tiempo (cada

---

[54] Emil Volek, "*Los pasos perdidos* de Alejo Carpentier: la aventura textual entre la alegoría y la subversión narrativa", *Revista de Estudios Hispánicos*, San Juan, Puerto Rico, año X, 1983, pp. 77-78.

espacio geográfico tiene su tiempo histórico correspondiente) en el que los capítulos funcionan como verdaderos escalones en el viaje hacia un punto cero: la utopía posible de escapar del tiempo y la historia.

La forma escogida por Carpentier se vale, además, del contrapunto que aporta el ordenamiento clásico y lineal del diario personal, especialmente a partir del segundo capítulo, cuando comienza a funcionar como diario de viaje con notaciones de días y fechas, con la intención de ofrecer un desarrollo recto y de sucesión progresiva de acontecimientos (pues además se narra en presente), cuando en realidad la comprobación conceptual está indicando un retroceso histórico —inversión del tiempo ya trabajada en otras ocasiones por el autor— que, al final, se cerrará en redondo, para excluir al personaje y frustrar la pretendida evasión de su tiempo.

De los componentes novelescos puestos en juego por el escritor el más significativo y complejo será, sin embargo, el protagonista creado, a través de cuyas pupilas, sensibilidad y cultura se asimila, compara y enjuicia y reflexiona sobre la existencia de una realidad maravillosa, objetiva y contundente, típica sólo de América. Esta misma cualidad del personaje, junto a ciertos rasgos de su biografía, han hecho que se quiera ver en él un *alter ego* de su creador (un Carpentier "apenas retocado" lo han llamado), cuando lo más importante, sin duda, está en la necesidad carpenteriana de hallar una voz novelesca con condiciones para asumir ciertas reflexiones del autor y, por tanto, que le permita expresar juicios y opiniones de intención altamente filosófica.

En la elaboración del personaje, Carpentier se ha propuesto, ante todo, materializar la alegoría del intelectual de la época. La primera selección necesaria para conseguir tal universalización parte de la misma manifestación artística escogida: se trata de un músico, y no sólo porque Carpentier pueda escribir desde tal perspectiva, sino por la cualidad eminentemente abstracta de esta práctica, para la cual los referentes composicionales y artísticos —ambiente, pertenencia cultural, etc.— son mucho más distantes que para un escritor o un pintor. En segundo término, al ser un hispanoamericano —especialmente un cubano— largo tiempo alejado de su medio natal, lo está dotando de una pertenencia y una sensibilidad que serán importantes en la fase de "recuperación" e "identificación" de lo propio. Y por último —entre otras características—, el agudo sentimiento de alienación en que vive, que lo ha llevado a una situación psicológica límite y que lo compulsa, constantemente, a la necesidad de escapar, huir, evadirse —verbos que se repiten en el texto— de la prisión, la cárcel —sustantivos sinónimos empleados por el autor con toda intención— de su tiempo, su circunstancia, su trabajo, su vida misma y, cuando siente que tal evasión es posible, se deja maravillar, asombrar, entusiasmar, sorprender por cada elemento de la realidad americana que va encontrando a su paso. La suma de estos tres componentes biográficos —músico-hispanoamericano-alienado— será en la novela la vara mágica de la que se valdrá el autor para transformar en maravilloso —real maravilloso— todo lo que toquen los ojos advertidos y cultos de este personaje innombrado (característica que apoya el afán universalizador) en su viaje hacia lo extraordinario.

De este modo, la visión rectora de los acontecimientos, encargada al narrador-protagonista, va a determinar en buena medida la propia estructura y el devenir argumental de la historia para ponerlas en función de una comprobación básica: América es la tierra de lo maravilloso posible. Los recursos para tal constatación, mientras tanto, se apoyarán en una variedad de opciones puestas al alcance del personaje: su capacidad de comparación acá-allá y, junto a ella, su visión culta, preparada para establecer síntesis y valoraciones; su no agotada capacidad de asombro, y su comprensión de lo distintivo americano ante la mitificación europea y su misma sensación de extrañamiento ante lo propio que ya no lo es del todo, entre otros recursos posibles. Esta suma de posiciones ante la realidad americana altamente singular en que se va a sumir el personaje, unida a la disposición de asombrarse ante todo lo americano y rechazar todo lo foráneo (con cierta dosis de histeria, muy evidente en el primer capítulo), conducirá inevitablemente a un reflejo preferenciado y casi exclusivo de aquello que pueda resultar maravilloso, asombroso, revelador, excitante y sorprendente..., es decir, lo que sustenta la esencia misma del método en su relación con el referente.

Mientras el primer capítulo de la novela se desarrolla en la Gran Ciudad, alrededor del tema obsesivo de la alienación y la sensación del tiempo agotado, repetido, vacío, al penetrar en el segundo capítulo –la ciudad americana, la Capital y los Altos– la novela gira junto con la sensibilidad del personaje y nos sumerge de pronto en un universo peculiar en el que lo maravilloso brota a cada paso. Al tiempo que el tono autocompasivo del narrador cede espacio a una euforia por el reencuentro, Carpentier lo obliga a sumergirse, sin muchos preámbulos, en un contexto –y empleo la palabra en el sentido carpenteriano– donde rigen leyes propias para la sociedad, la política, la cultura, la naturaleza, el tiempo y la historia: es el ámbito del "Gusano" que lo devora todo, del tiempo detenido en una atmósfera decimonónica (primera escala en el retroceso de cincuenta y dos siglos) y es el teatro de las asonadas militares, las "revoluciones" que empiezan hoy y terminan mañana, y los golpes de estado, que a través de los ojos del narrador adquieren el desajustado matiz de "historias de güelfos y gibelinos", racionalizadas de este modo:

> Cuando me acercaba a lo que podía ser, según mi habitual manera de razonar, un conflicto político propio de la época, caía en algo que más se asemejaba a una guerra de religión [...] por el increíble desajuste cronológico de los criterios, como una especie de batalla librada por encima del tiempo, entre gentes que vivieran en siglos distintos.[55]

Una percepción similar de la realidad ocurre –entre otros ejemplos– cuando, en el capítulo tercero, se produce la llegada de las prostitutas en ocasión de la fiesta patronal de Puerto Anunciación. Entonces comenta el narrador:

> [...] Allí se producía un golpe de teatro: traídas por no sé qué vehículo, habían aparecido mujeres en traje de baile [...] cuya presencia en aquel corral fangoso, orlado de pesebres, *me pareció alucinante* [...] Supe entonces que mañana sería la fiesta del patrón del pueblo, y que aquellas mujeres eran prostitutas que viajaban así todo el año [...] para aprovecharse de los días en que los hombres se mostraban espléndidos [...] *Lo que más me asombraba* era el buen humor con que las recién llegadas eran acogidas por la gente de fundamento [...] Yo pensaba que esas prostitutas errantes, que

---

[55] Alejo Carpentier, *Los pasos perdidos*, Editorial Arte y Literatura, La Habana, 1976, p. 78.

venían a nuestro encuentro, metiéndose en nuestro tiempo, eran primas de las ribaldas del Medioevo, de las que iban de Bremen a Hamburgo, de Amberes a Gante, en tiempos de feria, para sacar malos humores a maestros y aprendices, aliviándose de paso a algún romero de Compostela [pp. 141-142, las cursivas son nuestras].

Esta peculiar visión racionalizadora de la realidad americana, enjuiciada a partir de nociones culturales y temporales que le son ajenas —europeas o norteamericanas—, empleada para destacar cuánto hay de extraordinario en su cotidiana y contemporánea presencia en el continente, será uno de los recursos capitales de la constatación de lo real maravilloso, pero no sólo en esta novela, sino en gran parte de la posterior narrativa carpenteriana. El recurso de "ver" lo americano a través de personajes foráneos que parten del modelo prefabricado según el canon occidental para explicar lo novedoso, lo singular, ocurrirá, entre otros, con Víctor Hugues, con Juan el Indiano, Vera y el mismo Cristóbal Colón —quedando Paulina Bonaparte como el primer atisbo de esta importante posibilidad de constatación—. Pero, además, la capacidad de comparar que la experiencia de vivir en otros ámbitos culturales le ha dado a este personaje (ventaja que no poseen de modo tan alerta los que "viven" esa realidad desajustada respecto a ciertos patrones centristas) tiene, sin embargo, orígenes más remotos en Carpentier: es la postura en la que él mismo se ubicó al redactar trabajos tan importantes como "La Habana vista por un turista cubano" (1939) o "Lecciones de una ausencia" (1940), donde elabora por primera vez en su obra los beneficios de la comparación y la sensación de extrañamiento como motores para distinguir lo que habitualmente se esconde tras la pátina de lo cotidiano (los viejos "coturnos de la costumbre" advertidos desde la carta a Mañach en los años veinte). En cambio, esta misma postura, cuando la insistencia del método realista maravilloso deje espacio a una visión más contextualizadora de lo americano —tercero y cuarto estados de la evolución—, será, también, la que distinga el modo de percibir lo real maravilloso por personajes como Esteban y Enrique, intelectuales, cubanos y exiliados por un tiempo, como este genésico narrador de *Los pasos perdidos*.

En los pasajes antes citados, como en otros más de la novela, se está haciendo evidente otro de los recursos más solicitados por Carpentier para la revelación de lo maravilloso: la aparente incongruencia de acontecimientos, objetos, procesos, en un mismo plano de la realidad en el que, comúnmente, no debían encontrarse, en un recurrente proceso de conciliación de contrarios que, en este ámbito, dejan de ser tales para dar lugar a las más increíbles posibilidades (como lo es la convivencia por encima de los tiempos históricos, precisamente una de las tesis centrales de la novela). Como ya ocurriera en piezas anteriores de Carpentier, estas insólitas convivencias en el plano de la realidad más objetiva venían a redefinir el importante y —para él— agotado procedimiento estético de Breton y sus seguidores. Es notorio, por ello, que, aun valiéndose de enseñanzas surrealistas, el escritor realiza, a lo largo de la novela, un encarnizado ajuste de cuentas a los excesos del movimiento, en un limpio traslado literario de ciertas afirmaciones estéticas sustentadas en el prólogo, en "Visión de América" y en numerosos pasajes de sus crónicas y entrevistas concedidas por estos años. Ahora los presupuestos filosóficos del surrealismo pueden quedar resumidos a anhelos de evasión, ventajas del suicidio, necesidad de abofetear cadáveres o de disparar sobre el primer transeúnte según cierto "maestre de delirios" (p. 104) o a un simple "arsenal de falsas maravillas" (p. 318), pues, como debe reconocer la propia Mouche —surrealista en su tiempo—, "la vista de aquella ciudad fantasmal [Santiago de los Aguinaldos] aventajaba en misterio, en sugerencia de lo maravilloso, a lo mejor que hubieran podido imaginar los pintores que más estimaba entre los modernos", pues —concluye ahora el narrador— "Aquí, los temas del arte fantástico eran cosas de tres dimensiones; se les palpaba, se les vivía. No eran arquitecturas imaginarias, ni piezas de baratillo poético..." (p. 161).

La presencia del recurso surrealista de acercar lo antinómico se hace especialmente visible en uno de los pasajes que, a mi juicio, mejor se logra en la novela: el de los quince focos de Los Altos. En esta ocasión, desde la perspectiva física que le da al personaje la altura del Calvario de la Cumbre, en Los Altos, se produce la asociación gracias a "aquellos quince focos, siempre aleteados por los insectos [que] tenían la función aisladora de las luminarias de retablos, de los reflectores de teatros" (p. 96), y que ponen, una al lado de otra —como colocadas sobre una mesa de disecciones—, realidades como una pulpería de arrieros junto a un prostíbulo y luego un circo, para continuar la insólita asociación con la presencia de la estatua de un poeta, dos burros dormidos, la gruta de una virgen, un rosal y un pino, una catedral (con su reloj significativamente detenido), el ateneo cultural, la logia masónica, el convento, el cuartel de los militares, la estatua ecuestre de un caudillo, los conucos indios y la imagen de un héroe precolombino para terminar con la iluminación, gracias al decimoquinto foco, de tres cruces de madera (pp. 96-98).

Este largo recorrido por los lugares y objetos típicos de cierta ciudad americana (en el que hay un evidente matiz de vida decimonónica), acercados con un recurso de prosapia surrealista, tiene la virtud, sin embargo, de ubicar en un solo plano todos los elementos típicos de un entorno específico, común a la realidad de cualquier país americano: desde la religión, el iluminismo, la perseverante presencia de la muerte y el poder militar, hasta la imagen heroica del pasado, volando sobre la estampa de mármol de ese poeta neoclásico, autor de cierto *Himno a la agricultura*.

Como recurso, estos acercamientos nada fortuitos se repetirán a lo largo de la novela de modo más o menos evidente, pero siempre con la marcada intención de destacar, con su acercamiento posible, la presencia real de lo habitualmente considerado incongruente desde la perspectiva de otros patrones racionales.

Sin embargo, la crítica desembozada a los procedimientos surrealistas está advirtiendo, además, toda una coherente y sostenida postura carpenteriana hacia la decadencia cultural y social europea de la cual hace insistente portavoz a su personaje. Varios son los pasajes del libro en que la voz narrativa realiza un ajuste de cuentas que, por la vía de la negación o del análisis del agotamiento de ciertos valores occidentales, viene a reafirmar la privilegiada capacidad americana como reservorio de nociones ya castradas en el Viejo Mundo, tesis que funciona como uno de los apoyos conceptuales de la teoría de lo real maravilloso en cuanto al singular carácter americano. Europa —y el Occidente todo— es, entonces, para el narrador-protagonista de *Los pasos perdidos* tierra estéril de mitos y, por tanto, de poesía; es cultura devastada por sus excesos, el último de los cuales había sido la guerra más cruenta de toda la historia del hombre; es el sitio de la esperanza rota y de los nuevos tribunales inquisitorios —en clara referencia a las persecuciones anticomunistas— y, por todo ello, no es más el modelo al que pudieran mirar las ilusiones de progreso humano —que no es tal—. Mientras, América se levanta como el joven vigoroso y entusiasta de que hablara en sus reportajes sobre "El ocaso de Europa" de 1941 (aunque ya en 1953 excluye a los Estados Unidos de ese "estado de gracia hacia el futuro"), y la novela no hace más que reafirmar esta noción: la virginidad americana, la vigencia de sus mitos, la cotidianeidad de la poesía son valores permanentes y prolíficos en esas tierras del sur, que viven su momento de crecimiento, frente a la decadente vejez del mundo occidental.

Parece evidente que al sostener estas románticas tesis americanistas Carpentier está rescatando utilitariamente las ideas spenglerianas sobre los ciclos culturales de las que se ha aprovechado durante largos años. No es, entonces, un simple "spenglerismo *ad hoc*", pasajero y coyuntural —como afirma más de un crítico defensor de la homogénea concepción marxista de Carpentier— el que lo movió a escribir sus reportajes de 1941, sino que la presencia spengleriana se traducirá en una larga convivencia, por su cercanía filosófica, a la noción carpenteriana de la pesimista idea de la decadencia occidental frente a la optimista revelación del promisorio futuro americano. Y lo que es aún más evidente en la novela: la estrecha relación hombre-naturaleza (hombres hechos por su naturaleza, por la naturaleza) que recorre toda la novela, advirtiendo, otra vez, una lectura de Spengler de la que aún el cubano no se ha podido deshacer, aunque en este tópico la posible presencia del pensador alemán sea más recóndita y tamizada por la personalidad de Carpentier.

Otra importante vía de constatación y develación de lo maravilloso en *Los pasos perdidos* está relacionada con el recurso que había sido, precisamente, el más favorecido en *El reino de este mundo*: la visión mágica de la realidad. Como queda dicho, al emplear una visión del referente propia de un hombre culto, capaz de racionalizar y sintetizar lo que ve, lo mágico en esta novela queda bien distante, como medio de penetración, del papel que desempeñó en la pieza de 1949, en la que prácticamente todo acontecimiento pasaba por el tamiz esotérico de la perspectiva del negro.

Es interesante advertir cómo en los capítulos I y II de *Los pasos perdidos*, en los que el diálogo del narrador se mantiene sólo con personas de una pertenencia cultural similar a la suya, no aparece un solo elemento mágico. Sin embargo, a partir de la entrada de Rosario en el argumento —capítulo III—, la mujer introducirá, con su perspectiva de la realidad, la valoración mágica y animista de un entorno, heredada de esos ancestros raciales diversos que se mezclan en su sangre y su pensamiento. Así, es Rosario la que: "Venía del otro extremo del país [...], para llevar a su padre, muy enfermo, una estampa de los Catorce Santos Auxiliares, a cuya devoción debía la familia verdaderos milagros" (p. 119).

Y es la misma Rosario, creyente en milagros, quien, una vez ocurrida la muerte del padre —cuenta el narrador—:

[...] me explicó que la oración había llegado tarde [...]. Me habló luego de su enfermedad en modo legendario, que revelaba un concepto mitológico de la fisiología humana. La cosa había empezado por un disgusto con un compadre, complicado de un exceso de sol al cruzar un río, que había promovido una ascensión de humores al cerebro, pasmada a medio subir por una corriente de aire, que le había dejado medio cuerpo sin sangre, provocándole esto una inflamación de los muslos y de las partes que, por fin, se había transformado, luego de cuarenta días de fiebre, en un endurecimiento de las paredes del corazón [pp. 177-178].

Este carácter utilitario de la religiosidad y el "concepto mitológico de la fisiología humana" se completa, además, con la percepción animista de la naturaleza, que en un momento hace decir al narrador que Rosario "[...] se refería a las hierbas como si se tratara de seres siempre despiertos en un reino cercano aunque misterioso, guardado por inquietos dignatarios" (p. 119).

Si desmonto exhaustivamente tres de los pasajes en que se revela la visión mágica de la naturaleza que tiene Rosario –visión, por cierto, de raigambre india, católica y negra, para complicar más su revelación–, es porque sólo a ella el narrador le concede la posibilidad de expresar tal visión sin imponer su conclusiva perspectiva racionalista y cartesiana de los fenómenos de la realidad, como sí ocurrirá con otros personajes, cuyas historias, actuaciones y creencias son tamizadas por los juicios del protagonista. Pero, además, es notable que la expresión mágica de ciertas realidades que aporta la mujer está ofrecida de modo natural, sin el insistente acento del asombro, en un juego magia-verdad similar al empleado por la visión de lo fabuloso de Ti Noel. De este modo, Rosario sirve metodológicamente para expresar –y ejemplificar dramáticamente– la pervivencia de lo mágico en esta región de América en una época ya contemporánea, elemento indispensable para completar la noción de lo maravilloso americano que ha patentizado Carpentier.

Sin embargo, en el instante en que esta visión prelógica de la realidad, propia de la estética del realismo mágico, es presentada ya como un fenómeno característico del mundo en que vive esta mujer (mujer "fuera del tiempo" la ha llamado en algún momento), el narrador no puede evitar que su misma explicación lógica de la realidad funcione como mediadora entre un universo permeado por la fe y los orígenes históricos de tal comportamiento. Tal vez el mejor ejemplo de esta visión no-mágica (esencialmente real-maravillosa) de la existencia de una fe ocurra en el bloque xv, capítulo tercero, cuando el narrador visita la iglesia de Puerto Anunciación y ante sus altares barrocos reflexiona:

> Ricos en poderes atribuidos, agobiados de exigencias, pagados en cabal moneda de exvotos, sacados en procesión a cualquier hora, esos santos cobraban, en la vida cotidiana de la población, una categoría de funcionarios divinos, de intercesores a destajo, de burócratas celestiales, siempre disponibles en una especie de Ministerio de Ruegos y Reclamaciones [...] Se les interpelaba; se les sometían problemas de reumatismo, granizadas, extravío de bestias [...] Ante el Cristo de madera negra que parecía desangrarse sobre el altar mayor, hallaba la atmósfera de auto sacramental, de misterio, de hagiografía... [pp. 180-181.]

Es evidente, entonces, que la existencia de una religiosidad cotidiana, de carácter utilitario y omnipresente (como el vudú para los negros haitianos), le interesa más como expresión cultural de una mentalidad cercana al Medievo, anterior al racionalismo, que como modo de penetración en esa misma realidad: lo maravilloso no es que la realidad pueda explicarse desde esta perspectiva prelógica; lo realmente extraordinario es que, en pleno siglo XX, después de dos guerras mundiales, todavía existan gentes que expresen tal apropiación del misterio religioso y busquen en él la solución a sus conflictos cotidianos. Y eso es precisamente lo que lo maravilla:

> [...] si algo me estaba maravillando en este viaje era el descubrimiento de que aún quedaban inmensos territorios en el mundo cuyos habitantes vivían ajenos a la fiebre del día, y [...] pervivía en ellos un cierto animismo, una conciencia de muy viejas tradiciones, un recuerdo vivo de ciertos mitos que era, en suma, presencia de una cultura más honrada y válida, probablemente, que la que se nos había quedado allá [p. 167].

La necesidad de expresar una visión racionalista de los fenómenos de la realidad, en detrimento de una posible interpretación mágica de los acontecimientos, tiene su expresión narrativa más diáfana en el pasaje de la novela que cuenta la invasión de mariposas el día del entierro del padre de Rosario. Porque precisamente la invasión y lluvia de mariposas —como la lluvia de estrellas y las levitaciones— será uno de los tópicos favoritos del realismo mágico en virtud de la polisémica simbología poética —de una lírica eminentemente popular— que la metáfora encierra. Pero, en cambio, la mirada real-maravillosa ortodoxa que se impone Carpentier exige la clarificación de lo singular, de lo insólito, y la penumbra prolongada de aquel amanecer de velatorio, provocada por una nube interminable de mariposas capaz de alargar la noche más allá de su tiempo mesurado, tiene una respuesta sencillamente antipoética, de tan lógica y racionalmente fundamentada:

> Eran mariposas pequeñas, de un amarillo profundo, estriadas de violado, que se habían levantado por miríadas y miríadas, en algún ignoto lugar del continente, detrás de la selva inmensa, acaso espantadas, arrojadas, luego

de una multiplicación vertiginosa, por algún cataclismo, por algún suceso tremendo, sin testigos ni historia. El Adelantado me dijo que esos pasos de mariposas no eran una novedad en la región, y que cuando ocurrían, difícil era que en todo el día se viese el sol [p. 179].

Esta visión antimágica de un fenómeno que de tan sobrenatural es casi mágico está señalando, a su vez, la presencia de otro recurso para la revelación de lo extraordinario en *Los pasos perdidos:* la visión contextual de lo maravilloso. Aunque este modo de percepción y reflejo de lo singular alcanzará su plenitud como recurso rector en las novelas posteriores del autor, ya en piezas anteriores había mostrado su validez, pero es en esta obra de 1953 cuando empieza a manifestarse como sistema. Así, son numerosos los pasajes en que la constatación de lo maravilloso no acude a la simple comparación acá-allá, ni a la asociación antitética, y ni siquiera a la visión alterada del protagonista ante lo inesperado, sino que se fundamenta en una apreciación racional y explicitada de que determinados acontecimientos son fruto de un contexto —llamémoslo de este modo, aunque tal definición sea posterior en la obra de Carpentier— en el que determinadas realidades políticas, culturales, históricas, raciales y, sobre todo, temporales provocan peculiares manifestaciones de la realidad capaces de tipificar en sí mismas el entorno americano.

La sensación, adquirida desde el arribo a América, de que se ha penetrado en "otro" tiempo —"las saetas de los relojes no mostraban prisa", dice el narrador al llegar a la capital (p. 73)— es la puerta por la que Carpentier nos conducirá hacia ese contexto singular, hecho de relaciones históricas, geográficas y culturales muy propias, cuya definición tanto le interesa en las vías de su comprobación teórica devenida método narrativo. Entre los múltiples ejemplos que ofrece la novela de la necesidad de contextualizar lo extraordinario, creo necesario analizar algunos —por cuanto constituyen el germen más notable de una variación estética capaz de concretar la evolución hacia otro estado de manifestación de lo real maravilloso carpenteriano—.

La existencia de un muy específico contexto étnico-cultural (fundamentación del sincretismo que antes ya había manejado Carpentier en el tratamiento de las creencias y costumbres de sus personajes negros) se presenta de manera diáfana cuando el narrador presenta a Rosario como una "viviente suma de razas [que] tenía raza", y pasa después a explicar este maravilloso proceso:

> Porque aquí no se habían volcado, en realidad, pueblos consanguíneos, como los que la historia malaxara [sic] en ciertas encrucijadas del mar de Ulises, sino las grandes razas del mundo, las más apartadas, las más distintas, las que durante milenios permanecieron ignorantes de su convivencia en el planeta [p. 117].

Tal fusión, de por sí extraordinaria y única, no podía engendrar sino una cultura singular y propia, fruto de ese específico contexto sincrético, de raigales aculturaciones, cuya manifestación física es develada por el narrador en su encuentro del ángel maraquero:

> Un ángel y una maraca no eran cosas nuevas en sí. Pero un ángel maraquero, esculpido en el tímpano de una iglesia incendiada, era algo que no había visto en otra parte. *Me preguntaba ya si el papel de estas tierras en la historia humana no sería el de hacer posibles, por vez primera, ciertas simbiosis culturales...* [p. 162, las cursivas son nuestras.]

Mientras la geografía, la historia, la cultura y la política —como se vio en el caso peculiar de la desajustada "revolución"— del continente alcanzan similares interpretaciones para sus singulares modos de ser, hay un aspecto de la novela en que Carpentier hace especial énfasis: la supervivencia de mitos en el contexto histórico americano. Ya en la serie "Visión de América" y en el prólogo sobre lo real maravilloso el escritor había insistido sobre esta cualidad americana, pero es en *Los pasos perdidos* donde toca a profundidad este asunto —por primera vez descontaminado, en su literatura, del componente mágico al que antes recurriera en novelas y relatos.

La materialización de mitos universales y propios de América tiene, así, una larga presencia en la novela, a partir de la tesis de que "el mito sólo es el reflejo de una realidad" (p. 189): la búsqueda de El Dorado y de la ciudad de Manoa, todavía perseguidos en la medianía del siglo XX, porque existían, en realidad, grandes yacimientos de oro y diamantes; las huellas visibles de los personajes que vivieron el diluvio universal en estas tierras y que, en realidad, grabaron sus sueños en montañas inalcanzables; el anhelo fundador, porque en realidad era posible fundar una ciudad y conjugar ese verbo esquivo...

Este inagotado caudal de mitologías actuantes funciona, entonces, como un verdadero basamento para una profunda distinción acá-allá, verificada en los planos espiritual y material, distinción con la que Carpentier se propone establecer una importante definición ontológica para su teoría de lo real maravilloso: la existencia de un estado de "credulidad" en América (frente al "descreimiento" occidental) que permite la insólita fusión de lo imaginario con lo real, en una síntesis que, por encima de antagonismos racionales, determina un comportamiento psicológico y una manifestación histórica capaz de distinguir lo americano.

El tratamiento de los mitos —universales y locales— y, con ellos, de las alegorías como recursos para mitificar ciertos aspectos de la realidad americana y, a la vez, cumplir la importante encomienda de desmitificar otras imágenes fundadas en la traslación voluntariosa de realidades imaginarias europeas al ámbito americano será, nuevamente, una de las comprobaciones conceptuales, artísticamente elaborada, para refrendar la existencia de lo maravilloso-real en América. De este modo, mientras El Dorado, Manoa o la Utopía pueden materializarse, pero de un modo peculiarmente americano y nada mítico, la pervivencia y las huellas de los grandes mitos americanos, presentes en un subconsciente colectivo, sirven para ofrecer una coherencia cultural en cuya búsqueda está empeñado Carpentier. Así, la reveladora presencia de los enigmáticos trazos antediluvianos de Amalivaca en las paredes escarpadas de las Grandes Mesetas o los vestigios en una memoria mítica del peregrinaje hacia el norte de las tribus caribes —los hebreos o los "bárbaros" americanos— funcionan como un compendio de una remota ascendencia cultural que el escritor también necesita fundamentar en su abarcadora constatación de lo singular americano.

Sin embargo, en tan exhaustivo y preciso viaje "a lo maravilloso" y sólo lo maravilloso, Carpentier necesita contar con un verdadero arsenal de recursos para su constatación, y cuando no acude a la comprensión intelectual del carácter extraordinario de ciertas realidades y procesos, emplea entonces, simplemente, la alta capacidad de asombro de su narrador. Los modos de manifestar estos encuentros extraordinarios que alarman la percepción del protagonista se suceden en la novela a partir de la misma llegada a América: así, lo encontramos asombrado ante una maravilla (pp. 72-73); detenido "con deleitosa sorpresa" (p. 75); viviendo en "este país que nos agarra por sorpresa" (p. 99); iniciando "una suerte de Descubrimiento" (p. 112); ante un "espectáculo prodigioso" (p. 140) o frente a un acontecimiento que "me pareció alucinante" (p. 141); confesando que "lo que más me asombraba" (p. 142); asumiendo algo que "me resultaba tan desconcertante y nuevo" (p. 162); confesando que "algo me estaba maravillando" (p. 167); "impresionado" (p. 175); envuelto "por lo maravilloso" (p. 191); alterado por "la cercanía de posibles maravillas" (p. 197); asombrado por maravillosas historias (p. 211); viendo "lo que más me asombraba" (p. 220); o el climático instante en que "quedé maravillado por el vislumbre de una posibilidad jamás imaginada —estoy seguro de ello— por hombre alguno de mi generación" (p. 237), para continuar con una larga lista de etcéteras que, en todos los casos, conducen al hallazgo, en la realidad factual o en la vida espiritual de los personajes encontrados, de esas realidades estrictamente maravillosas que se suceden en la novela al punto de hacer implícita y explícitamente maravillosa una historia narrada que vuelve a ser aquella sucesión de hechos extraordinarios (y gracias a un método)...

Esta notable multiplicidad de recursos empleados por Carpentier para manifestar lo maravilloso creo que permite refrendar, a estas alturas, la afirmación con que inicié el estudio de esta novela: es decir, la existencia de un método narrativo realista maravilloso, llevado hasta las últimas consecuencias de una ortodoxia que resultará agotadora en la medida en que sólo una historia de ribetes tan extraordinarios podría permitir nuevos ensayos metodológicos y el empleo de semejantes recursos y en similar profusión.

El hecho de que el argumento de la novela esté elaborando la insólita posibilidad de un viaje invertido en el tiempo, asumido explícitamente por el narrador, facilita altamente esta importante perspectiva de develamiento de lo singular y lo extraordinario. Recuérdese, por ejemplo, que a propósito de la misa en la aldea indígena (capítulo IV: XXII) ha dicho el narrador —con frases que parecen pedidas en préstamo a "Viaje a la semilla"—:

> Vislumbro ahora la estupefaciente posibilidad del viajar en el tiempo, como otros viajan en el espacio [...] Pero las fechas seguían perdiendo guarismos. En fuga desaforada, los años se vaciaban, destranscurrían, se borraban, rellenando calendarios, devolviendo lunas, pasando de los siglos de tres cifras al siglo de los números [p. 236].

Es decir, que el tópico más tópico de toda la literatura de lo fantástico y de la ciencia ficción (no en balde el pasaje recuerda tanto la secuencia de la versión fílmica de *La máquina del tiempo*, con caos desconstructivo incluido) se ha hecho definitivamente palpable en la realidad americana, desafiando de un solo golpe toda idea de devenir recto y armónico, para materializar este viaje posible en el tiempo. Lo más maravilloso, el máximo anhelo fantástico, entonces, se ha hecho real, y podríamos preguntarnos: ¿qué relación existe entre esta materialización de lo maravilloso y sus modos de percibirlo, asumirlo y reflejarlo artísticamente con respecto a las afirmaciones del prólogo de 1949, considerado la pieza clave para cualquier análisis de lo real maravilloso en la narrativa carpenteriana?

Una primera mirada a los textos advierte una clara contradicción: el elemento de la fe que según el "prólogo" presupone la sensación misma de lo maravilloso no existe en esta novela. De muchos excesos puede ser acusado su narrador-protagonista en su afán de constatar lo maravilloso, menos de hacerlo a partir de una postura mística. Por el contrario —ya lo vimos—, nada más racional que sus modos preferidos de establecer lo singular del universo encontrado, en virtud de la peculiar fisonomía literaria que le otorgó Carpentier. Su acercamiento a lo americano —incluido su componente mágico— aparece tamizado por una visión lógica, empeñada en encontrar orígenes, manifestaciones concretas, causas y efectos de cada uno de los elementos insólitos encontrados —aunque su revelación, ciertamente, lo conduzca a un estado límite emotivo y perceptivo. Mientras tanto, el personaje de Rosario, el único en la novela que expresa coherente y sistemáticamente una visión mágica de ciertos procesos —el Adelantado, por ejemplo, establece siempre una distancia crítica entre magia y realidad—, está enjuiciado, más de una vez, por la misma perspectiva racional del narrador que le da la palabra; pero, además, queda claro en el texto que la falta de conciencia histórica en Rosario es una de las causas de que su visión mágica de la realidad sea tal. Ella, como sus coterráneos, no tiene "la sensación de lo maravilloso en el instante de vivirlo" (p. 348), sino que —a diferencia del narrador— simplemente lo vive como contingencia de su cotidianeidad, restándole así todo carácter místico a la percepción de lo maravilloso expuesta en el prólogo.

La contradicción que en este aspecto crucial y tan debatido se levanta entre la propuesta teórica y la praxis estética parece evidente. Aquella fe filosóficamente aportada por Mabille a Carpentier vuelve a resultar incongruente como medio de penetración, pero de un modo mucho más manifiesto, al desaparecer en esta novela el componente mágico que en la pieza anterior aportaron Ti Noel, Mackandal, la Maman Loi, Bouckman y el resto de los esclavos negros, postura vital que determinaba incluso el cauce de los hechos mayores: la llamada a la rebelión o la caída de Christophe, por ejemplo.

Ya no existe, en esta novela, el puente que para la fe existía entre las dos visiones que se alternaban en *El reino de este mundo* entre negros esclavos y narrador culto en tercera persona. Ahora la primera persona asumida da total identidad al narrador con el narratorio, identidad que refuerza su vínculo con el autor al ser posible establecer diversos nexos entre la psicología del personaje y la del propio escritor —identificación que se concreta en aspectos tan importantes como las nociones estéticas sobre el surrealismo y el carácter del arte americano, la visión de América como reservorio de mitos y realidades alteradas, la existencia de un desajuste cronológico y hasta la idea de la decadencia europea, tan recurrida en la novela. No es posible dudar, entonces, que en buena medida es Carpentier quien habla por boca de su personaje, aunque –claro está– personaje y autor no sean el mismo individuo, y esto nos lleva otra vez al punto cero de la cuestión: la fe. ¿Carpentier parte de la fe para obtener "la sensación de lo maravilloso"? O, llegando más lejos, ¿una inesperada alteración de la realidad es siempre "el milagro"? Una respuesta, lógicamente negativa, invalidaría tal presupuesto como camino de lo maravilloso –no ya en su percepción, sino en su misma manifestación, pues no sólo lo mágico, lo esotérico, el misterio religioso es maravilloso, aunque sea una de sus parcelas privilegiadas– y llevaría a desechar toda esa mística de la percepción de lo maravilloso que alegremente han sustentado varios críticos del escritor cubano.

Es más, los mismos recursos empleados para develar lo extraordinario americano, tan diversos como hemos visto, derribarían la teoría de que la visión privilegiada del artista es la única capacitada para ver lo maravilloso donde los que lo viven sólo ven lo normal –pues es su circunstancia de todos los días–. Si bien Carpentier acudió en esta novela, sostenida sobre el método del más ortodoxo realismo maravilloso, a un personaje encarnado por un músico, en sus modos de percibir las alteraciones y singularidades americanas hay algo más que una avisada postura estética propia de un creador. Sus asociaciones de elementos inconexos, su necesidad de comparación, su inagotable capacidad de asombro están señalando, claramente, la existencia de una cierta sensibilidad entrenada, de una voluntad intelectiva, pero tal sensibilidad no es la *conditio sine qua non* de su capacidad: junto a ella están la sensación de extrañamiento, la de hombre extraído de su medio, la de ente alienado y, sobre todo, la de personaje dispuesto a concretar una evasión para la cual está presto a levantar todas las justificaciones posibles, a admitir todos los deslumbramientos imaginables.

Estas contradicciones entre la fundamentación teórica y los resultados de una praxis artística apoyada en un método narrativo empeñado en establecer una rigurosa comprobación de la tesis central del manifiesto de 1948 –lo maravilloso es real en América– indican, con notable certeza, el origen de una crisis estética que cerrará un ciclo importante en la evolución narrativa de Carpentier. La necesidad de ajustar teoría y literatura, nociones ontológicas y praxis artística, no se producirá, sin embargo, hasta la década siguiente −teoría de los contextos y *El siglo de las luces*−, pero antes evidenciará un necesario cambio de perspectivas en una novela que, por su aparente desajuste respecto a los modelos que la anteceden y la preceden, ha sufrido el mayor olvido por parte de los críticos encargados de estudiar lo real maravilloso: me refiero, claro está, a *El acoso*, pieza en la que, apenas terminada *Los pasos perdidos*, había comenzado a trabajar Alejo Carpentier. En la evolución de la narrativa carpenteriana, *Los pasos perdidos* ofrece todavía −entre muchas otras− dos proposiciones temáticas que, por su permanencia en la obra del autor, es preciso tener en cuenta: el eterno dilema del tiempo y la problemática tesis de la búsqueda de la libertad.

No sin razón muchos críticos han querido ver en esta novela un ensayo a fondo del asunto tratado por Carpentier en su cuento de 1944, "Viaje a la semilla", donde por primera vez concibió el viaje en el tiempo −invertido− como vía para la búsqueda de la libertad. En el relato, sin embargo, la inversión del devenir temporal y la liberación del individuo se manejaban en un plano totalmente metafísico, como posibilidad literaria y a partir de un elemento mágico que funcionaba como motivo desencadenante de una aventura vivida sin conciencia: Marcial es la marioneta de un designio misterioso y superior y acepta lo que se le ofrece sin problematizar su propia actitud ante la inaudita posibilidad de evadirse de la cárcel de los compromisos sociales, morales y económicos.

En cambio, la no menos inaudita posibilidad de viajar materialmente en el tiempo invertido y de evadirse de su circunstancia que se le ofrece al narrador-personaje de *Los pasos perdidos* se desarrolla en un plano físico-histórico concreto −los ríos, las selvas, las grandes mesetas del sureste venezolano, en pleno siglo xx− y desde una percepción alerta que le advierte de tales posibilidades y le ofrece la peligrosa opción de las alternativas: evadirse o no hacerlo. De este modo, la conciencia con que el personaje asume esta aventura se revertirá en reflexiones plasmadas en el texto y referidas, sobre todo, a su peculiar situación de artista, de hombre del siglo XX, de ser alienado y atrapado en las redes económicas e ideológicas de su momento. El acto de voluntad, pues, será decisivo en esta nueva "gesta" de independencia de otra "batalla" en la guerra del tiempo.

El hecho de que la evasión posible del narrador de *Los pasos perdidos* se produzca a través del viaje en el tiempo —un compás de cincuenta y dos siglos— más que por la distancia física real —unos cientos de kilómetros de la capital, ciento ochenta minutos de viaje en avión–, integra argumental y conceptualmente ambas posibilidades en una relación de estrecha dependencia.

El problema del tiempo vivido —como época, como circunstancia— y la insatisfacción hacia él quedan expuestos por el narrador desde las primeras páginas de la novela. La imagen de un tiempo inalterable pero devastador que se ofrece en el pórtico del libro con la engañosa descripción de la escenografía teatral en la que vive Ruth desde hace varios años —mil quinientas representaciones, todas iguales, de lunes a domingo—, encarnando una máscara que terminará por confundirse con su propio rostro, plantea diáfanamente una de las tesis de la novela: la prisión del tiempo y las ansias de evadirse que siente el narrador. Lo narrado como escenografía inalterable es, pues, la propia imagen de su vida: el automatismo de un trabajo sin creatividad, la repetición de ritos amorosos "del séptimo día", los viajes a los mismos bares y conciertos, un ir y venir inalterable que comienza a moldear la imagen de Sísifo subiendo una y otra vez la cuesta, cargado con la misma piedra.

El viaje a América, iniciado en el segundo capítulo, provocará un inmediato cambio de circunstancias para el protagonista: el simple reencuentro con lo propio, el cambio de "aires", provocará las primeras sensaciones de haber penetrado en un tiempo diferente —alterado, detenido, arcaico y después invertido— que le ofrece una inesperada sensación de libertad. A partir de aquí y hasta la llegada a Santa Mónica de los Venados (lugar ubicado más allá de la historia y el tiempo, en el que sólo los ciclos cósmicos —día-noche, lluvia-seca, etc.— marcan pautas de una sucesión temporal), la agobiante necesidad de huir sentida por el narrador se agudiza hasta materializarse y conseguir el máximo anhelo de la evasión: es al fin un hombre libre.

La tesis real maravillosa de la existencia de un viaje invertido en el tiempo, posible en el contexto americano, tiene, pues, una doble función en la novela: la de mostrar la histórica convivencia de edades y culturas alejadas, según los patrones del desarrollo centrista de la humanidad, y la de ofrecer la metafórica posibilidad de escapar de su circunstancia al hombre-objeto del siglo XX.

La primera de estas funciones, ya abordada en el análisis de lo real maravilloso en la novela, es explícita y plásticamente visible, en la medida en que tal comprobación de la singularidad americana es uno de los tópicos que más interesan a Carpentier. La acción misma de la novela marca ese retroceso evidente que dibuja etapas que se van desechando con el alejamiento de la "civilización", en un proceso de corporización espacial del tiempo que, en el viaje físico del protagonista, nos lleva de los tiempos del romanticismo a los de la conquista de América por hombres medievales, y de ahí a una comunidad primitiva que se nos hace cada vez más lejana hasta que se desvanece cualquier forma de organización social y de vida del hombre –fin del tiempo humano–, para penetrar en el "tiempo fuera del tiempo" de Santa Mónica de los Venados, el tiempo del gran sueño europeo de la Utopía y la liberación, más filosófica que política.

Paralelamente, el protagonista –como el Marcial de "Viaje a la semilla"– va recibiendo pasivamente los beneficios de una liberación que le es dada sin lucha, aunque con conciencia de ello: tanto física como intelectualmente, el personaje va sintiendo la materialización de una huida que lo conduce a sí mismo y al hallazgo, primero, de sus posibilidades físicas y, luego, de sus potencialidades intelectuales.

Ya instalado en Santa Mónica de los Venados, puede entonces decidir (y decidir, escoger su destino, en su caso, representa el síntoma más importante de la libertad alcanzada):

Voy a sustraerme del destino de Sísifo que me impuso el mundo de donde vengo, huyendo de las profesiones hueras, del girar de ardilla presa en tambor de alambre, del tiempo medido y de los oficios de tinieblas. Los lunes dejarán de ser, para mí, lunes de ceniza, ni habrá por qué recordar que el lunes es lunes, y la piedra que yo cargaba será de quien quiera agobiarse con su peso inútil [p. 260].

La expresión de tal decisión, revertida en plenitud intelectual, será el acto de sentarse a escribir y de sentir que su tema sería un treno —"conforme a la concepción original del treno, que era canto mágico destinado a hacer volver a un muerto a la vida"— a partir del *Prometeo desencadenado* de Shelley, pues "La liberación del encadenado, que asocio mentalmente a mi fuga de allá, tiene implícito un sentido de resurrección..." [p. 283.]

Sin embargo, este "hombre que conocía los caminos de la evasión" (p. 306), desencadenado como Prometeo, libre del destino inalterable de Sísifo, está imposibilitado de concretar, definitivamente, su liberación. El primer índice que alerta sobre su sino de hombre de un tiempo preciso es, obviamente, la decisión de escribir música, música para ejecutar, para escuchar, para comunicar a los demás. El segundo, en una precisa alegoría de la no pertenencia del protagonista al mundo sin tiempo de Santa Mónica —sino a otro tiempo, a otras convenciones más poderosas que su decisión—, es el episodio de la ejecución de Nicasio, el leproso que ha violado a una niña de la comunidad y cuya muerte es la condena necesaria en un mundo de leyes elementales. Mas el narrador no dispara, aun cuando sabe que debe hacerlo, pues "[...] una fuerza, en mí, se resistía a hacerlo, como si, a partir del instante en que apretara el gatillo, algo hubiera de cambiar para siempre. [...] Y yo tenía miedo al tiempo que se iniciaría para mí a partir del segundo en que yo me hiciera ejecutor" [p. 300].

Y el que dispara es Marcos, miembro efectivo de aquella comunidad. El narrador, que no participa, entonces no pertenece. Sus concepciones son de otro tiempo y teme al tiempo "que se iniciaría" con el disparo: el del no regreso al mundo de las leyes.

La última evidencia de esta incongruencia del personaje está en sus pruritos legales respecto al acto matrimonial que lo ata a Ruth y que lo atormenta sobre su posible decisión de casarse con Rosario.

Por ello, cuando por primera vez en la historia un avión sobrevuela el rincón del mundo en que se esconden las Grandes Mesetas, su única decisión puede ser abordarlo y regresar a la "civilización" con la idea de comprar papel, libros, pentagramas: los objetos de su profesión de hombre de su tiempo...

Como Marcial, como Ti Noel en sus intentos de evasión al mundo animal, incluso como el Cimarrón fugado, el narrador-personaje de *Los pasos perdidos* desconoce la necesidad de lucha y sacrificio que encierra toda búsqueda de la libertad. En su caso —como en el de los anteriores personajes carpenterianos— ha sido sólo la posibilidad de evasión, de huida, de fuga, lo que se le ha hecho evidente e incluso posible. Pero, hombre de su tiempo, excluido por su propio tiempo y por sus concepciones ideológicas del mundo de la libertad absoluta, regresa a su ámbito y en su retorno está su castigo: nunca podrá volver al Paraíso abandonado, y la sensación de libertad gozada por unas semanas habrá sido apenas unas "vacaciones de Sísifo", más terribles para quien sabe que "mienten quienes dicen que el hombre no puede escapar de su época", pues él comprobó tal posibilidad. Su mayor condena, sin embargo, está en la verificación misma de haber logrado lo que parecía imposible: la fuga, de la cual tiene conciencia por su condición de intelectual.

> [...] la única raza humana que está impedida de desligarse de las fechas es la raza de quienes hacen arte [...] Marcos y Rosario ignoran la historia. El Adelantado se sitúa en su primer capítulo, y yo hubiera podido permanecer a su lado si mi oficio hubiera sido cualquier otro que el de componer música —oficio de cabo de raza— [p. 356].

Sin embargo, como bien lo propone Emil Volek, este final de la novela tiene una segunda lectura, que el crítico califica de paródica respecto al mito de la Utopía, cuando comenta:

> Lo que cierra la puerta de la Utopía [impidiendo el regreso] no es la negativa simbólica de la Naturaleza (la temporada de lluvias que borra los caminos), porque el protagonista, de una manera bien realista y muy poco mítica, está decidido a esperar todo el tiempo necesario hasta que bajen las aguas. Lo es el rechazo por una mujer de carne y hueso, aunque fuera antes

idealizada y mitificada; Rosario, como comenta el mensajero griego, no es Penélope y no espera ni los cinco meses que tarda la vuelta de su "Ulises". Lo ocurrido es simplemente otra confirmación de que el protagonista no ha visitado un lugar mítico sin más, sino que pertenece a este mundo y está regido por sus códigos "realistas".[56]

Esta vuelta a la realidad no-poética de las leyes primarias e inalterables del comportamiento humano provoca que la fábula propuesta por la novela dé una vuelta en redondo sobre el tiempo y el espacio para cerrar un ciclo perfecto que en buena medida calca el inicio, esbozando otra vez esa estructura circular que tanto gusta a Carpentier: el protagonista regresa al sitio y a la época en que estuvo en un principio, el sueño de la evasión se desvanece y vuelve a la alienación y al tiempo vacío, con el manifiesto destino de Sísifo de cargar otra vez su propia piedra, aquella que había creído abandonada para siempre. Pero es que, además, el final de libro está recordando que la utopía —como bien lo advierte su etimología: *Eu-topos*, "sin lugar"— es apenas una invención imaginaria a la que el hombre nunca puede acceder.

El pesimismo ideológico (e histórico, claro está) que encierra este mensaje es evidente. Carpentier, que en estos años está manejando diversos códigos filosóficos, ha lanzado ahora un puente de ideas al existencialismo —más al francés que al alemán, y más al de Sartre que al de Camus—, encontrando en su sistema una serie de respuestas satisfactorias a la agónica situación del hombre en la sociedad moderna. El asunto de la alienación, la sensación del hombre como morador impotente de una cárcel perfecta, la búsqueda individual y no encauzada socialmente de la libertad (la evasión), la falta de esperanza en un mundo en que el progreso material es enemigo del progreso espiritual, o la responsabilidad individual mediante la elección (la decisión que antes vimos), son todos tópicos manejados largo tiempo por los pensadores existencialistas que Carpentier, en una obra de tesis como es *Los pasos perdidos*, convierte en peripecias físicas y psicológicas de su protagonista.

La comunión carpenteriana con las ideas de Sartre —por ejemplo—,

[56] Emil Volek, *op. cit.*, p. 79.

de quien tomará poco después su teoría de los contextos para trasladarla a la problemática de la definición americana, es manifiesta en ideas como las que expresa el francés en *El ser y la nada* y en *El existencialismo es un humanismo*, donde argumenta la virtud existencialista de poner al hombre en posesión de sí mismo y convertirlo en el único responsable de su existencia, tal como ocurre en la novela de Carpentier cuando su protagonista se identifica con su cuerpo y con su intelecto y asume la responsabilidad de decidir su vida: volver o permanecer. Sobre este asunto preciso del pensamiento existencialista, comenta Sidney Finkelstein, a propósito de Sartre, que: "La libertad se convierte para él en un absoluto, que descansa en la propia decisión del individuo sobre el modo en que debe comprometerse con el mundo".[57] ¿Y qué hace, si no, Carpentier con su protagonista de *Los pasos perdidos?*

La derrota del narrador-personaje está en que su búsqueda de la libertad sólo ocurre en un plano filosófico, existencial, que se reduce a interponer una distancia entre dos mundos: el de la opresión y el de la libertad, el de la alienación y el de la plenitud. Pero, indefectiblemente atrapado en tanto artista, la distancia desaparece —el camino de ida, que ocupó cuatro capítulos de la novela, se disuelve en un regreso de diez líneas, que además el personaje hace dormido: totalmente inconsciente—, y Sísifo debe cargar otra vez con su piedra.

La diferencia de esta fatalista conclusión respecto al vigoroso llamado a la lucha con que cierra *El reino de este mundo* —luego de las fracasadas evasiones de Ti Noel— advierte, más que una distancia, una verdadera coherencia reflexiva y conceptual en el Carpentier de este momento de la evolución de lo real maravilloso. Si ambas novelas son la historia de una derrota —la revolución frustrada, en una; la libertad perdida, en la otra—, el sustrato último de su reflexión está indicando que si el hombre debe comenzar siempre de nuevo —Sísifo, la piedra, la montaña—, queda en él la conciencia de lo posible. Ti Noel sabe que es posible, aunque arduo, alcanzar la libertad; el músico narrador, mientras tanto, ha conocido los caminos de la evasión y sabe que una

---

[57] Sidney Finkelstein, *Existencialismo y alienación en la literatura norteamericana*, Instituto Cubano del Libro, La Habana, 1968, p. 128.

puerta siempre conduce a ella, y comenta en las líneas finales de la novela: "En cierto tronco escamado, tronco de un ocre manchado de verde claro, empieza a verse, cuando la corriente se aclara, el Signo dibujado en la corteza, a punta de cuchillo, unos tres palmos bajo el nivel del agua" [pp. 356-357].

Sólo que su tarea, en el reino de este mundo, está en un tiempo, en un espacio, en una época histórica con la cual tiene que bregar, como Sísifo, con la piedra de su arte al hombro. El resto son sus pasos perdidos. ¿Perdidos para siempre?

Los dos relatos de Alejo Carpentier, ubicados en este segundo estado de lo real maravilloso y recogidos en el volumen de 1958 *Guerra del tiempo*, constituyen, para más de un estudioso, los dos cuentos más excitantes, reveladores y polisémicos de toda la serie carpenteriana. De ahí que tanto "El camino de Santiago" como "Semejante a la noche" hayan propuesto las lecturas más diversas, enjundiosas y hasta encontradas que se han vertido sobre cualquiera de las obras del gran narrador cubano. El hecho de que en las pocas páginas de estos cuentos estén resumidas en apretadísima síntesis muchas de las preocupaciones capitales del escritor —la imagen de América, el problema del tiempo, la evasión, el papel del hombre en la historia y la visión de la historia misma, el mito y la desmitificación, etc.— ha hecho de ellos el terreno propicio para analizar, prácticamente descontaminadas de peripecias argumentales, las tesis que sobre tales aspectos manejó Carpentier en un periodo especialmente maduro de su creación artística. Pero, además, si tomamos en cuenta la notable perfección formal de estas obras, en especial el acabado manejo de las estructuras narrativas montadas sobre ciclos y el tratamiento de las duplicaciones argumentales, se hace más evidente aún la necesidad de un estudio detenido de estos dos cuentos como jirones importantes de una evolución literaria colocada ya en una de sus cimas más significativas.

Mientras la ubicación temporal de "Semejante a la noche" dentro de este segundo estado no ofrece problema alguno —apareció en *Orígenes* en 1952—, "El camino de Santiago" pudiera introducir alguna duda por su tardía edición, en 1958, pero en realidad, como queda apuntado (véase nota 71 de este capítulo), existen razones para considerar que el relato estuvo, si no concluido, al menos elaborado en un alto porcentaje hacia 1952, por lo que su pertenencia temporal a este estado parece irrebatible. Pero, conceptual y artísticamente, ¿son obras de proposiciones afines a las del ortodoxo realismo maravilloso trabajado en *El reino de este mundo* y *Los pasos perdidos*?

Intentemos una respuesta.

"El camino de Santiago" ubica su argumento hacia las medianías del siglo XVI, alrededor de un personaje llamado Juan y entre dos polos geográficos y culturales aparentemente antagónicos: la vieja Europa de la peste, el hambre y la Inquisición, y la joven América de los mitos y las riquezas posibles (el permanente contrapunto acá-allá de la narrativa carpenteriana, matizado otra vez con la oposición decadencia-juventud). Su protagonista, también aparentemente, es un solo hombre, caracterizado por un disfraz cambiante y una relación social utilitaria con el sitio en que se encuentre, que, como a cualquier pícaro de la novela española, lo transmutan de atambor militar en Flandes a peregrino (romero lo llama Carpentier) por Francia y el norte de España, atambor otra vez en tierras de América —donde además dice haber sido "estudiante" en San Ildefonso—, para terminar siendo indiano-romero en España y verlo finalmente decidido a partir otra vez hacia el Nuevo Mundo.[58]

El tema de este relato —entre otros posibles— es la búsqueda de la utopía a partir de las imágenes utópicas creadas por una fabulación mitificadora (un tema esencial de lo real maravilloso), y de ahí su ostensible conexión con dos de las obras más importantes en cuanto a la fijación de una imagen americana como la utopía posible: *Los pasos perdidos*, novela contemporánea de este cuento, y *El arpa y la sombra*, la pieza clave del tratamiento de lo real maravilloso en el último estado de su evolución. No por gusto, además, las tres piezas están montadas sobre la presencia del viaje como desplazamiento físico y cultural y como necesidad espiritual para la búsqueda de lo ima-

[58] Véase Sharon Magnarelli, "'El camino de Santiago' de Alejo Carpentier y la picaresca", *Revista Iberoamericana*, núm. 86, enero-marzo de 1974.

ginario, y sobre la contraposición entre lo imaginado y lo encontrado como medio para revelar la verdadera singularidad americana.

La estructura que Carpentier confiere a su argumento resulta uno de los aspectos esenciales para la plasmación de las tesis conceptuales de la obra. Así, el relato está dividido en once breves capítulos y los cuatro primeros se desarrollan todos en Europa: el I y el II en Amberes, el III ya en el viejo camino de Santiago y el IV en Burgos —donde el primer Indiano ofrece su imagen fabulosa y utópica de América—. Por su parte el V, capítulo-eje del relato (sobre el que se cierra un ciclo —Europa— y se abre otro —América—), comienza en Sevilla, continúa sobre la nave que se dirige a América y concluye con la llegada a San Cristóbal de La Habana. Los capítulos VI al VIII, mientras tanto, se desarrollan en Cuba y el IX en la travesía de vuelta a España. El capítulo X, sin embargo, se ofrece como una replicación del IV, pues ambos se desarrollan en Burgos, y en éste se ejecuta la transmutación verbal y psicológica del personaje de Juan el Romero en Juan el Indiano, cuando el protagonista calca las palabras y la actitud del primer Indiano. Finalmente, el capítulo XI realiza un periplo similar al del V, con el viaje hacia Sevilla, donde Juan el Indiano acompaña al Romero que encontró en Burgos, en su intención de embarcar hacia América.

Las replicaciones argumentales de los capítulos X y XI, mucho más complejas —dramática y conceptualmente— que las de *Ecue-Yamba-O*, están indicando una explícita circularidad en los acontecimientos que, en realidad, no es tal. Quizás la primera clave para hallar la diferencia entre una y otra estancia en Burgos, donde se cuentan embustes y mitos sobre América por los Indianos, esté en los capítulos dedicados a las travesías atlánticas: mientras que la del V es una fiesta de lujuria y libertinaje, camino de América, la del IX, de regreso a Europa, es una procesión medieval plagada de intolerancia y persecuciones religiosas y raciales. La diferencia entre uno y otro universo, resumida en la actitud de los hombres según el sentido en que se haga la ruta oceánica, determinará que si bien en el capítulo X el Romero calca la actitud del Indiano y se convierte él mismo en tal, en el XI, en lugar de continuar viviendo de sus historias, decida él también viajar a Sevilla y embarcar nuevamente hacia América —para penetrar en el ciclo de la libertad del que se excluyó el primer Indiano–. La segunda clave para indicar la superación entre un momento y otro está en la respuesta que en el mismo capítulo x da el nuevo Romero a las historias del nuevo Indiano, que lo hacen dudar de su propia experiencia y determinan, finalmente, su intención de partir otra vez. Esta decisión de regresar –la misma que la naturaleza frustró al personaje de *Los pasos perdidos*– rompe la simetría de destinos entre uno y otro Indiano, pues el protagonista ha decidido cambiar sus mitos verbales por los mitos posibles de una América que ya ha conocido.

Precisamente en esta relación verdad/mentira, mito/realidad, se encuentra la lectura del relato que más interesa a Carpentier, pues de la contraposición de imágenes –explícitas en el texto o implícitas en la valoración histórica de la época y los acontecimientos narrados– y realidades –también expresas en el texto o remitidas al subtexto– aflora la visión esencial sobre lo real maravilloso americano plasmada en "El camino de Santiago".

Al prescindir de una serie de recursos propios del método del realismo maravilloso, destinados a la persistente revelación de la singularidad americana –la magia, los acercamientos surrealizantes, el asombro, etc.–, y trabajando un argumento que limita su acción a las peripecias de su protagonista –un hombre más dado a la aventura que a la reflexión–, Carpentier precisa entonces de un inteligente contrapunto de imágenes para alcanzar su propósito desmitificador. No es casual que sea ya a la altura del cuarto capítulo, después de haber manejado ciertas realidades epocales europeas que le interesan, cuando el escritor haga aparecer la primera mención importante de América a través de un mito trasladado por la mentalidad del Viejo Mundo: el de "la portentosa historia de la Arpía Americana, terror del cocodrilo y el león, que tenía su hediondo asiento en anchas cordilleras e intrincados desiertos".[59]

Esta imagen primera de lo americano, sin embargo, está ofrecida en el ámbito de un contexto muy preciso: el de una feria de sabor medieval, en Burgos, donde –entre otros objetos en venta– se ofrecen "ale-

---

[59] Alejo Carpentier, "El camino de Santiago", en *Cuentos*, ed. cit., p. 17.

luyas en pliego suelto", "cuadros de muchos colores, [con] el suceso tremendo de la mujer preñada del Diablo, que parió una manada de lechones en Alhucemas", "untos para los sabañones, raíces de buen alivio, [y hasta] sangre de dragón" (p. 17). La presencia de la infernal Arpía, pues, funciona como una proposición armoniosa en un contexto donde lo imaginario se ofrece como real, como posible, como verificable (y por ello se cuenta, incluso, el viaje de la Arpía por Europa y su muerte en Constantinopla). De inmediato, sin embargo, se produce un giro en el origen de lo fabuloso: se canta la historia de la isla de Jauja —donde "Hay en cada casa un huerto / de oro y plata fabricado..."—, "de la que se tenían noticias, desde que Pizarro hubiera conquistado el Reino del Perú" (p. 18). El mito de la ínsula dorada —también de origen europeo— no solamente ha sido trasladado a América por obra de imaginaciones, sino que se habla de su existencia a partir de noticias que —ahora sí— tienen un origen americano: la existencia de abundante oro y plata en las inmediaciones del imperio de los incas.

La imagen mítica de América (la llamada "creación de América") tiene su completamiento en la segunda mitad del capítulo, cuando el Romero se encuentra con alguien que se proclama como testigo presencial de todos los portentos americanos: el Indiano. La introducción del Indiano, sin embargo, aparece acompañada por un adjetivo —dicho por el narrador—, que si bien lo califica como personaje, lo descalifica a su vez como informante: "un indiano embustero", dice Carpentier, en una precisión de la relación verdad/mentira que dramáticamente resulta innecesaria y apresurada.

Los atributos que acompañan al Indiano —caimanes supuestamente traídos del Cuzco, un mono, un papagayo y un negro esclavo— apenas introducen las revelaciones que hará el personaje cuando, una vez fuera de la feria: "Pide vino el Indiano, y empieza a contar embustes al Romero. Pero Juan, prevenido como cualquiera contra embustes de indianos, piensa ahora que ciertos embustes pasaron a ser verdades" [p. 20].

La inversión de los términos de lo real y lo irreal (embustes transmutados en verdades por la maravillosa realidad americana) reubica la valoración de ciertos "portentos", y el Romero, entonces, acepta por igual la existencia de la Arpía Americana, la tierra de Jauja, el oro del Perú, la plata de Potosí y las herraduras de oro del caballo de Gonzalo Pizarro, y desde esta perspectiva (embustes que son aceptados como verdades) escucha al Indiano que

> [...] habla luego de portentos menos pregonados: de una fuente de aguas milagrosas [...] Hablaba del ámbar de la Florida, de las estatuas de gigantes vistas por otro Pizarro en Puerto Viejo, y de las calaveras halladas en Indias, con dientes de tres dedos de gordo, que tenían una oreja sola, y ésa en medio del colodrillo. Había, además, una ciudad hermana de la de Jauja, donde todo era de oro [...] y explica que el oro de Indias ha dado término a las lucubraciones de los perseguidores de la Gran Obra. [...] La transmutación no tiene objeto donde no hay operación que cumplir en hornacha para tener oro del mejor... [pp. 20-21.]

El giro se ha completado: la visión mítica de América (El Dorado, la Fuente de la Eterna Juventud, etc.) es realidad para Europa en la medida en que ha revelado el misterio más perseguido por la imaginación del Viejo Mundo: la transmutación del oro. El oro real de América no es un mito y el arcaico mito de los alquimistas ha perdido su razón de ser. La creación de la utopía de una tierra sin enfermedades, ni hambrunas, ni guerras, ni persecuciones, con todas las riquezas ambicionables, se alza entonces como una posibilidad más que real para la mentalidad europea y funciona como uno de los motores básicos del proceso de conquista.

Este complicado juego imagen/realidad tendrá su verdadero complemento en los tres capítulos del relato que se desarrollan en América (en Cuba), cuando todos los mitos —reales y ficticios— que Juan trae del Viejo Mundo se encuentren con la dura realidad de una ciudad donde "todo es chisme, insidias, comadreo", como resultado de la traslación al Nuevo Mundo de las estructuras sociales europeas. Por eso, desengañado, "maldice al hideputa indiano que le hiciera embarcar para esta tierra roñosa, cuyo escaso oro se ha ido, hace años, en las uñas de unos pocos" (pp. 26 y 28).

El sueño de oro y riqueza —la utopía más brillante— ha sido desbancado por la misma realidad, aunque, sin embargo, el mito menos probable, el de la utópica sociedad perfecta de los pensadores renacentistas —Moro, Campanella, Bacon—, se le aparece a Juan donde menos lo imaginaba: al huir de la justicia topa con la comunidad que han formado un calvinista, un judío, varios negros e indios y en la cual él, católico y antiguo peregrino de Santiago, también encuentra la posibilidad de integrarse (en un premonitorio contexto sincrético). Así, fuera de los opresivos cánones europeos, es plausible una vida diferente, al margen de la sociedad de la época y "en un tiempo detenido" (p. 32), que tanto recuerda la Santa Mónica de *Los pasos perdidos*. La imagen real de una América que ha trasladado los males morales de Europa, pero que a la vez ofrece con su virginidad un refugio a la felicidad posible, queda establecida de este modo. La Utopía (el *Eu-topos*) buscada ha sido hallada.

Pero Juan, como el músico de *Los pasos perdidos* —y también como Ti Noel—, está obligado a regresar, y regresa. La perfección social no es de su interés, y su evasión es demasiado vulgar (concretamente huye de la justicia) y su retorno resulta lamentable: primero es testigo de la represión religiosa a la que son sometidos el judío y el calvinista en plena travesía; luego sufre la falta de sentido en que se sume su vida de Indiano contador de embustes, repetidor de las mismas historias que otro Indiano le contara a él. Pero, en su encuentro con el nuevo Romero, la duplicación no es perfecta: porque es el Romero quien ahora le cuenta a él

> [...] que tales portentos están ya muy rumiados por la gente que viene de Indias hasta el extremo de que nadie cree ya en ellos. En Fuentes de la Eterna Juventud no confiaba nadie ya, como tampoco parecía fundamentarse en verdades el romance de la Arpía Americana [...] Lo que ahora interesaba era la ciudad de Manoa, en el Reino de los Omeguas [...] Las comarcas que se extendían entre la Bogotá de los ensalmos, el Potosí —milagro mayor de la naturaleza— y las bocas del Marañón, [que] estaban colmadas de prodigios mucho mayores que los conocidos, con islas de perlas, tierras de Jauja, y aquel Paraíso Terrenal que el Gran Almirante afirmaba haber divisado... [p. 42.]

Aquellas historias, se debe preguntar entonces el Indiano, ¿serían ciertas? Su experiencia le dice que no, pero su experiencia también le advierte que tal vez es posible materializar esa utopía, más allá de las fronteras en las que él se mantuvo y por las que anduvieron los Cortés y los Pizarro. La idea del regreso —otro regreso, para él factible— nace en el personaje y, acompañado por su reciente amigo, viaja hacia Sevilla dispuesto a un nuevo enrolamiento, aunque conducido otra vez por el mismo sueño no logrado: el mito del oro, más que el de la igualdad posible en otro tiempo vivida.

Si la relación imagen/realidad se da por este complicado montaje de verdad/mentira, trabajadas como nociones contextuales que pueden devenir su mismo contrario (la americana difuminación de las contradicciones y la posibilidad real de convertir en palpable lo que antes fue imaginario), tras ellas, en el proceso desmitificador, Carpentier ha propuesto también su peculiar relación mito/historia, vaciándolo de su tradicional sentido disyuntivo.[60] El carácter mítico de la historia y la historia como mitificación se funden en un solo plano en el relato, al punto de funcionar con un mismo lenguaje y desde presupuestos reales o imaginarios cuyas fronteras tradicionales se han difuminado. Así, en "El camino de Santiago", la conquista de América es más una empresa mítica —la ya mentada búsqueda de la utopía— que una proposición histórica, pues el mito de las riquezas americanas —mito que nació de una realidad: el oro y la plata desembarcados por Sevilla— funciona como el detonante que moviliza al espíritu europeo hacia la empresa conquistadora.

La ficcionalización de la realidad americana, que es anterior a su propio descubrimiento por Colón,[61] no ha hecho más que extenderse a partir de aquella fabulosa realidad de pronto encontrada, pues la mentalidad europea, urgida de respuestas para sus propias realidades e incapaz aún de explicarse la singularidad de ese Nuevo Mundo, opta por asumirlo desde sus propias concepciones y necesidades, creando así una visión de América fabricada allá que, a pesar de notables evoluciones, será esencialmente la misma hasta bien entrado el

---

[60] Sobre el mito y la historia en el relato, véase Irlemar Chiampi, *El realismo maravilloso*, pp. 220-222.

[61] Sobre este importante aspecto me detendré en el análisis de *El arpa y la sombra*. Véase Beatriz Pastor, *El discurso narrativo de la conquista de América*, Editorial Casa de las Américas, La Habana, 1984.

siglo XIX: la imagen de un complemento europeo, más que la de un ente cultural diferenciado, la de un pensar al otro desde el pensarse a sí mismo.[62]

La disyunción América/Europa del cuento es, entonces, más aparencial que real, en la medida en que la fabulosa imagen americana es en esencia un fruto de la imaginación europea —a pesar de que su origen está en ciertos "portentos" americanos, pero ya reelaborados—, y la misma realidad revelada por la obra es hija, a su vez, de una realidad trasladada física —La Habana— o espiritualmente —la utópica comuna—.

Con este relato, por primera vez Carpentier realiza a cabalidad un ejercicio gnoseológico capital en la fijación de una imagen real maravillosa y mítica de América, al acercarse a su universo únicamente desde una perspectiva foránea que, si bien asomó sus intenciones en las dos novelas del estado (Paulina, Mouche, la necesidad de comparación del protagonista de *Los pasos perdidos),* nunca alcanzó la categoría de visión rectora de la realidad. Los varios personajes en que se desdobla Juan —romero dos veces, indiano otras dos, atambor, estudiante—, con independencia de la experiencia vital que arrastren, siempre tendrán una misma actitud hacia el referente americano: explicarlo desde su perspectiva europea. Sin embargo, el hecho de que América sea el sitio propicio para la materialización del mito (superación de lo contradictorio) es un enjuiciamiento que, a partir de aquella visión de los Juanes, Carpentier deja sólo en manos del lector.

Lo real maravilloso americano es, entonces, más subtextual que textual: si nunca se halló la Fuente de la Eterna Juventud, lo maravilloso —real— es que su búsqueda continuó efectuándose durante siglos; si Manoa o El Dorado nunca mostraron sus torres áureas, lo maravilloso —real— es que su imagen mítica haya propiciado la exploración de selvas y cordilleras, la fundación de ciudades y hasta de futuros países; si la Utopía ilocalizable de los pensadores europeos puso su mirada en América, lo maravilloso —real— es que esa sociedad perfecta sólo pudo desarrollarse en aquel mundo vasto e incomprendido; lo maravilloso —real— es que América haya sido pensada desde

[62] Nara Araujo, "El otro lado de la transculturación", *La Gaceta de Cuba,* La Habana, marzo-abril de 1993, pp. 7-9.

Europa y, sin embargo, haya podido materializar esas improbables imaginaciones poéticas, filosóficas, geográficas, mitológicas.

Toda esta ardua demostración conceptual, que requirió las trescientas páginas de *Los pasos perdidos*, se alcanza ahora en la brevedad de un relato como "El camino de Santiago", precisamente, por su carácter referencial y su interés temático fundamental en la fijación de una utopía perseguida a través de imágenes mitificadas o míticas. La ortodoxia metodológica vista en las novelas, de difícil aplicación con similares recursos a un breve relato, ha sido aplicada entonces a un aspecto esencial de la noción carpenteriana de lo real maravilloso de América: su existencia más allá de la imaginación europea y la capacidad americana de engendrar mitos vivientes y actuantes, sin el concurso de los cuales es imposible entender su peculiar historia y su singular cultura.

Si "El camino de Santiago" puede ser visto como una obra típica de este segundo estado de lo real maravilloso, el relato coetáneo "Semejante a la noche" es una alarmada reflexión sobre el destino del hombre en la que Carpentier, por primera vez en su narrativa madura, renuncia a la fijación preferenciada de la circunstancia americana y a la plasmación de su singularidad, en favor de una búsqueda universalista que engloba por igual a todos los hombres, en todas las épocas, por encima de pertenencias culturales y geográficas. No obstante, funcionando como un verdadero meandro respecto a la evolución de lo real maravilloso (es, por ejemplo, el único relato de estos años sin parentesco alguno con *La música en Cuba),* el cuento presenta, para el análisis global de la narrativa carpenteriana, varios puntos de interés por su larga presencia en la obra del cubano, dos en especial: el problema del tiempo y el posible tratamiento cíclico de la historia.

Ampliamente estudiado por la crítica, "Semejante a la noche", en su calidad de obra de tesis filosófica —y al ser verdaderamente difundido sólo a partir de 1958, como parte de *Guerra del tiempo—,* ha arrastrado, como era de esperar, un destino más político que esencialmente literario, y la mayoría de los análisis que lo han abordado han pretendido extraer de él sólo la proposición conceptual respecto a la historia y su devenir —cíclico o dialéctico, antimarxista o marxista—, como prueba definitiva de la filiación ideológica de Carpentier. Sin embargo —preciso es decirlo—, muchos de esos análisis ideologizantes parten de una insatisfactoria lectura del texto que tiene su más repetida manifestación en la errática interpretación del carácter de su protagonista, muchas veces considerado un mismo hombre cuando, en verdad, Carpentier habla de seis hombres diferentes, en épocas distintas, aunque enfrentados a una misma circunstancia invariable.

Exteriormente, "Semejante a la noche"[63] se divide en cuatro partes a través de las cuales varios narradores-personajes distintos, en muy diversos tiempos históricos y lugares geográficos, se enfrentan a una circunstancia similar que va adquiriendo carácter existencial: se preparan para participar en una empresa bélica que se desarrollará lejos de su patria y para la cual siempre han sido llamados en virtud de elevadísimos principios de justicia y humanidad.

Estos protagonistas, como dije, son seis: *1.* el soldado acaiceno que combatirá en la Guerra de Troya y que narra los capítulos I y IV; *2.* el conquistador español enrolado en la armada del Adelantado que se dirige a América, en el siglo XVI, narrador del segundo capítulo; *3.* el soldado francés que un siglo después partirá a la conquista de América del Norte; *4.* el extraño guerrero medieval (un verdadero intruso en el cuento) que, en un salto atrás en el tiempo, se alegra de no haber tomado parte en una cruzada; y *5.* y *6.,* los soldados norteamericanos preparados para combatir en la primera y segunda guerras mundiales. Estos últimos cuatro se encargarán de narrar el III capítulo, para dar paso a la regresión histórica que, como un círculo que se cierra, vuelve a presentarnos al acaiceno del inicio, pero ya en el instante de la partida.

En todos los casos Carpentier ha buscado elementos históricos bien precisos que permiten la ubicación temporal de cada uno de estos

[63] A partir de aquí retomo y cito algunas de las ideas ya trabajadas en mi artículo "'Semejante a la noche': el hombre, el tiempo y la revolución", publicado en el núm. 147 (noviembre-diciembre de 1984) de la *Revista Casa de las Américas*, reproducido en el anuario *Imán* (año II, 1985), del Centro de Promoción Cultural Alejo Carpentier, y finalmente incluido en mi colección de ensayos *Lo real maravilloso: creación y realidad*, Editorial Letras Cubanas, 1989. Algunas otras ideas del trabajo me parecen hoy de una ingenuidad adolescente.

personajes, ubicación de la cual depende su diferencia. Mientras no hay dudas respecto al acaiceno del siglo IX a.n.e., el español del XVI y el francés del XVII, la identificación de los otros tres personajes se torna algo más complicada, debido a la misma estructura del relato, que los hace entrar y les concede la palabra de una manera natural (en una transformación apenas perceptible por la ausencia de rupturas), para que ellos continúen el mismo desarrollo de la trama, que se produce en un único tiempo interno —el paso de un día— y reflejado desde una perspectiva narrativa similar.

Aun así, las referencias a las cruzadas y a Fulco de Neully testimonian el origen del cuarto narrador y lo ubican hacia el siglo XVII. Por su parte, elementos mecánicos como las grúas o la presencia de un "ala de aluminio" junto a los caballos de los generales permiten fijar con bastante certeza este embarque en la guerra de 1914 (presumiblemente en los Estados Unidos) y, por último, el sexto personaje adquiere su carta de identificación como soldado de la segunda Guerra Mundial con las referencias al "Gran Desembarco" (Normandía) y su reflexión respecto a que "Por última vez una espada había sido arrojada sobre los mapas de Occidente. Pero ahora acabaríamos para siempre con la nueva Orden Teutónica",[64] en clara alusión al fascismo alemán.

La gran proeza de "Semejante a la noche" radica, entonces, en la perfecta conjunción de estos seis narradores en una misma historia, en una misma circunstancia, en la que participan como corredores de una carrera de relevo a través de 29 siglos concentrados en un solo día de tiempo dramático, el cual basta entonces para develar la conducta humana ante un conflicto semejante: la guerra de conquista, más allá de las fronteras nacionales, diferente en lo fenoménico, pero inalterada en lo esencial a través de todos los sistemas sociopolíticos.

El desarrollo dramático del argumento, mientras tanto, comienza en el alba del primer día ("El mar empezaba a verdecer entre los promontorios todavía en sombras") (p. 63), históricamente en la Grecia del siglo IX a.n.e., y su acción recoge la llegada de las naves, la primera reflexión sobre la gloria del guerrero que va a participar en una gesta

---

[64] Alejo Carpentier, "Semejante a la noche", en *Cuentos*, p. 73.

a todas luces heroica y necesaria, y la idea del dolor de sus padres ante su posible muerte. El segundo capítulo continúa en la mañana ("Y entonces repicaron las campanas de la catedral") (p. 68), pero ya en la España del XVI, y muestra la fiesta de los preparativos de la partida, una nueva reflexión sobre el orgullo del guerrero y la conversación del protagonista con sus padres —que Carpentier aprovecha para ofrecer dos de las imágenes de América que manejó en "El camino de Santiago", la de los grandes mitos y la del enriquecimiento de unos pocos con el sacrificio y la muerte de muchos—.

El tercer capítulo, mientras tanto, comienza ya en la tarde ("entré en la estancia donde ya ardían las lámparas a causa de la bruma") (p. 69), en la Francia del siglo XVII, cuando el narrador visita a su prometida. Aquí, significativamente, Carpentier vuelve a insistir en las diversas visiones de América engendradas por Europa, aunque algo evolucionadas respecto a las del capítulo anterior. De un lado la que, a partir de los textos de Montaigne, condena una supuesta evangelización de los indígenas; del otro, la de una América libertina y disipada, a juzgar por la "clase de mujeres que solían embarcar para el Cabo Francés" (p. 71). Con este narrador, además, se produce una importante precisión de los ideales guerreros enarbolados hasta entonces: el personaje confiesa que él —y recuérdese que es otro personaje— va a la guerra con "la azarosa pretensión de hacer rápida fortuna en una empresa muy pregonada" (p. 70).

El capítulo continúa por la tarde, pero, con la llegada del padre de la prometida, el protagonista se verá obligado a escapar por una ventana, que será, a su vez, un cambio de piel y un salto en el tiempo: quien pone pies en tierra es el cuarto narrador, llegado a un mercado del siglo XII, donde piensa en su suerte al no haberse enrolado en aquella cruzada, desacreditada ya como empresa religiosa. Entonces, el narrador baja hasta el puerto para ver el embarque, y ya está en el siglo XX: es el quinto personaje, está cayendo la tarde ("faltaban pocas horas —apenas trece— para que yo también tuviera que acercarme a aquellos buques") (p. 72), y comienza entonces su reflexión sobre los insatisfechos deseos de mujer, y se dirige a un hotel de bailarinas, sólo que han transcurrido veinte años y estamos ante el sexto narrador.

Anochece ("las luces se encendían ya en la ciudad") (p. 72) y se produce su lance con la prostituta.

Pero el cuarto capítulo, que ocupa desde la madrugada hasta el amanecer siguiente, se desenvuelve de nuevo en el siglo IX a. n. e. y su protagonista es el griego del inicio. El soldado ha regresado de su encuentro con la prostituta ("faltaban pocas horas para el alba") (p. 73) y, al llegar a su casa, descubre a su prometida bien dispuesta a entregarse como una ofrenda que él, agotado, no puede recibir. Amanece ("bramaron las reses que iban a ser sacrificadas en la playa y sonaron las caracolas de los vigías") (p. 75) y, con sus padres, el soldado se dirige al embarcadero. Pero lo vivido durante un día —o durante veintinueve siglos, por hombres iguales a él— empieza a afectar al narrador: nota que su orgullo de guerrero se ha esfumado, que se halla en una situación absurda y que lo esperan los impublicables horrores de la guerra, hasta que entra el diálogo con el viejo soldado que "iba a la guerra por oficio" y se descubre, finalmente, la esencia de todas las guerras, anteriores y posteriores: la búsqueda de beneficios económicos. Amanece mientras la nave se aleja...

¿Qué quiso decir Carpentier con esta historia de veintinueve siglos que termina volviéndose sobre sí misma? Para un crítico como Roberto Assardo, la tesis del cuento apenas es una muestra de la idea existencialista de que "el hombre continuará comportándose del mismo modo en el porvenir",[65] mientras que para González Echevarría es la evidencia de que la repetición de acontecimientos y la presencia de un mismo personaje equivalen a la negación de la historia, y ésta "aparece como una mera repetición de lo mismo".[66]

Sin embargo, creo que la lectura de "Semejante a la noche" propone conclusiones bien distintas, aun cuando sea evidente la presencia en el relato de un visible fatalismo existencialista, por entonces muy manifiesto en Carpentier. Quizás la tesis fundamental manejada por el autor sea la similitud de comportamientos humanos ante hechos

---

[65] Roberto M. Assardo, "'Semejante a la noche' o la contemporaneidad del hombre", *Cuadernos Americanos*, núm. 2, marzo-abril de 1969, año XXVIII, México, pp. 270-271.
[66] Roberto González Echevarría, "'Semejante a la noche', de Alejo Carpentier: historia/ficción", en *Asedios a Carpentier*, ed. cit., p. 180.

similares, es decir, la permanencia, a través de la historia, de ciertas actitudes esenciales de la especie ante fenómenos que, culturalmente, lo cuestionan del mismo modo: el acto repetido, insoslayable, de la guerra, en la que, sin embargo, el hombre común es sólo un instrumento. La necesidad de renunciar a su vida (padres, novia), llamado por esos altos ideales proclamados por otros, es una negación de la vida misma, y que sea el griego casi prehistórico el personaje que comprenda su papel en aquella empresa conquistadora propone una clara idea de progreso que el escritor ha conseguido con la complicidad del argumento: el avance diáfano a través de un día, en el que se resume la experiencia de tantos siglos, provocará el desengaño final de un personaje que, de algún modo, ha incorporado las experiencias del mercenario francés del siglo XVII y del presunto cruzado del XII.

El progreso histórico, además, no puede verse reñido con la presencia de lo permanente (la existencia de guerras, novias, soldados o prostitutas) o una estructura narrativa fundada en el ciclo, y la transformación del narrador es la prueba de ello: aunque haya vuelto al principio, como el Juan de "El camino de Santiago", el protagonista de *Los pasos perdidos* o Ti Noel, ya aquel soldado del primer amanecer tampoco es el mismo, pues si no le es dada la rebeldía como opción (y ni siquiera tiene la posibilidad de decidir, en tanto objeto social esclavizado por determinadas condiciones), le es dado el desengaño como respuesta existencial a su circunstancia y el conocimiento como resultado de la experiencia (con lo que gana en libertad). La idea perfecta del ciclo —es el ciclo más cerrado de toda la narrativa carpenteriana, aun cuando no acude al calco— no es, por tanto, una perspectiva histórica, sino una visión desesperada de la situación del hombre ante una disyuntiva que lo acompañará durante siglos, afectando su existencia a partir del manejo ideológico a que es sometido, cuando, por ejemplo, se esgrime la defensa de "los Principios de mi raza" (¿un judío?) de que habla el futuro asaltante de Normandía (p. 73).

La tesis conceptual del relato se resuelve, pues, como un verdadero alegato antiguerrerista lanzado desde el pesimismo ante lo inevitable por un hombre —Carpentier— para quien la Guerra de España y las dos guerras mundiales han sido experiencias cercanas y devastadoras. La opción americanista que entusiastamente enarboló en su serie "El ocaso de Europa" deja el espacio ahora a una visión mucho más profunda y fatalista sobre una circunstancia social que parecía –y aún parece– interminable. La guerra de Corea, que por aquellos días se desarrollaba, bien pudo haber sido el colofón escogido para el relato, como años más tarde pudieron haber sido otras guerras similares, que enfrentaron a los soldados, convocados por altos ideales patrióticos y discursos nacionalistas, a la misma encrucijada, cuando:

> En realidad, detrás de la empresa que se escudaba con tan elevados propósitos, había muchos negocios que en nada beneficiarían a los combatientes de poco más o menos. Se trataba sobre todo –afirmaba el viejo soldado– de vender más alfarería, más telas, más vasos con escenas de carreras de carros, y de abrirse nuevos caminos hacia las gentes asiáticas, amantes de trueques, acabándose de una vez con la competencia troyana [p. 76].

La visión fugaz de un universo maravilloso en América, fundado en el relato otra vez por la contraposición de imágenes debidas a personajes foráneos –imágenes míticas frente a imágenes reales–, nos indica que, exteriormente, la vinculación de "Semejante a la noche" con toda una narrativa empeñada en mostrar –incluso con el aval de un método artístico– la presencia de lo real maravilloso como modo de ser americano no está presente en esta obra de 1952. Sin embargo, la cercanía ideoestética que en el plano de otras preocupaciones más universales existe entre el cuento y las restantes obras del estado indican, también, la presencia de vínculos conceptuales fundados alrededor de elementos como el transcurso del tiempo, la permanencia de valores históricos y sociales, la mitificación y la desmitificación de lo establecido, un cierto regusto existencialista en las actitudes de los personajes y en las encrucijadas en que son colocados, el tratamiento de la historia misma como tema y referente, y una atormentada visión apocalíptica de la sociedad y el destino del hombre "civilizado". De este modo, si "Semejante a la noche" no es, conceptual y argumentalmente, una pieza de la narrativa de lo real maravilloso, sí es, sin duda alguna, una obra importante en cuanto a la maduración y universalización de raigales preocupaciones carpenterianas y, quizás, la primera llamada de alarma sobre una crisis metodológica que se presentará, con toda evidencia, en la próxima novela de Carpentier: *El acoso*.

A lo largo del estudio de los textos narrativos y de pensamiento que he englobado en este segundo estado de la evolución de lo real maravilloso americano (formulación y reafirmación), he tratado de hacer evidente la comunidad de intenciones (conceptos) y de realizaciones (estética) que revelan la existencia de un ortodoxo interés carpenteriano en la definición, revelación y fijación de las características para él más importantes de una realidad y una imagen americanas que, por su carácter extraordinario y singular, pudo calificar de real maravillosas.

A partir del análisis realizado es posible establecer que las regularidades conceptuales y estéticas más importantes de este momento son:

–La presencia de lo maravilloso como expresión de la realidad americana. Redefiniendo y reubicando la vieja categoría estética de lo maravilloso, Carpentier argumenta teóricamente –tanto en el prólogo como en "Visión de América"– el carácter maravilloso de la realidad americana y trata de fijarlo, estéticamente, en sus obras del periodo –las dos novelas y el cuento "El camino de Santiago"–. Lo que en el estado anterior se había mostrado como premonición conceptual y estética, se ha convertido, desde 1948, en el concepto estético y ontológico central de su universo artístico y reflexivo.

–Método del realismo maravilloso. El ortodoxo y persistente tratamiento de lo singular americano, cuidadosamente recortado de la realidad continental, precisaba de un método eficaz para su manifestación estética. Ese método, que he llamado "realismo maravilloso", funcionará no sólo como sistema para la selección temática y argumental, sino que engendrará toda una serie de recursos literarios empleados en novelas y relatos para fijar la visión preferenciada de las relaciones, los procesos y hasta las individualidades de un referente –cuidadosamente escogido– en el que es posible asistir a la constante develación de lo maravilloso-real. Aunque el método manifestará ciertas contradicciones con la fundamentación teórica del prólogo –respecto a fenómenos como "el milagro"–, narrativamente funciona con total coherencia. Como método, el realismo maravilloso tiene su más acabada concepción en la novela *Los pasos perdidos*, la pieza más doctrinaria y militante de la fijación incontaminada de lo real maravilloso americano y en la que Carpentier acude a los recursos más típicos de este método para la develación de lo maravilloso.

—Naturalización de lo mágico. El componente mágico de la realidad americana —de larga presencia en el primer estado de lo real maravilloso— adquiere, sin embargo, su más acabada y a la vez última elaboración en una novela de este momento: *El reino de este mundo*. Apenas empleado en las otras piezas del periodo y en el resto de la posterior narrativa de Carpentier, el componente mágico, entendido como manifestación extraordinaria pero real de un pensamiento que engendra a su vez un modo de comportamiento de la realidad americana, funciona en la obra de 1948 como una de las vías más importantes de singularización de lo real maravilloso en América. Teóricamente, su presencia en el prólogo ha engendrado también confusiones respecto a la estética de lo real maravilloso y la del realismo mágico, a la vez que contradicciones respecto a su manifestación en la novela, a partir del problemático concepto de la fe como único vehículo perceptivo de lo extraordinario. Al desaparecer el carácter protagónico de lo mágico como modo de manifestación de la realidad americana, la contradicción se difumina y se superará en trabajos teóricos posteriores ("Problemática de la actual novela latinoamericana" o "Lo barroco y lo real maravilloso").

—Premonición de los contextos. Aunque todavía distante de la formulación teórica de una contextualidad específica de las relaciones de la realidad y la imaginación americanas, otra vez en este estado Carpentier maneja ya —conceptual y estéticamente— nociones de la realidad que luego fundamentará coherentemente en la teoría de los contextos. En el terreno reflexivo, su más aguda premonición se encuentra en las valoraciones aportadas por la serie "Visión de América" respecto a las insólitas singularidades históricas y sociales del continente. En la narrativa, mientras tanto, resulta especialmente visible en *Los pasos perdidos*, donde una serie de verdaderos contextos —geográficos, históricos, sociales, culturales, de desajuste cronológico, etc.— contribuyen a la fijación de la singularidad americana y a una presencia cotidiana de lo que el autor posteriormente definirá como "lo insólito".

—Presencia y crítica del surrealismo. El alegato antisurrealista que constituye el prólogo de 1948 (y su resultado artístico en *El reino de este mundo*), en el que definitivamente Carpentier organiza como sistema todos sus reparos críticos hacia ciertas nociones esenciales del movimiento —en especial las dedicadas a la provocación de lo maravilloso y lo fantástico literario–, no consiguió, sin embargo, establecer una verdadera actitud antitética con la totalidad de sus postulados teóricos y sus recursos artísticos. Las dos novelas del estado, entonces, acuden con notable frecuencia al ejercicio estético y conceptual del surrealismo, a través de la adopción de postulados como la difuminación de los contradictorios y su tratamiento armónico en la narración, el acercamiento de lo antitético como modo de establecer nuevas asociaciones y relaciones, y toda una serie de recursos poéticos patentados por el surrealismo. Además, en lo teórico, precisamente el elemento más polémico de toda la fundamentación de lo real maravilloso (la fe como vehículo perceptivo) tiene su más cercana referencia en los textos del surrealista Pierre Mabille.

—Antítesis América-Europa. Manejada desde el estado anterior y ampliamente fundamentada en la serie "El ocaso de Europa", es en este momento de la evolución de lo real maravilloso cuando la insistente diferenciación acá-allá alcanza su coherencia estética y conceptual en la obra de Carpentier. Asumida con la vehemencia que caracteriza a todas las nociones de este segundo estado, la contraposición entre América como tierra de la fe y el futuro y de Europa como terreno del descreimiento y la decadencia se convierte tanto en hallazgo teórico capital para la fundamentación elaborada en el prólogo como en recurrente motivo argumental y conceptual en una novela como *Los pasos perdidos*. Mientras que en el terreno de las reflexiones Carpentier trata de fundar una teoría estética y ontológica americanista, cuya caracterización parte de una diferenciación de los modos de manifestación de la realidad americana y la europea, en el plano estético realiza una insistente definición de lo americano —incluso de lo imaginario americano, como sucede en "El camino de Santiago"— a partir de su incongruencia respecto al universo europeo y occidental. La visión utópica de América, la concepción de su virginidad mitológica y natural, la comprensión de sus peculiares manifestaciones históricas, temporales, sociales, generalmente están tratadas desde la perspectiva de la comparación-diferenciación respecto al modelo occidental. La mística americanista que Carpentier arrastra desde sus años de minorista alcanza ahora toda su coherencia y madurez conceptual, sin prescindir de la oposición América/Europa, convertida ya en una de las constantes gnoseológicas y ontológicas de su pensamiento y de su narrativa.

—Cercanía al existencialismo y teorías spenglerianas. La misma concepción de la vitalidad americana, enfrentada a la presumible decadencia europea, facilitó el acercamiento de Carpentier a nociones filosóficas que fundamentarán —o contribuyeron a fundamentar— esta disyuntiva. De un lado está la cercanía a ciertos postulados filosóficos de Spengler —visibles también en la concepción cíclica y en la visión apocalíptica— y de otro la influencia del pensamiento existencialista, especialmente el francés. Aunque el pesimismo histórico de Carpentier no es tan raigal y cerrado como el de los existencialistas, y la noción de progreso es posible hallarla en el trasfondo de sus piezas literarias del momento, ambas ideas son manejadas por el cubano, que también acude a importantes tópicos del pensamiento y la literatura existencialistas como la evasión, la libertad y la necesidad de la decisión, visibles en las novelas y cuentos de este estado. La presencia de estas nociones filosóficas, junto a la cercanía a las ideologías de izquierda que ha mantenido Carpentier, conforman un peculiar universo ideológico, que el escritor redefinirá en años posteriores cuando abrace entusiasta y militantemente el pensamiento marxista, y lo convierta en la fundamentación filosófica de sus búsquedas reflexivas y estéticas.

—Búsqueda de la libertad y de la evasión. En consonancia con el específico estado ideológico del Carpentier de estos años, en sus obras literarias se observa la presencia de diferentes preocupaciones ligadas a las diversas fuentes filosóficas de las que se nutre. La más notable de todas —por su sostenida permanencia en su literatura— es el tratamiento de la libertad y la evasión. En este estado, artísticamente se maneja con insistencia la idea de la evasión como camino frustrado hacia la libertad: tanto Ti Noel como el protagonista de *Los pasos perdidos* y Juan de Amberes experimentan con esta utópica búsqueda, siempre frustrada, por una razón o por otra. Sólo en Ti Noel, sin embargo, hay en un momento de especial lucidez −provocada por la locura o la muerte, hacia el mismo final de la obra− una noción clara de que la evasión no es el camino hacia la libertad y que, a pesar de los fracasos, sólo la lucha puede ofrecer tal posibilidad al hombre.

−Visión apocalíptica de la realidad. Otra noción íntimamente emparentada con el estado ideológico de Carpentier y de recurrente presencia en este periodo es una visión apocalíptica que tendrá manifestaciones físicas (el vendaval que abraza a Ti Noel, las lluvias que impiden el regreso del narrador de *Los pasos perdidos*, el caos de la ciudad americana a la que llega el Indiano) y filosóficas (el mundo desintegrado y mecanizado de la Gran Ciudad de *Los pasos perdidos*, la permanencia de la guerra en "Semejante a la noche", la violencia revolucionaria y el caos económico en *El reino de este mundo*, la peste, la persecución y el hambre europeas en "El camino de Santiago"). Estas nociones, además, tendrán un correlato formal en la estructura circular, arremolinada, que Carpentier confiere a todas las obras del periodo.

−Tratamiento circular e invertido del tiempo. Otro de los recursos preferidos de Carpentier, ya trabajado en el anterior estado de su obra y que alcanzará su plenitud en este momento, es la mencionada estructura circular que confiere a sus piezas literarias en virtud de un tratamiento cíclico y en ocasiones invertido del tiempo. El claro desarrollo en espiral que manejará más adelante todavía aquí aparece transfigurado tras el devenir por ciclos o regresiones que, estructural y filosóficamente, el escritor traslada a sus obras. En cada uno de los argumentos narrativos de este segundo estado existe un persistente volver al inicio, un necesario recomienzo que, con diferentes matices −más o menos pesimista, más o menos irreversible−, determina la suerte de sus protagonistas. Mientras que el narrador de *Los pasos perdidos* se ve envuelto por un ciclo que lo derrota, Ti Noel, también derrotado, conoce de la necesidad de empezar de nuevo, y el soldado acaiceno adquiere la experiencia que lo alerta sobre su destino, y hasta el Indiano —el menos reflexivo de todos— duda de su propio fracaso y decide comenzar de nuevo, otra vez por el principio. Este importante aspecto de la narrativa carpenteriana ha sido, precisamente, uno de los más debatidos en cuanto a la filiación filosófica del autor y uno de los que mejor manifiestan la falta de una visión dialéctica y evolutiva por parte de la crítica que, calificándolo o descalificándolo como marxista, se ha acercado a este asunto a lo largo de su narrativa, estudiándolo desde valoraciones epocales presentadas como constantes que, sin embargo, pueden resultar parciales en tanto que sean superadas por la evolución del escritor.

—Superación del folclorismo. La visión folclorista que Carpentier asumió en muchas piezas reflexivas y artísticas de su obra anterior queda definitivamente superada en este segundo estado de lo real maravilloso. Mientras que argumentalmente se separa por primera vez del universo afrocubano en el que se desarrolló su creación precedente, el abordaje de los contenidos folclóricos como entidades caracterizadoras es trascendido en favor de una comprensión cultural más acabada a partir de su propia sensación de agotamiento de lo folclórico y de los hallazgos conceptuales manejados en sus textos teóricos del periodo. Lo folclórico, como asunto y como concepto, desaparece definitivamente de la obra literaria de Alejo Carpentier.

—Personajes pasivos. Aunque sólo ligado metodológica y argumentalmente con la noción de lo real maravilloso, este importante componente literario mantiene un carácter similar al observado en el estado anterior. Ninguno de los personajes protagónicos carpenterianos de este momento adopta una actitud verdaderamente activa ante su circunstancia —y de ahí su preferencia por la evasión—. Salvo los personajes históricos manejados en *El reino de este mundo* —Boukman, Mackandal—, el resto se contenta con participar pasivamente de lo que se les ofrece, sin el más mínimo asomo de rebeldía —con la excepción de la alucinación final de Ti Noel, sólo realizada después de haberle sido negada la pretendida evasión—. Aceptando su suerte, soldados, pícaros, esclavos y artistas enfrentan un destino insatisfactorio contra el cual, sin embargo, no deciden luchar.

—La historia como referente, tema y asunto. Incluso en su novela de asunto contemporáneo —*Los pasos perdidos*—, la historia, que ya había hecho su entrada definitiva en el sistema literario carpenteriano, mantiene su presencia en todas las obras del estado. Unas veces como tema, otras como asunto y, finalmente, como referente narrativo, la historia y lo histórico acaparan la reflexión de Carpentier en una búsqueda de la ontología americana, del carácter universal de ciertos comportamientos humanos, de la visión del pasado desde la perspectiva del presente e, incluso, como noción filosófica del devenir. Uno de los intereses fundamentales del tratamiento de lo histórico en este periodo es la búsqueda de los orígenes de ciertas realidades y comportamientos típicos de América —piedra angular de toda la teoría de lo real maravilloso—. Este asunto, por supuesto, es tratado por igual en sus textos narrativos como en sus trabajos reflexivos. Pero, además, es importante en este periodo la existencia de una visión histórica compleja, hecha de diversas influencias y tendencias, que hacen difícil la definición de una única y coherente actitud hacia la historia: la presencia de ciclos, su visión apocalíptica, el oculto progreso humano, los fracasos revolucionarios y, a la vez, la noción de que sí existe un devenir constatable a través de superaciones conforman varias de las preocupaciones que, amalgamadas, integran la problemática visión de la historia en el Carpentier de estos años.

—Mitificación/desmitificación. Un último elemento caracterizador de los modos en que evoluciona la visión de Carpentier sobre la realidad americana está en el trabajo sobre sus mitos, en la propia mitificación que él propone y, a su vez, en la desmitificación consecuente de ciertas nociones europeas trasladadas a la "creación" de las imágenes americanas. Trabajado por igual en su narrativa que en su teoría, lo real maravilloso en este estado de su manifestación acude entonces, constantemente, al carácter mítico de América, a ese "caudal inagotado de mitologías" que, desde perspectivas cientificistas o históricas —el prólogo, "Visión de América"— o narrativas —a través de lo mágico, lo fabuloso, lo fantástico y, por supuesto, lo extraordinario real—, pueblan cada una de sus obras de estos años. Aunque los recursos para tal proceso de mitificación/desmitificación varían —como se vio en los estudios particulares de cada obra–, su fin, en cambio, siempre es el mismo: apoyar un método narrativo empeñado en revelar lo más extraordinario de la realidad americana y una noción de la misma realidad en la que precisamente lo extraordinario marca su carácter, su comportamiento y su singular revelación. Es la apoteosis ortodoxa del gran hallazgo carpenteriano: América es la tierra electa de lo real maravilloso, y para validar el hallazgo ahí están, junto a su historia, su cultura, sus hombres y su tiempo desfasado, todos sus mitos, propios, como el de Amalivaca, o importados, como El Dorado, pero reveladores de una verdad comprobada: lo que parecía más maravilloso es aquí lo más real.

Y cabe entonces preguntarse: ¿hasta cuándo podría Carpentier mantenerse nadando en aguas tan espesas, oficiando como verdadero aprendiz de brujo que salta de maravilla en maravilla, de insólita revelación en extraordinaria percepción, de fabuloso descubrimiento en inesperado encuentro y, en fin, de asombro en asombro...?

Siempre me ha resultado sospechoso –por no decir revelador– el escaso interés que han manifestado los estudiosos de la narrativa carpenteriana por su novela de 1956, *El acoso*. Más mencionada que analizada, más comentada que examinada, esta breve y en verdad desconcertante pieza de algo más de cien páginas parece haber desestimulado a críticos y ensayistas que, al no encontrar en ella el reflejo directo de las grandes preocupaciones del escritor cubano, han preferido obviarla en favor de las novelas "clásicamente" carpenterianas, en las que se accede con mayor facilidad a una proposición conceptual sostenida a lo largo de muchos años.

Publicada por primera vez en una edición de la casa argentina Losada, en 1956, y luego incluida en la versión original de *Guerra del tiempo*, en 1958, ciertamente *El acoso* resulta una obra conceptualmente atípica en el universo de Carpentier, por cuanto no aparecen en ella ni un tratamiento sostenido y manifiesto de lo real maravilloso americano como manifestación de una realidad específica, ni búsquedas explícitas en temas tan recurrentes –en la anterior y posterior narrativa del autor– como la libertad y la evasión en su sentido filosófico, el fluir circular del tiempo, el contexto afrocaribeño y sus componentes mágicos, o el enjundioso problema del hombre y la historia como reflexión filosófica global.

Sin embargo, la pertenencia de *El acoso* al universo literario de Carpentier se hace mucho más evidente en determinados componentes formales, como ocurre con su estilo profundamente barroco —es, quizás, la más barroca de todas sus obras, tanto por su lenguaje como por su construcción—, con su empleo de la narración y la descripción en ausencia de diálogos, con su estructura compleja y fragmentada, y con la utilización de la música como referente composicional y argumental, entre otros.

La "inconsecuencia" contenidista de *El acoso*, sin embargo, más que una omisión analítica, reclama un atento escrutinio de las singularidades de la novela, en función del examen evolutivo de la literatura carpenteriana que hemos propuesto, y para la necesaria búsqueda de constantes y rupturas con la obra pasada y con la venidera del gran novelista cubano. Indagar hasta qué punto —y por qué— *El acoso* se aleja de los rumbos más tradicionales en este tan homogéneo devenir estético es, pues, el verdadero reto crítico que levanta una pieza aparentemente descarriada...

Ante todo es preciso, entonces, detenerse en la composición misma de la novela. El argumento de *El acoso* aparece estructurado en tres partes —notadas con números romanos— que, a su vez, se dividen en 18 bloques o capítulos —separados por espacios—, que se distribuyen así: primera parte: tres bloques; segunda parte: 13 bloques; tercera parte: dos bloques.

Con esta estructura, según comentara el propio autor, "quise hacer un relato que fuera un poco una forma de sonata, una construcción tripartita. Hay una primera parte que es la exposición de los tres personajes, es decir, de los tres temas; hay un juego de variaciones centrales; hay, al final, lo que en música corresponde a la coda".[67]

La primera parte, que se desarrolla casi completamente en el teatro donde se ejecuta la *Sinfonía heroica* de Beethoven, presenta a los dos personajes que alternarán la conducción del relato: un taquillero,

---

[67] Alejo Carpentier, "Entrevista en Radio Televisión Francesa" (París, 1963), en *Entrevistas*, ed. cit., p. 92.

estudiante de música, que narra en tercera persona, y un perseguido —el Acosado, que utiliza el monólogo interior—, que trata de refugiarse en la sala de conciertos, a donde ha llegado seguido por dos hombres. El tercer bloque cuenta la aventura frustrada del taquillero con la prostituta Estrella y su regreso al teatro, antes de que termine la ejecución de la obra.

La segunda parte, mientras tanto, sólo narrada por el Acosado, se desarrolla con dos personas narrativas —tercera del singular y momentos de monólogo interior— y con dos ritmos temporales diversos: mientras los bloques uno al tres transcurren en seis días, los diez restantes —desde la muerte de la anciana hasta la llegada al teatro— ocurren en unas pocas horas, durante la misma noche, y en su devenir argumental se mueve en dos tiempos a su vez diferentes: el presente, de persecución y terror, y el pasado, que va de la pasión revolucionaria a la traición por miedo.

La tercera parte, finalmente, en apenas dos capítulos que se desarrollan otra vez en la sala de conciertos, se reparten uno para el monólogo interior del Acosado y otro para el taquillero, que referirá la noticia de la ejecución del protagonista.

La parte con mayor peso argumental de la obra, la segunda, permite armar, a través de un escabroso montaje de la información con el que Carpentier ha pretendido descoyuntar la narración tradicional de una anécdota, la historia del Acosado y las razones de su huida y persecución. Así, según sintetiza Frances Wyers, en uno de los pocos estudios serios de la novela:

> Relacionando coincidencias triviales y estableciendo mentalmente el sistema de referencias dobles se puede recomponer la biografía del estudiante provinciano que vino a la capital a estudiar arquitectura. Los acontecimientos siguen este orden: al llegar a La Habana vive cierto tiempo con su vieja nodriza, se hace miembro del Partido Comunista, pero después de ver que la policía ha reprimido violentamente una manifestación estudiantil, pasa "al bando de los impacientes". Aunque sus actos de terrorismo comienzan de un modo harto idealista ("Todo había sido justo, heroico, sublime en el comienzo"), el juicio sumarísimo y leonino de un estudiante enemigo ("época del Tribunal") y su primer asesinato político, le precipitan en lo que él reconoce

como una "burocracia del terror", un sindicato del crimen que cínicamente se aprovecha del fervor y el idealismo de sus miembros. Finalmente, como si fuera un asesino a sueldo, acepta una cantidad por dirigir la eliminación del adversario político de cierto Alto Personaje. Arrestado a la mañana siguiente del crimen, el estudiante delata por miedo a la tortura y, al salir de la cárcel, se halla él mismo perseguido por sus anteriores socios.[68]

Si transcribo tan minuciosa descripción argumental de la novela se debe a que del ordenamiento de los hechos anteriores a la última jornada del Acosado y los de esa misma noche de juicio final depende la comprensión del manejo de varios elementos importantes en esta obra: el tiempo narrativo, la relación con el referente histórico y hasta el tipo de realismo utilizado por el escritor.

Aunque en un primer momento el complicado montaje argumental de *El acoso* (estructurado, como decía, por dos voces narrativas —el Acosado y el taquillero— y organizado sobre monólogos interiores que dislocan el tiempo y constantes retrospectivas introducidas como verdaderos *flash-back* de indudable sabor cinematográfico) podría hacer pensar en un manejo del tiempo similar a los diversos modelos ya trabajados por Carpentier, lo cierto es que el ordenamiento cronológico y consecutivo de los acontecimientos advierte que, en esta ocasión, sólo se trata de una proposición estética formal, más que de una elaboración conceptual, por cuanto la desorganización temporal únicamente implica el montaje mismo y no una específica concepción del tiempo, visto como decursar invertido o como transcurrir recurrente —tal como sucede en *Los pasos perdidos* o "Semejante a la noche"—. Sólo el tiempo interno de la obra ha sido entonces descompuesto en planos que se alternan y superponen de acuerdo con las leyes de la recuperación de la memoria trabajadas por la técnica del monólogo interior, recurso al que —explícita o implícitamente, en primera o en tercera persona— acude Carpentier en los bloques narrados por su protagonista.

Sin embargo, el tiempo como fluir histórico global, que había alcanzado incluso categoría temática en piezas anteriores del autor, perma-

---

[68] Francis Wyers Weber, "*El acoso*: la *Guerra del tiempo* de Alejo Carpentier", en *Asedios a Carpentier*, ed. cit., pp. 149-150.

nece al margen de la reflexión carpenteriana, ajena esta vez a las arduas nociones filosóficas e históricas típicas del autor. Sólo una mirada crítica muy perspicaz podría dedicarse, entonces, a buscar una especial voluntad hacia lo histórico como manifestación del tiempo en la presencia de ciertas permanencias temporales —sentimientos como el miedo—, en la profunda (y para mí dudosa) relación entre el mensaje épico de la *Heroica* —y los pasajes transcritos de la biografía de Beethoven— y los sucesos de esa noche, o, incluso, en los códigos morales que decretan el destino de los personajes. Pero todos estos elementos, a mi juicio, apenas afectarían la esencial voluntad carpenteriana de mantener, en esta novela, las reflexiones sobre el tiempo sólo en el plano de la realización estética y de la recuperación de la memoria.

Pero el hecho de que existan dos tiempos en la obra sin duda contribuye a complejizar su asimilación: así, en el texto se funden un presente de cuarenta y seis minutos —o sea, el tiempo que dura la ejecución de la *Heroica*, principio y fin de la novela— y un pasado que, aun abarcando varios años —desde la llegada del Acosado a La Habana, como estudiante de arquitectura—, concentra sus acontecimientos en las horas previas al concierto —desde la muerte de la vieja nodriza hasta el encuentro del Acosado con sus perseguidores, todo en la misma noche—. Sin embargo, la relatividad del tiempo que propone la estructura de la novela está puesta en función, ante todo, de una tesis existencial —y de filiación existencialista— relacionada con el carácter mismo de la vida del hombre: ¿qué hechos fortuitos y qué decisiones llevaron a ese personaje a la sala de conciertos donde será ejecutado?; ¿por qué caminos se organizó —o desorganizó— su existencia para llegar a tal estado ya irreversible?

Obviamente, estas preguntas, que el Acosado se hace desde su monólogo de la primera parte, buscarán su respuesta en la segunda, cuando a partir de su memoria reconstruya su vida, haga un recuento de decisiones y compromisos lentamente expuestos en la novela. Pero el tránsito de la pregunta desencadenante —primera parte— a la búsqueda de las razones —segunda parte— podría satisfacer el juicio de un clásico diccionario filosófico marxista, que asegura: "Según la doctrina existencialista, para adquirir conciencia de sí mismo como 'existencia' el hombre ha de encontrarse en una 'situación límite', por ejemplo, ante la faz de la muerte".[69] Por ello la respuesta apenas la hallará en el monólogo final, cuando descubra que sólo un posible regreso a sus orígenes —viaje a la semilla— podría salvarlo de sus errores, y por eso desea:

> [...] volver a las chozas de la infancia, hechas de tablas, de retazos, de cartones, donde me agazapaba en días de lluvia, entre las gallinas mojadas, cuando todo era humedad, borbollones, goteras —como ahora— y no respondía a los que me llamaban, haciéndome gozar mejor de mi soledad en penumbras, no responder cuando me llamaban, saberme buscado donde no estaba...[70]

Pero el regreso a este mundo idílico, desde un "abominable presente", es ya imposible. Con razón Ariel Dorfman ha anotado sobre este vivir de lo histórico —la propia vida— en *El acoso* que:

> [...] enfoca a un hombre que vive lo histórico desde una situación límite, donde el tiempo concreto pesa más que en otras novelas, este acoso donde cada hecho, minúsculo, casi casual, forma parte de una irrepetible y fatal marcha hacia la muerte. Para el acosado [...] la Historia es el inescapable mecanismo de un reloj dentro del cual se encuentra, perseguido por quienes traicionó. Por primera vez y por última [hasta el momento en que Dorfman publica su texto], Carpentier rechaza lo panorámico, para buscar el engranaje existencial, momento a momento, con que se crea una vida humana, "el encadenamiento implacable de los hechos"...[71]

La historia como transcurrir fatalmente imperturbable, del cual no hay posibilidad de escapar (aun cuando se adquiera "conciencia de sí mismo"), y la decisión como acto único de ejercicio de la libertad advierten claramente la permanencia de cruciales nociones existencialistas en esta novela sobre la cual, poco después de publicada *El siglo*

---

[69] M. Rosental y P. Iudin, *Diccionario filosófico*, Editora Política, La Habana, 1981, p. 164.
[70] Alejo Carpentier, *El acoso*, en *Dos novelas*, ed. cit., pp. 256-257.
[71] Ariel Dorfman, "El sentido de la historia en Alejo Carpentier", *Imaginación y violencia en América Latina*, Ed. Universitaria, Santiago de Chile, 1970, p. 108.

*de las luces* y ya establecido en Cuba otra vez, diría Carpentier —en tono casi de "culpable"— que "[...] *El acoso* es *quizá*s mi único libro, creo, que puede parecer pesimista, algo desesperado, porque es la historia de un esfuerzo inútil".[72]

El esfuerzo inútil es la revolución (real) que fracasa y que arrastra en su espiral macabra a muchas personas como este futuro Acosado, y la historia (la realidad) es la cárcel que le ofrece Carpentier a un personaje para el cual es imposible cualquier evasión (ya sea la de Marcial o la del narrador de *Los pasos perdidos),* cualquier redefinición y nuevo comienzo (como los emprendidos por Ti Noel o Juan el Indiano), incluso cualquier conocimiento certero de su papel histórico (como el soldado griego de "Semejante a la noche"). Sólo en el destino fatal de Menegildo —que será el mismo destino que espera a su hijo— hay alguna referencia a tan pesimista actitud en la obra de Carpentier, con la diferencia de que para el protagonista de *Ecue-Yamba-O* la vida era una extraña conjunción de voluntades humanas y misterios sobrenaturales —que lo acercaban a la tragedia griega—, mientras que para el Acosado la más rampante realidad —con su fracaso histórico— es la única medida de un destino que él mismo ha ido forjándose con sucesivas decisiones que lo llevan a la exclusión final de todas las cofradías y, por ende, a la muerte —tal como ocurre en más de una novela existencialista—.

De este modo, la involución filosófica del personaje es el reflejo mismo de su tránsito por la historia, pues antes de sufrir la crisis mística de sus últimas horas, cuando pretende asumir una fe católica que de algún modo lo salve de su circunstancia desesperada, ha sido, sucesivamente, militante del Partido Comunista, violento extremista de izquierda, gángster a sueldo y, finalmente, traidor. Pero, a estas alturas, poco importa ya que comprenda, al encontrar el viejo carnet del Partido, que su militancia pudo ser "[...] la última barrera que hubiera podido preservarle de lo abominable" (p. 93): ya trascendió todas las fronteras y por ello hasta el refugio religioso le es negado,

---

[72] Alejo Carpentier, *Entrevistas*, p. 92. Sobre los referentes históricos de *El acoso*, véase Modesto G. Sánchez, "El fondo histórico de *El acoso*: época heroica y época de botín", *Revista Iberoamericana*, núms. 92-93, Pittsburgh, julio-diciembre de 1975.

espiritual y materialmente (cuando es expulsado de la iglesia, en el penúltimo bloque de la segunda parte, para ya caer en manos de sus perseguidores).

La anulación del hombre ante las circunstancias, la falta de sentido que adquiere su dimensión humana en el juego histórico, el valor mínimo de la vida quedan patentizados con el final del protagonista: mientras Carpentier se dedicó en la segunda parte a recoger el detallado curso de su vida, su muerte se resolverá como un hecho insignificante. Desde la perspectiva del taquillero —al parecer utilizado en la novela sólo para que asuma la narración de este final—, en el último párrafo del libro cuenta:

> Entonces, dos espectadores que habían permanecido en sus asientos de penúltima fila se levantaron lentamente, atravesaron la platea desierta, cuyas luces se iban apagando y se asomaron sobre el barandal de un palco ya en sombras, disparando a la alfombra. Algunos músicos salieron al escenario, con los sombreros puestos, abrazados a sus instrumentos, creyendo que los estampidos pudieran haber sido un efecto singular de la tormenta, pues, en aquel instante, un prolongado trueno retumbaba en las techumbres del teatro [pp. 260-261].

La intención de Carpentier es evidente: el personaje ni siquiera tiene nombre —"Uno menos —dijo el policía recién llamado, empujando el cadáver con un pie"—, su muerte no es descrita directamente, los disparos apenas son escuchados y como revelación final sabemos que el dinero tenido por falso, con el que el Acosado quizás se hubiera podido salvar, era en realidad "bueno". ¿Qué queda de "la grandeza del hombre" pregonada en *El reino de este mundo*? Nada: el fracaso es el vacío, la revolución es su contrario, la historia es el absurdo de la vida...

No obstante, las ideas puestas en juego en esta novela y la selección misma de su asunto y su argumento indican una relación literaria más abarcadora que la de una influencia filosófica y la de una visión del mundo asumida por Carpentier, pues engloba también una específica relación con el referente: *El acoso* parte de una realidad-real, de un suceso histórico, que Carpentier conoció y sobre el cual su imaginación apenas funcionó como mecanismo de ordenamiento estético.

No hay pues, en esta obra, la recurrencia a los referentes textuales que tantas veces manejó, sino el conocimiento directo, más o menos vívido (por vivido) de acontecimientos reales —y el escritor ha hablado incluso de una voluntad testimonial a través del montaje de varias historias verídicas del momento revolucionario cubano de los años treinta, ubicables en la génesis argumental de la novela—. El pesimismo que trasuma la novela, entonces, es el pesimismo ante una realidad conocida.

Lo interesante, en la visión evolutiva de la obra carpenteriana, está en medir las diferencias de la óptica filosófica con que asume esta historia-real y la que, veinte años después, utilizará al redactar su novela *La consagración de la primavera*, un verdadero canto a la esperanza, a la fe, a la victoria, a través de un realismo que —no sólo en cuanto al mensaje— compartía ya presupuestos del realismo socialista del Carpentier militante. La violenta transformación de un pesimismo histórico raigal que lo compulsa a trabajar —y escoger, ante todo— la historia de un fracaso (un esfuerzo inútil) a través de la biografía de un traidor, en la optimista adopción de una larga historia coronada por la consagración victoriosa, advierte —calidades estéticas aparte, mucho mayores sin duda en la novela "pesimista" de 1956 que en la "optimista" de 1978— cuánto han cambiado las nociones históricas de Carpentier en ese periodo. Sin embargo, la primera transformación ya se había visto en el combativo final de *El siglo de las luces* —a pesar de las distancias argumentales respecto a *El acoso*—, cuando Carpentier dio a Esteban y Sofía la ocasión de morir luchando, a pesar del fracaso revolucionario que han vivido. La ruptura que en tal sentido se producirá respecto a *El acoso* claramente advierte los rigores de una profunda evolución ideoestética.

El tratamiento realista de este referente (una historia-real, eminentemente política) en una estructura compleja de acuerdo con sus proposiciones filosóficas y su peculiar tratamiento estético del tiempo está indicando, además, la existencia de una voluntad metodológica en el escritor. Por primera vez en su novelística, Carpentier ha prescindido de ambientes y situaciones exóticas; también por primera vez lo psicológico ha sido antepuesto a lo épico, al punto de que la peripecia del libro —como antes se vio— es posible de resumir en unas pocas líneas; y, finalmente, en *El acoso*, también por primera vez en las novelas de Carpentier, está excluido todo elemento mágico, todo elemento fantástico y toda búsqueda de lo singular americano, ya sea por su manifestación folclorizante o por su tratamiento diferenciador, y sólo es posible constatar una presencia evidente de lo que él ha definido como lo real maravilloso en el ámbito físico de una ciudad (La Habana), de la cual trata de revelar, en breves disquisiciones, el espíritu barroco que alienta su arquitectura y su propia fisonomía espiritual (de ahí que, en su huida, el Acosado parezca encerrado en un laberinto, típica expresión de una forma barroca).

Esta suma de ausencias-diferencias que significa *El acoso* dentro de una novelística de notable coherencia conceptual está advirtiendo, necesariamente, un replanteo estético que, implicando método, recursos y otras nociones artísticas preferenciadas (el caso ya visto del tiempo y el abordaje de lo histórico), permita el traslado del autor a un universo apenas trabajado con tan explícitas intenciones universalizadoras (tal vez con la excepción de "Semejante a la noche", muy próximo en el tiempo a *El acoso)*. Porque ahora Carpentier nos ha ubicado en una novela eminentemente psicológica, cercana además a ciertos planteos de la novela negra (de la cual fue defensor), con todas las ambigüedades psicológicas que caracterizan a los personajes de estas tipologías narrativas, y cuyo interés focal no va a estar en la imagen de lo circundante, de las relaciones históricas, social o culturalmente trascendentes del ámbito y la espiritualidad americanos, sino en la introspección existencial del fracaso, el miedo, el error de un individuo, que si bien está referido a una circunstancia concreta, casi testimonial, es transferible a cualquier universo cultural afín (y no es casual que tanto él como el taquillero carezcan de nombre en la novela y sólo la prostituta haya sido bautizada: Estrella). Si el argumento de las anteriores novelas de Carpentier es inevitablemente americano —lo cual constituye una de las características de su método—, ahora lo universal se impone a lo local, y es dejada al margen toda caracterización diferenciadora, tipificadora, del entorno americano.

Lo verdaderamente curioso es que *El acoso* sea, cronológicamente, la novela que siga a las dos piezas del más deslumbrado realismo maravilloso, aquellas en que teoría y estética se fundían, incluso, en un método artístico dedicado a patentar, casi párrafo a párrafo, que la historia de América era una crónica toda de lo real maravilloso y en las que América, por su virginidad, por su acervo mítico, aparecía como una especie de refugio occidental para la imaginación y la poesía. ¿Qué razones pudieron determinar este cambio, que a su vez implicará un nuevo modo de reflejar lo americano cuando Carpentier regrese a su universo y sus preocupaciones típicas en *El siglo de las luces*?

Sólo la presencia de una profunda crisis metodológica y conceptual pudo engendrar tan violenta transformación, visible en *El acoso* y, a su vez, concretada en un nuevo modo de asumir lo real maravilloso en las novelas posteriores.

Varios factores parecen gravitar sobre este interesante momento evolutivo de Alejo Carpentier. Uno de ellos es la difícil coyuntura filosófica a que lo habían llevado las influencias asumidas, en especial el existencialismo, con su carga de pesimismo histórico y tragicidad raigal, con su noción de no-progreso y con su interés literario manifiesto en los estados psicológicos y en la alienación del hombre moderno, más propicios a una narrativa de lo dramático que a una novelística de lo épico, que tanto interesó a Carpentier. De otro lado —aunque como complemento preciso de lo anterior— se encuentra la propia asimilación de la historia de América que tiene Carpentier en estos momentos: al parecer, van quedando atrás los días del reencuentro con lo propio y la esperanzada noción de futuro de un continente en el que, en realidad, nada parecía augurar tiempos mejores: la bonanza de la segunda Guerra Mundial deja tras sí crisis económicas, golpes de estado, nuevas dictaduras, persecuciones políticas: poco de qué enorgullecerse, sobre todo para un escritor que ya había superado hacía mucho tiempo la "enfermedad infantil del afrocubanismo", con todos sus entusiasmos, y apenas podía aferrarse a la mitología americana como resguardo posible contra los males de la realidad (como ingenuamente pretendiera en *Ecue-Yamba-O:* "¡El bongó, antídoto de Wall Street!").

Pero, junto a todas estas condiciones histórico-concretas, psicológicas y filosóficas (no menos concretas), sobre Carpentier está pesando una revelación estética más profunda y cruenta: el método realista maravilloso —como antes el realismo costumbrista y naturalista— se le hacía estrecho como modo de comprender, asumir, reflejar la realidad americana. Si algo no era extraordinario, fabuloso, notablemente insólito y singular, ¿era objeto del realismo maravilloso? Las novelas de 1949 y 1953 dicen a las claras que no: ambas son una sucesión de hechos extraordinarios, una galería de personajes insospechados, un muestrario de mitos, mitificaciones y revelaciones, una comparsa de magia, asociaciones inimaginadas, encuentros fortuitos, relaciones primitivas, pactos esotéricos con la naturaleza, fabulosas descripciones de ambientes naturales, sociales y políticos únicos, comprobaciones de tiempos paralelos, invertidos, repetidos, perdidos, circulares...

Entonces, si un fenómeno americano no caía en esas maravillosas clasificaciones, ¿era asumible por un realismo maravilloso interesado en lo especialmente deslumbrante de la realidad? ¿Era su método, en verdad, el más propicio para revelar aquel universal tanto tiempo buscado en las entrañas de lo local? En parte sí, pero en parte no. Su ortodoxia era su propio límite, y esta limitación, al cabo de dos novelas, parece habérsele manifestado diáfanamente a Carpentier. Según su método, sólo historias insólitas, con personajes fabulosos, podían propiciar tal revelación de lo maravilloso. Y debió preguntarse: ¿sólo lo extraordinario es maravilloso? Pretenderlo así sería cometer el mismo error de Breton y conceder que únicamente lo bello es maravilloso, cuando lo grotesco, lo cruel, lo sádico también era de interés del surrealismo.

Entonces, si lo extraordinario (lo maravilloso) es sólo lo milagroso (inesperada alteración de la realidad, lo llamó en 1948), ¿lo cotidiano no lo es? ¿Las relaciones que conforman una realidad específica, singular, en América, siempre tenían que resultar obviamente extraordinarias...?

Si el reflejo negativo de esta crisis es *El acoso*, novela de radical supresión de todo proceso insólito, de toda realidad extraordinaria, y una negación, incluso, del método narrativo antes utilizado —y de ahí que comparta pocas de las características más importantes del segundo estado de lo real maravilloso antes anotadas–, la respuesta salvadora, con la que se propicia la recuperación del legado anterior, será *El siglo de las luces*, nueva pieza de lo real maravilloso, a la que seguirá, apenas dos años después de su publicación, un texto que bien podría haberla prologado –como ocurrió en 1949 con el manifiesto y *El reino de este mundo*–: me refiero, por supuesto, a "Problemática de la actual novela latinoamericana", el ensayo fundador de la teoría carpenteriana de los contextos, esos "contextos cabalmente latinoamericanos", una propuesta teórica cuyo tratamiento literario fundamentará la evolución ya concretada hacia un tercer estado de lo real maravilloso americano.

### Tercer estado. Épica contextual

Tal vez pueda parecer un acto de voluntarismo crítico y una obsesión periodizadora determinar que apenas una novela –*El siglo de las luces*– y un ensayo –"Problemática de la actual novela latinoamericana"– puedan integrar un momento diferenciado en la evolución literaria de la noción de lo real maravilloso en la obra de Alejo Carpentier. Pues si bien en los dos momentos anteriores y en el que conformarán los varios textos de los años setenta se trata de un grupo considerable de obras –de ficción y de pensamiento, cuentos y novelas, artículos y ensayos– unido por determinadas constantes conceptuales de evidente homogeneidad como para establecer unidades ideoestéticas diferenciadas, en esta ocasión sólo un binomio de peculiar relación está colocado en esa función diversificadora. Sin embargo, entre las propuestas literarias y conceptuales de esa pareja –novela y ensayo– y las de sus predecesores inmediatos existe una distancia evidente en el tratamiento de lo real maravilloso que la crisis conceptual de *El acoso* ayuda a esclarecer, mientras que, respecto a las obras posteriores –las de los años setenta–, *El siglo de las luces* y "Problemática de la actual novela latinoamericana" vienen a ser el origen y el punto de giro a partir del cual –luego de un silencio creativo de más de diez años, en el que Carpentier se dedica en lo fundamental a labores de promotor cultural y funcionario estatal– se concretará una última visión coherente y evolucionada de la vieja noción estética y ontológica lanzada por primera vez en 1948.

No obstante, la propia definición de este tercer estado –épica contextual– resulta compleja en sí misma. A diferencia del periodo anterior, cuando el deber ser –teoría de lo real maravilloso– era contemporáneo de la primera novela del estado, en este caso –si nos atenemos a las fechas confesadas– la praxis novelesca antecederá en varios años a la teórica, en un proceso dialéctico que, a primera vista, se ofrece como la explicitación ensayística posterior de los hallazgos y experimentos estéticos ya elaborados. Porque, según Carpentier, *El siglo de las luces* fue escrito entre 1956 y 1958, entre Barbados y Caracas, aunque su publicación, inexplicablemente –para un autor del renombre que ya tenía Carpentier–, se retarde hasta 1962, cuando sea editada en México por la Compañía General de Ediciones y en París por Gallimard –demora que ha hecho pensar a más de un crítico que el novelista continuó trabajando su pieza después de 1958–. Mientras, "Problemática de la actual novela latinoamericana" conoce su primera edición en 1964 –como parte del volumen de ensayos *Tientos y diferencias,* Universidad Nacional Autónoma, México–, y no parece haber sido antes ni una conferencia ni un artículo para revista, aunque su escritura es necesariamente posterior a 1961 –y entonces posterior a la redacción de *El siglo de las luces*–, si nos guiamos por la mención hecha en el ensayo a "la épica de Playa Girón",[73] suceso ocurrido en 1961.

De este modo, teniendo a la novela como antecedente práctico de la proposición teórica, un estudio fiel a las cronologías nos impondría la necesidad de abordar primero el examen de la obra narrativa. Pero el hecho de que el ensayo no se refiera únicamente a *El siglo de las luces* –en realidad nunca se menciona este libro–, sino al deber ser de toda una novelística latinoamericana, y que sea un llamado estético que, a partir de la experiencia propia, Carpentier hace a la narrativa continental facilita una útil inversión de los términos cronológicos, por cuanto

[73] Alejo Carpentier, "Problemática de la actual novela latinoamericana", en *Tientos y diferencias*, ed. cit., p. 29.

sólo a partir de las luces del ensayo es posible establecer con verdadera claridad las características de una profunda evolución conceptual de la novela de 1962 respecto a las piezas del estado anterior.

Sin duda de ningún tipo, entre los diversos tópicos manejados por Carpentier en "Problemática...", uno en especial fundamenta la novedad de su proposición conceptual respecto a la presencia de lo maravilloso en la realidad americana: su teoría de los contextos cabalmente latinoamericanos, entendidos como la urdimbre de relaciones posibles que, gracias a una praxis, tipifican y distinguen cada proceso y acontecimiento fabuloso, inesperado o sencillamente cotidiano del ámbito continental y de la psicología de sus habitantes. El origen de esta nueva teoría carpenteriana queda establecido con claridad en el ensayo, cuando el cubano afirma:

> Pero es evidente que, en menos de tres décadas, el hombre se ha visto brutalmente relacionado, imperativamente relacionado, con lo que Jean-Paul Sartre llamaba los contextos. Contextos políticos, contextos científicos, contextos materiales, contextos colectivos; [...] contextos debidos a la *praxis* de nuestro tiempo [p. 17].

El ascendiente sartreano de la teoría no significará, en esta ocasión, relación filosófica alguna con el existencialismo del francés, al que Carpentier se acercó en varias de sus obras anteriores. Por el contrario, el análisis carpenteriano, en este trabajo, correrá por los cauces de un materialismo dialéctico e histórico definitivamente asumido –y recuérdese el hecho de que el ensayo es posterior a 1961–, cuando el escritor advierta la presencia de contextos latinoamericanos como resultado de la existencia profunda de determinadas relaciones entre el hombre y la realidad, el espíritu y la sociedad, la cultura y el medio, de claras resonancias marxistas, en un momento en que el hombre –ha dicho en el ensayo– "ha creado una conciencia económica que no existía en tiempos muy recientes –cuando se consideraba que la economía era una engorrosa ciencia cultivada por unos cuantos especialistas interesados por el árido mundo de los números y las estadísticas" (p. 17), o sea, cuando se ha asumido la preponderancia del factor económico enarbolada por la filosofía de Marx y Engels–.

Esta nueva postura filosófica esclarece la cerrada relación que Carpentier establece entre praxis y contextos —"Praxis que, en este caso, se identifica con los contextos de Sartre"— (p. 19), considerada la práctica como criterio único de la verdad, o sea, como materialización de lo posible y de lo real, en un concierto de relaciones entre lo espiritual y lo factual, y de ahí que, junto a contextos de orden típicamente "materialista" —económicos, políticos, de desajuste cronológico, de distancia y proporción, burgueses o de iluminación—, revele la existencia de otros más relacionados con la vida espiritual de los habitantes de América —contextos raciales, ideológicos, culinarios, culturales—, e, incluso, considere la existencia de un peculiar contexto ctónico, gracias a las "Supervivencias de animismo, creencias, prácticas muy antiguas, a veces de un origen cultural sumamente respetable" (p. 20) y cuya manifestación es, por supuesto, eminentemente espiritual —aunque se le relacione, como contexto al fin, con una praxis global, o sea, el de una singular realidad formada por móviles económicos—.

Así, cada uno de los contextos determinados por Carpentier en el ensayo se convierten en la fundamentación de la existencia de singulares relaciones históricas, económicas y sociales en el universo americano, capaces de distinguirlo en el ámbito de la cultura occidental en que se inscribe. La existencia de una formación cultural, ideológica, política, económica, etc., y de una espiritualidad, en fin, propia y diferente, visibles en la praxis, engendrará manifestaciones a su vez propias y diferentes, en las que —argumenta Carpentier— se hace evidente para el novelista latinoamericano la peculiar singularidad de su entorno y la necesidad de reflejarlo artísticamente. Y esta capacidad americana de manifestarse como una otredad, plagada de revelaciones fabulosas, de realidades inesperadas, de comportamientos humanos, geográficos y políticos desproporcionados, no es otra cosa que la cualidad americana de engendrar lo real maravilloso patentado por el propio Alejo Carpentier.

Resulta sumamente interesante, entonces, constatar hasta qué punto la teoría de los contextos constituye una proposición novedosa en la obra de Carpentier. Si bien su máximo fundamento estético se manifestará diáfanamente en *El siglo de las luces,* la existencia de una concepción contextualizadora de los insólitos fenómenos americanos ya está presente a lo largo de su obra anterior. Desde los poderes licantrópicos de un Mackandal —existentes gracias a la presencia de ciertos contextos ctónicos— hasta el viaje en el tiempo de *Los pasos perdidos* —nuestro desajuste cronológico—, cada proceso trabajado por el escritor cubano está íntimamente relacionado con la existencia de especiales condiciones históricas propias del continente americano. De este modo, si aún Carpentier no se había planteado conceptualmente la existencia de esta urdimbre de relaciones, la visión contextual de la realidad estaba ya, desde mucho antes, en su reflexión —recuérdese "Visión de América" o *La música en Cuba*— tanto como en su creación artística, por lo que su hallazgo teórico de 1964 no será fruto, únicamente, de lo propuesto en *El siglo de las luces*, sino una consecuencia de su larga búsqueda de lo propio americano, convertido en sistema teórico cabalmente fundamentado en "Problemática de la actual novela latinoamericana".

La consumación reflexiva y sobre todo artística de una noción que no es entonces totalmente nueva en la literatura de Carpentier ofrece una polémica y necesaria definición: ¿hasta qué punto supera, niega, rectifica esta teoría de los contextos sus afirmaciones de 1948 sobre lo real maravilloso americano? El primer hecho alarmante, al buscar una posible respuesta, está en la composición misma del volumen *Tientos y diferencias*, donde su autor incluye, corregido y aumentado, el prólogo a *El reino de este mundo*, ahora bajo el título de "De lo real maravilloso americano".

La nueva versión del prólogo, como se sabe, arranca con un largo viaje geocultural que, de Oriente a Occidente, nos lleva de lo culturalmente inaccesible para el latinoamericano a lo propio. Siguiendo la ruta de un recorrido oficial que realizara en el año 1961, Carpentier nos mueve de China al Islam, para pasar luego por la cultura rusa y la centroeuropea, en la búsqueda de claves espirituales que se identifiquen con el mismo origen de una sensibilidad americana —claves que no existen en el Lejano Oriente, pero que ya son evidentes en Moscú y Praga—. Terminado el recorrido, vuelto a lo propio, Carpentier pasa a reeditar el prólogo a *El reino de este mundo*, dejándonos como conclusión primaria que si bien lo real maravilloso es patrimonio de América, también lo puede ser de otros sitios, con otras características, con otras regularidades y manifestaciones, cuya comprensión le ha sido vedada, pues: "[...] en cuanto a mí, sé que no me bastarían los años que me quedan de existencia para llegar a un entendimiento verdadero, cabal, de la cultura y la civilización de China. Me falta, para ello, un entendimiento de los textos".[74]

O sea, de textos que podrían ayudar a establecer contextos. De contextos que podrían establecer las cualidades de una realidad y de un espíritu que se le hacen inasequibles debido a su incapacidad para penetrar las esencias de un universo ajeno. Sin embargo, esta primaria reubicación de lo maravilloso-posible en otros ámbitos está seguida por la vieja afirmación del año 48 sobre el patrimonio americano de lo real maravilloso y, lo que es más notable, por su polémica afirmación de que "la sensación de lo maravilloso presupone una fe".

Sobre el convencimiento carpenteriano de la validez teórica de su texto de 1948 no debe haber lugar a dudas: en una nota al pie, comenta que "Paso aquí al texto del prólogo [...] aunque hoy lo considero, salvo en algunos detalles, tan vigente como entonces", y lo que no es vigente resulta sólo su virulento ataque al surrealismo, que "ha dejado de ser para nosotros un proceso de imitación muy activo".[75] Y vale la pena preguntarse, exactamente a estas alturas de la evolución literaria y conceptual carpenteriana: ¿realmente el escritor concebía la fe como única vía de acceso a la sensación de lo maravilloso?

La razón que movió a Carpentier a rescatar el prólogo me resulta sencillamente oscura. En el mismo *Tientos y diferencias* —como dije antes— incluye su ensayo "Del folklorismo musical", donde reniega elegantemente de sus afirmaciones en torno a la sensibilidad como elemento definidor del carácter y filiación nacional de la obra musical que tanto manejó varios años atrás. Pero en "De lo real maravilloso" todavía se mantiene aferrado a la "fe", incluso después de la publicación de *El acoso* y especialmente de *El siglo de las luces*, donde

---

[74] Alejo Carpentier, "De lo real maravilloso americano", en *Tientos y diferencias*, ed. cit., p. 87.
[75] *Ibidem*, p. 95, nota.

el componente mágico de la realidad prácticamente se difumina por completo, donde no hay espacio para la existencia de estados-límites ni milagros reveladores de dimensiones ocultas de la realidad (ni para autor ni para personajes) y donde su visión de lo real maravilloso ha sufrido un vuelco significativo al verse relacionada con una realidad histórica e ideológica (contextos) que lo engloba todo, lo determina todo. Entonces, al proponer ensayísticamente que lo singular de la realidad americana es fruto de un específico y singular entramado de relaciones materiales y espirituales, de manifiesta presencia en una praxis, ¿cómo concebir que el acceso a esos contextos —que no son otra cosa que lo real y lo maravilloso de América, materialistamente establecido— sólo se pueda conseguir a través de la fe?, y ¿cómo entender que alteraciones tan lógicas de una realidad específica sean "el milagro", cuando "Problemática de la actual novela latinoamericana" sustenta precisamente lo contrario; es decir, la necesidad del conocimiento cabal de las condiciones que sustentan una tipicidad espiritual y material como vía para su reflejo estético?

La respuesta a tales contradicciones sólo puede ser una: aferrado aún a su atractiva teoría mabilleana sobre la sensación de lo maravilloso —que siguió condicionando la determinista visión de muchos críticos—, Carpentier ha decidido pasar por encima de sus propias rectificaciones y sostener todavía una afirmación que otros diez años después, en su conferencia "El barroco y lo real maravilloso", encontrará una respuesta satisfactoria y no sólo para las obras de los años setenta, sino para toda su narrativa anterior, cuando sostenga que en América "lo maravilloso es cotidiano" y se abstenga al fin —con su habitual eficacia para negarse y superarse— de ofrecer, al estilo surrealista que tanto lo influía aún en 1948, junto a la categorización de lo maravilloso, los modos esotéricos de develarlo propuestos en el siempre polémico prólogo a *El reino de este mundo*.

Hecho este deslinde, es posible, al fin, ver contra la realización estética que propone *El siglo de las luces* la cabal aplicación de una concientizada teoría de los contextos americanos como modo de expresión real, cotidiana, evidente, de una maravillosa singularidad a la que no escapa ninguna manifestación de la vida material y espiritual del continente.

Casi existe un común acuerdo entre las decenas de críticos que se han acercado a *El siglo de las luces* de considerar a esta obra de 1962 como la más perfecta, reveladora y atractiva novela de Alejo Carpentier. La variedad de lecturas que propone, el polémico tema trabajado —el fracaso de la revolución—, el tratamiento de asuntos tan contemporáneos como la libertad y la elección de un destino, montado todo sobre un argumento pleno de peripecias que se mueve constantemente de un punto al otro del Caribe, y del Caribe a Europa, en sucesivos ires y venires —físicos y mentales—, arrastrando consigo a los personajes más logrados de toda la narrativa carpenteriana, han contribuido a asentar el éxito crítico de una pieza insustituible de lo que dio en llamarse la nueva novela latinoamericana.

Entre la infinidad de artículos y ensayos que abordan —celebrándola— esta novela, muy pocos se refieren todavía a lo que, en *El reino de este mundo* y *Los pasos perdidos*, fue el interés focal de los estudiosos: la revelación de lo real maravilloso americano y sus modos de manifestarse. La evidencia —sustentada incluso, como hemos dicho, por un método artístico— que las sucesiones de "hechos extraordinarios" encadenados en el argumento de aquellas dos novelas arrojaban sobre la visión de lo americano patentada por Carpentier conducía con cierta facilidad a un examen estético del planteo teórico de 1948. Pero en *El siglo de las luces*, sin licantropías, pactos con la naturaleza ni viajes invertidos en el tiempo, lo manifiestamente maravilloso resulta estar tan difuminado en la obra —dejando ante todo de ser "manifiesto"—, que los estudiosos parecen haberse olvidado de esta manoseada categoría.

No obstante, lo cierto es que, tras la crisis metodológica que desemboca en la escritura de *El acoso*, la novelística de Carpentier rectifica su rumbo respecto al tratamiento de lo real maravilloso americano, y el primer experimento de una noción más integrada y menos exaltada de la existencia de una singularidad americana se produce en *El siglo de las luces*.

Esta rectificación de rumbos mencionada no puede verse como un hallazgo estético aislado ni casual. Entre el ortodoxo trabajo de lo maravilloso de la última novela del segundo estado —*Los pasos perdi-*

*dos–* y esta pieza que propone un nuevo momento evolutivo en el autor cubano existe, además, una distancia marcada por un devenir más complejo que atañe también a la propia ideología política y filosófica del escritor, que, en el plazo de unos pocos años, abandona una serie de nociones existenciales y románticamente asumidas de la historia para levantar otras que, presentes desde sus años de minorista, alcanzan al fin el carácter de protagonista único: me refiero, por supuesto, al abandono ya definitivo de ciertas ideas románticamente aceptadas del sistema spengleriano, a la superación total de la metafísica poética del surrealismo –negado en declaraciones y entrevistas, pero presente en su creación artística y en su reflexión teórica– y, finalmente, a la de cierto pesimismo social heredado del existencialismo francés, que alcanzó su máxima expresión en la noveleta *El acoso*. Es ahora el marxismo, con el que Carpentier muy pronto comulgará militantemente, la filosofía explícitamente rectora de su visión del mundo y, por tanto, de su visión del mundo americano propuesta en *El siglo de las luces* y las novelas que le seguirán.

En cuanto a su estructura externa, al montaje de puntos de vista y a la concepción de personajes, *El siglo de las luces* se presenta como una obra especialmente compleja. Dividida en siete capítulos y cuarenta y ocho subcapítulos –más dos sin numerar, el primero y el último–, la novela propone la siguiente estructura y alternancia de puntos de vista narrativos:

–Un subcapítulo-prólogo –el viaje de la guillotina hacia América–, narrado en primera persona (único en la obra desde esta persona gramatical) por Esteban, bloque cuya ubicación temporal corresponde al subcapítulo XVII, capítulo segundo.

–Capítulo primero, con once subcapítulos, se desarrolla en Cuba (La Habana, el surgidero de Batabanó, Santiago de Cuba), excepto el final del XI, que ocurre ya en Santo Domingo. Encargado a un narrador omnisciente, alterna los puntos de vista de los tres jóvenes –Carlos, Esteban y Sofía–, según la narración siga la actuación o el pensamiento de cada uno de ellos.

–Capítulo segundo, también con doce subcapítulos –XII al XXIII–, es narrado desde la perspectiva de Esteban y se desarrolla entre Francia (XII al XIV), el Atlántico (XV al XVII, el del viaje de la guillotina) y la Guadalupe (XVIII al XXIII).

—Capítulo tercero, con sólo cuatro subcapítulos (XIV al XXVII), también narrado desde la óptica de Esteban, se desarrolla en la Guadalupe y el Mar Caribe, cuando Esteban es enviado como contador de los nuevos corsarios.

—Capítulo cuarto, con siete subcapítulos (del XXVIII al XXXIV), siguiendo aún las peripecias de Esteban, se mueve entre Cayena, Surinam y La Habana, a donde al fin regresa el joven, luego de seis años de ausencia.

—Capítulo quinto, con siete subcapítulos (XXXV al XLI), se desarrolla todo en La Habana (y sus alrededores), aunque, a diferencia del primero, la perspectiva rectora es sólo la de Esteban.

—Capítulo sexto. Es el capítulo de Sofía. Con siete subcapítulos (del XLII al XLVIII), sigue la aventura de la joven en Cayena, junto a Víctor Hugues, hasta la decisión final de abandonar al hombre.

—Capítulo séptimo (sin notación de subcapítulo, en un único bloque): transcurre en Madrid y es narrado desde la óptica de Carlos, que asume a su vez la de varios informantes que le cuentan sobre el destino final de Sofía y Esteban.

De este modo, el argumento de la novela presenta el siguiente periplo geográfico: La Habana-Batabanó-Mar Caribe-Santiago de Cuba-Haití-Francia (París y la frontera española)-Océano Atlántico-Guadalupe-Mar Caribe-Guadalupe-Cayena-Paramaribo-La Habana-finca de Jorge (esposo de Sofía)-La Habana-La Guaira-Bridgetown-Cayena-Madrid.

Si hago esta exhaustiva relación de puntos de vista en la novela y del periplo que seguirán sus personajes, es porque precisamente de la conjunción de ambos elementos (el individual y el geográfico) dependen en buena medida los modos de manifestarse lo maravilloso en esta novela, en tanto significan posibilidad de descubrimiento y necesidad de revelación de las particularidades de cada sitio de acuerdo con las diferentes sensibilidades creadas a los personajes.

Porque, como se puede hacer notorio para cualquier lector avisado, en *El siglo de las luces* la ruptura carpenteriana respecto a la visión de lo maravilloso es, en lo fundamental, de carácter metodológico, pero no en todos los casos engloba a los tradicionales recursos empleados en las obras anteriores.

Tal evidencia se advierte, por ejemplo, en personajes como Víctor Hugues y el doctor Ogé. Mientras el primero, como francés, propone la recurrida capacidad de comparación acá-allá (América-Europa), gracias a su origen cultural, el mulato dominicano aporta la visión mágica, entendida como componente activo de la realidad americana, tan grata a Carpentier desde sus mismos inicios literarios.

Víctor Hugues —como Paulina Bonaparte, como el Indiano y como la mitad no americana del narrador de *Los pasos perdidos*— aportará entonces en su visión de América un componente exótico (en cuya base está, por supuesto, la necesaria referencia a un cierto patrón no exótico) que se manifiesta desde su primera aparición en la novela (subcapítulo IV), cuando enumera hechos y lugares fabulosos:

> Hablaba de las selvas de coral de las Bermudas; de la opulencia de Baltimore, de los aguardientes de berro y hierbabuena de Veracruz [...] [de] Paramaribo [...] que tenía anchas avenidas sembradas de naranjos y limoneros, en cuyos troncos se encajaban conchas de mar para mayor adorno [...] Por lo demás [...] las Antillas constituían un archipiélago maravilloso, donde se encontraban las cosas más raras: áncoras enormes abandonadas en playas solitarias; casas atadas a la roca por cadenas de hierro, para que los ciclones no las arrastraran hasta el mar; un vasto cementerio sefardita en Curazao; [...] y, en la Barbados, la sepultura de un nieto de Constantino XI, último emperador de Bizancio, cuyo fantasma se aparecía, en las noches ventosas, a los caminantes solitarios...

Para concluir su recuento de maravillas con la noticia de "una sirena, hallada años antes, en el Maroní"...[76] Esta única posibilidad que le brinda Carpentier a Víctor de ofrecer ampliamente su imagen exótica de América —que es, también, uno de los componentes de lo maravilloso, por todo lo de singular que hay en los ejemplos mentados por el

---
[76] Alejo Carpentier, *El siglo de las luces*, Editorial Arte y Literatura, La Habana, 1974, pp. 36-37.

francés–, tendrá su mejor respuesta sólo en los capítulos finales del libro cuando aquella visión idílica y coloreada se enfrente con una verdad americana, tal vez exótica, pero de muy distinto carácter, enfrentamiento que revelará la incapacidad del francés para obtener una verdadera comprensión de la naturaleza del continente. El episodio corresponde al subcapítulo XLV, capítulo sexto, cuando Víctor Hugues, en Cayena, trate de transformar la agresiva fisonomía del lugar.

> "Venceré la naturaleza de esta tierra –decía–. Levantaré estatuas y columnatas, trazaré caminos, abriré estanques de truchas, hasta donde alcanza la vista". Sofía deploraba que Víctor gastara tantas energías en el vano intento de crear, en esta selva entera, ininterrumpida hasta las fuentes del Amazonas, acaso hasta las costas del Pacífico, un ambicioso remedo de parque real cuyas estatuas y rotondas serían sorbidas por la maleza en el primer descuido [...] Quería el Hombre manifestar su presencia en una extensión de verdores que era, de Océano a Océano, como una imagen de la eternidad [pp. 357-358].

La placidez de una imagen es enfrentada así a la furia de otra, en una convivencia de visiones sobre América cuyo carácter maravilloso es, precisamente, la existencia de tal conjunción en el área de unos pocos kilómetros.

El doctor Ogé, por su parte, carga en la novela –respecto de lo maravilloso– la responsabilidad de ofrecer una visión mágica y no exterior de ciertas complicidades esotéricas entre el hombre y la naturaleza (el negro y el monte), de aquellas que Carpentier lamentaba haber desconocido en los años de escritura de *Ecue-Yamba-O*.

Desde su misma presentación queda clara esta misión de Ogé: en crisis el asma de Esteban, Víctor sale en busca de "Alguien que podía valerse de poderes extraordinarios para vencer la enfermedad" (p. 47). Los métodos del doctor haitiano –diplomado en París– no pueden ser entonces menos ortodoxos: descubre el insólito jardín del esclavo Remigio, al otro lado de la habitación de Esteban, y, después de destruirlo, sin haber tocado aún al enfermo, comenta, para asombro de Sofía (espíritu pragmático y poco dado a creencias):

"Es probable que hayamos dado con la razón del mal" [...] Según él ciertas enfermedades estaban misteriosamente relacionadas con el crecimiento de una yerba, planta o árbol en un lugar cercano. Cada ser humano tenía un "doble" en alguna criatura vegetal. Y había casos en que ese "doble", para su propio desarrollo, robaba energías al hombre que a él vivía ligado [...] Él había podido comprobarlo muchas veces en Saint-Domingue, donde el asma aquejaba a niños y adolescentes [...] Pero bastaba a veces con quemar la vegetación que rodeaba al doliente [...] para observar prodigiosas curaciones [p. 49].

Como la de Esteban, que "[...] dijo Ogé–, era matado por las flores amarillas que se alimentaban de su materia"... "Mucho de mago, de charlatán [piensa entonces Sofía], había en sus teatrales gesticulaciones. Pero con ello se había logrado un milagro" (pp. 50 y 51). No es casual que, más adelante, sepamos que Ogé es partidario activo de las doctrinas telepáticas y animistas de Martínez de Pasqually, "filósofo notable", "Quien pretendía establecer comunicaciones por encima de las tierras y de los mares, con sus discípulos, igualmente arrodillados, en ocasión de solsticios y equinoccios, sobre círculos trazados con tiza blanca..." (pp. 77-78), etcétera.

Lo importante en la visión aportada por Ogé es que el narrador, al estilo de los autores del realismo mágico, no interpone esta vez ninguna distancia entre el hecho sobrenatural y el pensamiento lógico. Se acepta y, más que aceptarse, se produce la curación de Esteban, dando por real la causa de la mejoría (a través de la típica causalidad arbitraria del realismo mágico). En esta ocasión, verdaderamente, se ha producido el milagro –así lo acepta Sofía– en tanto "inesperada alteración de la realidad", fruto de una fe que implica, a su vez, una sabiduría. Pero esa fe –la de Ogé y los suyos– nada tiene que ver con Sofía, Víctor o Esteban, testigos y beneficiarios del milagro: basta con que el ejecutante la posea y el milagro será posible. Así, sólo de esta distinción de actitudes ante lo extraordinario –unos creen; otros se ven obligados a aceptar lo evidente, aun sin creer– puede brotar una sutil diferencia entre el recurso carpenteriano de lo maravilloso que radica en la mágica realidad americana y la estética homogénea del realismo mágico, donde no hay asombro, ni idea de milagros, sino una misma y polisémica realidad.

Otro recurso para revelar lo maravilloso —también de larga presencia en la estética carpenteriana— es la conjunción de elementos antagónicos en un mismo plano de la realidad. Asimilado del surrealismo y adecuado a los modos de manifestarse la realidad americana, este recurso, sin embargo, tiene una presencia cada vez más limitada en las obras del autor, y en *El siglo de las luces* su presencia casi llega a difuminarse y sólo se le advierte en ejemplos como la descripción del altar de Remigio, el esclavo de los jóvenes, sitio que mucho recuerda los altares espiritistas de *Ecue-Yamba-O* (la convivencia de un busto de Sócrates con jícaras con maíz, piedras de azufre, caracoles y limaduras de hierro); o en el jardín de la casa campestre de los O'Farril, cuando el narrador comenta que:

> Maravillaba contemplar, entre los granados y bunganvilias de una vegetación cerrada por enredaderas, las estatuas de mármol blanco que adornaban los jardines. Pomona y Diana Cazadora custodiaban una alberca natural [...] donde descubríase el misterio de una pérgola italiana cubierta de rosales, un pequeño templo griego erigido para albergar alguna diosa mitológica...

Fusión de una naturaleza exuberante con modelos culturales remotos que tiene su clímax en la existencia de "una orquesta de treinta músicos negros, instruidos por un maestro alemán, antiguo violín de la Orquesta de Mannheim" (p. 296).

La máxima expresión de este recurso de prosapia surrealista se produce, sin embargo, a la altura del capítulo cuarto, cuando Esteban, asombrado aún por la tranquila prosperidad de Paramaribo, conoce de la historia de las amputaciones de los esclavos fugados, realizadas por el mejor cirujano de la colonia y "de modo científico, sin usarse de procedimientos arcaicos, propios de épocas bárbaras, que provocaban excesivos sufrimientos o ponían en peligro la vida del culpable" (p. 265). Lo cruel de una contradicción esencialmente traumática —en días de Revolución francesa— consigue una escalofriante conjunción de lo aparentemente inconexo en una misma y tremebunda realidad.

Estos momentos significativos de la evaluación exótica, mágica y real-surrealista de la realidad americana, asumidos y manejados como recursos válidos desde las primeras obras de Carpentier, no dan el carácter global de los modos preferidos de manifestación de lo real maravilloso en la novela; más bien, por el contrario, son excepciones visibles en medio del profundo entramado de relaciones que conforman el contexto maravilloso que propone la obra —entramado que también engloba, por supuesto, a esas tres visiones—.

Tres elementos, presentes a lo largo de todo el libro, nos van a advertir esta nueva cualidad, más esencial y recóndita, de los comportamientos maravillosos de una realidad: primero, el que aporta la peculiar visión de Esteban de los diversos sitios de América, que recorre en su larga función de conductor de la perspectiva narrativa; segundo, y el que más ligado está al tema mismo de la novela, ocurre en el plano de las ideas y hechos de la Revolución francesa, y su problemático traslado a América; y, en tercer término, el eterno problema del tiempo, trabajado por Carpentier como una oculta y a la vez maravillosa permanencia y repetición de actitudes humanas similares a través de los siglos, junto a la recurrencia de valores naturales y geográficos también inalterables (el ciclón, por ejemplo).

El primero de estos tres elementos —la visión contextualizadora de Esteban— es, sin lugar a dudas, el más novedoso de la novela, en cuanto a sistematicidad y visión rectora de toda imagen americana. A diferencia de Sofía, cuya sabiduría se manifiesta en la acción inmediata y, por tanto, en el establecimiento de una relación pragmática con la realidad, y a diferencia de Carlos, personaje menor en comparación con sus hermanos, novelescamente condenado a la función de testigo pasivo, Esteban, con su larga presencia en la novela, está en condiciones de ser la pupila privilegiada desde la que se asume la realidad, protagonismo físico al que se unen la posesión de una sensibilidad especial —Esteban es el intelectual del grupo— y una capacidad de comparación y síntesis que le da su conocimiento de dos mundos (el de acá, propio; el de allá, ajeno).

Sin embargo, esta peculiar visión contextual del medio es inaugurada en la novela por el preterido Carlos cuando, en el subcapítulo que abre el libro, es el encargado de establecer el modo rector de acercamiento a la realidad que caracterizará a esta obra: la visión a través de contextos capaces de definir el entorno. Así, cuando Carlos viaja hacia la casa familiar, convocado por la muerte del padre:

> [...] miraba la ciudad, extrañamente parecida, a esta hora de reverberaciones y sombras largas, a un gigantesco lampadario barroco, cuyas cristalerías verdes, rojas, anaranjadas, coloreaban una confusa rocalla de balcones [...] Era una población eternamente entregada al aire que la penetraba, sedienta de brisas y terrales, abierta [...] al primer aliento fresco que pasara. [...] Aquí la luz se agrumaba en calores, desde el rápido amanecer que la introducía en los dormitorios más resguardados, calando cortinas y mosquiteros... [p. 13.]

Para referirse por último al enervante lodazal de las calles de una ciudad de constantes aguaceros... Con cuatro rasgos Carpentier consigue dar el ámbito inalterable en que comenzará su novela: es La Habana, con su luz, su calor, sus colores y su lluvia, propios y únicos, forjadores de una peculiar forma de vida de postigos abiertos, lucetas policromas, cortinas de encajes y lodazales, en medio del olor a tasajo, tabaco y frituras: todo un carácter o, como dijera Edmundo Desnoes, "una realidad física":

> Carpentier crea, desde el primer capítulo, una realidad física, un escenario vivo: ya podemos creer en la existencia de los personajes. Es el mismo método que utilizó Balzac; crear primero un ambiente, una realidad objetiva, y después poner los personajes a vivir. La nueva novela explota con plena conciencia ese recurso.[77]

Pero, en puridad, el escritor cubano ha dado un paso más allá, pues su realidad física son contextos climáticos y de iluminación ("Todo novelista latinoamericano debería estudiar *cuidadosamente la iluminación de sus ciudades. Es un elemento de identificación y de definición*",[78] dirá en su ensayo posterior) que *identifican y definen* la singularidad del lugar, sin que se acuda ya a la alterada sensación de

---

[77] Edmundo Desnoes, "*El siglo de las luces*", *Homenaje a Carpentier*, ed. cit., p. 309.
[78] Alejo Carpentier, "Problemática de la actual novela latinoamericana", p. 28. Las cursivas son nuestras.

asombro que había arrastrado por la ciudad latinoamericana el protagonista de *Los pasos perdidos*.

Este modo de asimilar un entorno singular regirá en todo el primer capítulo de la novela los acercamientos de Esteban y Sofía al mundo habanero. Su pertenencia a este ámbito —ámbito propio—, la inexistencia de distancia o capacidad de comparación —y por tanto de asombro— les veda, además, como personajes, cualquier otro tipo de comprensión de la ciudad y sus costumbres y fisonomía. Pero, ya en el segundo capítulo, cuando Esteban ha pasado a Francia, nace para él una nueva posibilidad de acercamiento al mundo americano que comenzará a transformarse para él a partir del recuerdo, pues ya "Cuando pensaba en su ciudad natal, hecha remota y singular por la distancia" (p. 103), existe en él una posibilidad de extrañamiento que antes no poseía —la misma que descubre Carpentier a su regreso en el año 1939, la misma que sufrirá Enrique en *La consagración de la primavera*—.

Sin embargo, tal perspectiva apenas será explotada por Carpentier, especialmente interesado en resolver el planteo temático fundamental de la novela: el fracaso de la revolución y las consecuencias de su traslado a América. Por ello, más que a lo evidentemente fabuloso, el escritor obliga a Esteban a constatar lo maravilloso (lo insólito, lo extraordinario) de un contexto político radicalmente alterado con la importación de una revolución burguesa a tierras donde las contradicciones sociales y económicas estaban muy lejos de ser entre feudales y burgueses, entre realistas y republicanos —y mucho menos entre girondinos y jacobinos—. Lo maravilloso brota, entonces, de una necesaria comprensión histórica: la llegada de la guillotina a América en la proa de la primera nave revolucionaria es todo un símbolo del difícil traslado de unas ideas políticas ya en bancarrota en la misma Francia y que, en cambio, desde la perspectiva de la historia, tendrán una inesperada evolución en un continente pronto lanzado a la guerra de independencia, luego de haber readecuado lo readecuable de aquel ideario revolucionario a un contexto económico y político singular (y por eso, como advierte la cita inaugural de la novela, "Las palabras no caen en el vacío" y al terror de la guillotina se imponen los decretos revolucionarios sobre la igualdad de los hombres y la libertad de los esclavos).

Desde esta óptica empeñada en establecer lo singular en tanto manifestación contextual, Esteban será encargado —sobre todo en los capítulos cuarto y quinto, precisamente aquellos en que está fuera de Cuba— de ir anotando determinadas características de la historia, la cultura, la geografía y la sociedad americanas, de las que han desaparecido (como recurso poético) la exaltación y el asombro, aun cuando en más de una ocasión se manifieste aquella conciencia de estar descubriendo lo maravilloso que antes manejó Carpentier. Acercamientos a contextos geográficos y naturales muy específicos se producen, por ejemplo, en el subcapítulo XXIV, cuando Esteban sale con los corsos a navegar el Caribe, y de algún modo redescubre este mar para el lector, revelándolo en su singularidad histórica, en su cualidad geográfica, en su barroquismo esencial —barroquismo que trasladará a su sociedad y su cultura—, visible, por ejemplo, cuando, a propósito de ciertos hallazgos en la naturaleza, comenta el narrador: "Esteban se maravillaba al observar cómo el lenguaje, en estas islas, había tenido que usar de la aglutinación, de la amalgama verbal y la metáfora, para traducir la ambigüedad formal de cosas que participaban de varias esencias (p. 196).

Esta comunión naturaleza-lenguaje, geografía-cultura, engendradora de aglutinaciones y amalgamas, tendrá diversas manifestaciones posteriores, como cuando el personaje se remonta al origen sincrético de la cultura de la región:

> [...] en este Mediterráneo Caribe, donde proseguíase la Confusión de Rasgos iniciada, hacía muchos milenios, en el ámbito de los Pueblos del Mar. Aquí venían a encontrarse, al cabo de una larga dispersión, mezclando acentos y cabelleras, entregados a renovadores mestizajes, los vástagos de las Tribus Extraviadas, mezclados, entremezclados, despintados y vueltos a pintar... [p. 202.]

Síntesis, similitud, diferencias, singularidad del universo del Caribe van así sumándose en la reflexión de Esteban a lo largo de su periplo de isla en isla, organizando una relación histórica y geográfica que tendrá las más diversas manifestaciones maravillosas: desde la opulencia de Pointe-à-Pitre (la ciudad más rica de América, gracias no ya al trabajo ni a los recursos naturales, sino al "corso revolucionario"), el poderío creciente de una masonería condenada en Europa, el infierno de Cayena donde los efectos de la revolución son tan distintos a la Guadalupe, la imposibilidad de derrotar al cristianismo, hasta el descubrimiento de una ciudad de Paramaribo, especie de "Holanda ultramarina", con sus fastos y sus colores, para cerrar este largo periplo en el subcapítulo XXXIV, último del capítulo cuarto, dedicado en lo esencial a la revelación de la gran utopía del Caribe.

La presencia de este subcapítulo, prácticamente desgajado de la peripecia argumental seguida hasta entonces, viene a ser como una profesión de fe carpenteriana en torno a la maravilla esencial —en tanto singularidad— del universo en que ha movido las tesis de la novela y las actuaciones de sus personajes. Esta prefiguración de lo ideal, de la utopía —otra vez en el sentido recto de la palabra, de lugar inexistente, inalcanzable—, funcionará, sin embargo, muy adecuadamente en una novela donde a cada momento se manejan ideas e ideales: revolución, libertad, igualdad, religiosidad, etc. De este modo, toda la idea del Caribe, de su misma existencia y revelación, queda resumida poéticamente en la búsqueda de una dimensión mítica, de su propio mito de Tierra Prometida, de rutilante Imperio del Norte, multiplicado por siglos desde la gran migración de los indios caribes en busca de un mundo mejor hasta la llegada de un Cristóbal Colón atraído por la presencia del Paraíso Terrenal, que también como mito habían establecido "el Venerable Beda, y San Ambrosio y Dun Escoto", tanto como Séneca, el profeta Isaías, el abad Joaquín Calabrés, y por eso:

> [Esteban] pensaba, acodado a la borda del Amazón, frente a la costa quebrada y boscosa que en nada había cambiado desde que la contemplara el Gran Almirante de Fernando e Isabel, en la persistencia del mito de la Tierra de Promisión. Según el color de los siglos, cambiaba el mito de carácter, respondiendo siempre a renovadas apetencias, pero era siempre el mismo: había, debía haber, era necesario que hubiese en el tiempo presente —cualquier tiempo presente— un Mundo Mejor. Los Caribes habían imaginado ese Mundo Mejor a su manera, como lo había imaginado a su vez [...] el Gran Almirante de Isabel y Fernando. Habían soñado los portugueses con

el reino admirable del Preste Juan [...] Mundo Mejor habían hallado los Enciclopedistas en la sociedad de los antiguos Incas... [p. 272.]

Entre el mito y la realidad, entre los textos y los contextos en que vive Esteban en su peregrinaje, queda establecido entonces el reino de lo maravilloso: eterno encuentro de culturas y razas, de naturalezas y geografías, de palabras nuevas y objetos o sucesos desconocidos, de hombres e ideas, en un contexto hecho único, precisamente, por esa amalgama de la que resultará una nueva y singular realidad, en sus mitos (esos contextos ctónicos, raciales, culturales, ideológicos) y en sus componentes más objetivos (contextos políticos, económicos, de desajuste cronológico, de distancia y de iluminación).

Esta visión de lo maravilloso, despojada en lo esencial de los recursos que permitían su constante manifestación en el estado anterior, concluye de algún modo el ascenso carpenteriano en su comprensión reflexiva y tratamiento estético de lo americano como entidad cultural autónoma. La búsqueda de lo singular, a través del mito y la historia, de los comportamientos humanos y de las manifestaciones de la geografía, apenas tendrá una variación notable en las novelas de los años setenta, en las que se asume plenamente —aunque con disímil fortuna artística— la épica contextual como modo de reflejo artístico de todas sus preocupaciones respecto a la cualidad "maravillosa" de la realidad americana.

Si la especificidad temática de *El siglo de las luces* se define en torno al fracaso de la revolución europea —francesa— y a su problemático traslado a América, lo cual se revertirá en el contrapunteo ideoestético y argumental acá-allá, es lógico que Carpentier aproveche esta enjundiosa relación para acercarse también, por la vía de las ideas de la revolución —de la francesa y de la revolución como fenómeno universal—, al contexto político e ideológico que va a generar en tierras de América la presencia de los influjos transformadores nacidos en Europa.

El primer síntoma de que existe una cualidad maravillosa en cuanto al fenómeno revolucionario en tierras americanas es, como ya apunté, la difícil aclimatación de un proceso histórico específico a una realidad histórica específicamente diversa. Las ideas y decretos revolucionarios, llegados en el mismo barco en que se balancea la guillotina, advierten a las claras sobre esta contradicción, que, a partir de este momento, no hará más que profundizarse, hasta negarse a sí misma con la anulación de las leyes que afectaban directamente a las colonias americanas, primero, y con la radicalización posterior de un proceso, ya cualitativamente distinto, que tendrá su primera manifestación certera en la revolución haitiana, primero, y luego en el inicio de las guerras independentistas americanas —"Nacía una épica que cumpliría, en estas tierras, lo que en la caduca Europa se había malogrado"— (p. 333), ya en días de la invasión napoleónica a España (época en la que concluye la novela).

En el plano argumental, varios pasajes ofrecen las manifestaciones de esta contradicción apuntada. Tal vez los más notables —los más evidentemente maravillosos— sean los protagonizados por Víctor Hugues, cuya actitud voluntarista y a la vez obediente de las órdenes más descabelladas de los líderes revolucionarios manifiesta nuevamente su incapacidad de acercarse a lo americano. Así, luego de tomada la Guadalupe, la primera medida revolucionaria del caudillo es poner en funcionamiento la guillotina (p. 165) y la segunda someter a trabajo obligatorio a los recién estrenados "ciudadanos negros", orden que podía llegar al extremo, pues "Todo negro acusado de perezoso o desobediente, discutidor o levantisco, era condenado a muerte" (p. 168), en una franca negación de los ideales enarbolados allá, negación que lo llevará al fracaso acá.

Al contextualizar tales fenómenos, Carpentier ofrece, cien páginas más adelante, los resultados de esta "política colonial" cuando el suizo Seiger, amigo de Billaud-Varennes, explique que "Todo lo que hizo la Revolución francesa en América fue legalizar la Gran Cimarronada que no cesa desde el siglo xvi" (p. 254) y, dos capítulos después, presente los resultados últimos para los franceses de esta raigal incomprensión, cuando los más fieros hombres de la Legión Extranjera, capitaneados por Víctor Hugues, salgan derrotados en su intento de someter a los ex esclavos de Cayena, y Víctor, en un instante de lucidez, confiese: "Esto no es guerra. Se puede pelear con los hombres. No se puede pelear con los árboles" (p. 363).

En esencia, estas contradicciones e incomprensiones del contexto real americano tienen como fundamento teórico −y poético− la existencia de una contradicción que Carpentier ya ha manejado y que en *El arpa y la sombra* llevará hasta sus últimas consecuencias: la oposición entre el canon −europeo− y la realidad −americana−, entre lo concebido y lo realizable, recurso del cual hace brotar una relación maravillosa mucho más esencial y profunda que la simple comparación acá-allá, pues la singularidad americana se establece a partir de su imposible definición en términos culturales y filosóficos externos: otra vez la presencia de los contextos, con su comprensión esencial de las tipicidades de un mundo diferente, determina la visión de lo americano, aun cuando ciertos ecos del romanticismo americanista de sus primeros textos vuelvan a escucharse a estas alturas.

Finalmente, queda como fuente de manifestación de lo maravilloso en *El siglo de las luces* la inteligente y peculiar concepción del tiempo que ejecuta Carpentier. Tratándose de una novela de desarrollo lineal del argumento, en la que no hay saltos temporales, regresiones ni recurrencias cíclicas manifiestas, el tiempo posee una manifestación material como espacio para ciertas comprobaciones filosóficas, en especial una que es bien grata a Carpentier: la permanencia de actitudes y comportamientos humanos por encima de los años. Esta concepción, en *El siglo de las luces,* esconderá a su vez calcos, repeticiones, regresiones que, en novelas y cuentos de los estados anteriores, tenían una presencia mucho más evidente.

La primera advertencia de que el escritor está dándonos una peculiar visión de lo temporal ocurre ya en el capítulo primero, cuando −comenta Ariel Dorfman−:

> Se habla, por ejemplo, de "una nueva novela... cuya acción transcurriría en el año 2240" o se menciona que "en este siglo la rapidez de los medios de comunicación había abolido las distancias" o que "Carlos estima(ra) que los artistas de comienzos de este siglo hubiesen abusado de la figura de Arlequín por el mero placer de jugar con los colores". Carpentier describe la época de una manera tal que podemos sospechar que se trata del siglo XVIII, XIX o XX. Todo detalle revelador ha sido cercenado y todos los objetos

y experiencias apuntan hacia la idea de que los hombres se parecen esencialmente en sus estructuras de fundamento originario.[79]

Este rejuego con las épocas, por supuesto, tiene un propósito polisémico en la novela, pero su intención primera, más que demostrar la contemporaneidad de estos personajes, está advirtiendo la posibilidad de una contemporaneidad en su asimilación y lectura. El tema de la novela —que se desarrolla a partir del momento en que termina esta vaguedad, cuando Víctor Hugues llega a la casa e introduce su época— facilitará tal empeño y lo fundamentará: los rasgos que asemejan a las revoluciones, durante los últimos tres siglos, son demasiado similares para que Carpentier perdiera tan propicia comprobación poética, y por ello, al leer la historia del fracaso revolucionario estamos leyendo también la Historia del Fracaso Revolucionario: oportunismo político, negación "dialéctica" de ideales, voluntarismo, incomprensión de la realidad, venganzas arribistas y la persistente excusa de la "razón revolucionaria" que lo justifica todo conducen a la inevitable pérdida de lo que fue "posible". De ahí, además, la persistente idea del caos y el apocalipsis —simbólicamente resumido en el cuadro *Explosión en una catedral*— con que se identifican los procesos revolucionarios y que, en la novela, se suceden en Santo Domingo, París y Cayena, con la última derrota de Víctor Hugues.

Sin embargo, no sólo en este ámbito de la revolución trabaja Carpentier su noción de lo permanente. El huracán de la novela es, sin duda, una replicación del huracán de *Ecue-Yamba-O*, y los ataques al surrealismo que tanto disfrutó el narrador de *Los pasos perdidos* se duplican ahora cuando se habla de "Todos esos magos e inspirados que no son sino una tanda de *ennmmerdeurs*" (p. 115) o del cuidado que se debe tener "de las palabras hermosas, de los Mundos Mejores creados por las palabras. Nuestra época sucumbe por un exceso de palabras. No hay más Tierra Prometida que la que el hombre puede encontrar en sí mismo" (p. 228). Por su parte, la actitud de Sofía ante la vida recuerda demasiado las teorías de la liberación de la mujer y las

---

[79] Ariel Dorfman, "El sentido de la historia en Alejo Carpentier", en *Imaginación y violencia en América Latina*, ed. cit., p. 114.

dudas de Esteban rememoran las tesis de cierto existencialismo, como el oportunismo de Víctor Hugues es harto conocido para los lectores de este principio de siglo XXI.

La ductilidad del tiempo en la novela propone, entonces, reflexiones que engloban, pero a la vez desbordan, las tesis carpenterianas sobre el maravilloso desfasaje cronológico americano. Que los ecos de lo sucedido en Europa lleguen a América con quince, veinte años de retraso, no parece ser lo fundamental en la novela, o que las convivencias históricas americanas permitan la coexistencia de distintas edades tampoco interesa ahora demasiado. Lo esencial, por tanto, está en un plano más profundo, en la comprensión de que "el hombre es a veces el mismo en diferentes edades, y situarlo en su pasado puede ser también situarlo en su presente", como ha dicho Carpentier,[80] y lo maravilloso sólo brotará entonces de la relación específica que ese hombre establezca con su contexto: el modo en que la época lo determina, lo moldea, lo caracteriza, y el modo en que esas cualidades pueden saltar por encima de los siglos, cuando las relaciones culturales, políticas, económicas entre hombre y circunstancia vuelvan a ser similares. La tipicidad de los contextos —"contextos cabalmente latinoamericanos que puedan contribuir a una definición de los hombres latinoamericanos"— sólo se podrá establecer, entonces, a partir de lo singular de esa relación con una praxis determinante que convierte al hombre en un ser social e histórico, fruto de una coyuntura específica —pero que es también la "praxis de nuestro [propio] tiempo"—. Así, Esteban, el intelectual, establecerá su relación con lo trascendente americano —mitos, palabras, geografías propias—, mientras Sofía, más pragmática y decidida, se impondrá la transformación de lo existente: es su eterno reclamo de hacer algo, con el que se lanza a las calles de Fuencarral el 2 de mayo de 1808. Hijos de su época, y de muchas épocas, los personajes de *El siglo de las luces* establecen así, desde su historicidad, un diálogo con el lector contemporáneo, para ejecutar satisfactoriamente la máxima aspiración de toda novela histórica que no se contente con ser sólo eso: novela e historia.

---

[80] Ariel Dorfman, *op. cit.,* p. 114.

Del análisis precedente de los dos textos fundamentales de este periodo, el ensayo "Problemática de la actual novela latinoamericana" y la novela *El siglo de las luces*, se pueden establecer como características fundamentales de un tercer estado de la evolución de lo real maravilloso:

—Concepción contextual de lo real maravilloso. A partir del experimento estético ejecutado en *El siglo de las luces* y la fundamentación teórica realizada en "Problemática...", Carpentier establece una nueva forma de manifestación de lo real maravilloso que, sin descalificar del todo sus nociones anteriores, propone la definitiva visión de lo real maravilloso como el entendimiento de lo singular a través de específicas relaciones de la praxis denominadas contextos. La visión contextual se impone, entonces, como medio fundamental para develar lo maravilloso de la realidad americana (novela) y como fundamento teórico de la existencia de las peculiaridades extraordinarias (ensayos), con la definición de diversos contextos: políticos, ctónicos, culturales, ideológicos, etcétera.

—Superación del método del realismo maravilloso. La misma adopción de la teoría de los contextos significará la superación metodológica que se hacía necesaria luego de la crisis evidenciada en *El acoso*. El método del realismo maravilloso —sucesión de hechos extraordinarios— aporta, sin embargo, una serie de recursos a la nueva visión contextual: la comparación, la revelación de lo exótico, la naturalización de lo mágico, las asociaciones surrealistas, etc., que, aun difuminadas en el texto narrativo, mantienen su presencia en este tercer estado. La ruptura, entonces, es sólo metodológica, y el realismo maravilloso deja su lugar a la épica contextual.

—Universalización de lo maravilloso y superación del papel perceptivo de la fe. En el plano reflexivo, Carpentier propone, en este estado, una primaria universalización de lo maravilloso afirmada en la nueva versión del prólogo, texto en el que, en cambio, mantiene sus ideas sobre la necesidad de la fe como vehículo perceptivo de lo maravilloso. Esta tesis, sin embargo, se opone a la visión contextual fundamentada en "Problemática...", donde la reflexión teórica propone el conocimiento de las relaciones culturales, políticas, etc., como modo de acceder a lo singular, lo característico y típico del entorno americano. La fe, tomada de las disquisiciones Mabille, queda entonces como una voluntarista mención que sólo será suprimida en el próximo estado.

—Sincretismo como expresión de lo americano. Otra vez Carpentier insiste en el análisis del sincretismo como origen de la singularidad cultural e histórica americana, pero en este estado ya se da como superación de lo sincrético folclórico antes elaborado. Un sincretismo mucho más esencial, hecho de profundas relaciones históricas, transferidas no sólo a la raza, sino al espíritu y sus más raigales manifestaciones —el lenguaje, por ejemplo—, es tratado como sustrato de una específica singularidad americana, generadora del barroquismo presente en todas las manifestaciones de su cultura: desde la arquitectura hasta la cocina, desde la geografía hasta la historia misma.

—Tratamiento lineal y recurrente del tiempo. Mientras que en el argumento de *El siglo de las luces* se trabaja con un desarrollo lineal del tiempo, Carpentier propone una recurrencia, por encima de la época, de los comportamientos humanos. Superando los anteriores recursos que hacían evidente la existencia de ciclos, regresiones y calcos —llevados incluso a la estructura narrativa—, su noción del tiempo y su tratamiento estético se integran en la densidad dramática de la historia narrada. Tal concepción del movimiento en espiral del tiempo —se pasa siempre por el mismo punto, pero en otros niveles— responde a una manifiesta evolución ideológica del autor cubano.

—Acercamiento a la filosofía marxista. Despojándose al fin de ciertas influencias sprenglerianas y existencialistas, Carpentier parece haber concretado definitivamente su comunión con el marxismo como filosofía de la historia y de la vida material. Desde la visión contextual del comportamiento de lo maravilloso hasta la superación de las estructuras cíclicas del devenir temporal —pasando por el abandono del pesimismo social, la visión vitalista de la historia y hasta de la romántica concepción de la "juventud" americana—, Carpentier ajusta su visión del mundo a las nociones del materialismo dialéctico e histórico, en el que parece haber encontrado respuestas satisfactorias a sus eternas interrogantes ideológicas. El fracaso revolucionario, visto desde esta perspectiva filosófica, se despoja entonces del pesimismo que evidenció, por ejemplo, en *El acoso*, para alcanzar ahora una comprensión histórica de la única actitud posible: hacer algo y empezar de nuevo, como propone Sofía y, a su modo, como lo propuso Ti Noel.

—Búsqueda de la libertad y la evasión. Muy relacionada con el tópico anterior, esta vieja preocupación carpenteriana, que recorre toda su obra artística, reaparece en *El siglo de las luces* con especial intensidad, al tratarse de una novela sobre la Revolución. La imposibilidad de la evasión —para Esteban— y la búsqueda de la libertad filosófica y material —para Sofía— establecen, entonces, un contrapunto a lo largo de la novela, que sólo hallará una respuesta en el capítulo final: la necesidad de la lucha como recurso para la libertad material y la del conocimiento para la libertad filosófica (y para el mismo establecimiento de lo singular americano, según la teoría de los contextos).

—La historia como referente, tema y asunto. Concebida a partir de un proceso histórico real y de investigaciones en textos históricos de diversa índole, la historia funciona como el material artístico fundamental de *El siglo de las luces*, novela en la que, sin embargo, el pasado se da como transparencia de un presente para establecer una lectura contemporánea de los acontecimientos del momento histórico reelaborados desde la ficción.

—Antítesis América-Europa. Menos romántica y vehemente que en las novelas del segundo estado, Carpentier mantiene esa antítesis —acá-allá–, pero reformulándola en su sustento, al definirla en la contradicción canon (europeo)/realidad (americana), contradicción de la cual también surgirá la visión singularizadora de América. La antítesis, sin embargo, pierde el carácter excluyente de la anulación de uno de los términos en la medida en que se profundiza en la relación cultural América-Europa como polos de una misma cultura occidental a la que ambos universos pertenecen y de la cual no puede desligarse la civilización del Nuevo Mundo.

—Visión apocalíptica de la realidad. El caos, el apocalipsis, como manifestación de la realidad es preservado por Carpentier. El apocalipsis social (la revolución en Santo Domingo, en París o en Madrid), físico (los huracanes, la victoria de la naturaleza en Cayena) y filosófico (sintetizado en la metáfora surrealizante y desintegradora de la obra de Monsú Desiderio *Explosión en una catedral* y en el vértigo de ideas que envuelve a Sofía y a Esteban) tienen, sin embargo, una variación ideológica respecto a sus manifestaciones en el estado anterior: ahora son consecuencia del flujo social, natural e ideológico a través de la historia, como necesidad dialéctica de cambio y superación.

—Mitificación de lo americano. La recurrencia carpenteriana en el tratamiento de los mitos americanos vuelve a ser evidente en este tercer momento de la evolución de lo real maravilloso. La búsqueda de la utopía en América, concebida como Tierra de Promisión, alcanza en este estado su más acabada representación poética, de la que se suprime, por única vez en la obra de Carpentier, el consecuente proceso de explícita desmitificación. La validez de la estructura mítica de la cultura americana se fundamenta, entonces, por sí sola —en virtud, precisamente, de esos contextos "cabalmente latinoamericanos" adoptados teóricamente por Alejo Carpentier y sustentados en su épica novelesca—.

### Cuarto estado. Lo insólito cotidiano

Entre 1964 —fecha de publicación de *Tientos y diferencias*— y 1974 —momento en que se editan las novelas *El recurso del método* y *Concierto barroco*—, la labor literaria y periodística de Alejo Carpentier se resume en unos pocos rasgos: fungiendo desde 1966 como ministro consejero de la embajada cubana en París, estos años, que pudieron haber sido especialmente propicios para un creador situado en la cumbre de su madurez, apenas suman a su bibliografía la publicación de un cuento —"Derecho de asilo", 1972—, un breve ensayo —*La ciudad de las columnas*, 1970— y algunos capítulos adelantados de una novela que por entonces se titulaba *El año 59*, además de algunas crónicas periodísticas de menor interés para el estudio de su obra.

En cambio, durante los últimos seis años de su vida Carpentier regresa al mundo editorial y, además de las cuatro novelas que publica, también prepara dos libros de ensayos-conferencias, *Razón de ser* (1976) y *La novela latinoamericana en vísperas de un nuevo siglo* (aparecido póstumamente, en 1981), el estudio "América Latina en su música" (1975), la conferencia "Afirmación literaria americanista" (1978) y varios prólogos, antologías y hasta discursos (como "Cervantes en el alba de hoy", París, 1978), resultado de los diversos homenajes, premios y conmemoraciones de que es objeto: Premio Cervantes de 1978, doctor *honoris causa* de varias universidades, Premio Internacional Alfonso Reyes de Ciencia y Literatura, Premio Mundial Cino del Duca (1975), Premio Médicis (1979), etc. Universalmente reconocido, al fin, como uno de los grandes escritores del siglo XX, las ediciones y traducciones de sus obras se multiplican, al tiempo que numerosos críticos y ensayistas se lanzan al estudio de su obra, alentados por la novedad de los textos recientes, siempre provocadores.

Sin embargo, tanto en los años de silencio editorial como en los del *boom* de Carpentier que se produce a partir de 1974 —cuando cumplía, también con homenajes, los 70 años—, el escritor nunca se abandonó del todo al trabajo burocrático y a las giras editoriales, sino que, silenciosamente, comenzó a trabajar en el que sería su último ciclo novelesco, el de los años setenta. Una obra, en particular, llenaría con su agónica factura la labor creativa de estos años: *La consagración de la primavera*. Iniciada, según un capítulo que de ella publicara, en 1964 —bajo el título de *El año 59*, pronto sustituido por el también efímero *Los convidados de plata*—, y sólo concluida hacia 1978 (22 de mayo, apunta el autor), los muchos años dedicados a su concepción hablan claramente de las dificultades narrativas que aquel libro presentaba para Carpentier, quien, de algún modo, exorcizaba sus demonios con la redacción de su más autobiográfica novela, obra donde, además, trataba un asunto contemporáneo que precisaba de un abierto enrolamiento político capaz de afectar, decisivamente, las cualidades del realismo carpenteriano. Resulta curioso, no obstante, que Carpentier interrumpiera en diversas ocasiones la redacción del libro para escribir cuentos, ensayos y hasta las novelas *El recurso del método* (La Habana-París, 1971-1973, según su anotación) y *Concierto barroco* (La Habana-París, 1974), noveleta que, en verdad, trascendía con mucho el divertimento que aparentaba ser.

Precisamente, estas tres obras de 1974 y 1978 han venido a conformar, para muchos, el núcleo fundamental del último ciclo creativo de Carpentier. Novelas ambiciosas, de indagación latinoamericanista, de moderna factura técnica y aupadas por el "boom", ciertamente estas tres piezas caracterizan la labor del escritor en este periodo y, lógicamente, ejemplifican el manejo de sus concepciones sobre lo real maravilloso a partir del empleo de la épica contextual, que sigue en este estado un peculiar desarrollo de negaciones y enriquecimientos de hallazgos anteriores. Sin embargo, observadas a través del prisma que ofrece el devenir ideoestético de Carpentier y de la constante evolución que siguen sufriendo sus nociones sobre lo real maravilloso, estas tres novelas –y en especial las dos por las que más fuerte apostó su autor, *El recurso del método* y *La consagración de la primavera*– ceden su primacía cualitativa y, sobre todo, conceptual, ante el ajustado experimento de búsquedas formales y singularidades definidoras de lo americano que se consigue en la última novela del escritor, *El arpa y la sombra* (1979).

Novela aparentemente menor, cargada de humor y fantasía, escrita quizás en muy poco tiempo –sólo se anota en la última página "10 de septiembre de 1979"–, *El arpa y la sombra* es, en realidad, la pieza que, a mi juicio, mejor define y cristaliza las búsquedas que tipifican este cuarto estado de la evolución de lo real maravilloso, la de más acabada factura narrativa y fortuna artística y en la que Carpentier lleva a su máxima representación poética el viejo dilema acá-allá que está en el fundamento de su obra toda, de su reflexión teórica y del origen mismo de su noción sobre lo maravilloso americano. Vayamos por partes.

Como en los dos estados anteriores, un texto teórico, dedicado al carácter y necesidades del arte americano, ocupará el centro de las proposiciones reflexivas de Alejo Carpentier en este último momento de la evolución de lo real maravilloso. Leída en Caracas el 22 de mayo de 1975, y recogida luego en el volumen *Razón de ser* (Ediciones del Rectorado, Universidad Central de Venezuela, Caracas, 1976), la conferencia "Lo barroco y lo real maravilloso" será la definitiva profesión de fe del escritor cubano por un estilo literario –o un espíritu artístico, como prefiere llamarlo, con Eugenio D'Ors–, el barroco, y por una concepción de lo americano, lo real maravilloso, con la que había comulgado explícitamente veintisiete años antes.

Menos polémico que sus antecesores —el prólogo y "Problemática..."—, este ensayo está dedicado, en lo fundamental, a sostener dos tesis y una conclusión previsibles en Alejo Carpentier: la idea de la permanencia, por encima de los siglos y los avatares culturales, de un espíritu esencialmente barroco en la creación artística latinoamericana, y la existencia de una singularidad continental definida como lo real maravilloso, condiciones (tesis) que hacen necesaria, entonces, la adecuación de la nueva creación artística de nuestra América a ese espíritu estético y a esa tangible realidad omnipresente.

Si la primera de estas tesis es colateral al estudio que hemos propuesto, la segunda, obviamente, se inserta en el centro mismo de su definición teórica y estética. En el texto en cuestión, Carpentier retoma sus argumentos de 1948 y 1964 y, luego de hacer un nuevo deslinde entre su teoría y las cualidades del realismo mágico (de Franz Roh y los expresionistas, no el de los autores latinoamericanos) y las del surrealismo (el de Breton y el *Primer Manifiesto*, nunca el de Mabille), argumenta por tercera vez las regularidades y evidencias de una necesaria visión real maravillosa de la realidad americana.

Para conseguir tal empeño, Carpentier parte de la útil categorización de lo maravilloso, cuando comenta:

> Los diccionarios nos dicen que lo maravilloso es lo que causa admiración, por ser extraordinario, excelente, admirable. Y a ello se une en el acto la noción de que todo lo maravilloso ha de ser bello, hermoso y amable. Cuando lo único que debiera ser recordado de la definición de los diccionarios, es lo que se refiere a *lo extraordinario*. Lo extraordinario no es bello ni hermoso por fuerza. Ni es bello ni feo; es más que nada asombroso por lo insólito. *Todo lo insólito, todo lo asombroso, todo lo que se sale de las normas establecidas es maravilloso.*[81]

Y comienza entonces una larga enumeración de lo maravilloso en la literatura europea: Gorgona, Venus, Vulcano deforme, los cuentos de Perrault, y afirma: "Por lo tanto, debemos establecer una definición de lo maravilloso que no entrañe esta noción de que lo maravilloso es

---

[81] Alejo Carpentier, "Lo barroco y lo real maravilloso", p. 55. Las cursivas son nuestras.

admirable porque es bello. [...] Todo lo insólito es maravilloso" (pp. 56-57), repite, para pasar entonces a la necesaria distinción respecto a lo real maravilloso. "[...] yo hablo de lo real maravilloso al referirme a ciertos hechos ocurridos en América, a ciertas características del paisaje, a ciertos elementos que han nutrido mi obra. En el prólogo de la primera edición de mi libro *El reino de este mundo* defino lo que yo concibo por lo real maravilloso" (p. 57).

Es decir: lo real maravilloso es "esto" que yo defino "allá", aunque un poco más adelante vuelva por el concepto y explique, insistiendo sobre la calidad americana de lo insólito: "Lo real maravilloso [...] que yo defiendo, y es lo real maravilloso nuestro, es el que encontramos en estado bruto, latente, omnipresente en todo lo latinoamericano. Aquí lo insólito es cotidiano, siempre fue cotidiano. Los libros de caballería se escribieron en Europa, pero se vivieron en América..." (p. 60).

Al diseñar esta línea de razonamiento, en la que Carpentier distingue entre maravilloso y real maravilloso americano, y entre la literatura de lo real maravilloso americano y el realismo mágico expresionista y el surrealismo de Breton, dos elementos esenciales para el debate sobre la noción carpenteriana vuelven a subir al tapete: primero, la acotación de que la "definición" sea la de 1948; pero, segundo, la línea semántica y más que semántica, conceptual, que une a lo maravilloso con lo extraordinario y a lo extraordinario con lo asombroso, lo insólito (aquello que "se sale de las normas establecidas", dijo; "Todo lo insólito es maravilloso", aclaró), lo cual se hace especialmente notable en un lugar donde lo insólito es cotidiano, o sea, real, material, comprobable, en la medida en que lo que pudo ser imaginado en Europa, podía ser vivido en América.

Aparentemente, entre esta definición y la revalorizada definición primaria de 1948 no parece haber contradicciones. En el prólogo se hablaba de la visita a Haití que lo había puesto "en contacto *cotidiano* con algo que podríamos llamar lo real maravilloso", y de que "A cada paso hallaba lo real maravilloso", mientras que su transmutación literaria se debía a la narración de "una sucesión de hechos extraordinarios [...] dejándose que lo maravilloso fluya libremente de una reali dad estrictamente seguida en todos sus pasos".[82] La calidad cotidiana de lo real maravilloso es, así, incontestable, asumida como manifestación de la realidad —objetiva o subjetiva— de un continente en tal sentido privilegiado ("por la virginidad del paisaje", etcétera).

La afirmación de que lo real maravilloso había sido definido en el prólogo hace pensar, lógicamente, que tal definición engloba el polémico asunto de la percepción de lo maravilloso, mediante una fe, así como la calidad "milagrosa" de la alteración de la realidad de que brota lo maravilloso. Pero, al sustentar abierta y repetidamente la identificación maravilloso = insólito = cotidiano, para el contexto real americano, ¿qué espacio deja Carpentier, en su última reflexión sobre el asunto, a su mística percepción antes fundamentada? Lo maravilloso de Gorgona con su cabellera de culebras, o de Ícaro estrellándose en el suelo, con que ejemplifica ahora lo maravilloso literario, no implica necesariamente una creencia o una fe, como tampoco implicó para Cervantes creer en manías lupinas en las que sí creen sus personajes. La rebelión de Mackandal, tantas veces citada por Carpentier como máxima expresión de lo real maravilloso, implicaba —vuelvo sobre el asunto— la fe de sus seguidores, y esa decodificación (fe = rebelión) es la que conduce a establecer lo maravilloso de esa realidad insólita, y no lo contrario, como podría establecer el prólogo (que los esclavos percibieran que se rebelaban por la fe).

Cuidadosamente, Carpentier esquiva en "Lo barroco y lo real maravilloso" cualquier idea en torno a la percepción de lo maravilloso o de lo real maravilloso y se dedica, únicamente, a su calificación respecto a la realidad, separando lo maravilloso literario de lo maravilloso real americano "que ha nutrido mi obra", pues esa misma obra —y en especial la que es contemporánea de la conferencia— no deja lugar a ninguna mistificación en la asimilación y reflejo de lo insólito cotidiano. La fe, aquella fe que le había aportado la mística surrealista de Pierre Mabille, deslumbrado —como Carpentier— por los misterios del alma americana y sus manifestaciones reales, ejecuta así su última batalla desde el "otorgante" sitial del silencio, para difuminarse, casi imper-

---

[82] Alejo Carpentier, prólogo a *El reino de este mundo*, pp. 12, 13 y 15. Las cursivas son nuestras.

ceptiblemente, dejando su espacio a la que siempre fue la verdadera esencia de la percepción de lo real maravilloso: la mirada avisada, culta, capaz de establecer síntesis y asociaciones, comparaciones y diversificaciones, mitificaciones y desmitificaciones, singularidades y orígenes históricos, con que Carpentier se apoyó para crear una de las obras más significativas para la comprensión de una ontología y una realidad: en fin, lo real maravilloso americano.

Si en toda su novelística anterior Alejo Carpentier había partido de sucesos concretos de la historia o la realidad para ejecutar una parábola de significantes y asociaciones que remitían a asuntos trascendentes que desbordaban el transcurrir argumental —la definición histórica y cultural americana, el destino del hombre en el tiempo, la búsqueda de la libertad y la revolución— a través del tratamiento de las maravillosas singularidades de la realidad y el espíritu americanos, en el ciclo narrativo de los años setenta el escritor prescinde, en más de una ocasión, de la referencia por vías poéticas de una generalización, para trabajar la generalización misma de lo real maravilloso, desgajándolo de su origen histórico específico y colocándolo en el ámbito de una universalidad latinoamericana: tal es el caso de sus dos novelas de 1974, *El recurso del método* y *Concierto barroco*, verdaderas metáforas aglutinadoras de una realidad común —la realidad latinoamericana—, conformadas en la "suprarrealidad" creada y forjada por un ejercicio estético que funciona como una síntesis y adición de muy diversas circunstancias locales y epocales típicas del continente.

Aunque esta proposición estética generalizadora ya había sido utilizada por el autor en sus viejos textos para ballets y sinfonías de la década de los veinte y en algunos de sus cuentos de los años cuarenta y cincuenta —en especial "Los fugitivos", "Semejante a la noche" y "El camino de Santiago", verdaderas metáforas provocadoras de muy diversas lecturas y referencias—, ahora Carpentier se propone crear un universo sintético, impreciso en su ubicación en virtud de su misma ubicuidad, pero común a las más disímiles geografías y tiempos del continente a partir de dos elementos forjadores de una comunidad social e histórica típicamente latinoamericana: la política (materia estética de *El recurso del método)* y la cultura (componente sobre el que se levanta el argumento de *Concierto barroco),* dos de las manifestaciones privilegiadas de una maravillosa cotidianeidad americana.

La certeza de que Carpentier inaugura –o, en puridad, retoma y profundiza– esta nueva tendencia generalizadora de su narrativa, como vía para la búsqueda de una identidad singular, tiene su primera evidencia en el último cuento que escribiera, precisamente el que abre su ciclo narrativo de los años setenta: "El derecho de asilo", publicado por la editorial Lumen, de Barcelona, en 1972, ilustrado con dibujos de Marcel Bergés.

En este relato, pronto incluido en las nuevas ediciones de *Guerra del tiempo,* Carpentier crea un espacio físico y cultural para el desarrollo de la anécdota, que es el de un país latinoamericano, con una historia latinoamericana –desde su descubrimiento (o no) por Colón hasta las asonadas militares– y una realidad latinoamericana comunes, donde se repite una serie de contextos característicos empleados con toda evidencia: políticos, geográficos, económicos, culturales, que definen claramente su pertenencia al ámbito continental: frecuentes cuartelazos militares, dependencia económica, represión, desfasaje temporal, cultura mestiza, corrupción administrativa, etcétera.

Al generalizar el universo en que ubica su historia, Carpentier se permite entonces prescindir de especificidades locales para crear la irónica metáfora que, en todo, anuncia el mundo en que se desarrollará *El recurso del método* y crear la perfecta ilusión de suprarrealidad abarcadora que se ha propuesto. Para ello, los recursos que ensaya serán también los que, en buena medida, van a caracterizar a las siguientes novelas de este último estado de lo real maravilloso: ante todo, la visión de lo insólito como cotidiano, a través de esos contextos definidores de una realidad típica de toda la América Latina.

Así, desde el mismo inicio del cuento, Carpentier nos introduce en ese universo metafórico a través de rasgos de inmediata identificación por encima de fronteras geográficas más o menos estables y, acudiendo a una estética que mucho recuerda su vieja afición por las caricaturas de un teatro bufo cubano, crea personajes innombrados que arrastrarán la definición del papel que desempeñan: primer magistrado, secretario, embajador, cónsul, etc., con la única excepción de los dos militares que figuran en el cuento, el golpista General Mabillán y el germanófilo Sargento Ratón, que no por bautizados adquieren una caracterización individualizadora.

Junto a los personajes, el ámbito físico en que éstos se desenvuelven sufre un similar proceso de homogeneización a partir de la ironía con que han sido manejados los símbolos puestos en juego: la descripción surrealizante de los objetos y estilos que se reúnen en el Palacio Presidencial de Miramontes apunta hacia un gusto universal-latinoamericano, como los momentos cumbres de la historia del País Fronterizo definen toda una circunstancia continental; la presencia eterna y casi celestial del Pato Donald habla de la cercanía de un poder económico agobiante, como los objetos de la ferretería-quincalla de "Los Hnos. Gómez" advierten de la existencia de un tiempo-fuera-del-tiempo en el país creado.

El propósito último de Carpentier al concebir este país de países, que puede ser cualquier país latinoamericano, tiene, sin embargo, su expresión más acabada en el manejo del tiempo. A pesar de que dos referencias ubican la historia en un lapso concreto de unos veinte años —de la segunda Guerra Mundial a la Alianza para el Progreso—, en el relato se asiste a un devenir cotidiano, marcado por la titulación de los capítulos según los días de la semana, que da la impresión de una sucesión lenta, repetida, casi inmóvil del tiempo, donde siempre puede ser lunes (inicio de lo mismo), en la que se comienza por "perder la noción de las fechas"[83] hasta llegarse a una anulación aparente de su transcurrir, cuando el Secretario se pregunta: "¿De qué día? No lo sabes. ¿La fecha? La ignoras. ¿El mes? No te importa. ¿El año? El único visible aquí es el de la Ferretería-Quincalla: 'Fundada en 1912'." (p. 151). La historia discurre, entonces, en ese tiempo recurrente para conducir a un desenlace en el que, a pesar de los años transcurridos, nada cambia en lo esencial, más allá de la apariencia de las funciones: al encontrarse en el Palacio de Miramontes, el General Mabillán es ahora Primer Magistrado, mientras que el otrora Secretario es ya Embajador

---

[83] Alejo Carpentier, "El derecho de asilo", en *Cuentos*, p. 138.

del País Fronterizo, y conversan del mismo tema que veinte años antes —decíamos ayer...–, hablaron los antiguos Primer Magistrado y Secretario de la Nación. El tiempo ha pasado, pero no ha pasado en realidad, y en ese convencimiento radica la idea que quiere transmitir Carpentier a través del ejemplo del país creado: el ahistoricismo histórico latinoamericano, donde sólo lo aparente se transforma, mientras las esencias se mantienen inmutables, girando en ciclos para los que no hay salida.

Este mismo experimento, en el ámbito mayor de la novela, es el que se propone Carpentier al redactar *El recurso del método*, una de las obras catalogadas como "novela de dictador latinoamericano" —en boga por los años setenta–, en la que, ambiciosamente, el escritor cubano conforma toda la realidad imaginaria de un país latinoamericano a través de historias —en muchos casos realmente "históricas"– tomadas de diversos países, dictaduras y momentos de la vida continental.

Este nuevo proceso de síntesis y compendio generalizador tendrá su recurso estético rector en la tragicómica caricatura de un dictador ilustrado, el Primer Magistrado, y la sainetera historia de su larga estancia en el poder con la que Carpentier se propone reflexionar sobre una de las más agobiantes realidades del continente a lo largo de toda su historia posterior a la independencia: la dictadura.

El contexto eminentemente político escogido por el novelista advierte a las claras, entonces, que su interés argumental se moverá, en lo fundamental, alrededor de acontecimientos y valoraciones políticas. Asimismo, al crear una suprarrealidad latinoamericana a través de la omnipresente dictadura, la pretendida globalización del asunto apunta hacia una explícita generalización de la circunstancia política escogida, que se hace evidente en diversos planos de la narración, pero muy especialmente en la relación con un referente real del que se ha realizado una suma y síntesis arbitraria (características y hechos de diversos dictadores, en distintos países y momentos) que, sin embargo, funciona con toda coherencia dentro del arquetípico universo novelesco conformado por el escritor.

La propuesta de Carpentier es, entonces, transparente: lo real maravilloso es la existencia cotidiana de las dictaduras como forma de vida política en América Latina. Lo insólito, mientras tanto, parte de diversas referencias textuales y contextuales: primero, las alarmantes características de una dictadura sufrida como estado político recurrente e invariable; segundo, la existencia de contextos específicos creados por la misma dictadura y de contextos que, a su vez, permiten su proliferación; y en tercer lugar, la necesaria —y muy utilizada en el libro— comparación entre el mundo de acá con el mundo de allá, en una contraposición de modelos que contribuye a evidenciar la singularidad americana frente al canon europeo.

Toda esta búsqueda conceptual de *El recurso del método* está montada sobre un ejercicio narrativo en el que Carpentier, como nunca antes, acude a diversos recursos literarios de avanzada que le resulten propicios a su experimentación formal. Así, la novela utiliza distintas voces narrativas —tercera, segunda y varias primeras personas—, monólogos interiores, diálogos caóticos, memoria afectiva, montajes paralelos, etc., que, aun dentro de un argumento cuyo desarrollo es lineal, le conceden un indudable aire de modernidad formal. Sin embargo, tal profusión de recursos estilísticos no consigue salvar lo que, a mi juicio, falla en la obra y la condena cualitativamente: su falta de densidad dramática y argumental, su desarrollo plagado de digresiones que funcionan como verdaderos meandros ciegos, desprovistas de la profundidad conceptual de las otras digresiones vistas, por ejemplo, en *El siglo de las luces;* la imposibilidad de superar el rasgo grueso de la caricatura para llegar al hondón de los personajes y las situaciones, que quedan, al final, sólo como eso, como caricaturas sin brillo ni temperatura, en virtud de un distanciamiento impuesto por el autor, que impide la dramatización del trágico destino del Primer Magistrado, expulsado del palacio presidencial, de su país y hasta del circuito literario europeo —el de Proust— en el que creyó poder figurar como personaje; y, muy especialmente, la casi inexistente elaboración poética de los contenidos políticos puestos en juego, que, al ser demasiado explícitos, directos, maniqueos, propician un indudable acercamiento a las proposiciones ideoestéticas del más difundido realismo socialista, estética de la que antes había renegado —obstinadamente— Alejo Carpentier. ("No por ello va a darse la razón, desde luego, a determinados partidarios de un regreso a lo real —término que cobra entonces un significado gregariamente político— que no hacen sino sustituir los trucos del prestidigitador por los lugares comunes del literato 'enrolado'", escribió en 1948 en el siempre citable prólogo.)

Cada una de estas deficiencias narrativas de la novela tiene su expresión en el planteo mismo de lo maravilloso como singularidad cotidiana de la vida y la historia americana. El elemento clave de la manifestación de tal singularidad, como queda dicho, es la existencia del dictador y, ya en términos novelescos, la construcción del personaje del dictador y sus actos, decisiones e ideas. Entre los modelos posibles, de acuerdo con sus intereses literarios, Carpentier prefirió el esquema del "dictador ilustrado", personaje que, aun siendo capaz de cometer las mismas crueldades que el dictador de fusta y medallas, oculta sus atrocidades tras el manto de culto benefactor del país, sin que por ello pueda esconder del todo su cola de pícaro (uno de los arquetipos literarios convocados por Carpentier para su concepción). Esta condición tiene diversas expresiones en la novela, como el afrancesamiento del Primer Magistrado, que, a partir de su enciclopédico conocimiento de la cultura francesa (regalo que generosamente le hace Carpentier), va a servir como capacidad de referencia permanente para la constante diferenciación acá-allá que propone la novela o en las exageraciones que acompañan sus proyectos y voluntades —verdaderas hipérboles—, que contribuyen a la definición caricaturesca del protagonista como un prototipo conocido y de su prototípica —y conocida— circunstancia toda.

Así, Carpentier propone un contrapunto argumental que, moviéndose entre París y el país latinoamericano —según donde se encuentre el personaje—, y entre los sucesos europeos o norteamericanos —primera Guerra Mundial— y sus efectos en Latinoamérica —la bonanza pasajera conocida como las "vacas gordas", la moratoria o la amenaza de una intervención militar yanqui—, establece la singularidad de lo americano a partir de este sistema de contraste-dependencia, que ha sido uno de sus modos privilegiados de manifestación a lo largo de toda su novelística. Contextos económicos, políticos y culturales quedan expuestos así con claridad y colocados en función del desarrollo de la historia: una raigal dependencia económica, explícitamente expuesta en diversas ocasiones (cesión de tierras a la United Fruit para combatir un alzamiento, valor de los productos autóctonos o su devaluación y sus efectos inmediatos, o incluso la carnavalesca declaración de guerra a las Potencias Unidas, etc.); la enervante y cíclica presencia de cuartelazos militares −53 pronunciamientos en un siglo de historia−,[84] tan propios del continente, el ascenso de una conciencia política luego de la Revolución de Octubre, la resonancia francesa de la carnicería de Nueva Córdoba, etc.; o la existencia de un esencial mestizaje físico y cultural, no sólo en el país, sino en toda Latinoamérica, evidente en más de un pasaje de la novela: el recuento de vírgenes latinoamericanas frente a tres vírgenes francesas (pp. 124-125), la pomposa temporada de ópera, o el viaje hacia el barroquismo esencial americano a través de la colección de raíces del cónsul norteamericano (pp. 311-314), que tanto recuerda el episodio de Esteban y los corales de *El siglo de las luces.*

Junto a esos contextos privilegiados, figuran además en la novela otras definiciones contextuales a partir de la naturaleza, la geografía, el clima, la cocina, las creencias populares, etc., que también contribuyen −por comparación unas veces, por contextualización otras− a establecer lo insólito cotidiano buscado por el narrador. Un ejemplo de ello −también visto en obras anteriores− es el recuento de mitos americanos que realiza Peralta (desde el mito de los dioses blancos y el Inca, hasta el de Augusto Comte y Mackandal), como expresión de un modo de ser, de una verdadera ontología americana (p. 222).

No menos significativa, en el arqueo de recursos empleados para la constatación de lo maravilloso, es la conservación del viejo sistema surrealista de fundir realidades diversas y la desaparición −que ya va a ser definitiva− de lo mágico como forma de expresión vital de un conglomerado humano en el que figuran negros e indios. El habitual y siempre presente empleo de asociaciones surrealistas aparece, así, en varias ocasiones: en la descripción de la playa de Marbella (con

---

[84] Alejo Carpentier, *El recurso del método*, Editorial Arte y Literatura, La Habana, 1974, p. 54.

aquella "Residencia 'Hermenegilda' del Primer Magistrado [...] Era una casa entre estilo balcánico y Rue de la Faisanderie, con cariátides 1900, vestidas a lo Sarah Bernhardt" (p. 155 etc.), en la aleatoria concepción del Capitolio o en los mismos gustos del Primer Magistrado (a quien se le encarga, a partir de esos gustos, realizar una crítica al movimiento). Lo mágico, sin embargo, tiene apenas una pasajera aparición en las cualidades beatíficas de la difunta esposa del Primer Magistrado (nunca sabemos si es invención suya para alimentar su propio mito o si es realidad), pero con su difuminación se asiste a la renuncia del recurso mágico-realista asumido por Carpentier y, a la vez, de un *locus* privilegiado de las manifestaciones más insólitas de la cotidianeidad latinoamericana. (¿Un "regreso a lo real"?)

En el caso específico de *El recurso del método,* la renuncia al tratamiento del componente mágico de la realidad tiene, a mi juicio, un origen estético preciso: el hecho de tratarse de una historia eminentemente política en la que Carpentier se propone, ante todo, esbozar un panorama político. Así, desde la construcción del personaje —síntesis, por demás, reveladora de todos los tics característicos de los dictadores: prepotencia, voluntarismo, sentimientos de predestinado, creador de su propia imagen, solitario, etc.— hasta la misma secuencia argumental —alzamientos, represión, huelgas, atentados, más represión, derrocamiento, etc.—, todo está montado en función del mensaje político que se quiere ofrecer —diferencia esencial de esta novela respecto a *El otoño del patriarca*, con su drama de la soledad, o *Yo, el supremo*, con su drama histórico— y en virtud del cual aparece un nuevo componente en el sistema narrativo carpenteriano: el que le aporta el esquematismo imperante en la estética del realismo socialista, que, si no impuesta, al menos se reconocía como productiva en la Cuba de los años setenta.

Si en las anteriores novelas de Carpentier las valoraciones políticas —tal es el caso de *El reino de este mundo, El acoso* y hasta *El siglo de las luces*, todas historias más o menos políticas— quedaban sumidas en el mismo desarrollo argumental y eran vistas desde ópticas filosóficas, existenciales, culturales, históricas, en esta ocasión —como más adelante y de modo aún más evidente en *La consagración de la primavera*—, el juicio político se impone con la evidencia propia de la concepción estética realista socialista.

Varios son los momentos en la novela en que aparece destacada tal apreciación de la realidad: en las menciones directas a la dependencia económica respecto a Estados Unidos o en la misma decisión norteamericana de retirarle el apoyo al Primer Magistrado para instalar un nuevo gobierno títere; en las descripciones de las huelgas, las manifestaciones y la represión; en la elaboración heroica del incorruptible Miguel Estatua y su muerte; y, muy especialmente, en la beatífica y límpida imagen del personaje de El Estudiante, cuya obra primera es valorada de este modo por el mismísimo dictador: "[...] había algo, algo que sus gentes no lograban apresar, algo que se les iba de las manos, que no cesaba con las prisiones, ni las torturas, ni el estado de sitio: algo que se movía en el subsuelo, en el infrasuelo, que surgía de ignoradas catacumbas urbanas; algo nuevo en el país [...]" (p. 205).

Y que llega a convertirse en "el Mito del Estudiante [expresado también por el Dictador], regenerador y puro, espartaquiano y omnipresente" (p. 155), comunista, gran conductor de masas, responsable directo de la caída del gobierno del Primer Magistrado —un Estudiante también prototípico (y de ahí su nominación generalizadora) que no por gusto recuerda ciertos personajes de la literatura épica soviética—.

Esta nueva concepción estética engloba, sin embargo, mucho más que episodios, personajes o valoraciones políticas explícitas y tratadas con cierto maniqueísmo dramático y conceptual: en realidad, se trata de una expresión de la evolución filosófica de Carpentier y por ello en la novela, junto a la manifiesta caricaturización del personaje central y su forma de gobierno —algo así como un personaje típico en circunstancias típicas—, aparecen claras advertencias de una concepción definitivamente optimista del desarrollo histórico, del papel de las masas en la lucha revolucionaria, de la preponderancia del factor económico, del transcurso dialéctico del tiempo, de las condicionantes históricas que permiten el florecimiento de las dictaduras y las dependencias neocoloniales y otras máximas y leyes generales del desarrollo patentadas por la filosofía marxista y su concepción de la realidad.

Un cambio notable se está produciendo, entonces, en el acercamiento carpenteriano a lo real maravilloso, visto en su fundamentación teórica (lo insólito cotidiano, real, palpable, de "Lo barroco y lo real maravilloso", insertado en una visión contextual de los fenómenos) y en su praxis estética (los contextos como explícitos condicionantes de las relaciones sociales y económicas, la difuminación de lo mágico, la presencia notoria de un optimismo histórico, la visión generalizadora de la realidad), que vienen a marcar el tránsito evidente hacia un nuevo estado de la concepción y plasmación de una noción real maravillosa en la narrativa de Alejo Carpentier. Ha sido, en puridad, su regreso a lo real, que las dos novelas siguientes —*Concierto barroco* y *La consagración de la primavera*— no harán más que profundizar y fundamentar a partir de esta concepción plenamente ensayada ya en *El recurso del método*.

Si la historia y la circunstancia política fueron los elementos manejados para la globalización de lo real maravilloso en *El recurso del método*, el tiempo y la cultura serán los componentes del ejercicio universalizador de ciertas realidades americanas que ejecuta Carpentier en *Concierto barroco*.

Esta breve novela, cuya escritura y publicación se ubican en 1974, propone a través de un viaje físico —de América hacia Europa—, que será a la vez un fabuloso viaje en el tiempo —de los albores del siglo XVIII (1709) a nuestros días (después de 1971)—,[85] una novedosa reinterpretación del viejo tema carpenteriano de la contraposición cultural y ontológica América-Europa vista desde un prisma inédito en la narrativa de Carpentier: en esta ocasión la imagen europea —mítica y real— será enjuiciada por ojos americanos —los del Amo—, mientras la imagen de América será forjada a partir de su apreciación poética por los artistas americanos y europeos —representados ahora por el hispano-cubano Silvestre de Balboa y Antonio Vivaldi con su ópera *Montezuma*.

---

[85] Sobre la ubicación histórica de los acontecimientos mencionados por Carpentier en la novela existen sendos estudios de Klaus Müller-Bergh ("Sentido y color de *Concierto barroco*", *Revista Iberoamericana*, núms. 92-93, Pittsburgh, julio-diciembre de 1975) y de Roberto González Echevarría ("*Concierto barroco*", *Areíto*, verano de 1976, año II, núm. 1, Nueva York).

VISIÓN DE AMÉRICA

En *Concierto barroco*, sin embargo, Carpentier parte de precisiones que ubican geográfica, epocal e históricamente su argumento de ficción, para el que escogió diversas locaciones geográficas —de México a La Habana, para pasar luego por España (Madrid y Barcelona) y concluir el periplo en Venecia— y, en lo esencial, un momento histórico a partir del cual propone su reflexión y viaje temporal: la primera mitad del siglo XVIII, cuando Vivaldi escribe y ejecuta su polémica obra. No obstante, al concebir su argumento de ficción a partir de un referente histórico del que ha tomado únicamente el estreno de la *Agripina*, de Haendel, y la ejecución de *Montezuma* en Venecia, en 1733, el resto de los referentes de la novela quedan en el plano de lo textual —el mismo libreto de la ópera o *El espejo de paciencia*, el poema épico de Silvestre de Balboa— o de lo ficticio, con una localización geográfica que —salvo Venecia, por supuesto— es arbitraria y está puesta en función de las comprobaciones que se propone Carpentier.

Al iniciar el argumento de la novela en la ribera americana del Atlántico —de México a La Habana, capítulos I y II—, Carpentier realiza un necesario acercamiento a los cánones desde los cuales está proponiendo su visión de lo americano a partir de la comparación acá-allá. El primer elemento de esta diferenciación lo aporta el futuro indiano, cuando, preparando su viaje a Europa, da su imagen mítica, hecha de referencias literarias, de la licenciosa Venecia, con la que sueña desde el mojigato enclave de la Nueva España. El segundo, ya desde el bullicioso y pestilente puerto de La Habana, se ejecuta directamente a partir del referente literario que significa *El espejo de paciencia*, de cuya anécdota sale incluso el personaje de Filomeno, nieto del heroico Salvador Golomón. Aquí, luego de contar el argumento del poema que (se supone) iniciaría la literatura cubana, Filomeno hace un recuento de los personajes míticos que —invitados por Silvestre de Balboa— asisten a la fiesta de la victoria sobre los piratas:

Y tanto es el contento de los viejos, y el alborozo de las mujeres, y la algarabía de los niños, que, dolido por no haber sido invitado al regocijo, lo contempla, desde las frondas de guayabos y cañaverales, un público [...] de sátiros, faunos, silvanos, semicarpos, centauros, náyades y hasta hadamadrinas "en naguas". (Esto de semicarpos y centauros asomados a los guayabales de Cuba pareció al viajero [el Indiano] cosa de excesiva imaginación por parte del poeta Balboa...)[86]

Carpentier recalca así la incongruente presencia de personajes "venidos de paganismos remotos" como expresión poética de una realidad diversa que, incapaz aún de ofrecer su propia expresión, acude necesariamente a cánones ya establecidos en busca de la fijación de su incipiente identidad: la realidad americana es así ficcionalizada desde ella misma pero con modelos ajenos y lo real maravilloso resulta de la incompatibilidad de un contexto real respecto a la visión poética que de él se ha dado por un hombre cuya sensibilidad aun no es americana.

La continuación del viaje, ya en tierras europeas, vendrá a invertir, significativamente, los términos de esta relación, cuando el Indiano pueda poner en un mismo plano la imagen mítica de Europa con la imagen real que de ella obtiene por su propia experiencia, y ejecute entonces la necesaria comparación: "Triste, deslucida y pobre le parecía esa ciudad [Madrid] después de haber crecido entre las platas y tezontles de México. Fuera de la Plaza Mayor, todo era, aquí, angosto, mugriento y esmirriado, cuando se pensaba en la anchura y el adorno de las calles de allá..." [p. 33].

La posibilidad individual de establecer la comparación opera un cambio en la mentalidad del personaje, que –como Esteban– comienza a mirar a su propio mundo desde otra perspectiva, más distanciada, que le hace entender su singularidad –y por ello podrá decir, en breve, que "A veces es necesario alejarse de las cosas, poner un mar por medio, para ver las cosas de cerca" (p. 97).

Pero la culminación de este juego de visiones contrapuestas (visiones reales, imaginarias, literarias) tendrá su momento más significativo en el libro cuando, luego del espectacular "concierto barroco" del

---

[86] Alejo Carpentier, *Concierto barroco*, Editorial Arte y Literatura, La Habana, 1975, p. 28. Silvestre de Balboa (Gran Canaria, ¿1563?-Puerto Príncipe, ¿1649?) se estableció en Cuba hacia 1590-1600, y la fecha de escritura de su poema épico no se ha podido precisar. Fue publicado por primera vez en 1838 por Esteban Echevarría en la revista *El Plantel*, tomado del manuscrito de *La historia de la isla y catedral de Cuba*, del obispo Pedro Agustín Morell de Santa Cruz.

Ospedalle de la Pietá y el descanso en el cementerio, el Indiano —ya definitivamente Indiano— asista al ensayo general del *Montezuma* de su amigo de juergas Antonio Vivaldi. La contraposición que propone la obra del gran maestro italiano entre la verdad histórica americana y la verdad poética europea tendrá como sustento necesario, en la misma novela, la evolución que ha ido sufriendo el protagonista, de Amo a Indiano, a través de ese viaje físico y cultural en el que se han ido ajustando sus visiones sobre el Nuevo Mundo —su mundo— y el Viejo Mundo —otro mundo—, devenir que lo capacita, sensorial e intelectualmente, para ofrecer la visión americana de lo expresado por Vivaldi desde su sitial poético y europeo. Por ello, todavía no era para él especialmente notable, al comenzar la novela, el cuadro que adornaba su casa mexicana, "obra de un pintor europeo que de paso hubiese estado en Coyoacán [donde historiábase] el máximo acontecimiento de la historia del país", con "un Montezuma entre romano y azteca, algo César tocado con plumas de quetzal" (p. 10). En cambio, ahora, terminada la representación de *Montezuma*, con:

> Marcha, epitalamio y danza general, y da capo, y otro da capo, y otro da capo, hasta que se cierra el terciopelo encarnado sobre el furor del indiano. "–Falso, falso, falso; todo falso!" –grita. Y gritando "falso, falso, falso; todo falso", corre hacia el preste pelirrojo [...] "–¿Falso... qué?" –pregunta atónito el músico. "–Todo. Ese final es una estupidez. La Historia..." "–La ópera no es cosa de historiadores.". "–Pero... nunca hubo tal emperatriz en México, ni tuvo Montezuma hija alguna que se casara con español." "–Un momento, un momento "–dice Antonio con repentina irritación–: El poeta Alvise Guisti, autor de este "drama para música", estudió la crónica de Solís, que en mucha estima tiene, por documentada y fidedigna, el bibliotecario mayor de la Marciana. Y ahí se habla de la Emperatriz, sí señor, mujer digna, animosa y valiente." "–Nunca he visto eso." "–Capítulo xxv de la Quinta Parte. Y también se dice, en la Parte Cuarta, que dos o tres hijas de Montezuma se casaron con españoles. Así que una más, una menos..." [p. 88.]

La visión ficcionalizada de América, opuesta a la visión real histórica que quiere levantar el Indiano, apunta aquí a lo que será —como estudiaré más adelante— uno de los recursos más novedosos de la constatación de lo real maravilloso en este estado, magistralmente elaborado en *El arpa y la sombra,* a partir de los documentos colombinos. En *Concierto barroco,* sin embargo, queda plasmada la agobiante repetición de una circunstancia estética cuya pretendida globalización se producirá con un recurso que le da todo el carácter metafórico que Carpentier pretende otorgarle al caso de Montezuma: la alteración temporal que hace de aquel otoño de 1733 un año arbitrario como momento novelesco a partir de la misma alteración del devenir histórico que ha propuesto la novela —arbitrariedad que, con palabras que sólo pudieron haber sido pronunciadas dos siglos después, le permite al Indiano concluir que "Fábula parece lo nuestro a las gentes de acá porque han perdido el sentido de lo fabuloso" (p. 97)—.

Desde el principio del libro, en claves más o menos explícitas, Carpentier ha ido "deshistorizando" la historia narrada, con la inclusión de referencias francamente anacrónicas en el devenir argumental realista y con el tratamiento de diversas nociones y fenómenos que indican sus clásicas transparencias temporales —ya vistas en *El siglo de las luces*—, a través de la permanencia de ciertas actitudes e ideas, especialmente en el personaje de Filomeno, más contemporáneo de Carpentier que de Vivaldi. Pero, a partir de la escena del cementerio —capítulo VI—, cuando las tumbas de Stravinsky y Wagner llevan la reflexión sobre el deber ser de la creación artística al plano de nuestra absoluta contemporaneidad del siglo XX, la ubicación precisa de los siguientes capítulos —VII y VIII— pierde su estricto valor histórico para convertirse en un tiempo-fuera-del-tiempo propicio a la reflexión globalizante que pretende Carpentier.

Estas concepciones intemporales —o tal vez atemporales o supratemporales— contribuyen decisivamente a reforzar la proposición trascendentalista y aglutinante que impulsa a Carpentier en la concepción de *Concierto barroco.* Preocupado, otra vez, por problemáticas universales —por encima del tiempo e incluso de geografías— como el destino del hombre, la función del arte, la necesidad de la revolución, la búsqueda de lo eterno-humano, el proceso de mitificación-desmitificación de una imagen americana creada en Europa y vista desde América permiten que el autor supere, a mi juicio, el habitual contrapunto acá-allá, para establecer una noción más profunda y, justamente, universal: la de la libertad de elección artística, a partir de las leyes particulares de la creación estética, que Carpentier incluso fundamentó teóricamente en la nueva versión de "De lo real maravilloso americano" y la necesidad de ubicar la imagen americana en el contexto mayor de una cultura occidental en la cual se hallan sus puntos de referencia –filosóficos, literarios, temporales–.

Lo maravilloso, a partir de esta concepción, no brota, entonces, del asombro, la magia o la revelación fabulosa de una realidad, sino de la problemática y ardua ubicación de la verdadera imagen americana, y con ella de sus hombres y su cultura, en un contexto universal en el que, hasta hace apenas un siglo, tuvo una simple función utilitaria –fuente de materias primas, incluso, para la creación estética, como bien afirma Vivaldi: "[...] señalando a Montezuma: Éste resulta un personaje más nuevo. Veré cómo lo hago cantar un día de estos en el escenario de un teatro" (p. 64)–, como tantas veces ocurrió en la literatura narrativa y dramática europea desde el siglo XVI. El necesario establecimiento de lo singular americano –empresa mayor del mismo Carpentier– a través de lo real maravilloso de su realidad –lo insólito cotidiano más que lo asombroso revelador– se convierte así en la opción que el novelista cubano enarbola como remedio para una larga injusticia histórico-cultural.

Lo significativo es que varios elementos caracterizadores de lo real maravilloso aparezcan –como sucedió en *El recurso del método*– transfigurados o desechados en *Concierto barroco*, y de ahí la peculiaridad de la novela en cuanto a sus medios para tal develación de lo americano. A primera vista resulta verdaderamente revelador el papel que Carpentier otorga a Filomeno en su novela. Este personaje, negro, cubano, músico –tipo callejero y común por los cuatro costados–, apenas recordará ya la larga lista de personajes de su extracción racial y cultural vista en la novelística carpenteriana –de los Cué al doctor Ogé, pasando por Mackandal, Ti Noel y hasta los personajes de varios cuentos, como el negro innombrado que altera el fluir temporal en "Viaje a la semilla"–, quienes habían sido el sustento de toda una reveladora visión mágica de la realidad. Aunque ciertamente la perspectiva folclorizante había sido superada por Carpentier desde hacía bastante tiempo, no deja de resultar alarmante que el negro Filomeno haya perdido, definitivamente, dos valores que lo tipificaron como personaje en la obra narrativa de Carpentier: su capacidad como exponente de un folclor y ese importante papel de "agente" de lo mágico. Ahora Filomeno, caricaturizado en la medida en que encarna más un prototipo significante y portador de un mensaje, que un tipo representativo de determinada clase o grupo social o humano,[87] será el encargado de ofrecer una síntesis cultural —ya anunciada en la misma aparición de su abuelo como héroe de poema épico, saludado por centauros y náyades helénicas— y, a la vez, la defensa un tanto romántica de esa misma cultura de la cual es un agente activo. Nada en su visión, sin embargo, apunta hacia lo esotérico, hacia la profunda diferenciación y remoto origen de sus mismas nociones culturales, y en el final de la novela, con su llamado a la igualdad social y racial, pierde cualquier función nacionalista para convertirse en un portavoz de reclamos políticos expuestos diáfanamente, cuando decide quedarse en París, ya consciente de que para alcanzar en su propia tierra su definitiva y cabal condición humana "Se necesitaría una revolución" (p. 101).

Mientras tanto, las visibles asociaciones surrealistas, tan recurridas por Carpentier para establecer lo insólito americano por contraste o asociación, también se difuminan hasta perderse en la novela, quedando reducida su presencia, tal vez, en la visión barroca de platas, colores y hedores de los dos primeros capítulos o a la síntesis imposible entre músicas y culturas que se produce con la irrupción de los ritmos afrocubanos de Filomeno en el *concerto grosso* del Ospedalle de la Pietá.

Por su parte, la visión compleja y fundamentada a través de peculiares contextos americanos también se sumerge en el argumento de la novela, permaneciendo en un plano de inferencias, en las cuales

---

[87] No por gusto la lectura que realizan Reinaldo Montero y Laura Fernández para la versión teatral de *Concierto barroco* decidiría que Filomeno se transformara en el "negrito" del teatro bufo cubano. La obra fue estrenada por Teatro Estudio en La Habana, en 1992, como parte del programa del Instituto Iberoamericano del Teatro dedicado al medio milenio.

deberá intervenir la participación del lector. Hay entonces, desde esta perspectiva, una presencia de contextos culturales y de desfasaje temporal —quizás más evidentes—, junto a ciertos contextos burgueses, raciales y políticos, muy difuminados respecto a su expresa manifestación en las restantes novelas de este estado y del anterior.

Por último, vale la pena destacar la concepción filosófica desde la que Carpentier concibe su historia. Junto a la claridad del mensaje progresista explícitamente remarcado por Filomeno en su reclamo revolucionario (socialista, sin duda), el escritor prescinde nuevamente de sus ciclos cerrados y del fatalismo histórico (o geográfico o cultural) que afloró en algunas de sus obras anteriores y, en un avance dialéctico de argumento, ideas y acontecimientos, propone un desarrollo en rápido ascenso hacia un mundo que —necesariamente— habrá de ser mejor. La vieja búsqueda de la utopía es ahora posible —Filomeno no puede esperar el Comienzo de los Tiempos y el Indiano sabe que "Todo el futuro es fabuloso"—, y Carpentier vota por ella, convencidamente, desde una perspectiva filosófica en la que vuelven a resonar los ecos de una concepción realista socialista —no tan explícita, es cierto, como la de *El recurso del método*, pero no por ello menos visible para el lector avisado, al cual Carpentier le lanza su mensaje desde las páginas finales de la novela, cuando volamos en el tiempo de la mano de Filomeno para asistir al recital de Louis Armstrong y "Una gran tristeza se cernía, aquella noche, sobre la ciudad enferma y socavada. Pero Filomeno no estaba triste. Nunca estaba triste"... (p. 103)—. Porque, parece advertirnos Carpentier, quien posee fe en el futuro no tiene motivos para la tristeza.

Muchos años antes de la redacción y publicación de sus novelas de 1974, Alejo Carpentier se había lanzado a la escritura de la que fue, sin duda alguna, su más ambiciosa y agónica novela. Finalmente editada en 1978 bajo el título de *La consagración de la primavera*, aquella obra —suma de obras— había seguido un angustioso proceso de elaboración en el que su autor invirtió, con lógicas interrupciones, unos quince años, que luego serían el testimonio más fehaciente de las imprevistas búsquedas estilísticas y conceptuales emprendidas en aquel libro.

A lo largo de esos quince años, sin embargo, Carpentier fue dando diversas noticias, generalmente optimistas, sobre la escritura y la conclusión de aquella obra de carácter épico, que en 1963 se llamaba *El año 59,* y según el autor le confesara a Elena Poniatowska, "hoy estoy terminando",[88] aunque en 1965 le habla a Mario Vargas Llosa del ejercicio que implicaba esa misma novela, "sin personajes centrales, sin protagonistas", y que da por terminada al comentar que "Si lo he acertado no lo sé" (p. 121). La confirmación de que había terminado aquel libro la repite Carpentier poco después —todavía en 1965—, cuando le asegura a Claude Fell que "Por otra parte acabo de terminar una novela inspirada en el primer año de la Revolución Cubana: *El año 59*, que será sin duda la primera parte de una trilogía" (p. 132). La repetición de la noticia no significaba, ciertamente, que el libro llegara a las prensas, y por el contrario, casi dos años después, en febrero de 1967, Carpentier habla de una nueva novela "que aparecerá próximamente en México. Su título en español es *Los convidados de plata*", y dice que se trata de una novela bastante breve que, como *El año 59*, ocurre en "los primeros días, las primeras semanas de la Revolución Cubana", aunque afirma en la misma entrevista que *El año 59* era otra novela (p. 146)... La existencia de dos novelas es confirmada por Carpentier en 1970 en una nueva entrevista, esta vez a Yuri Daskievich, en la que dice: "Es cierto, estaba escribiendo una nueva novela que provisionalmente titulé *El año 59*", en cuya redacción "nació el proyecto de *Los convidados de plata;* [que] en esencia se trata de una nueva novela" (p. 181), lo cual se confirmaría en 1974, cuando aseguró que "Dentro de unos meses terminaré una obra en la cual trabajo desde hace años y que culmina con la batalla de Playa Girón [...] Aún no he decidido el título [...] En esta novela he transfundido el material de *Los convidados de plata*" (p. 219). Sin embargo, sólo 19 días después le comentaría a Ramón Chao que "A comienzos del próximo año daré a la editorial Siglo XXI [...] una novela muy larga que estoy trabajando desde hace años... Su acción se cierra sobre la batalla de Playa Girón [...] ¿Título? Acaso *La consagración de la primavera*" (p. 225), título del

---

[88] Alejo Carpentier, *Entrevistas*, p. 114. Las citas siguientes pertenecen a este volumen.

que se apropia definitivamente y del que dice, a finales de 1974, que "En realidad, todo aquello que anuncié varias veces como una trilogía iniciada por el tomo titulado *El año 59*, pasó a *La consagración de la primavera*, donde en realidad hay tres novelas fundidas en una sola" (p. 253). Así, aquella novela –o aquellas novelas–, tantas veces "terminada" y en la que había vertido no sólo el material de *El año 59* y *Los convidados de plata*, sino también muchos pasajes –según el testimonio de su viuda, Lilia Esteban– de su vieja novela inédita de los años treinta *El clan disperso* –cuyo manuscrito (de existir) no nos ha sido posible consultar–, sería definitivamente *La consagración de la primavera*, publicada en 1978, la pieza con que Alejo Carpentier se inscribía del modo más palmario –a través de un asunto– en el cuerpo novelesco de lo que ha dado en llamarse "novela de la Revolución cubana".

La larga tarea de Sísifo, cargando una y otra vez, durante quince años, con la misma piedra –metáfora mitológica tan grata a Carpentier–, que se esconde tras *La consagración de la primavera*, tiene, a mi juicio, un origen conceptual evidente: se trata de una obra en la que su autor, renunciando a sus elusivos tratamientos poéticos y polisémicos de la realidad –las generalizaciones de sus obras de 1974 o las metáforas generalizadoras de sus novelas anteriores–, optaba por el tratamiento de una historia concreta y viva en la que, además del compromiso político-ideológico expreso, reproducía, con precisión de cronista, una sucesión de acontecimientos reales, tratados casi con respeto testimonial, con los que se propuso contar una sola historia, la que relata su argumento, y desde una sola perspectiva estética, la del realismo.

Despojada de esa capacidad de referencia poética hacia otras realidades temporales o geográficas que permitían la diversidad de lecturas propuestas por novelas como *El siglo de las luces* o *El reino de este mundo* y estéticamente fundada en ese realismo que evita cualquier manejo alterado del tiempo –salvo las tranquilas retrospectivas–, de visiones más complejas de la realidad –mágicas o fantásticas– y la constatación de fenómenos asombrosos o reveladores, *La consagración de la primavera* viene a sustentar, estéticamente, como ninguna otra pieza de Carpentier, la noción que sobre lo real maravilloso había patentado en 1975: su calidad de insólito cotidiano.

Esta actitud estética, gnoseológica y hasta ontológica va a tener una clara expresión en una obra donde las transformaciones más notables de la concepción de lo real maravilloso manejadas en las dos novelas anteriores de este estado se agudizarán hasta el punto de convertirse en un sistema definido y hasta en un método narrativo: el de la difícil conjunción de ciertas reglas de la estética del realismo socialista con la visión de lo real maravilloso como modo de expresión de las singularidades americanas.

Sin duda, el primer elemento que advierte la subversión de nociones respecto a las novelas de los estados anteriores está en el tratamiento estético que Carpentier confiere a su referente extraliterario para su readecuación al universo narrativo. El ordenamiento voluntarioso de la historia en el argumento novelesco a partir de sus aristas más reveladoras —la tan mentada sucesión de hechos extraordinarios— que caracterizó a las novelas del segundo estado —realismo maravilloso— tanto como el proceso ordenador de los acontecimientos a partir de la maduración y la actuación de los personajes que definió al montaje argumental de *El siglo de las luces*, ha cedido definitivamente su espacio en *La consagración de la primavera* a una concatenación de sucesos realmente historicista. Ahora es la historia, hecho por hecho, reproducida con toda fidelidad testimonial y con escasos afeites de elaboración estética, la que determina el devenir argumental tanto como la actuación y reflexiones de los personajes novelescos. La historia, más que marco, universo, referencia, panorama, es ahora pauta que obliga al argumento a seguir una ya determinada sucesión de acontecimientos justamente históricos de la cual a Carpentier no se le ha escapado ninguno: desde la Revolución de Octubre hasta el triunfo de Playa Girón, pasando sobre la Guerra de España, el ascenso del fascismo, la segunda Guerra Mundial y la "rusofilia", el macartismo y el antisovietismo, el gangsterismo y la corrupción de los gobiernos auténticos en Cuba, el golpe de Estado del 52, así como la imprescindible concatenación entre el Asalto al Moncada, el juicio a Fidel Castro, el desembarco del *Granma,* los sucesos del 13 de marzo de 1957, la lucha en la Sierra Maestra y en las ciudades, la represión de la dictadura y la victoria, seguida por la enunciación de cada una de las leyes revolucionarias significativas y la proclamación del carácter socialista de la Revolución cubana...

La elipsis que caracterizó el tratamiento de la historia en *El reino de este mundo* y la visión de la Revolución francesa por sus ecos más que por sus acontecimientos cimeros deja aquí su lugar a un paralizante desenvolvimiento cronológico que –como en muchas otras novelas de la Revolución, tal el caso de *Las iniciales de la tierra,* de Jesús Díaz, otro ejemplo notable de tal relación de dependencia novela-historia– va a determinar históricamente la vida de unos personajes novelescos movidos sólo por los vientos de la gran historia.

Este abierto realismo por el que ha optado Carpentier, por supuesto, es ya definitivamente ajeno a las estructuras cíclicas y repetitivas de sus novelas anteriores a 1974. El fatalismo histórico, también por supuesto, deja su lugar a una visión optimista, ideológicamente sustentada, del devenir histórico. Y, otra vez por supuesto, al hacerse explícita y protagonista la historia (sucesión de hechos políticamente notables), propicia que el mensaje adquiera un sentido diáfano y unívoco, sobre el que el autor no quiere dejar espacio a las dudas.

La visión maravillosa de la realidad, en la novela, está expresada, entonces, desde la visión histórico-materialista en la que se ha colocado, definitivamente, Carpentier, y –como bien afirmara Rogelio Rodríguez Coronel en su estudio de la novela de la Revolución cubana– el libro "[...] si bien conserva las peculiaridades que identifican a la narrativa carpenteriana y sus elementos definitorios, representa una consolidación de la nueva perspectiva del autor y de las adecuaciones producidas en su modo narrativo", pues lo que ha sucedido --a juicio del crítico cubano– es que:

> En *La consagración de la primavera* culmina la evolución del método artístico y la perspectiva ideológica de un escritor que encuentra respuesta a las inquietudes que en torno al hombre y su realidad histórica se debaten en toda su obra. Es el surgimiento de un mundo mejor en el reino de los hombres lo que, desde un punto de vista teórico y práctico, provoca una maduración ideológica del ámbito carpenteriano, lo que le otorga un sentido objetivo a su concepción de la historia, lo que reacondiciona valores estéticos

—gnoseológicos y artísticos— presentes en su narrativa del periodo prerrevolucionario.[89]

O dicho más claramente: es la irrupción de una concepción marxista de la historia y de una estética que se consideró por las superestructuras políticas a ella compatible y cercana, concepción y estética que, en su expresión estrictamente ideológica, afectará incluso los habituales modos y recursos empleados por Carpentier en la expresión artística de la singularidad americana.

La magnitud de tal transformación de la noción de lo real maravilloso —que no significó una superación artísticamente cualitativa de su obra anterior— tiene tal vez su mejor evidencia en la valoración que hace el propio Carpentier de este elemento en *La consagración de la primavera*, cuando confiesa que:

> En esta novela abordo lo real maravilloso bajo el aspecto de que he tratado de revelar una cierta mitología de La Habana; [...] hay en ella descripciones del campo de Cuba, indicaciones de la cocina cubana, del ambiente, incluso (en particular una página donde describo el cielo, las nubes del Caribe, que no se parecen a las continentales): son ciertos aspectos de lo real maravilloso, pero lo demás es una pelea a brazo partido contra "lo real horroroso" de nuestra historia. Y he tratado de luchar en este libro contra esa espantosa realidad [porque] es una novela eminentemente política.[90]

Sin embargo, en el escaso margen que Carpentier le concede a lo real maravilloso dentro de una historia "eminentemente política", es posible establecer la concepción de que lo insólito —lo maravilloso— es cotidiano, omnipresente, visible en cada acto de la realidad (aun cuando la realidad es la historia y sólo la historia), concepción que se avendrá perfectamente a la nueva perspectiva ideoestética de Carpentier, y por ello se hará necesaria la exclusión de determinados recursos y la profundización o simple conservación de otros afines a los nuevos intereses del escritor.

---

[89] Rogelio Rodríguez Coronel, *La novela de la Revolución cubana*, Editorial Letras Cubanas, La Habana, 1986, pp. 259 y 257.
[90] Ramón Chao, *Palabras en el tiempo de Alejo Carpentier*, Editorial Arte y Literatura, La Habana, 1985, p. 18.

De este modo, el viejo recurso de origen surrealista de enfrentar en un mismo plano de la realidad elementos "reales" aparentemente antagónicos sobrevive a la transformación ideoestética y se emplea con cierta profusión en la novela.[91] Ejemplos: la primera descripción de la casa de la condesa (p. 26) y la fiesta del jardín (pp. 31-32); las asociaciones inesperadas que encuentra Enrique a su regreso a La Habana (subcapítulo 17), "ciudad re-descubierta", asociaciones rescatadas de las viejas crónicas de "La Habana vista por un turista cubano", como el caso de los billetes de lotería (subcapítulo 27), o la revelación de "lo inesperado" y "lo fortuito" que tiene Vera a la salida del teatro chino. Junto a estas revelaciones, sin embargo, aparece la indispensable crítica al surrealismo y sus métodos (acompañada de la visión apocalíptica y decadente de la cultura occidental) que aflora en varios momentos de la novela, como cuando Vera, de la mano de su amado Jean-Claude, considera que "en una época de terribles realidades como la nuestra, era grotesco el intento de hallar remedios en lo imaginario" (p. 60), y muy especialmente en el subcapítulo 19, cuando Enrique, luego de desvalorizar la esencia misma de la creación artística burguesa por su falta de respuestas satisfactorias a los conflictos de la realidad ("mostrándose incapaces –dice– de prever, siquiera, los conflictos que habrían de trastornar la época"), concluye:

> La palabra "Libertad", había dicho Breton, "es la única que tiene el poder de exaltarme" ¿Y qué libertad, en fin de cuentas, me había traído Breton? ¿La de poder pegar tres plumas de gallo sobre un lienzo revestido de arena? ¿La de poder mostrar un incendio de jirafas en medio del desierto, una taza forrada de piel de conejo, dos relojes blandos, un maniquí de mujer con fauces de león en la pelvis...? [p. 192.]

Esta demoledora postura crítica que arrastra el personaje de Carpentier cuando menos advierte de su falta de sensibilidad artística y el desconocimiento de los valores evolutivos de la creación estética y de los aportes de esa "libertad" a la historia de la cultura, y, en otro

---

[91] Alejo Carpentier, *La consagración de la primavera*, Editorial Letras Cubanas, La Habana, 1979. La paginación citada corresponde a esta edición.

nivel, asume a las claras la postura de una crítica estética que enjuicia desde ortodoxas perspectivas ideológicas más que desde posiciones artísticas.

Más frecuente, como era de esperar, resulta la presencia de diversos contextos en la novela, ofrecidos con toda la densidad del universo de relaciones sociales, históricas, económicas y políticas que implica su necesaria urdimbre, y transmitidos al lector de un modo harto explícito, como sucede cuando Enrique, llevado por el argumento a Caracas, (subcapítulo 34, "Interludio"), concluye –casi citando textos teóricos de su creador–:

> Si bien se miraba, todo esto era maravilloso y formaba parte del cúmulo de maravillas que poco a poco se mostraban a quienes quisieran otear en profundidad el mundo latinoamericano, donde lo terrible de ciertas contingencias políticas, el horror de las dictaduras militares o civiles se inscriben en lo pasajero y transitorio de una historia turbulenta, en tanto que permanentes eran los portentos de lo circundante, de lo que era de la naturaleza, del ambiente y de la esencia auténtica del Hombre nacido de los más vivificantes mestizajes que hubiesen consignado las crónicas del planeta [p. 369].

Así, desfilan por la novela contextos políticos, económicos, ideológicos, culinarios, raciales, ctónicos, de desajuste cronológico, históricos, culturales, de distancia y proporción, de iluminación, etc., en un verdadero muestreo de estas urdimbres de relaciones que caracterizan, definen y ubican la singularidad de los fenómenos americanos, relacionándolos con su medio y buscando la pretendida definición de un espíritu latinoamericano.

Metodológicamente, la visión de Enrique será la más favorecida, respecto a la de Vera, en cuanto a la capacidad de establecer estos contextos, así como en la misma posibilidad de descubrir las maravillosas asociaciones surrealistas, típicas de la realidad americana. Enrique –cubano, intelectual, conocedor de diversos ámbitos americanos y europeos– posee el necesario conocimiento de su medio y la indispensable capacidad de comparación que el establecimiento de lo singular hace necesarios. Vera, por su parte, producto de una cultura remota y −como personaje− interesada sólo en la inmediata realización de su obra, va adquiriendo esta capacidad en el desarrollo del argumento, pero, en lo fundamental, su acercamiento a lo insólito será por vía del extrañamiento.

Esta condición asignada a Vera se hará evidente desde su primera referencia al ámbito americano, cuando en el subcapítulo 2 "por ejercer una suerte de mayéutica [...] me hago la tonta" y se refiere a lo americano de un modo que provoca que Enrique la mire "como se mira a una interlocutora exótica, necesitada de información" (pp. 23-24). Este carácter exótico de la visión de Vera, que se atenuará con el desarrollo de la historia −su larga permanencia en Cuba−, permite, sin embargo, que desde su pupila Carpentier pueda ofrecer una necesaria perspectiva de lo maravilloso que se fundamenta, en lo esencial, en ese extrañamiento que provoca la comparación acá-allá, condición que también asume Enrique luego del regreso a su mundo, dotado ya de la capacidad de comparar y distinguir.

Más novedoso, por su resonante desaparición, es el tratamiento que Carpentier otorga al elemento mágico en *La consagración de la primavera*. Como se vio en las dos novelas anteriores, la difuminación de lo mágico se daba entonces por simple omisión de sus posibilidades, lo cual se hacía especialmente evidente en la concepción de un personaje como Filomeno. Sin embargo, en la novela de 1978, donde el elemento de la cultura negra podía tener un papel de indudable peso, Carpentier toma partido decididamente contra una visión mágica de la realidad que tanto trabajó y que ahora, en boca de Gaspar, se convierte en "sugestión, comedia [...] barbarie y superstición" (p. 215), como se proclamaba en los manuales de ateísmo científico entonces en boga.

Tal revalorización de lo mágico ocurre en el subcapítulo 21 del capítulo cuarto, el único en que Carpentier se refiere detenidamente a los elementos de la cultura negra −pues los personajes que hubieran podido aportar una visión coherente del fenómeno, Calixto y los otros bailarines negros, son apenas sombras actuantes, pero sin voz, en el argumento−. Se trata, en el subcapítulo, del primer encuentro de Vera con los bailes afrocubanos, en Regla, cuando se presenta para ella la danza abukuá del diablito y un viejo baile arará, y Gaspar le explica la identificación cristiana de los orishas africanos gracias al proceso de transculturación ocurrido en América. Lo significativo, sin embargo, es que la visión de ese mundo mágico sea ofrecida desde una perspectiva que lo niega, pues Gaspar, como "marxista", no cree y se limita a decir "lo que dicen ellos" (p. 217), y por eso comenta sobre la bajada del santo en el creyente:

> *Es sugestión, comedia* o lo que quieras. Pero ellas, de tanto dar vueltas, agitarse, girar, a toque de tambor, acaban por tener como convulsiones, se retuercen, saltan, se revuelcan en el suelo, porque dicen que un Santo –Changó, Obatalá, cualquiera– se les ha metido en el cuerpo. *Barbarie y superstición, pero es así...* [p. 217, las cursivas son nuestras.]

Especialmente importante, en el análisis de esta devastadora negación –que remite la visión de lo mágico en Carpentier a un estado anterior incluso al de *Ecue-Yamba-O* y su visión antropológica del fenómeno de la posesión–, es la fuente de la cual proviene: Gaspar. En el ámbito de una novela "eminentemente política" como *La consagración de la primavera*, en la que todas las valoraciones atraviesan el prisma de la filiación política e ideológica de los personajes, Gaspar desempeña un papel relevante, pues encarna la pureza y la consecuencia de ciertos ideales por un representante del pueblo cubano *(sic)*. Gaspar es el marxista, el internacionalista, el miliciano, el luchador clandestino, el hombre que nunca duda y al que la historia le da toda la confirmación de sus esperanzas. Es la encarnación del *comunista* y, como personaje, el incorruptible de la novela, el que siempre tiene la razón (es el único, por ejemplo, que nunca se deja engañar por José Antonio) y el que jamás se desanima, pues confía en la victoria. En la boca de Gaspar, entonces, la valoración del mundo mágico de los negros cubanos como barbarie y superstición constituye algo más que una opinión: resulta una sentencia inapelable que Carpentier, de acuerdo con sus preceptos ideológicos del momento, lanza sobre un universo del que había extraído más de una historia, más de un personaje, y muchísimas aristas capaces de develar la singularidad americana que definió como lo real maravilloso en su texto de 1948.

La negación de una visión mágica de la realidad responde, por supuesto, a una coyuntura mayor que la simple utilización o no de un recurso o un modo de acercamiento al entorno objetivo y subjetivo de sus personajes. Obviamente, es una postura ideoestética asentada que, como antes anuncié, tiene su origen –y su reflejo– en una estética cada vez más cercana al realismo socialista y a la ideología marxista asumida por Carpentier.

Al referirme a la visión contextual de lo maravilloso en la novela, mencionaba, entre los diversos contextos convocados, al político. Sin embargo, más que un contexto, la política aquí –como en *El recurso del método*, pero de modo aún más explícito– es tema, asunto, argumento y visión estética de la historia y la realidad. *La consagración de la primavera* no sólo cuenta una historia política, sino que lo hace políticamente, y de ahí el empeño metodológico en referir cada una de las circunstancias y hechos políticos que ocurren en la época, implicando en ellos a los personajes y la concepción de lo maravilloso –y más cuando, según el mismo Carpentier, una muestra privilegiada de lo real maravilloso es "El solo hecho de que la primera revolución socialista del continente se produjera en el país peor situado geográficamente para propiciarla –digo 'peor situado' geográficamente–, es ya de por sí un hecho insólito en la historia contemporánea..."[92]

Ahora bien, lo que hace definitivamente evidente esta vocación política de *La consagración de la primavera* y el método estético que la sustenta es el manejo elemental de las opiniones y contenidos políticos que consigue el escritor en esta novela. Una cierta tendencia didáctica, expositiva, definitivamente ancilar y hasta antipoética en ocasiones, recorre esta obra en cada acercamiento a las realidades históricas de contenido político tratadas y referidas por Carpentier. De este modo, nada queda en las medias tintas de la posible opinión de un personaje equivocado, dubitativo o mal intencionado –pues siempre habrá una respuesta, tal vez la misma que Enrique pedía a Breton–; nunca se problematiza la realidad, y siempre se establece una clara distinción de "lo bueno" y "lo malo" –categorización que alcanza a los

---

[92] Alejo Carpentier, "Lo barroco y lo real maravilloso", p. 65.

personajes, sumando los dubitativos al bando de los buenos (Vera y el mismo Enrique), clarificando la posición de los malos (José Antonio, la condesa) y dándole la posibilidad de la simpatía a Teresa (que puta, burguesa y vividora, opta por irse del país aunque detestando a la gente de Miami)–; y por último, llevando el desarrollo de la historia a una feliz consagración de la primavera, en la que todos los personajes "buenos" alcanzan su máxima medida como hombres en el reino de este mundo –Gaspar como músico, Enrique como arquitecto, Vera como coreógrafa, Mirta y Calixto como bailarines...–.

Ejemplos de este manejo elemental de los contenidos políticos sobreabundan en la novela, aunque vale la pena citar algunos de ellos:

–"Porque para él [Gaspar], todo estaba sumamente claro: los hechos se reducían a razonamientos muy simples y jamás había conocido la duda ni el desengaño. El pacto germano-soviético había sido una jugada magistral de la URSS para aplazar [...] una guerra inevitable [...] y ganar tiempo..." [Enrique, p. 210.]
–"Vivimos un momento trascendente en días de pasmosas transformaciones. Un hombre nuevo nos está naciendo ante los ojos. Un hombre que pase lo que pase, ha perdido el miedo al mañana" [Martínez de la Hoz, p. 451.]
–"Abrí todas las ventanas de la casa. Las calles estaban llenas de una multitud jubilosa [...] Frente a mí pasaron algunos con el puño en alto: "¡Viva la Revolución!" "¡Viva!" –dije. "Más alto, no se la oye" –me dijo el médico. "–¡Viva la Revolución!" –grité... [Vera, p. 421.][93]

Esta exultante presencia de las definiciones y la participación política plantean diversos problemas narrativos en el cuerpo literario de Alejo Carpentier, sobre los cuales se ha detenido la crítica y, por ejemplo, Ángel Rama comenta:

La elisión tiene consecuencias más dañinas en la textura de la obra: justo cuando pretende convertir la novela en épica, multitudinaria, su asunto se hace más enraizadamente intelectual e individual y la escritura se hace

---

[93] En tanto personaje, esta exaltada Vera resulta especialmente incongruente. El capítulo VII, en cuyo final se ubica su afirmación revolucionaria, ha sido dedicado, precisamente, a indagar en las causas de su terror a las revoluciones.

desmayada, informativa, trivial. Desde luego, sigue habiendo esos momentos esplendorosos de la escritura carpenteriana, que son aquellos de las grandes descripciones de los objetos de la realidad o de situaciones vistas como cuadros, pero ellos quedan como islas dentro de una ilación informativa y servicial.[94]

Mientras, en igual sentido, apunta otra vez Rodríguez Coronel:

En *El recurso del método* habíamos señalado cómo la utilización de un lenguaje directo y el diálogo afectaban la coherencia estilística carpenteriana. En *La consagración de la primavera* vuelve a presentarse esta problemática en los pasajes referidos de modo directo a la Revolución. En la narración de las torturas y laceraciones cometidas con los jóvenes revolucionarios por los sicarios batistianos hay una carga naturalista que proviene de los recursos propios de lo testimonial; en el final de la novela, basado fundamentalmente en el manejo del diálogo, se observa al igual una técnica objetiva de raíz documental...[95]

La confrontación entre realidad y verosimilitud narrativa, entre el frondoso estilo barroco, esencialmente metafórico, y la "técnica objetiva", "informativa y servicial" que se produce en el nivel del lenguaje de la novela, apunta, más que a un desajuste técnico, a todo un problema de concepción narrativa que Carpentier no pudo resolver en los quince años que le llevó la escritura de esta novela. Las renuncias y cambios respecto a su obra anterior que —anunciados ya en *El recurso del método*— incluyen una radical aceptación del realismo y de ciertos preceptos de su apropiación "socialista", muy difícilmente pudieron congeniar con una visión de la realidad americana que, en el largo entrenamiento de los años, Carpentier había perfilado como la búsqueda de lo singular en tanto elemento definidor de toda una realidad continental y en una utilización de la historia en la que ella era quien cumplía un rol "informativo y servicial", en función de comprobaciones que trascendían sus peripecias estrictamente "históricas".

[94] Ángel Rama, "Los adioses de Alejo Carpentier", *Eco*, Bogotá, julio-agosto de 1980.
[95] Rogelio Rodríguez Coronel, "Alejo Carpentier: novela y revolución", *Revista Universidad de La Habana*, mayo-agosto de 1981, p. 117.

El choque, en fin, entre lo real maravilloso y el realismo testimonia las búsquedas conceptuales que en este último estado de la evolución de la concepción carpenteriana dieron como resultado el experimento fallido —estética y conceptualmente— que ha significado *La consagración de la primavera*.

Publicada ya en 1979, apenas un año antes de la muerte de Alejo Carpentier, y considerada por muchos un simple y jocoso "divertimento", *El arpa y la sombra* es, a mi juicio, la más importante novela carpenteriana de este cuarto estado en cuanto al novedoso, profundo y revelador tratamiento de lo real maravilloso como lo insólito cotidiano a través del recurrido y, al parecer, inagotable contrapunto histórico y cultural acá-allá, que en esta ocasión Carpentier lleva hasta sus últimas —¿o quizás primeras?— consecuencias, a través de la realización de un ejercicio conceptual concebido como un verdadero empeño científico.

Historiando la vida de Cristóbal Colón y su denegado acceso al santoral cristiano, Carpentier consigue con esta simpática novela la proeza de establecer una imagen de América por negación. No se trata ya de la visión poética de un Vivaldi, de la mirada exótica de una Vera, ni mucho menos de la observación asombrada de un Víctor Hugues. En *El arpa y la sombra* lo real maravilloso recorrerá el camino más tortuoso de cuantos se impusiera Carpentier, pues, más que poesía, exotismo o asombro, se trata de la primera visión europea de América que, desde esos ojos, no era siquiera algo nuevo, sino el reflejo ya creado de un mundo asiático que Cristóbal Colón creyó haber tocado navegando hacia el poniente.

Como se sabe, *El arpa y la sombra*[96] está dividida en tres partes: "El arpa", narrada en tercera persona desde la perspectiva de Mastaï, el futuro papa Pío IX, quien en los albores de del siglo XIX y después de su experiencia americana concibe la canonización del Almirante como una necesidad política para mantener la unidad occidental en el

---

[96] En lo fundamental, el análisis que sigue es un extracto de mi estudio "Colón, Carpentier, la mano, *El arpa y la sombra*", incluido en el volumen *Lo real maravilloso: creación y realidad*, ed. cit., con el que aún estoy plenamente de acuerdo.

momento en que se rompía la artificial y obsoleta dependencia colonial americana que iniciara el mismo Colón.

La segunda parte, "La mano", es la más voluminosa del libro y recoge el monólogo colombino en que Carpentier elabora novelescamente —aunque con proverbial rigor histórico— una tendenciosa biografía del Descubridor, contada por su propia voz, donde se ofrece la verdadera dimensión humana de una personalidad en la que coexisten, de modo ejemplar, la grandeza y las mezquindades, el valor y la ambición, la inteligencia y la terquedad de un hombre que, para empezar su revelador soliloquio, admite que "De los pecados capitales uno solo me fue siempre ajeno: el de pereza".[97]

Finalmente, la tercera sección del libro, titulada "La sombra", nos entrega el juicio de la denegada beatificación por vía excepcional de un Colón al que ya conocemos y jamás se nos ocurriría situar en ningún santoral.

Sin embargo, detrás del periplo que sigue el destino de Cristóbal Colón, existe toda una serie de procesos —menos evidentes, pero mucho más interesantes— que nos remiten a la preocupación esencial de la novelística carpenteriana: el establecimiento de la imagen de América, de lo real maravilloso, la comprensión del medio y sus singularidades históricas y sociales, fenómeno que en la segunda parte de *El arpa y la sombra* adquiere un matiz sencillamente peculiar, pues América queda vista desde los ojos de un Descubridor, que, en sus escritos, jamás admitió haber llegado a un Nuevo Mundo.

Así, de la construcción del personaje Colón y la reelaboración de sus visiones de América que se producen en su monólogo dependerá la imagen del Nuevo Mundo que se ofrece en la segunda parte de la obra, la más enjundiosa en el tratamiento de lo real maravilloso.

Por ello, resulta imprescindible establecer, en primer término, cuál fue el reflejo real (textual) que legó Colón de las "tierras asiáticas" que salió a buscar navegando hacia el Occidente, pues de los textos históricos, de su negación o reinterpretación novelesca, es que parte Carpentier para construir su personaje y su consecuente visión del

---

[97] Alejo Carpentier, *El arpa y la sombra*, Editorial Letras Cubanas, La Habana, 1979, p. 46.

mundo, tan distinta –por humana– de la que habían elaborado varios biógrafos del Almirante.

Es un hecho demostrado que en todos sus escritos, desde la relación del primer viaje y la carta al judío Santángel[98] hasta el testamento dictado en Valladolid y confirmado el día antes de su oscura muerte, el Almirante conforma un homogéneo proceso de ficcionalización e instrumentalización de la realidad americana[99] al hacerla coincidir, de modo voluntarioso –aunque económicamente justificado–, con los modelos asiáticos que había formado en su intelecto a partir de la lectura de las obras de Marco Polo, Pierre d'Ailly, Eneas Silvio y Plinio, donde se describía, de primera, segunda o hasta tercera mano, un fabuloso continente asiático pletórico en oro, piedras preciosas y codiciadas especias.

Esta realidad textual, contrapuesta a la terca resistencia de la realidad americana a encajar dentro de los cánones asiáticos, determinó una imagen esencialmente deformada de la geografía y la sociedad que el Descubridor fue encontrando a lo largo de sus cuatro viajes interoceánicos. Por ello, desde el instante en que Rodrigo de Triana pasa a la posteridad por haber lanzado el más famoso y esperado grito de la historia, Colón, su capitán, inicia un sistemático proceso de selección y adecuación de la realidad, manifiesto en la sustitución de lo real por lo imaginario, de lo que es por lo que quería que fuera, y sus descripciones del Nuevo Mundo no son más que la verificación *in situ* de la imagen formada a partir de los modelos literarios. Esto contribuye, por supuesto, a que el Almirante refleje preferentemente lo que se aviene a los moldes preestablecidos –bastante rígidos, por cierto–, que transforme lo que se acerque a ellos, y que sustituya, mutile o elimine, sencillamente, lo que de ellos escape.

Tal vez el ejemplo más evidente de la tenaz identificación asiática de lo americano esté en su última relación de viaje, la famosa "Lettera

---

[98] Véase Manuel Fernández de Navarrete, *Viajes de Cristóbal Colón*, Ed. Calpe, Madrid, 1922.

[99] Estos términos, que ya he utilizado antes, son empleados por Beatriz Pastor en su excelente ensayo *El discurso narrativo de la conquista de América*, Editorial Casa de las Américas, La Habana, 1984. Este libro resulta verdaderamente valioso para establecer los móviles que determinaron la imagen colombina del Nuevo Mundo.

Rarisima", que redacta desde el destierro en Jamaica, en 1503, al final de aquel cuarto viaje que debió haberle demostrado definitivamente que Centroamérica no era la península que, según los viajeros y cosmógrafos medievales, separaba, unos grados debajo del Ecuador, al Océano Atlántico del Índico. Sin embargo, en esta misiva a los reyes, Colón afirma, por ejemplo: "Llegué a 13 de mayo a la provincia de Mago, que parte con aquella del Catayo",[100] mientras poco antes había comentado que "También dicen que la mar boxa a Ciguare, y de allí a diez jornadas es el río Ganges".[101]

Hasta el final, los modelos asiáticos extraídos de sus lecturas determinan el reflejo de la realidad que Colón pretende descubrir, y "el resultado es la deformación del Nuevo Mundo de acuerdo con los términos del modelo de un proceso de ficcionalización que sustituye una realidad concreta [...] por otra imaginaria".[102] De modo ejemplar, la ensayista española Beatriz Pastor explica así este interesante y peculiar fenómeno de creación de una realidad "otra":

> En sus diarios y cartas, el Almirante afirma descubrir cuando verifica, pretende develar cuando encubre, y describir cuando inventa. Dentro de unas coordenadas que determinan la función ficcionalizadora del discurso centrada en la necesidad personal y social que tiene el narrador de identificar América con sus modelos previos, por una parte, y de caracterizarla en función de las necesidades y expectativas del mercado europeo, por otra, Cristóbal Colón utiliza unas técnicas de descripción y caracterización cuyo resultado es la sustitución —dentro del discurso colombino— de la realidad americana por una ficción que expresa los sueños de realización personal y económica del Almirante.[103]

En sus escritos, entonces, Colón llegó al Asia, del Asia escribió, navegó las islas asiáticas, pisó el Quersoneso Áureo y murió convencido de que había alcanzado el Lejano Oriente de Marco Polo navegando por el Occidente.

---

[100] M. Fernández de Navarrete, *op. cit.*, p. 338.
[101] *Ibidem*, p. 332.
[102] Beatriz Pastor, *op. cit.*, p. 58.
[103] *Ibidem*, p. 58.

De este modo, Colón inicia estrepitosamente una literatura que, como tendencia esencial, tendrá la función de deformar y esconder —aunque las razones de tal función varíen con el tiempo— la realidad americana, de transformarla y asumirla desde una mentalidad europea para la que América fue —y es todavía, en más de un caso— la expresión física y espiritual de concepciones exteriores y prefabricadas. El resultado, en el caso de Colón, fue la creación de una imagen distorsionada de América que otros cronistas —aun sabiendo ya que se trataba de un ente geográfico distinto a Asia— se encargaron de fijar en la conciencia del Viejo Mundo, como se hace evidente, dentro del propio sistema carpenteriano, en los personajes europeos de *Concierto barroco*, en la madre del soldado español de "Semejante a la noche", en las historias de los indianos en "El camino de Santiago" o, ya en una época contemporánea, en la Mouche de *Los pasos perdidos*, personajes que, como común denominador, manifiestan su incapacidad para comprender lo americano por partir de patrones culturales distorsionados.

Entonces, ¿cómo puede integrarse un personaje así en el sistema americanista que conforma la narrativa carpenteriana? ¿Cómo puede una imagen tan deformada de América —la más deformada, sin duda— funcionar en la visión de lo real maravilloso americano de Carpentier, que, en esta etapa de su evolución, se caracteriza por la total contextualización de lo insólito como estado natural de la realidad en el universo americano?

La segunda parte de *El arpa y la sombra*, como queda dicho, está compuesta por el largo monólogo en el que Colón se debate, esperando la llegada del confesor franciscano, "que mucho tarda". Aquí Carpentier, al trabajar la personalidad de su protagonista, ofrece también su propia visión sobre el descubrimiento de América a partir del material (toda una referencia textual) que constituyó la primera imagen de un Nuevo Mundo totalmente desconocido para la inteligencia europea.

Ahora bien, entre los textos colombinos que nos han llegado y el revelador análisis que ofrece *El arpa y la sombra* media una distancia que, con toda claridad, Carpentier ha impuesto entre un "vasto Repertorio de Embustes"[104] y la verdad, toda la verdad. A mi juicio, en esta elaboración de la perspectiva del personaje Colón que hace el novelista cubano radica la esencia del acercamiento americano que distingue y caracteriza a la obra y la que le permite a su autor valerse del contradictorio personaje histórico para evacuar sus necesidades expresivas y conceptuales.

El Colón de la novela es, indiscutiblemente, otro Colón, y su naturaleza se revela desde el primer subcapítulo de la segunda parte, cuando afirma: "[...] Y habrá que decirlo todo. Todo pero todo. Entregarme en palabras y decir mucho más de lo que quisiera decir [...] Decir cosas que serán escándalo, desconcierto, trastueque de evidencias y revelación de engaños [...] Hablaré pues, lo diré todo" (pp. 43-45).

Y entonces comienza por admitir que, de los pecados capitales, sólo la pereza le fue ajena, para continuar ofreciendo la "verdadera" historia de su vida, que se desarrolla en la lujuria; los móviles de una empresa descubridora cuyo éxito había asegurado de antemano con noticias fidedignas de la existencia de tierras al oeste; sus objetivos mercantiles; sus anhelos de fama; sus esperanzas de trascendencia y sus terribles frustraciones finales, escritas en el amargo tono de la Carta de Jamaica, de la cual Carpentier parafrasea varios fragmentos en el subcapítulo 13.

La negación del Colón "histórico" —el de sus biógrafos defensores, especialmente— por el Colón novelesco introduce en la obra un distanciamiento conceptual y psicológico (que se define en la reiterada contraposición verdad/mentira, matizada otras veces con distintos adjetivos como real, cierto, embuste, falso, etc.) entre los dos personajes que visten las ropas del Almirante: el que Mastaï pretende canonizar y el que habla en el lecho de muerte. Pero como Carpentier parte de una verdad comprobada —las numerosas falsificaciones, sustituciones y omisiones de acontecimientos y fenómenos en los textos colombinos—, la construcción del personaje Colón puede desarrollarse dentro de los patrones de conducta del personaje real

[104] Alejo Carpentier, *op. cit.*, p. 88.

—que no es, evidentemente, el que piensa Mastaï al soñar su canonización—, a quien Carpentier no ha hecho más que darle vida, palabra y una psicología de hombre bien afincado en la tierra, para hacer verosímil —y hasta muy verosímil— el revelador monólogo del moribundo.

Todo esto, bueno es decirlo, se apoya en un eficaz empleo del habla colombina, a la que Carpentier le entrega un colorido y dinamismo que en las cartas y relaciones es, por lo general, abigarramiento verbal y suma de lugares comunes —como las menciones a Dios—, pero sin traicionar en su esencia las imágenes y el léxico propio del Colón histórico, en el que empieza a introducirse, por primera vez, toda una serie de americanismos que el novelista cuida muy bien de llevar a su obra.

Desde esta perspectiva, Carpentier empieza a fraguar el carácter de su protagonista, un hombre en el que se conjugan, con fácil armonía, la fantasía y la aparente propensión a dar crédito a cuanto escuchaba o leía,[105] y la taimada y utilitaria inteligencia del mercader que le hace decir, después de conocer —gracias al personaje del Maese Jacobo, presto a hablar, que le entrega Carpentier— la historia de los normandos que viajaron a la Vinlandia: "Mi ambición ha de aliarse al secreto. De ahí que deba callar la verdad. Y por necesidad de callar me enredo en tal red de patrañas que sólo vendrá a desenredarla mi confesión general" (pp. 62-63).

Y más adelante el Descubridor de Carpentier vuelve a caracterizar sus escritos, como para no dejar lugar a dudas:

Y la constancia de tales trampas (trampas del Demonio) están aquí en estos borradores de mis relaciones de viajes, que tengo bajo la almohada y que ahora saco con mano temblorosa —asustada de sí misma— para releer lo que, en estos postreros momentos, tengo por un vasto Repertorio de Embustes —y así lo diré a mi confesor que tanto tarda en aparecer— [p. 88].

---

[105] Asegura Colón en la novela: "Negamos muchas cosas porque nuestro limitado entendimiento nos hace creer que son imposibles. Pero, mientras más leo y me instruyo, más veo que lo tenido por imposible en el pensamiento, se hace posible en la realidad". *Ibidem*, p. 51.

Pero en el breve subcapítulo 15, que termina esta segunda parte del libro, ante la inminencia del desenlace, el Gran Almirante reflexiona sobre la utilidad de hablar o no hacerlo, y como buen comerciante, al ver que no obtendrá ganancias, concluye:

> Hora de verdad, que es hora de recuento. Pero no habrá recuento. Sólo diré lo que acerca de mí pueda quedar escrito en piedra de mármol. De la boca me sale la voz de otro que a menudo me habita [el Colón histórico, el que escribió las relaciones, según la perspectiva de la novela]. Él sabrá lo que dice... [p. 132.]

Carpentier cierra así las puertas de la verdad, una verdad/verdadera que el personaje Colón se lleva consigo, para dejarnos con las falsas palabras del otro Colón, el histórico, con sus verdades/fingidas, el Colón que escribió y se confesó en extremaunción, convencido aún de haber llegado a las Indias.

La construcción del personaje Colón —dependiente del rejuego de perspectivas analizado— es, sin embargo, mucho más compleja desde el punto de vista del establecimiento de lo real maravilloso. Desde el momento en que, obligado por Carpentier, su personaje se determina a decir toda la verdad, se inicia una nueva historia de la génesis, realización y resultados prácticos de la empresa trasatlántica que propició la conquista de un Nuevo Mundo nunca aceptado por Colón.

Esta condición de historia verdadera implica una nueva valoración de los acontecimientos y de su reflejo en los textos colombinos, y determina un nuevo análisis de las peripecias de su vida, desde el episodio del viaje a Islandia, donde Colón se encuentra con el Maese Jacobo y conoce los viajes de los normans y la existencia de territorios trasatlánticos, hasta su percepción y reflejo de lo americano.

Sin embargo, al trabajar sobre un material histórico —un referente siempre textual—, Carpentier puede novelar, pero no desconocer, la realidad vital del personaje. Así, la imagen de las Indias que se ofrece en la novela se corresponde con la psicología colombina, que —en la realidad y en la novela— ha extraído de los libros ese mundo idílico que conoce como si lo hubiera visitado. En este sentido, Carpentier llega a la exquisitez de lo prolijo y hace que Colón cite, entre otros muchos, a autores como Marco Polo, Pierre d'Ailly, Pablo Orosio, san Agustín, Juan de Monte Corvino, san Isidro, Beda, Strabbo, san Ambrosio, Plinio, Séneca y Aristóteles, quienes de alguna forma describieron, mencionaron o cuando menos imaginaron las míticas islas perdidas en el Océano Tenebroso o los fabulosos territorios orientales. La imagen del personaje carpenteriano nos remite entonces a un estado de cuentas de la imagen de las Indias, la Antilia, etc., existente en el siglo xv, idea de la cual Colón es no sólo heredero, sino el primer encargado de "comprobar" en la práctica.

A partir del subcapítulo 8 y hasta el 14 —penúltimo de la segunda parte de la novela—, Carpentier trabaja este proceso de identificación del Nuevo Mundo con los modelos asiáticos. En este complejo terreno hay dos elementos en cuyo análisis es preciso detenerse: por un lado, el hecho mismo de la identificación, voluntarista y terca, esencialmente económica, a pesar de que la nueva realidad escapaba constantemente de los modelos imaginarios, lo que en algún momento hace dudar al Colón de la novela —no así al otro, el de las relaciones y las cartas— si en verdad ha llegado al Asia. El otro proceso, ya netamente carpenteriano, es la forma en que Colón devela la singular realidad recién hallada, los mecanismos tropológicos —grandes metáforas, desproporcionadas comparaciones, conseguidas a partir del acercamiento de realidades muchas veces antagónicas— de que se debe valer el personaje para calificar un entorno desconocido que, sin embargo, necesita vender como conocido, identificarlo con el que descubrieron los viajeros, filósofos y cosmógrafos que lo antecedieron en el reflejo de las míticas Indias Orientales.

Uno de los rasgos fundamentales que distinguen al Colón histórico del carpenteriano es el escepticismo que manifiesta este último cuando el primero exhibió un pomposo triunfalismo. El arribo a un mundo desconocido, ajeno a los *leit-motiv* de la imagen asiática —oro, perlas, especierías, sociedades organizadas, ricos palacios—, provoca en el personaje novelesco una serie de dudas que, en su "discurso verdadero", puede plantear sin ningún temor, mientras que el Colón histórico debió identificar, mitificar y verificar para hacer evidente que su nada satisfactoria empresa había sido todo un éxito.

El Colón histórico, como ya hemos visto, nunca acepta haber llegado a un lugar que no sea el Asia. En la novela, sin embargo, hay algo que pudiéramos calificar de visión crítica del medio –que el protagonista cuida mucho de manifestar públicamente–, con la cual Carpentier conforma un sutil proceso de acercamiento a la realidad desde la óptica del Almirante, acercamiento que no se produce sólo por la verificación de los modelos imaginarios, sino por la precaria posibilidad de su imposición a la realidad.

Así, en las páginas 84 y 85, Colón está convencido de que las tierras vistas a proa son asiáticas, y teme por la probable presencia de cristianos en estos confines, y en la página 86, todavía antes del desembarco, habla del "Rico baile de Doña Canela con Don Clavo de Clavero", del "Gran Khan [...] y sus gentes ya maleadas por nuestro comercio [que] no regalaban ni el pimiento ni el aroma, sino que los hacen pagar a buen precio [...] y en cuanto al oro y las perlas: menos se regalan que el jengibre..." (p. 86).

Pero a partir de ese instante Carpentier da lugar a la confrontación de los modelos con la realidad, enfrentamiento impuesto por el novelista con el objetivo de extraer, como resultado de él, una visión más realista de lo americano y de su contexto virgen, que no existe en los documentos colombinos. Y la oposición empieza desde el mismo día 12 de octubre (subcapítulo 8): "Y de pronto, es el alba [...]. Miro intensamente. No hay edificaciones, casas, castillos, almenas o torres a la vista [...] y ya estamos en tierra, donde crecen unos árboles de una traza desconocida para nosotros, salvo unas palmeras que algo se asemejan a las de África" (p. 86).

Pero la mayor evidencia se produce cuando los hombres de Colón se ven "rodeados de gente".

> Caído el susto primero muchos de los nuestros se echan a reír porque lo que se les acercan son unos hombres desnudos, que apenas si traen algo como un pañizuelo blanco para taparse las vergüenzas. ¡Y nosotros que habíamos sacado las corazas, las cotas y los cascos, en previsión de una posible acometida de tremebundos guerreros con armas en alto!... Éstos, en cuanto a armas, sólo traen unas azagayas que parecen aguijadas de boye-

ros, y me barrunto que deben ser miserables, muy miserables, tremendamente miserables, puesto que andan todos en cueros... [p. 87.]

El choque con una realidad nunca imaginada en estas condiciones de desarrollo socioeconómico provoca, en un primer momento, que "muchos de los nuestros se echan a reír", pero una vez terminada la primera jornada americana, comienzan a brotar las dudas:

"'—¿A dónde hemos llegado, señor Almirante?' —me pregunta el Martín Alonso, con el veneno oculto bajo la máscara risueña. —'La cuestión es haber llegado'" (pp. 87-88).

Responde el Almirante, para quien se ha hecho evidente que algo no funciona, que algo no encaja. No es casual, entonces, que al día siguiente, 13 de octubre, y ante la imposibilidad de satisfacer las expectativas que su viaje ha creado, las promesas que lo sustentan, se abra la primera página del vasto Repertorio de Embustes.

Sin embargo, Carpentier decide no traicionar, en cuanto a la obstinada visión asiática, la psicología del personaje real llevado a la ficción. Si bien resulta extremadamente difícil asimilar el nuevo contexto a los modelos imaginarios, y la contradicción es entonces la que determina el enjuiciamiento del medio —juicio que muchas veces debe realizar por sí solo el lector, a partir de las claves propuestas—, el protagonista de la novela continúa verificando la asiaticidad de los nuevos territorios y buscando, incansablemente, uno de los grandes reinos míticos descritos por Marco Polo y los otros autores europeos.

Esa insistencia provoca que se sucedan afirmaciones como éstas: "Aquello, por la descripción, debía ser cosa de Cipango más que de Vinlandia" (p. 89); "Y lo peor es que no tengo la menor idea de dónde estamos; esta tierra de Colba o Cuba lo mismo puede ser el extremo meridional de la Vinlandia, que una costa occidental de Cipango" (p. 90). Y por ejemplo, en el subcapítulo 11, dedicado al segundo viaje, concluye: "Más de cinco mil islas rodean, según las crónicas de los venecianos, el gran reino de Cipango, luego estoy en las inmediaciones de ese gran reino..." (p. 113), y aún después del cuarto viaje (subcapítulo 14) insiste en la identificación y afirma: "[...] porque mi ruta a las Indias o a la Vinlandia meridional o a Cipango o a Catay —cuya provincia de Mangui bien puede ser la que conocía con el nombre de Cuba—" (p. 128).

Las contradicciones entre textos y contextos reales —contradicciones que apenas han generado ciertas dudas en el personaje— no han podido hacerle evidente la singularidad absoluta de los territorios por él descritos. No obstante, Carpentier establece, en más de una ocasión, la posibilidad de que se trate de un ente geográfico inédito, como lo manifiesta su protagonista cuando se ve obligado a reflexionar si ha llegado o no a las avanzadas de los reinos del Gran Khan.

En otros momentos, ante la imposibilidad de identificar los modelos con la realidad, Colón vuelve a dudar. Así, frente el espectáculo de unos caciques desnudos, llega a pensar "que bien lejos estábamos aún de la fabulosa Cipango" (p. 97), o, incluso, la ausencia de lo buscado le hace afirmar que "No hallé las Indias de las especias, sino la India de los caníbales" (p. 123).

Pero en la novela la certidumbre de que, por los resultados obtenidos, es muy probable que Colón no haya llegado a las Indias no proviene de él, sino de la reina Isabel que, en un pasaje clave de la obra, le espeta: "no hay canela, ni nuez moscada, ni pimienta, ni clavos de clavero: luego no llegaste a las Indias...", sino "a un lugar que nada parece provincia de Indias [...] unas tierras que, para mí, no son de Ofir ni son de Ofar, ni son de Cipango", y se completa esta nueva perspectiva con la petición de pruebas objetivas: "Entonces creeré en muchas cosas que todavía me huelen a embustes de los tuyos" (p. 110) —concluye la reina—.

Pero Colón, terco hasta la desesperación —y económicamente presionado—, confiesa dos páginas después de la concluyente petición de su majestad: "Pronto levantaré anclas nuevamente y nuevamente iré a las avanzadas de Cipango que descubrí —aunque Columba [...] diga a veces que aquello nada tiene que ver con Cipango"— (p. 112).

De esta forma, el novelista redondea la psicología de un personaje que se encuentra atrapado en un camino sin salida: Colón necesita oro y especias y, según sus paradigmas, únicamente Cipango, Catay y Mangui pueden ofrecerle esos productos. Entonces, debe morirse diciendo que ha llegado a Cipango, Catay y Mangui, por más que nunca se le revele la Mina Madre ni vea el rostro "impasible y magnífico del Gran Khan" u otro gran personaje que no sea un cacique en cueros.

De ese cúmulo de circunstancias va a depender la forma en que Colón devela la fabulosa e inédita realidad americana. De la contradicción entre modelos y realidad, entre referentes textuales y condiciones contextuales surge, como queda dicho, un acercamiento efectivo al ámbito americano, acercamiento que, sin embargo, pocas veces va mucho más allá de lo evidente, de lo epidérmico, pues Carpentier no puede pedirle a su personaje una comprensión del medio, de sus singularidades y características esenciales, que resultará siempre en una visión real maravillosa, tal como se concibe en este estado de evolución del concepto dentro de la novelística carpenteriana. Porque Colón ni siquiera se halla en una posición similar a la de Mastaï que, en la primera parte de *El arpa y la sombra*, arriba a una América que si bien desconoce por experiencia personal, se ha convertido ya en una entidad independiente. Mientras, Colón se debate en una encrucijada única en el sistema literario carpenteriano: es el encargado de reflejar una América cuya existencia nunca admite ni siquiera en su discurso verdadero de la novela. Por ello, en uno de los pasajes más hermosos de la obra, Colón advierte su terrible contradicción esencial a la hora de convertir en palabras, de reflejar en imágenes comprensibles, aquello que va encontrando a su paso:

Había que describir aquella tierra nueva [dice]. Pero, al tratar de hacerlo, me hallé ante la perplejidad de quien tiene que nombrar cosas totalmente distintas de todas las conocidas —cosas que deben tener nombres, pues nada que no tenga nombre puede ser imaginado, mas esos nombres me eran ignorados, y no era yo un nuevo Adán, escogido por su criador, para poner nombres a las cosas. Podía inventar palabras, ciertamente; pero la palabra sola no muestra la cosa, si la cosa no es de antes conocida [...] Un retórico, si acaso, que manejara el castellano con mayor soltura que yo; un poeta, acaso, usando de símiles y metáforas, hubiesen ido más allá, logrando describir lo que no podía yo describir... [pp. 90-91.]

## VISIÓN DE AMÉRICA

Ante esta insalvable barrera –que se levanta encima de su desconocimiento del medio–, su forma de reflejar la fabulosa realidad hallada sólo podrá concretarse por las vías del asombro, el contraste y la identificación (vías que, en su origen, siempre tienen la comparación) de la realidad con los modelos que están a su alcance: los modelos reales (europeos) y los modelos textuales o imaginarios (asiáticos y mitológicos).

Los ejemplos de estos procesos se suceden en la novela, aunque generalmente se mezclan los diversos elementos: la identificación y el contraste, el empleo de los modelos reales y de los imaginarios y textuales, por lo que todas las descripciones o reflexiones sobre los nuevos territorios parten de la compleja urdimbre de estos presupuestos en la mente del narrador-personaje.

No obstante, hay ocasiones en la novela en que uno de los recursos comparativos domina sobre el otro y esto permite establecer una dicotomía en el proceso: cuando Colón identifica, ficcionaliza la realidad, y cuando la asimila por contraste, se acerca a ella. Esto nos remite, finalmente, a los dos modos en que ha sido trabajado lo real maravilloso en la segunda parte de *El arpa y la sombra:* lo maravilloso entendido como lo fabuloso, lo mítico, lo imaginario materializado en América; y lo real maravilloso, dado aquí –por todas las condiciones singulares que caracterizan a su presentador– desde una óptica más o menos subjetiva que se enfrenta a un contexto incomprensible para los europeos, pero que existe, con sus peculiaridades, fuera de su subjetividad.

La identificación ficcionalizadora se pone de manifiesto en varios pasajes, donde se trata de introducir la realidad en el modelo:

> En cuanto al paisaje, no he de romperme la cabeza: digo que las montañitas azules que se divisan a lo lejos son como las de Sicilia, aunque en nada se parecen a las de Sicilia. Digo que la hierba es tan grande como en Andalucía en abril o mayo, aunque nada se parece aquí a nada andaluz. Digo que cantan ruiseñores donde silban unos pajaritos grises, de pico largo y negro, que más parecen gorriones. Hablo de campos de Castilla donde nada, pero nada, recuerda los campos de Castilla. No he visto árboles de especias y

auguro que aquí debe haber especias. Hablo de minas de oro, donde no sé de ninguna. Hablo de perlas, muchas perlas, tan sólo porque vi algunas almejas que "son señal de ellas". Sólo he dicho algo cierto: aquí los perros parece que no ladran. Pero con perros que ni siquiera saben ladrar no voy a pagar el millón que debo a los malditos genoveses de Sevilla [p. 92].

La identificación ficcionalizadora, en este caso, queda mediatizada por la visión crítica del medio —desmitificadora del modelo— que impone Carpentier al elaborar el discurso verdadero de Colón, y el personaje rompe la perspectiva identificadora al decir la verdad e introduce un elemento de extrañamiento entre el fenómeno real modélico (europeo) y su reflejo ficcionalizado (americano), distancia con la que Carpentier se propone realizar, en última instancia, un proceso desmitificador que recorre toda su novela (el mito de América, de la Utopía —el Paraíso Terrenal—, del Colón santificable, etc.). Este esquema se repite en la obra y su objetivo es, precisamente, devaluar la identificación que, en los textos históricos, quedó establecida. Con este recurso, además, Carpentier hace evidentes las causas que impulsaron a Colón a emplear, con tanta frecuencia, la comparación de los modelos y las realidades: la necesidad mercantil del comerciante que ofrece sus productos, junto a la del cronista que carga la responsabilidad de un "nuevo Adán".

Algo similar ocurre con el muy fabuloso hallazgo del Paraíso Terrenal, en el momento en que, según Beatriz Pastor, el Colón histórico llegó "[...] al punto máximo de su delirio identificador del que deja constancia minuciosa en unos textos que son ejemplos magníficos de literatura fantástica, aunque él los presente como descripciones objetivas del continente suramericano".[106] Carpentier, por su parte, introduce nuevamente el elemento distanciador verdad/mentira (apoyado en el recurso de la ironía) y antepone la necesidad económica como motor de la asombrosa descripción, con lo cual consigue que la identificación ficcionalizadora provoque resultados dudosos, cuando no contrarios a los que persiguió el personaje histórico:

[106] Beatriz Pastor, *op. cit.*, p. 57.

VISIÓN DE AMÉRICA                                                    429

Y ahora...¡bueno! No hallé la India de las especies sino la India de los Caníbales, pero... ¡carajo!, encontré nada menos que el Paraíso Terrenal. ¡Sí! ¡Que se sepa, que se oiga, que se difunda la Grata Nueva en todos los ámbitos de la Cristiandad!... El Paraíso Terrenal está frente a la isla que he llamado de la Trinidad, en las bocas del Drago, donde las aguas dulces venidas del Cielo, pelean con las saladas −amargas por las muchas cochinadas de la tierra. Lo vi, tal como es, fuera de donde lo pasearon los cartógrafos engañosos y engañados, de aquí para allá, con sus Adanes y sus Evas movidos −mudados de lugar− con el árbol entre los dos, serpiente alcahueta, recinto sin almenas, zoología doméstica, fieras cariñosas y relamidas, y todo lo demás, al antojo de cada cual. Lo vi, vi lo que nadie ha visto... [p. 123.]

Pero la verdadera esencia de la imagen ficcionalizadora de la nueva realidad, conseguida por la identificación modélica con la realidad, se produce en el subcapítulo 10, cuando Colón ha regresado de su primer viaje y ofrece este informe no a los lectores, sino a los Reyes Católicos:

Evoqué, para describir las comarcas, las bellezas de las más celebradas comarcas de España, las dulzuras −yo sé por qué− de las campiñas de Córdoba, aunque se me fue la mano, ciertamente, cuando equiparé los montes de la Española con las cimas del Teide. Narré [...] cómo había visto tres sirenas feas, para decir la verdad, y con caras de hombres [...] Y [...] empezaron a rutilarme en los labios los nombres de las más rutilantes comarcas de la historia y de la fábula [...] De pronto la isla Española, transfigurada por mi música interior, dejó de parecerse a Castilla y Andalucía, creció, se hinchó, hasta montarse en las cumbres fabulosas de Tarsis, de Ofir y de Ofar, haciéndose el límite, por fin hallado [...] del prodigioso reino de Cipango. Y allí mismo estaba la mina ubérrima conocida por Marco Polo, y de eso venía yo a dar noticia a este reino y a toda la Cristiandad. Alcanzada era la Cólquide del Oro, pero no en mítica paganía esta vez, sino en cabal realidad [p. 107].

Se hace evidente aquí que Colón −por los mismos motivos económicos− ha vaciado de sentido al Nuevo Mundo y ha vertido en él, con febril manía identificadora,[107] todo el acervo de la cultura europea, y

[107] Beatriz Pastor, *op. cit.*, p. 51: "La necesidad de identificación entre el modelo imaginario y la realidad descubierta es tan grande para Colón que, aparte de llevarle a igno-

el resultado es una imagen ciertamente maravillosa, pero no real maravillosa, al haber sido deformada −como realidad− en cada uno de sus componentes. Sin embargo, en ese largo párrafo Carpentier no ha hecho más que parafrasear el Memorial que, a su arribo a España luego del primer viaje, el Colón histórico le envió a los Reyes Católicos, un documento donde estaba sencillamente obligado a ficcionalizar la realidad para justificar su magra empresa y mostrarla como un éxito. Por lo demás, se trata en todos los casos citados de lo que Colón dijo o escribió (referente textual), visto en la novela ya al final de la vida del personaje y desde una perspectiva sincera, que se va enfrentando, constantemente, con la voz pública que, como se sabe, corresponde a ese otro (el histórico, el embustero) que tan a menudo lo habitó. La distancia entre los dos personajes se hace manifiesta, pero aun así Carpentier insiste en las exageraciones de su protagonista, en el matiz irónico, en la búsqueda desesperada de los modelos −no importa que estén en la fábula o en la historia− para dar corporeidad, realidad, a aquello que ha visto y que necesita vender. El resultado final es, entonces, ese cuadro idílico, ficticio y maravilloso de un mundo cuya verdadera identidad ha sido traicionada para convertirse en una mezcla exótica y fabulosa de todo lo bello que existía en los modelos de la historia y de la fábula.

Como se ha visto, en cada una de las identificaciones el móvil económico aparece determinando −en primera instancia, como era de esperar en este momento de la evolución filosófica del escritor cubano− el interés de Colón por deformar los territorios americanos hasta convertirlos en la imagen ideal que había prefabricado antes de iniciar su empresa. En la novela esto se ve apoyado por la insistencia del narrador en los objetivos mercantiles de los viajes y en la búsqueda febril de oro −cuya aparición se convertiría en la mayor prueba de asiaticidad−.

Carpentier, con una visión materialista dialéctica de la realidad, ha

---

rar, sistemáticamente, la mayoría de los aspectos concretos de la nueva realidad, y de impedirle ver o comprender el Nuevo Mundo tal y como es, es capaz de hacerle admitir la posibilidad de que Cipango, que él siempre había situado, con Marco Polo, a unas 1 500 millas de la tierra firme asiática, se encuentre a escasa distancia de Cuba-Catay".

insistido en asignarle a su personaje un pensamiento económico –históricamente preciso y muy necesario en su caso, por demás– que otros biógrafos y estudiosos han diluido tras intereses científicos y aventureros. Además, como novelista, el narrador cubano puede seleccionar y enfatizar donde sus concepciones artísticas e ideológicas le indiquen. De ahí que la visión del escritor marxista esté determinando la construcción, comportamiento y perspectiva analítica ofrecida al personaje.

La necesidad de satisfacer las expectativas económicas queda entonces perfectamente demostrada en la novela en un pasaje como éste, que permeará toda la posterior visión de lo americano:

> Y yo pensaba que era tiempo ya de que apareciese el divino metal, pues ahora que demostrada era la existencia de estas islas, un problema nuevo se me echaba encima: las tres carabelas significaban una deuda de dos millones [...] Por lo tanto, dar tiempo al tiempo: "Es ésta la tierra más hermosa que ojos humanos hayan visto...", y por ahí seguimos, con afirmación de epitalamio [p. 92].

Y se inaugura entonces el proceso de identificación ficcionalizadora... Por ello, más adelante, cuando el oro y las especias siguen sin aparecer, Colón inicia un productivo comercio de esclavos americanos, que al ser prohibido por la corona lo obliga a decir: "¡Se me venía abajo el único negocio fructífero que, para compensar la carencia de oro y especias, se me hubiese ocurrido!" (p. 120).

La importancia de que Carpentier insista en el origen y, sobre todo, en el fracaso mercantil de la empresa colombina es verdaderamente considerable, pues constituye no sólo el motivo del trágico fin del Almirante, sino el aspecto fundamental de la necesidad de identificación de América con los modelos mejor cotizados en el mercado europeo. De esta forma queda perfectamente establecido cómo el móvil económico influye y determina en la elaboración de una imagen deformada de la realidad del Nuevo Mundo, mientras apenas se mencionan el anhelo de trascendencia y las pretensiones de predestinación divina, que en la dura realidad que vive el personaje Colón –como le sucedió al Colón histórico– no adquirían valor de cambio hasta en tanto no viniesen acompañadas de oro, perlas y especias.

Paralelamente, la novela plantea otra comprensión de lo americano, dada esta vez por el contraste de lo real con los modelos asiáticos y europeos. Este fenómeno se presenta del modo más diáfano en la identidad de los hombres del Nuevo Mundo, cuya "miseria" y "mansedumbre" no puede ocultar el Descubridor. Mientras la realidad natural era comparada –y deformada– a su antojo, los indígenas americanos presentan en la obra una molesta evidencia de la no-asiaticidad de las tierras descubiertas, por la singularidad que poseen, imposible de reducir a ningún modelo –para alguien que no fuera Colón–. Así, en el subcapítulo 9, también dedicado al primer viaje,[108] se produce la presentación de los habitantes del Nuevo Mundo en términos de absoluto contraste entre lo real y lo modélico:

> Cinco, seis, siete reyes de estas islas habían venido a rendirme pleitesía [...] reyes de los de siempre; reyes que, en vez de lucir púrpuras imperiales, traían por toda gala un exiguo tapa-cojones. Y ese desfile de "majestades" desnudas [lo real] me hacía columbrar que bien lejos estábamos aún de la fabulosa Cipango de las crónicas italianas [lo textual modélico]. Porque allá tenían tejados de oro los palacios, y en cortes deslumbrantes de oro y pedrerías, los embajadores cristianos eran recibidos por señores acorazados de oro... [p. 97.]

Y luego insiste en esta descorazonadora –para Colón– imagen real de los indios americanos, excluidos de cualquier modelo: "[...] eran reyes en cueros (¡quién puede imaginar semejante cosa!), con unas reinas de tetas desnudas. ¡Cortes de monarcas en pelotas! Inconcebible cosa para quien la palabra "corte" sugiere, de inmediato, una visión de alcázares, heraldos, mitras y terciopelos..." [pp. 95-96.]

---

[108] Carpentier se detiene mucho más en el episodio del primer viaje, pues le dedica 19 páginas, en tanto que el segundo –incluido el regreso– sólo posee nueve, y el tercero y el cuarto se fusionan en un subcapítulo de cuatro páginas, casi completamente dedicadas al hallazgo del Paraíso Terrenal. Sin duda, a Carpentier le interesó mucho más el conflicto del primer enfrentamiento y halló en él el modelo más acabado del problema expresivo y las dudas económicas de Colón.

VISIÓN DE AMÉRICA                                              433

Es bien notable cómo, en ambos pasajes, Carpentier insiste en la prejuiciada comparación colombina de la nueva realidad (real maravillosa por poseer tal tipo de cortes y monarcas) con los modelos asumidos: en el primer caso se impone la distancia entre los caciques arahuacos y los riquísimos reyes orientales; en el segundo, la oposición se produce entre una "corte" de reyes en cueros y muy reales, y la imagen europea de lo que significa una "corte".

Es por ello que, al regresar del primer viaje, Colón se ve obligado —para conseguir la identificación— a montar un espectáculo —ejemplo máximo de ficcionalización deformadora— ante los reyes y sus consejeros. Así, junto a grandes bandejas con muy poco oro, introduce en la corte a los indígenas que ha traído cautivos, quienes —por consejo de un sastre judío— van ataviados con:

> [...] bragas rojas cosidas con hilillos de oro (–"Eso... Eso" –dije), unas camisolas anchas, algo abiertas sobre el pecho, que tenían liso y sin vellos, y que en las cabezas llevaran como unas tiaras, también de hilo de oro (–"Eso... Eso" –dije: "que brille el oro"), sosteniendo unas plumas vistosas –aunque no fuesen de aves de aquellas islas– que les cayeran graciosamente, como sacadas del colodrillo, sobre las crines negras que mucho les habían crecido durante el viaje... [pp. 104-105.]

La ficcionalización de lo americano llega así a su punto culminante: Colón crea una realidad ficticia con la que pretende lograr la imposible identificación de los modelos asiáticos...

Un último elemento —y de muy especial interés— en el contraste de los modelos se encuentra en el subcapítulo 10, cuando por primera vez Carpentier rompe la perspectiva de su narrador —algo que solamente volverá a repetirse en el último subcapítulo de esta parte, cuando un narrador en segunda persona se dirija al afligido y derrotado Almirante—, para oponerle la visión que Dieguito, uno de los indios llevados a España, tiene de los europeos y de su propia tierra americana:

> Por Dieguito, el único [indio] que me quedaba, supe que estos hombres ni nos querían ni nos admiraban: nos tenían por pérfidos, mentirosos, violentos, coléricos, crueles, sucios y malolientes, extrañados de que casi nunca nos

bañáramos, ellos que varias veces al día, refrescaban su cuerpo en los riachuelos [...] de su tierra. Decían que nuestras casas apestaban a grasa rancia; a mierda nuestras angostas calles; a sobaquina nuestros más lucidos caballeros, y que si nuestras damas se ponían tantas ropas [...] era porque, seguramente, querían ocultar deformidades y llagas que las hacían repulsivas [...] Nuestros perfumes y esencias [...] los hacían estornudar; se ahogaban en nuestros estrechos aposentos y se figuraban que nuestras iglesias eran lugares de escarmiento por los muchos tullidos, baldados, piojosos, enanos y monstruos que en sus entradas se apiñaban [...] Por lo demás, los intentos de inculcarles algo de doctrina, antes de que recibieran las aguas lustrales, habían fracasado. No diré que ponían mala voluntad en entender: diré, sencillamente, que no entendían. Si Dios, al crear el mundo, y las vegetaciones, y los seres que lo poblaban, había pensado que todo aquello era bueno, no veían por qué Adán y Eva, personas de divina hechura, hubieran cometido falta alguna comiendo los buenos frutos del buen árbol. No pensaban que la total desnudez fuese algo indecente: si los hombres allá usaban unos taparrabos, era porque el sexo [...] debía defenderse de [...] golpes o picadas de alimañas; en cuanto a las mujeres, era mejor que taparan su natura con aquel trocito de algodón que yo les conocía, para que, cuando les bajaran las menstruas, no tuvieran que exhibir una desagradable impureza. Tampoco entendían ciertos cuadros del Antiguo Testamento que les mostré [...] lo de una serpiente con una manzana en la boca les hacía reír enormemente porque —según me explicaba Dieguito— "culebra no come frutas"... [pp. 111-112.]

Carpentier ha volteado la moneda y son ahora los modelos europeos los que se ponen en crisis, pues no encajan en los modelos reales americanos, los únicos que existen en la mente del personaje de Dieguito —a través del cual Carpentier ha logrado, además, establecer una visión contextual (geográfica, de desajuste cronológico, cultural, etc.) que otra vez, sin embargo, parte de la necesaria comparación entre dos universos hasta entonces excluidos—. Con esta ruptura del sistema lógico y psicológico que existía hasta este punto de la segunda parte de la novela, el escritor se propone dar validez propia a lo americano, y valora sus singularidades en función del medio, plantea sus peculiaridades sociales y psicológicas de acuerdo con su realidad, y las enfrenta, abiertamente, a la realidad europea. Esta imagen —que viene a ser la génesis misma del proceso de enfrentamiento que concluyó con el exterminio cultural y físico de los arahuacos caribeños– es la primera carta de ciudadanía de lo americano, que se revela, al fin, como un ente con fisonomía y voz propias.

Como resultado de esta serie de contrastes, nos queda, indudablemente, una imagen más cierta de la América de 1492, una visión donde lo maravilloso –lo insólito cotidiano– integra de forma activa la realidad y depende de las características únicas de esa misma realidad y no de la voluntariosa identificación del medio con los fabulosos modelos fabricados en Europa.

Pero todo este recuento de identificaciones y contrastes que nos remiten bien a una falsa realidad maravillosa o bien a una realidad esencialmente diversa –y de ahí su carácter insólito– tiene también en su base el método de análisis y apropiación de lo americano que predomina en esta etapa de la evolución de lo real maravilloso: la contextualización de lo insólito, el examen de sus orígenes.

Si en la primera parte de la novela Mastaï cae en trance ante la intangible inmensidad horizontal de la pampa y la inmensidad vertical de los Andes, es porque se ha producido un choque entre el modelo europeo y el contexto de distancia y proporción que define a lo americano. En la segunda parte de *El arpa y la sombra*, mientras tanto, está dominando un contexto de total desajuste cronológico y cultural, como se hace evidente en la mutua incomprensión de Dieguito (América) y Colón (Europa). Pero es que están actuando, también, contextos económicos, contextos ideológicos, ctónicos, etc., que Carpentier ha logrado conformar y plasmar a través de un camino verdaderamente insólito: la mirada de Cristóbal Colón. Es precisamente la incomprensión colombina, su incapacidad para asimilar y reflejar unos contextos que escapan de su intelecto y de sus modelos, lo que da validez a esas singulares urdimbres de relaciones propias del Nuevo Mundo –ajenas por completo a la mente europea y anteriores al mestizaje cultural latinoamericano–, contextos que en su convivencia dialéctica y real conforman un ambiente americano apresado en sus esencias distintivas gracias al talento de Alejo Carpentier.

Finalmente, no deja de ser notable cómo, aun tratándose de una novela en la que la referencia política cede el espacio a la valoración económica –que de algún modo la determina–, el realismo carpenteriano asume esta vez lo político –las pretensiones de Mastaï, o los resultados fatales que tuvo para los indígenas la aventura iniciada por Colón, por ejemplo– desde una perspectiva que lo integra poéticamente al discurso, sin las exaltaciones ni las evidentes tomas de partido que caracterizaron a las tres novelas anteriores. La expresa visión materialista dialéctica e histórica de la realidad conforma así un ajustado sistema de referencias y prioridades sumidas en el subtexto, con lo que Carpentier logra en esta obra –la última del último estado de la evolución de lo real maravilloso– un producto estético en el que, regresando otra vez al realismo, se equilibran en el lenguaje, en la óptica y en la realización estética misma las proposiciones de la filosofía que abrazó definitivamente.

A partir de las características analizadas en cada una de las novelas que Carpentier publicara en los años setenta y de las peculiaridades que distinguen este momento de su narrativa respecto a la obra anterior, es posible establecer entre las características de este cuarto estado de la evolución de lo real maravilloso:

—Concepción de lo insólito (lo maravilloso) cotidiano: teóricamente fundamentada en la conferencia "Lo barroco y lo real maravilloso" y estéticamente adoptada en todas sus obras del periodo, esta nueva concepción significa la definitiva superación de ciertos modos impresionistas de develar lo maravilloso (el asombro) y el tratamiento diferenciado de lo americano a partir de su singularidad histórica y cultural, ontológica y gnoseológicamente establecida. Cada fenómeno de la realidad puede, entonces, remitir a una noción individualizadora, en virtud de la urdimbre de contextos que lo sustentan. Esta nueva cualidad de lo maravilloso, además, significó en el plano teórico la superación del valor de la fe en el proceso perceptivo de lo extraordinario.

—Contextualización de lo maravilloso: metodológica y conceptualmente ligado a la concepción de lo insólito cotidiano como característica rectora de la existencia de lo real maravilloso en América, el establecimiento de contextos típicos se profundiza en este cuarto estado. Una precisa búsqueda de orígenes y consecuencias de los elementos insólitos de la realidad, vistos en su relación dialéctica, recorre la visión de lo real maravilloso en las obras del periodo. De especial importancia son, en este estado, los contextos económicos, políticos, históricos y culturales sobre los que están concebidos los argumentos de las cuatro novelas y el cuento que integran este momento de lo real maravilloso.

—Adopción filosófica del marxismo: el acercamiento militante y filosófico que había concretado Carpentier en el estado anterior se profundiza en la visión de la realidad que se ofrece en las obras narrativas y teóricas de los años setenta, en las que la concepción materialista dialéctica e histórica de la realidad se impone como fundamento filosófico y gnoseológico. Carpentier adopta entonces, en sus novelas, una visión fundamentalmente economicista de la realidad, que alcanza su máxima evidencia en *El arpa y la sombra* y *El recurso del método*, en las que el factor económico pasa a desempeñar un papel que, salvo en *Ecue-Yamba-O*, no había tenido de modo tan manifiesto en sus anteriores novelas. El establecimiento de la visión marxista y las necesarias relaciones económicas influye decisivamente en la plasmación de los distintivos contextos culturales, sociales, históricos y, sobre todo, políticos, que abundan en estas obras.

—Acercamiento a la estética del realismo socialista: a partir de las tres características del cuarto estado antes mencionadas, se produce en Carpentier un "regreso a lo real", una nueva comunión con el realismo que tendrá como elemento distintivo respecto a las novelas y cuentos anteriores la adopción de preceptos propios de la estética del llamado realismo socialista. Evidente en todas las obras narrativas del momento, pero con especial énfasis en *La consagración de la primavera* y *El recurso del método*, novelas "eminentemente políticas", el acercamiento carpenteriano a esta estética significará la difuminación y hasta la crítica de algunos de los recursos habituales de su visión de lo singular americano y la adopción de la perspectiva economicista, influyendo —en última instancia, como pedía Engels— en las valoraciones políticas, que suben a un primer plano en el que, muchas veces, Carpentier casi prescinde de su elaboración poética. Tal actitud implicará incluso un cambio de lenguaje evidente en las dos obras mayores del cuarto estado.

—Superación y crítica de lo mágico como componente de la realidad maravillosa: consecuencia de la nueva valoración filosófica de la realidad y de la difuminación de la mística perceptiva a través de la fe, Carpentier renuncia en este estado a una de las fuentes más recurridas en la revelación de lo maravilloso, que —salvo en *El acoso*, obra de crisis metodológica— había empleado en todas sus novelas anteriores. Obviado en obras como *El recurso del método* y, de modo más evidente, en *Concierto barroco*, Carpentier llega a realizar una explícita crítica de lo mágico en *La consagración de la primavera*. Con esta superación desaparece, a la vez, el tratamiento de un contexto ctónico y racial de indudable importancia a la hora de establecer la singularidad ontológica americana.

—Empleo de asociaciones surrealistas y crítica a la estética del movimiento: aunque con menor insistencia que en obras anteriores, Carpentier conserva el recurso de las asociaciones de carácter surrealista visibles en la realidad americana, donde el surrealismo se da "al estado bruto". A la vez la visión crítica del movimiento se recrudece tanto en ensayos como en las obras de ficción, y es una de las expresiones de su habitual manifestación de la decadencia cultural europea.

—Búsquedas generalizadoras: a través de realidades geopolíticas o temporales creadas, Carpentier realiza en varias obras del periodo —en especial en "Derecho de asilo" y las dos novelas de 1974— una globalización de ciertas características de la realidad americana como forma de establecer metáforas generalizadoras, válidas para la historia y la realidad de todo el continente. La universalización prescinde así de su posible proyección a partir de una visión poética, para convertirse en un recurso en sí misma.

—Tratamiento lineal del tiempo: la nueva visión filosófica de la realidad asumida por Carpentier en sus obras implicará, a su vez, una superación de las nociones (y tratamientos estéticos) circulares y regresivas del tiempo. Ahora se impone, como visión única y rectora, la noción dialéctica del fluir temporal, que se expresa literariamente en un tratamiento lineal del tiempo (que no está en contradicción con recursos como la retrospectiva y la memoria afectiva, empleados de manera clara y explícita en una novela absolutamente realista como

*La consagración de la primavera).* Esta concepción estética del devenir temporal es otra de las características que acercan a la novelística de Carpentier a la estética realista-socialista y su visión progresiva del tiempo.

—Empleo de la historia como referente: una visión optimista del fluir histórico permea todos los textos reflexivos y artísticos de Carpentier en la década de los setenta. Esta concepción tendrá su correspondencia estética en el tratamiento artístico de la historia también como noción progresiva. La historia, sin embargo, adquiere un tratamiento preferencial en varias obras del periodo, en las que, además de asunto y tema, se convierte en argumento y pauta del desarrollo novelesco. La cita textual, testimonial, de un referente histórico asumido con toda fidelidad se manifiesta en *La consagración de la primavera, El recurso del método* —a pesar de la síntesis universalizadora— y en *El arpa y la sombra*, novelas montadas sobre una sucesión de hechos históricos que —sobre todo en las dos primeras— respeta con toda fidelidad la concatenación de acontecimientos tomados del referente histórico, características que también acercan a Carpentier a la estética del realismo socialista.

—Desmitificación de los paradigmas americanos creados en Europa y profundización en la dicotomía acá-allá: con una inversión de los referentes comparativos, Carpentier introduce una visión, desde América, del universo europeo a través de la no correspondencia de la realidad con el canon preestablecido. Esta visión funciona como nueva valoración del asunto de la decadencia europea que ha manejado en su novelística. Pero el aporte más significativo en la nueva valoración de la vieja dicotomía acá-allá se produce por un proceso de desmitificación de lo americano a partir de su no correspondencia con el canon centrista en que trata de encasillársele, y a partir de la fallida comparación, se establece lo singular americano. Este proceso, manejado en las cuatro novelas del periodo, tiene signos distintivos en cada una de ellas, y la contradicción que supone la comparación puede tener manifestaciones estéticas *(Concierto barroco),* políticas *(La consagración de la primavera),* económicas *(El recurso del método)* o puede ser el sustento mismo de la visión de lo real maravilloso americano por su capacidad de escapar a los modelos prefabricados (textuales o imaginarios) que con toda maestría utiliza Carpentier en la obra más reveladora de una visión novedosa de lo real maravilloso en el cuarto estado: *El arpa y la sombra*.

Con las cuatro novelas, el cuento y los ensayos publicados en los años setenta se cierra el ciclo evolutivo de lo real maravilloso en la literatura de Carpentier. Iniciado más de cincuenta años antes, cuando el joven periodista comenzara sus románticas indagaciones americanistas y de búsqueda de una estética que superara los estrechos márgenes del realismo naturalista, que desde entonces él consideraba incapaz de apresar la densidad y multiplicidad de los elementos caracterizadores de la realidad latinoamericana, la consumación del hallazgo de lo real maravilloso como expresión de lo americano llegaría a convertirse en la principal característica de su estética y en una fuente de búsquedas para diversos escritores del continente. El recorrido por este largo camino de medio siglo (puede usted estar seguro de llegar, con tal de que camine un tiempo bastante largo), entre tanteos y hallazgos, entre negaciones y superaciones, es, sin duda, una de las más consecuentes y obstinadas propuestas estéticas, ontológicas y gnoseológicas de toda la literatura contemporánea y una suma ideoestética con la que el escritor cubano ha contribuido desde la literatura, como ningún otro intelectual de esta orilla del Atlántico, a la definición cabal del hombre, la sociedad, la historia y la cultura de este Nuevo Mundo, descubierto por Colón y redescubierto como el universo de lo real maravilloso por Alejo Carpentier.

Mantilla, 1988-1993

# Índice

*Historia de una obsesión* .......................... 9

I. *Aprender a ver* ............................. 15
   En medio del camino de la vida... ................ 15

II. *Ver a América* ............................. 105

III. *Visión de América (Los estados de lo real maravilloso)* .... 199
   Primer estado. Antecedentes. ................... 204
   Segundo estado. Formulación y reafirmación ......... 272
   Tercer estado. Épica contextual ................. 352
   Cuarto estado. Lo insólito cotidiano .............. 379

Este libro se terminó de imprimir en octubre de 2002 en los talleres de Impresora y Encuadernadora Progreso, S. A. de C. V. (IEPSA), Calz. San Lorenzo, 244; 09830 México, D. F. En su composición, parada en el Taller de Composición Electrónica del FCE, se emplearon tipos Poppl-Pontifex de 14, 10:14, 9:13 y 8:9 puntos. La edición, que consta de 2 000 ejemplares, estuvo al cuidado de *Rubén Hurtado López*.

# Colecciones del FCE

A LA ORILLA DEL VIENTO
ADMINISTRACIÓN PÚBLICA
ANTOLOGÍA DE LA PLANEACIÓN EN MÉXICO
ANTROPOLOGÍA
ARTE UNIVERSAL
BIBLIOTECA AMERICANA
BIBLIOTECA DE LA SALUD
BIBLIOTECA MEXICANA
BREVIARIOS
CIENCIA Y TECNOLOGÍA
CLÁSICOS DE LA HISTORIA DE MÉXICO
COLECCIÓN POPULAR
COLECCIÓN PUEBLA
CUADERNOS DE *LA GACETA*
DIÁNOIA
ECONOMÍA
EDICIONES CIENTÍFICAS UNIVERSITARIAS
EDUCACIÓN
EL TRIMESTRE ECONÓMICO
FIDEICOMISO HISTORIA DE LAS AMÉRICAS
FILOSOFÍA
FONDO 2000
HISTORIA
LA CIENCIA PARA TODOS

La Gaceta del FCE
La Industria Paraestatal en México
Lecturas de *El Trimestre Económico*
Lengua y Estudios Literarios
Letras Mexicanas
Libros de Texto de Secundaria
Nueva Cultura Económica
Política y Derecho
Psicología, Psiquiatría y Psicoanálisis
Río de Luz
Sociología
Tezontle
Tierra Firme
Travesías
Vida y Pensamiento de México